LES
CIVILISATIONS PRIMITIVES
EN ORIENT.

OUVRAGES DU MÊME AUTEUR :

Essai sur l'origine du langage et de l'écriture, brochure in-8° avec planches.

Histoire de la condition des Femmes dans l'antiquité, 1 vol. in-8°.

Le Livre du cœur, ou Entretiens sur l'Amitié, 1 vol. in-18.

Histoire morale de la Gaule, 1 vol. in-8°.

Un Parisien à Genève, brochure in-8°.

Esprit moral du XIXe Siècle (3e édition), 1 vol. in-12, collection Hetzel.

Vrais et Faux Catholiques, 1 vol. in-8°.

Voyage autour de ma prison, 1 vol. in-18.

La Morale chez les Chinois, 1 vol. in-12.

Pour paraître incessamment :

Histoire de la Condition des Femmes dans l'antiquité.
Nouvelle édition.

LES
CIVILISATIONS
PRIMITIVES

EN ORIENT

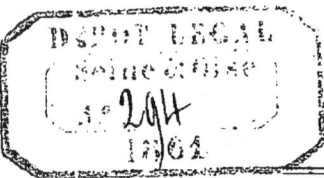

CHINOIS — INDIENS
PERSES — BABYLONIENS — SYRIENS — ÉGYPTIENS.

PAR

Louis-Auguste MARTIN,

Membre de la Société Asiatique.

PARIS,

A LA LIBRAIRIE ACADÉMIQUE
DIDIER ET Cie, 35, QUAI DES AUGUSTINS.

1861.

PRÉFACE.

Par civilisations primitives, j'entends les civilisations qui se sont développées spontanément, en dehors de toute influence étrangère, n'ayant d'analogies entre elles, que celles nées d'origine et de circonstances semblables.

Des hordes sauvages, des tribus nomades, rameaux détachés d'un tronc commun, sans résidence fixe, sans règles sociales, vivant des fruits de la terre et de la chasse, après avoir longtemps erré, trouvèrent, enfin, des lieux favorablement situés où elles s'établirent en groupes de familles.

A la suite de relations d'échanges et de mariages, ces groupes se réunirent et formèrent de petits états. Alors, se consolidèrent les usages dès longtemps admis; les mœurs se dessinèrent et prirent cette teinte locale qui caractérise un état primitif. Des lois même furent ébauchées.

Plusieurs siècles ont passé sur ces premiers développements sans laisser de traces vraiment historiques; les conjectures plus ou moins ingénieuses dont ils ont été l'objet s'appuyant uniquement sur des traditions légendaires ou sur des systèmes préconçus ne sauraient faire autorité ; c'est par leurs monuments écrits, sculptés ou peints qu'on reconnaît les sociétés définitivement assises.

Le nombre des matériaux de ce genre qui se rapportent aux anciens peuples de l'Orient augmente chaque jour ; ils nous révèlent de plus en plus ce que chacun dut à lui-même, ce qu'il emprunta aux autres, et nous permettent enfin de recomposer leurs annales perdues ou altérées.

Il y a trois éléments d'investigations pour la science historique : les livres, les inscriptions et les monuments ; ils ne constatent pas seulement des faits et des dates, mais ils fournissent de précieux renseignements sur les mœurs et les idées. Or, depuis un demi siècle, l'ethnographie appliquée aux anciens temps a fait de grands progrès, et c'est au moyen des découvertes et des travaux récents, que j'ai entrepris de reconstituer l'histoire des civilisations primitives de l'Orient, et de montrer, surtout au point de vue moral, ce qui les sépare et ce qui les rapproche.

La meilleure partie de ces résultats revient à la philologie. En faisant connaître d'anciennes langues, des idiômes et des littératures restés jusqu'ici dans l'ombre, cette science a dissipé quelques-uns des nuages qui environnaient les commencements de certains peuples.

Il est démontré aujourd'hui que l'antique Orient se partageait en trois grandes familles de langues :

1° L'idiôme chinois, qui n'a jamais franchi les limites de la Chine et du Thibet ; 2° les langues indo-persanes (le sanscrit et le zend), d'où sont nées presque toutes les langues de l'Europe ; 3° les langues sémitiques qui se propagèrent dans l'Asie occidentale.

Or, ces langues représentent autant de peuples sinon autochtones, du moins isolément constitués, en sorte qu'ils diffèrent essentiellement les uns des autres.

Ainsi, les Chinois dont il y a trois siècles l'Europe connaissait à peine l'existence, nous apparaissent aujour'dhui, grâce aux travaux des missionnaires et de nos savants sinologues, comme une des nations le plus anciennement et le plus complétement civilisées.

Les Indiens sont également tout nouveaux pour nous : les Anglais n'ont pas conquis seulement les produits de leur territoire et de leur industrie, ils ont découvert et propagé en Europe leur littérature ancienne, rivale devancière des littératures grecque et latine.

A défaut de livres, les Perses, les Babyloniens, les Syriens et les Égyptiens ont laissé des monuments, des inscriptions, des peintures, que le temps plus que les hommes a respectés, et dont la terre recouvre encore de précieux débris. Les dernières découvertes effectuées sur les emplacements de Ninive, de Babylone et de Persépolis ont provoqué des études et des interprétations qui ont mis en lumière des faits jusqu'ici demeurés inconnus ou obscurs.

Le travail d'exploration à la fois archéologique et philologique que M. E. Renan vient d'entreprendre en Syrie ajoutera sans doute beaucoup de documents aux données incomplètes que les Grecs et la Bible nous ont transmises sur ses anciens habitants.

Le peuple qui a le plus gagné aux investigations de l'érudition moderne, c'est le peuple égyptien. L'examen de ses nombreux monuments, le déchiffrement de ses inscriptions et de ses papyrus, l'ont fait sortir, en quelque sorte tout vivant de ses ruines et ont confirmé les récits d'Hérodote et la chronologie de Manéthon. C'est ainsi que la connaissance des monuments et des langues conduit à celle des faits historiques.

Les hardis explorateurs des anciens temps s'élancent comme les marins et les astronomes, à la découverte de mondes inconnus ou éloignés. Au retour de leurs lointaines et aventureuses excursions, s'ils apportent des notions nouvelles qui dissipent nos illusions les plus chères, ce n'est point pour y substituer le doute désenchanteur, mais pour opposer des faits authentiques à des faits contestables, et la foi éclairée à la foi aveugle.

LES
CIVILISATIONS PRIMITIVES

CHINOIS

CHAPITRE PREMIER.

LES PREMIERS TEMPS.

§ 1. ÉPOQUE ANTE-HISTORIQUE.

La longue et solitaire existence de l'empire chinois est un fait unique dans l'histoire générale de l'humanité. Les peuples de l'antiquité ne l'ont connu que pour ses productions industrielles, mais ils n'ont rien dit et peut-être rien su de sa civilisation intérieure. Les voyageurs qui, au moyen-âge, purent le visiter, le firent d'une manière rapide ou superficielle, et n'en rapportèrent que des renseignements fort incomplets.

Les missionnaires jésuites ayant pu, les premiers, faire un long séjour dans sa capitale, ont eu le temps de recueillir tous les documents relatifs à l'histoire de la civilisation chinoise, et d'enrichir l'Europe de monuments littéraires capables de rivaliser avec ceux des autres peuples, sinon en mérite, au moins en nombre.

C'est le seul peuple de l'antiquité qui ait eu des annales officielles, aussi peut-il à bon droit revendiquer l'honneur d'avoir eu, le premier, une histoire authentique.

Grâce à sa position topographique qui la séparait des autres nations de l'Asie par des barrières infranchissables, la Chine s'est développée sans le secours d'aucune influence étrangère. A l'époque de l'introduction du Bouddhisme, elle était parvenue à un haut degré de civilisation; mais dès lors elle cessa d'en agrandir le cercle, comme si, désormais, il lui eût été impossible d'avancer plus loin. Est-ce la pression étrangère qui paralysa ses progrès, ou bien avait-elle épuisé son génie inventif? Les deux causes peuvent avoir agi concurremment.

Les annales les plus authentiques font remonter à près de 3,000 ans avant notre ère ses commencements historiques; et bien que la légende ou tradition fabuleuse y tienne encore une certaine place, elle ne prédomine pas, comme dans l'histoire primitive des autres nations, au point d'obscurcir les faits naturels, parce que l'esprit positif des Chinois se dessinant de bonne heure, s'est attaché beaucoup à la réalité et fort peu à la fiction.

Mais ce qui caractérise la civilisation chinoise, c'est la morale; c'est par ce côté qu'elle se distingue des autres civilisations, et qu'il importe surtout de l'étudier.

Chez aucun autre peuple, en effet, on ne trouve aussi complétement formulées les éternelles lois du bien, du vrai et du juste, inscrites dans la conscience de l'homme; on les retrouve à chaque page de son histoire, invoquées par ses hommes célèbres, ses empereurs, ses ministres, ses philosophes, ses lettrés. Cela tient encore à ce que les idées mystiques n'ont jamais prédominé chez ce peuple toujours attaché au fond plus qu'à la forme.

Toutefois, nous devons signaler dès ce moment le point défectueux ou incomplet de cette morale, ce qui l'a rendue impuissante à fonder des institutions durables. Elle préconise les devoirs privés et publics; elle laisse dans l'ombre le droit ou la liberté individuelle et la justice sociale. Elle proclame bien haut les obligations réciproques des hommes entre eux, mais elle ne les sanctionne pas; elle blâme les abus du pouvoir, mais elle n'a point la force de les empêcher; elle déclare chacun responsable de ses œuvres, et laisse subsister la solidarité criminelle de père en fils; elle prêche l'humanité, et conserve l'esclavage; elle exalte la piété filiale, et laisse la mère, l'épouse et la fille dans une condition servile et dégradante. Faute d'institutions basées sur le droit, nous verrons le sort de la Chine dépendre entièrement du hasard, qui placera à la tête de son gouvernement des hommes plus ou moins bien intentionnés, plus ou moins fidèles aux lois de la morale.

Ceux qui s'efforceront d'y conformer leurs actes auront la satisfaction intime, désintéressée, de voir les mœurs s'améliorer, la paix fleurir sous l'influence de leurs vertus. Mais uniquement attachés aux devoirs dictés par une conscience honnête et aux bons exemples laissés par leurs prédécesseurs, ils croiront n'avoir aucune sanction à y ajouter. Ils se contenteront de proclamer des principes éternels, que nul ne conteste, et ne songeront pas à fonder des institutions capables d'en assurer à jamais la pratique et d'en prévenir la violation. Ils laisseront à leurs successeurs des conseils plutôt que des lois, et quand ceux-ci mettront leurs passions au-dessus de leurs devoirs, comme ils auront la puissance et la richesse pour y satisfaire, ils ne seront arrêtés par aucun obstacle religieux ou légal, et entraîneront tout l'empire dans leurs désordres. Tel est le spectacle que présente l'histoire chinoise pendant plus de 4,000 ans. C'est celui d'une société fondée sur la puissance paternelle, dont les membres profitent ou souffrent tous également de cette puissance, selon que le père ou l'empereur est bon ou méchant.

Les traditions anté-historiques de la Chine ne le cèdent pas à celles des autres peuples pour l'exagération des temps : c'est par millions d'années que comptent les annalistes; ils procèdent d'une manière qu'on pourrait appeler scientifique, en divisant la période primitive en trois règnes : le règne du ciel, le règne de la terre et le règne de l'homme. Arrivés à l'homme, loin de le représenter comme créé tout d'une pièce avec les plus hautes facultés du corps et de l'intelligence, puis déchu à la suite de quelque rébellion contre le ciel, ils le montrent sous des formes moitié d'homme, moitié d'animaux, errant dans les forêts, habitant des cavernes, grimpant sur les arbres à la manière des singes et vivant ou luttant avec ces derniers. On rapporte même qu'alors étant sans cesse au milieu des animaux, il ne cherchait point à leur faire du mal; peut-être ne se nourrissait-il pas encore de leur chair.

Cependant ses aptitudes particulières se développant, l'éloignèrent peu à peu de la vie de nature : l'habileté de ses mains, l'agilité de son corps, aidées de son esprit inventif, lui firent trouver de nombreuses ressources et favorisèrent la propagation de son espèce. La population humaine venant à s'accroître, les animaux, ajoute la tradition, furent obligés de lui disputer le terrain qu'elle envahissait chaque jour davantage. Pour se soustraire à ces attaques, l'homme se bâtit des cabanes, se tailla des armes et se forma en groupes ou tribus. Telle fut l'origine de la société chinoise. On voit que cette tradition diffère peu en quelques points des conjectures des savants modernes sur les commencements de la société humaine.

À une époque qu'on ne saurait déterminer, une tribu originaire du nord-ouest vint s'établir en Chine; les hommes qui la composaient sont désignés par le nom de peuple *aux cheveux noirs*, en opposition à la couleur de la race indigène, et aussi par le nom de *cent familles* (1).

On rapporte que Yeou-tsao-chi, chef de tribu à cette époque, fit le premier rompre des branches d'arbre et enseigna la manière de s'en servir pour construire des huttes. Soui-gin-chi, qui lui succéda, trouva la manière de brûler du bois et de cuire la chair des animaux. Il enseigna le changement des

---

(1) *Chou-king*, part. II, ch. 1, od. 6, part. III, od. 3 et 4. — Meng-tsen, l. 2, ch. 3.

saisons, et imagina de petites cordelettes auxquelles il faisait différents nœuds placés à certaines distances pour rappeler des événements.

Mais il faut arriver à Fou-hi (en 3468 avant notre ère (1), pour trouver les premières traces de la constitution définitive de cette société. La légende dit que Fou-hi était fils du Ciel, parce que sa mère l'avait enfanté par l'opération du Ciel; de là le titre de *Fils du Ciel* que prirent ses successeurs.

On ajoute que cet empereur opéra de grandes réformes, et qu'entre autres il créa des ministres, dont l'un fut spécialement chargé de prévenir ou de soulager la misère. Un ministère des pauvres! C'était une institution à conserver. Il divisa le peuple en cent familles, et à chacune d'elles il assigna un nom particulier, puis il voulut qu'on choisît celle dans laquelle on voulait vivre.

Il fonda le mariage qui n'existait pas encore et ordonna un costume différent pour les deux sexes. « Avant cette époque, dit un historien, les hommes connaissaient leur mère, mais ils ne connaissaient pas leur père. » L'histoire chinoise, intitulée *Wai-ki*, rapporte qu'auparavant on ne séparait point les hommes des femmes.

Une fois le mariage établi, on commença d'offrir des peaux pour présent de noces, et dès ce moment, ajoute l'histoire, les hommes cessèrent de vivre dans la débauche.

On attribue également à Fou-hi une défense qui s'est conservée, celle d'épouser une femme dont le père portait le même nom que la famille du futur; cette défense s'explique par la nécessité où l'on était alors de distinguer les familles par des appellations diverses, afin d'éviter les confusions.

On dit de sa fille qu'elle obtint d'être vierge et épouse tout ensemble. Je note cette tradition, car elle montre que les

(1) J'ai adopté la chronologie de M. PAUTHIER, le dernier historien de la Chine.

Chinois, comme les autres peuples anciens, avaient une grande vénération pour la virginité.

Fou-hi enseigna l'usage du fer pour les ustensiles, pour des armes de chasse et de pêche.

Il inventa les huit *Koua*, composés de lignes simples ou brisées, et en porta le nombre jusqu'à soixante-quatre ; ce système graphique, destiné à remplacer les cordelettes, ne fut pas d'un usage plus facile et devint plus tard un objet d'interprétation symbolique. Fou-hi donna des règles pour compter le temps par le moyen des nombres 10 et 12, appelés *Che-kan* et *Che-lh-tchi*, fondements de la règle des heures, des jours, des mois et des années, observée encore en Chine.

Il fut le premier qui offrit des sacrifices au *Tien*, le souverain du ciel, et il désigna un certain jour de l'année pour immoler un animal choisi parmi ses troupeaux. Enfin, il inventa plusieurs instruments de musique, voulant, dit-on, que les hommes se réunissent pour en jouer ensemble et se procurer ainsi une noble distraction.

Après lui, Chin-noung (en 3218), inventa la charrue, enseigna la culture du blé, du riz et d'autres graines nourrissantes, trouva des plantes curatives, apprit à distinguer les bonnes des vénéneuses, composa des hymnes sur la campagne et fit des instruments de musique *pour adoucir les mœurs*, dit l'historien, résultat fort problématique, si l'on en juge par l'état d'imperfection où fut toujours la musique chinoise. On dit de cet empereur qu'il ne détruisait aucune chose pour s'agrandir, n'abaissait personne pour s'élever, était le même dans la bonne et dans la mauvaise fortune ; que son peuple n'était composé que de gens vertueux, vivant dans la concorde, ce qui rendait les supplices inutiles. Chacun s'estimait assez riche, parce qu'il se contentait de ce qu'il avait. La tradition ajoute que Chin-noung savait le *blanc* et conservait le *noir*, c'est-à-dire qu'il réunissait en lui deux natures.

Hoang-ti (en 2698), avec qui commencent les temps à peu près historiques, apporta aussi de grandes réformes dans le gouvernement : il divisa le peuple en différentes classes à chacune desquelles il assigna une couleur particulière de vêtement. Cette division ne paraît pas s'être longtemps maintenue. Mais quant à la couleur jaune attribuée spécialement à la famille impériale, elle est encore portée de nos jours, ce qui n'accuse pas beaucoup d'esprit novateur chez les Chinois en matière de mode.

On lui doit aussi l'établissement du tribunal d'histoire qui a contribué à doter la Chine des annales les plus authentiques que jamais nation ait possédées, et enfin des écoles d'instruction pour la jeunesse, pépinière de lettrés où l'on recruta les fonctionnaires publics, sans distinction de naissance, mais suivant les grades littéraires obtenus dans les concours.

Se conformant aux règles données par Fou-hi, Thsang-kié, le président du tribunal, forma cinq cent quarante caractères graphiques; l'empereur lui ordonna de s'en servir pour mettre par écrit le résultat des connaissances déjà acquises sur différentes maladies. La fabrication et l'emploi des briques datent de cet empereur : on s'en servit pour élever le premier temple au Chang-ti, et un palais impérial. Des villages et des villes commencèrent à se fonder.

Cet empereur divisa l'empire en provinces, et des officiers furent désignés pour veiller sur la conduite du peuple. Ces officiers étant subordonnés les uns aux autres, se contrôlaient mutuellement et faisaient leur rapport à l'empereur seul.

Il provoqua des observations astronomiques, et, dès cette époque, on reconnut, par la grande différence des mouvements de la lune et du soleil, que douze mois lunaires n'équivalaient pas à une année solaire. A cet effet, on construisit une machine qui reproduisait ces mouvements.

La femme de cet empereur, Si-ling-chi, examina le travail du ver à soie et reconnut l'usage qu'on pouvait tirer de son fil en le dévidant et en le tissant, pour faire des étoffes et des broderies.

Enfin, on attribue au même empereur les premiers chariots,

les premières barques, les premiers ponts, l'arc et les flèches, les piques, les étendards, les poids et les mesures, un instrument de musique composé de douze tuyaux de bambou et un autre formé de douze cloches. Il ordonna un costume uniforme pour les jours ordinaires et un costume officiel pour les jours de cérémonie.

Des mines de cuivre ayant été trouvées, il fit faire avec ce métal des vases de différentes formes dont on croit avoir quelques exemplaires au musée impérial de Pé-king.

Tout individu, à part les esclaves, pouvait s'adonner librement à la profession de son choix et aspirer même aux fonctions publiques, suivant son degré de talent jugé par des examinateurs spéciaux.

Hoang-ti réunissait le pouvoir religieux au pouvoir civil. Le culte se bornant à offrir des sacrifices au souverain suprême (*Chang-ti*), dont l'empereur était le représentant sur terre, sous le titre de *Souverain jaune* (*Hoang-ti* (1) et de Fils du Ciel (*Tien-sée*), il n'était pas nécessaire d'avoir des prêtres et des sacrificateurs, et l'absence d'une caste sacerdotale en Chine a pu contribuer à la longue durée de cet empire, en y maintenant la concentration du pouvoir dans les mains temporelles.

On lui attribue un livre de morale appelé *Nei-king*, sorte d'encyclopédie où l'on pouvait apprendre les règles de conduite intérieure et extérieure.

Cependant, contrairement à sa réputation d'austérité, il eut quatre épouses et plusieurs concubines. Il consacra ainsi la polygamie.

A la mort de Hoang-ti, en 2597, les Chinois, pleins de reconnaissance pour ses immenses services, dérogèrent à l'ancienne coutume consistant à choisir le souverain entre les plus sages

---

(1) Parce que la terre de son temps était jaune. Voir la vie de *Haang-ti*, par le père Amiot, *Mémoires sur les Chinois*, t. XIII, p. 125. — *Hist. de la Chine*, par Grosier, t. 1, P. 20.

de l'empire, et jetèrent les yeux sur son fils Hiuen-hia, surnommé Chao-hao, parce qu'il s'était efforcé d'imiter le grand Fou-hi, appelé aussi Hao ; mais devenu empereur il n'ajouta rien aux institutions de son père et se contenta d'en maintenir l'observance. Il changea seulement le costume des fonctionnaires publics, pour en distinguer les classes, au moyen de figures particulières peintes ou brodées sur la poitrine et sur le dos.

Il poussa l'amour de la paix jusqu'à la faiblesse, et laissa se former des sectes superstitieuses qui se livraient à la magie et à l'idolâtrie. Un historien du IXe siècle de notre ère dit : « Ce mal si détestable introduit sous ce règne s'augmenta de siècle en siècle, et fut poussé au point où nous le voyons par la tromperie et la séduction des *Tao-sse* et des *Ho-chang*, qui entraînent le peuple dans l'erreur. »

A sa mort, les grands et le peuple réunis désignèrent Tchuenhio, petit-fils de Hoang-ti, que sa qualité et ses talents avaient fait entrer de bonne heure dans la haute administration, où il déploya beaucoup de sagesse.

Ce prince, une fois sur le trône (en 2514 avant J.-C.) chercha à détruire les pratiques superstitieuses qui s'étaient introduites sous le règne précédent, décréta qu'à l'avenir on ne sacrifierait plus qu'en l'honneur de *Chang-ti*, et que l'empereur seul serait le grand sacrificateur. Il composa, à cet effet, une musique particulière appelée *chin-yun* pour le prochain sacrifice.

Les limites de l'empire s'étendant de plus en plus, il le divisa en neuf provinces gouvernées par des officiers relevant d'un gouverneur général.

Il ordonna de grands travaux astronomiques (1), et décréta qu'à l'avenir l'année commencerait à la lune la plus proche, le premier jour du printemps vers le premier degré du *Verseau*.

---

(1) Voir l'*Histoire générale de la Chine*, t. XIII, p. 250 et suiv.; *Mémoires concernant les Chino's*, t. XIII, p. 250 et suiv.

A sa mort, en 2437, on désigna pour lui succéder Ti-ko, petit-fils de Chao-hao, pour lequel l'empereur défunt avait marqué une estime particulière, et qui déployait une grande habileté dans le maniement des affaires.

Ti-ko donna une certaine extension à l'enseignement de la morale, et, à cet effet, institua des docteurs pour instruire la jeunesse.

« Ti-ko, rapporte-t-on, savait employer chaque chose à son usage propre, et en tirer le meilleur parti possible. Il n'était pas attaché à sa personnalité... Il était équitable à l'égard de tout le monde... Il se gouvernait lui-même comme il gouvernait les autres... On peut dire qu'il brillait par l'éclat de sa figure, mais les vertus dont il était orné brillaient encore davantage... Il gardait en toutes choses un juste milieu qui fait la perfection. »

Un autre historien, Po-kié (1), dit que ce prince avait l'esprit vif et pénétrant. Attentif sur lui-même, il ne laissait échapper ni parole, ni geste qui ne fussent dignes de son rang. Libéral, bienfaisant, il ne cherchait en tout que l'avantage de son peuple dont il était autant le père que le souverain.

La pratique de la polygamie dépare un peu ces éloges. Ti-ko eut quatre femmes légitimes, sans compter les concubines.

Le fils aîné de Ti-ko, Ti-tchi, appelé à lui succéder (en 2366), à raison de l'estime qu'on portait à son père, fut indigne d'un pareil choix. Il était d'un naturel pervers, oisif, débauché et incapable. Avec ces mauvaises qualités, les affaires publiques ne tardèrent pas à péricliter, et pour prévenir de plus grands désastres, les principaux officiers conspirèrent son renversement au profit du jeune Yao, son frère, qui avait montré déjà les meilleures aptitudes.

Ti-tchi fut déposé officiellement, en vertu du droit que les grands et le peuple avaient encore à cette époque d'élire un empereur, de choisir le meilleur entre les plus dignes, et

---

(1) *Mémoires concernant les Chinois*, t. III, p. 15.

d'assurer un pouvoir durable dans la personne de l'élu ; c'était là une double garantie : l'estime générale d'un côté, la vraie légitimité de l'autre.

Avec le règne de Yao commence le livre sacré des annales, le *Chou-king*.

§ 2. ÉPOQUE HISTORIQUE.

Le *Chou-king*, livre sacré, est le précis de l'histoire politique et morale de la Chine depuis l'empereur Yao (2357 ans avant notre ère) jusqu'à l'époque des philosophes. Khoung-tseu (*Confucius*), en le coordonnant, lui imprima un cachet qui le distingue entre les autres livres; il présente le tableau du double dévelopepement moral et politique de la Chine pendant une longue période.

Yao est le premier et le plus célèbre des empereurs dont parle le *Chou-king*; on y exalte son honnêteté, sa prudence, son attention à faire le bonheur du peuple; selon l'auteur, la vue de ses vertus mit la paix dans sa famille, le bon ordre parmi ses officiers, l'union dans tout le pays ; ceux qui jusque-là avaient tenu une mauvaise conduite, se corrigèrent par son exemple.

Il visitait souvent les provinces de l'empire et s'informait des besoins de tous ; quand la situation générale ne répondait pas à sa bonne volonté, il s'en prenait à lui-même, à son incurie, à son impuissance, et redoublait de zèle pour remédier au mal.

On raconte que dans un de ses voyages un homme se présenta devant lui et s'écria : — « Prince vertueux, puissiez-vous vivre encore un grand nombre d'années. Que vos richesses aillent toujours en augmentant, que votre postérité soit des plus nombreuses ! — Que me souhaitez-vous là ? répondit Yao : me souhaiter beaucoup d'enfants, c'est me souhaiter beaucoup d'inquiétudes et de soucis ; vouloir que mes richesses augmentent, c'est vouloir augmenter mes soins ; désirer que je vive longtemps, c'est désirer que j'aie beaucoup de fautes à me reprocher. — Non, répliqua le même. Le ciel, en créant un peuple nombreux, veut qu'il y ait des maîtres pour le gouverner ; si vous avez beaucoup d'enfants vous confierez à chacun d'eux une portion de votre autorité ; ils vous soulageront dans le gouvernement de l'empire. Quel chagrin peut-il vous en revenir ? Formés par vos sages leçons, ils imiteront votre conduite. Si vos richesses augmentent, vous les distribuerez, vous ferez des heureux : qu'y a-t-il en cela qui exige de si grands soins ? je n'y vois pour vous qu'une satisfaction de plus, celle de pouvoir suivre le doux penchant qui vous engage à faire du bien. Je sais que l'homme le plus parfait n'est pas exempt de défauts ; mais comme le nombre des vertus l'emporte chez vous sur celui des vices, et que vous faites chaque jour de nouveaux efforts pour diminuer celui-ci, en augmentant celui-là, vous souhaiter une longue vie, c'est faire des vœux pour votre perfection. Ainsi, prince, puissiez-vous, après avoir vécu 10,000 ans, devenu esprit, monté sur un nuage blanc, vous élever jusqu'au séjour du *Ty* (1). »

L'authenticité de ces paroles est fort contestable, mais elles caractérisent l'esprit moral de l'historien qui les rapporte.

Yao aima son peuple comme un père aime ses enfants ; il fut à son égard, disent les Chinois, comme le soleil et la lune (2). Il commença par rétablir l'étude de l'astronomie qu'on avait négligée sous les règnes précédents.

S'étant mis en quête d'un bon auxiliaire, tant pour l'aider dans le gouvernement que pour remédier aux désastres causés alors par de grandes inondations, on lui proposa plusieurs

---

(1) *Mémoires concernant les Chinois*, t. XIII, 377 et suiv.
(2) *Histoire générale de la Chine*, t. I, p. 60 et suiv.

personnes, mais à ses yeux l'une, son propre fils, était incapable de bien gouverner, manquait de droiture, et aimait la dispute; un autre était plein d'orgueil et de présomption : et ainsi des autres. Enfin, on découvrit un certain Yu-Chun homme d'un rang obscur, fils d'un père aveugle. Tourmenté par une marâtre et un beau-frère envieux et méchant, il avait été contraint de quitter la maison paternelle, et s'était livré à l'agriculture et à la pêche. Il édifia tout le monde par sa sagesse. Son mérite et ses vertus étant venus à la connaissance de l'empereur, celui-ci en fit son ministre, et après quelques années d'épreuves, lui accorda ses deux filles en mariage. A cette époque, un empereur ne croyait pas déroger en préférant pour ses filles, le plus homme de bien de son empire à un étranger n'ayant d'autre titre de recommandation que celui de sa naissance.

Il s'associa aussi Chun au gouvernement et le chargea de faire observer les cinq règles traditionnelles de conduite, savoir : les devoirs des pères et des enfants, des rois et des sujets, des époux, des jeunes gens et des amis.

Il finit par se reposer entièrement sur lui des soins de l'administration. On rapporte qu'alors Chun fit un usage touchant de son autorité à l'égard de son père et pratiqua envers lui la doctrine du bien pour le mal. Meng-tseu dit : « C'est par sa conduite à l'égard de son père que Chun mérite le nom de grand. A force de respect et de bons procédés en échange de ses mauvais traitements, il adoucit son cœur, et, devenu empereur, il lui fit partager les honneurs qu'il recevait lui-même (1). »

Chun aidé par Yu, un descendant de Hoang-ti, travailla à rendre les rivières navigables et à conduire les eaux dans la mer. Il examina les qualités différentes des terres et les fruits qu'elles portaient, afin de les frapper d'impôts proportionnels.

(1) *Mémoires sur les Chinois*, t. III, p. 294.

Ces impôts consistèrent en or, en argent, en cuivre, en pierres précieuses, en bambous, en dents d'éléphant, en peaux d'animaux, en plumages d'oiseaux, en bois de construction. Les soies et les vernis devinrent une branche considérable d'industrie et de commerce. Enfin Chun se rendit célèbre, dit le *Chou-king*, par ses instructions et par les changements qu'il opéra dans les mœurs.

Yao, dignement secondé par Chun, entreprit de grandes réformes dans l'administration. Il adoucit les châtiments infligés jusqu'alors aux coupables, et substitua la cangue, la bastonnade et l'exil à la marque d'un fer rouge sur le visage, à la castration, à la mutilation du nez ou des pieds. On put racheter certaines fautes par du métal, qui équivalait sans doute alors à une monnaie par sa valeur propre.

Cette faculté de rachat a été depuis réglementée par le code chinois, et a contribué à adoucir la peine corporelle du bambou, infligée pour le moindre délit (1). Mais le Code a repris les mutilations abolies par Yao.

Il faisait punir (on ne dit pas comment) ceux qui abusaient de leur force et de leur autorité, et appliquant cette maxime : « Qui n'est que juste est dur, » il recommandait l'indulgence aux juges.

Sa mort fut l'occasion d'un deuil général pendant trois ans : « Le peuple, dit le *Chou-king*, le pleura comme les enfants pleurent leurs père et mère. » Des qualités aussi éminentes, des services aussi éclatants, le rendaient bien digne de cet hommage spontané. On compte les rois et les empereurs qui ont obtenu et surtout mérité de pareils regrets.

On a résumé l'éloge d'Yao en ces termes : « Le bonnet impérial sur la tête, monté dans son char rouge tiré par un cheval blanc, vêtu d'un costume de cérémonie, il ne dédaignait pas

---

(1) Voir le *Ta-tsing-leu-lée*, code pénal de la Chine, traduit par M. de Sainte-Croix, 2 vol. in-8º.

de visiter les maisons couvertes de chaume et de se familiariser avec les pauvres de son peuple... Sa table était simple, et on n'y servait aucun mets recherché... Il fut cependant l'ennemi de la musique, dont, à ses yeux, l'effet est plutôt d'amollir le cœur que de porter à la vertu (1). » Ce dernier trait n'appartient qu'à cet empereur; les autres, et même les plus sages, ont au contraire recommandé la musique comme un moyen d'adoucir les mœurs.

Bien qu'il eût plusieurs enfants, il n'hésita pas à leur préférer son associé Chun, qui avait rendu de grands services pendant les inondations.

A cette occasion, il réunit les grands de sa cour, et s'adressant à Chun, il parla ainsi : « Chun, depuis trois ans, j'ai examiné avec attention vos actions et vos paroles et j'ai eu la consolation de voir que vous faisiez exécuter mes ordres avec sagesse, que vos conseils étaient pleins de prudence, que vous aviez su gagner non-seulement le cœur du peuple, mais même celui des grands, et qu'en moins de trois ans mon empire a changé de face. Je veux aujourd'hui récompenser votre vertu; venez vous placer sur mon trône. »

Chun pria l'empereur d'en choisir un autre, mais Yao insistant, Chun accepta sans vouloir toutefois porter le titre de roi du vivant de Yao.

Chun divisa les grands en cinq classes ayant chacune sa marque distinctive. Il établit des fêtes en l'honneur de Changti et des Esprits-Célestes, savoir : les cérémonies de la joie, celles de la tristesse, de la guerre, de la civilité, de la paix et de la tranquillité. Il désigna douze gouverneurs pour les provinces et leur dit en les instituant : « Souvenez-vous qu'être gouverneur de province, c'est être père d'une nombreuse famille. Le premier objet de vos soins est de lui procurer abondamment les moyens de vivre et de faire des provisions pour

---

(1) *Mémoires concernant les Chinois*, XIII, p. 294.

les temps de disette. Lorsque le peuple est assuré de sa subsistance, il est aisé d'obtenir qu'il remplisse ses devoirs. »

Outre les membres du tribunal des affaires célestes, chargé d'observer le mouvement des astres, de régler le calendrier ou d'enseigner la connaissance des temps, il y eut encore quatre grands préfets ou gouverneurs généraux des quatre parties de l'empire, chargés de surveiller les douze gouverneurs des douze provinces.

Chun désigna neuf ministres dans l'ordre suivant :

1° Le président des ministres;

2° Le ministre de l'agriculture;

3° Le ministre de l'instruction publique;

4° Le ministre de la justice ;

5° Le ministre des travaux publics concernant principalement la terre et l'eau ;

6° Le ministre des travaux concernant les forêts, les étangs, les lacs, etc.;

7° Le ministre des cérémonies et des rites ;

8° Le ministre de la musique, chargé aussi de composer des hymnes ;

9° Le ministre de la censure (*nayan*, rapporteur de paroles), sorte de police pour connaître l'opinion publique.

Yao étant mort, Chun monta sur le trône en 2255 ; il convoqua les gouverneurs de province pour leur donner des conseils d'une bonne administration, les engagea surtout à estimer et à faire valoir les hommes de talent, à se confier aux gens vertueux et bienfaisants, à fuir les gens vicieux, etc.

Il eut pour premier ministre Yu, qui, dans la suite, devint empereur; Yu l'avait aidé à réparer les désastres causés par les inondations, et le *Chou-King* le signale pour ses belles actions et ses sages discours.

Yu disait à Chun : « Quand le prince et le ministre savent surmonter les difficultés de leur état, l'empire est bien gouverné; les peuples se trouvent en peu de temps dans le chemin de la vertu. » Chun lui répondit : « Mettre l'union et la paix dans tous les pays, porter son attention sur tous les peuples, sacrifier ses lumières et ses vues à celles des autres, ne pas maltraiter ni rebuter ceux qui sont hors d'état de se plaindre, ne pas abandonner les malheureux, voilà les vertus que l'empereur Yao pratiqua. » — Celui qui observe la loi, reprit Yu, est heureux; celui qui la viole est malheureux : c'est la même chose que l'ombre et l'écho. »

Chun disait à son conseiller Long : « Je déteste ceux qui ont une mauvaise langue; leurs discours sèment la discorde et nuisent aux gens de bien. Vous, Long, je vous nomme *Na-Yen* (censeur); soit que vous transmettiez mes ordres et mes résolutions, soit que vous me fassiez des rapports sur ce qu'on dit depuis le matin jusqu'au soir, n'ayez en vue que la droiture et la vérité. »

On voit que si Chun instituait une sorte d'espionnage, ce n'était point dans le but de vexer ses sujets, mais afin de les ramener au bien et de leur rendre justice. Toutes ces maximes nous semblent des lieux communs par leur incontestable vérité; cependant, pour un peuple sortant de la barbarie et recevant ces préceptes de la bouche de l'empereur et de ses ministres, c'était un fait nouveau, capable d'exercer une grande influence sur sa moralité.

Comment n'eût-il pas accueilli avec reconnaissance des paroles comme celles du sage ministre Yu : « Ne vous opposez pas aux choses prescrites par la raison pour rechercher les louanges et les suffrages du peuple; mais ne vous opposez pas aux désirs du peuple pour suivre vos propres penchants. »

Et celle-ci encore : « La vertu est la base d'un bon gouvernement et ce gouvernement consiste d'abord à procurer au peuple les choses nécessaires à sa subsistance et à sa conservation. »

Il disait à Kaio-Yao, ministre de la justice : « S'il se trouve des voleurs, des meurtriers, des gens de mauvaises mœurs, la loi vous prescrit les châtiments dont vous devez user; servez-vous-en rigoureusement envers ceux qui se rendent indignes de pardon, et soyez attentif à proportionner la répression au crime. Songez toujours que vous ne punissez que pour corriger le vice; faites en sorte que le peuple reconnaisse votre droiture dans l'application des peines. »

Le nom de ce magistrat mérite d'être à jamais conservé, car le langage qu'il tenait est marqué d'un libéralisme qu'on croirait né d'hier. Voici ce qu'il disait à l'empereur : « Grâce à vous, la honte du crime ne s'étend point aux descendants, les fils et les petits-fils participent aux bienfaits de leurs ancêtres. Vous ne punissez pas les fautes involontaires; vous penchez toujours vers la clémence lorsque le crime est douteux. »

Ces maximes sembleraient des additions postérieurement faites au *Chou-King*. Malheureusement, chez aucun peuple, pas même en Chine, elles n'ont reçu leur application; il faut descendre jusqu'à la révolution de 1789, plus de quatre mille ans après, pour les voir inscrites dans la loi. Ainsi, de tout temps, les maximes dictées par une conscience droite et libre de préjugés ont fait contraste avec les mœurs et institutions en vigueur.

Chun établit un surintendant de la musique, en lui recommandant qu'elle fût simple et naturelle, et qu'il rejetât celle qui n'inspirait que la mollesse et l'orgueil : « la musique, ajoutait-il, est l'expression des sentiments de l'âme, et si l'âme est élevée et généreuse, la musique qu'elle composera ne respirera que la vertu. »

Yu, son digne ministre, proclamait que le meilleur gouvernement est celui qui procure au peuple tout ce qui peut le rendre heureux. Il y a six choses qu'un bon prince doit distribuer de manière que chacun en ait suffisamment pour ses besoins : l'eau, le feu, les métaux, le bois, la terre et les grains. Trois autres choses sont nécessaires pour rendre les hommes vertueux : la première, et la principale, est d'instruire les hommes dans la pratique de la vertu et l'observance des cinq devoirs de la vie civile; la deuxième est de les engager à s'appliquer aux arts et au commerce; enfin la troisième est de leur procurer des magistrats éclairés et intègres qui les gouvernent en pères, et tiennent la main à ce qu'il ne leur manque aucune de ces neuf choses.

Yu, qui avait contribué à réformer les mœurs et les lois de l'empire, devenu empereur lui-même en 2205, se montra aussi grand prince qu'il avait été bon ministre. Il parcourait souvent les provinces pour voir lui-même si elles étaient bien gouvernées. Chemin faisant, s'il rencontrait un criminel qu'on conduisait en prison, il descendait de son char, s'approchait de l'escorte, s'informait de la gravité du crime, adressait une douce réprimande au coupable et le faisait mettre en liberté.

Ce genre de miséricorde, qu'on a souvent relevé avec éloge est loin d'être équitable, puisqu'il dépend du hasard d'une rencontre; il ne vaut pas mieux, au point de vue de la justice, que la grâce qu'on demande aux rois et qui est accordée en retour d'une flatterie, c'est-à-dire d'une bassesse.

Quand Yu disait: « Soyez pur, soyez simple, et tenez toujours un juste milieu, » on reconnaît la touche de Khoung-tseu, car tout en respectant le texte qu'il avait sous les yeux, on peut admettre, sans faire tort à son impartialité, que, pour l'édification du lecteur, il ait développé les réflexions morales qu'il rencontrait sous sa main.

« Que de précautions, disait-il encore, n'a pas à garder celui qui occupe le trône! Il faut avoir soin de conserver l'amour de la vertu et de s'améliorer soi-même. »

Les subtilités se produisent déjà dans l'énumération des vertus et des devoirs, c'est le côté faible des moralistes; ils ont souvent voulu déterminer le nombre ou arrêter la définition des vertus et des vices sans se préoccuper des nuances. Ainsi, le *Chou-King* fait dire à Kao-yao: « Dans les actions il y a neuf vertus; celui-là est homme de bien qui sait unir la retenue avec l'indulgence, la fermeté avec l'honnêteté, la gravité avec la franchise, la déférence avec de grands talents, la constance avec la complaisance, la modération avec le discernement, l'esprit avec la docilité, et le pouvoir avec l'équité. Celui-là est à juste titre appelé sage qui pratique constamment ces neuf vertus. » Nous avons déjà vu et nous verrons encore plus loin que le nombre neuf était sacramentel en Chine.

Yu comprenait fort bien aussi la part de responsabilité de ses ministres et agents dans l'action gouvernementale et dans sa propre conduite, car il disait à ses ministres : « Si je fais des fautes, vous devez m'en avertir ; vous seriez blâmables si vous m'applaudissiez en face, et me blâmiez en arrière. Et sur ce sujet il composa une chanson où se trouvait cette sentence : « Quand les ministres remplissent leurs devoirs, le souverain s'élève à un haut degré de splendeur ; tous les fonctionnaires contribuent avec joie au bien général. »

Il fonda des écoles dont les élèves devaient subir un examen ; mais il recommandait aux examinateurs d'avoir plus d'égard à la vertu qu'à la science.

Il établit deux différentes sortes d'hôpitaux où les vieillards infirmes pussent passer leurs derniers jours : l'un pour ceux qui avaient servi l'état, l'autre pour les artisans vieillis dans le travail. Chun aimait à visiter ces vieillards, à les interroger sur les choses passées, à les consulter sur le présent.

Pendant une de ses tournées dans les provinces on lui présenta une boisson nouvelle tirée du riz ; Yu en but et la trouva bonne, mais s'apercevant qu'elle enivrait, il fit exiler son inventeur.

Yu s'associa Pé-y, l'homme en qui il avait le plus de confiance, et le désigna pour son successeur, mais cet homme intègre abandonna la couronne en faveur de Ti-Ki, fils de Yu ; la grande vénération des chinois pour Yu leur fit oublier le mode salutaire de l'élection, et dès lors l'empire devint héréditaire. Telle fut l'origine de la première dynastie, celle de Hia, nom de la principauté dont Yu avait confié le gouvernement à son fils. L'inconvénient du nouveau système ne tarda pas à se produire. Le fils de Ti-ki, Taï-kang, qui lui succéda en 2,188, fut indigne de ses prédécesseurs, et le *Chou-King* le représente comme un mannequin assis sur le trône, à qui l'amour des plaisirs fit abandonner le chemin de la vertu.

Le peuple, habitué depuis longtemps à être bien gouverné,

s'impatienta bientôt de ce joug honteux et profita d'un jour où ce prince était allé à la chasse et tardait à revenir, pour se soulever, lui fermer les portes et couronner son frère Tchoung Kang, en 2159 avant notre ère. Les chinois nous donneront plus d'un exemple de leurs moyens expéditifs pour s'affranchir d'un mauvais gouvernement.

On attribue aux autres frères de cet empereur une élégie où l'on remarque ces réflexions, qui semblent à la fois des reproches et des conseils à l'adresse de Tchoung-kang :

« Ayez de la tendresse pour le peuple, ne le méprisez pas ; il est le fondement de l'État. Si ce fondement est ferme, l'empire est paisible. Si un homme tombe souvent dans des fautes, attendra-t-il que les plaintes soient publiques pour se corriger? Avant tout il faut être sur ses gardes. Quand je suis chargé du peuple, je crains autant que si je voyais des rênes pourries employées pour diriger six chevaux fougueux. Celui qui commande aux autres ne doit-il pas toujours craindre ? — L'amour excessif des femmes et des grandes chasses, la trop forte passion pour les boissons fermentées, pour la musique déshonnête, pour les palais élevés et pour les murailles ornées de peintures sont six défauts dont un seul nous perd. »

Sous Tchoung-kang parut une éclipse de soleil au sujet de laquelle ce prince fit mourir les astronomes Hi et Ho, qui au lieu d'observer le cours des astres pour annoncer cette éclipse, s'étaient livrés à l'ivrognerie. Or, les éclipses de soleil ont toujours été regardées en Chine comme de mauvais présages et comme des avis donnés à l'empereur pour examiner ses fautes. Cette éclipse n'ayant pas été prévue, causa de grands désordres dans les cérémonies consacrées à cette occasion ; Hi et Ho furent condamnés à mort autant pour cette négligence que pour leur ivrognerie, et aussi, ajoute-t-on, pour des tentatives de soulèvements qu'ils avaient provoqués comme princes vassaux.

A partir de la première dynastie, commencent des luttes entre les grands vassaux, princes qui se partageaient le gouvernement du territoire ; et la fin de cette dynastie est signalée par les règnes de rois débauchés. Les philosophes disent, à ce sujet, que le destin donne l'empire à certaines races pour le bonheur des peuples et les fait ensuite descendre du trône, dès qu'elles ne peuvent plus l'occuper dignement, ou cessent de concourir à l'exécution des desseins providentiels (1). Et, en effet, les chinois ont toujours pensé, d'après cet enseignement, que les empereurs remplissant une mission du ciel, ils devaient être détrônés le jour où ils y manquaient.

Ainsi la conduite dépravée de l'empereur Li-koué, ayant soulevé la population, un prince feudataire, Tching-thang, se ligua avec d'autres, afin de le renverser. Pour appuyer son entreprise, il disait à ses troupes : « Le dernier roi de la dynastie de *Hia* a épuisé les sueurs du peuple et ruiné sa ville : ne craignez pas de mettre votre confiance en moi ; je ne *mangerai* pas ma parole (c'est-à-dire j'y serai fidèle). » Et il ajouta malheureusement : « Si vous ne suivez pas mes ordres, je vous ferai mourir vous et *vos enfants*. » Voilà une mauvaise conclusion pour un si bel exorde.

Tching-thang, devenu empereur (en 1766 avant notre ère), commença une nouvelle dynastie, celle de *Chang*; il se montra digne des anciens empereurs. Khoung-tseu en parle avec éloge. Ce prince fit graver sur tous ses vases les plus belles maximes de la morale, usage qui s'est perpétué; les Chinois ont multiplié ces inscriptions partout et sur tout, mais y ont peu modelé leur conduite. Entre autres maximes, on lisait sur la baignoire de ce prince: « Pour te perfectionner, renouvelle-toi chaque jour. » C'est la doctrine du progrès individuel.

Sa réputation de sagesse s'étendit si loin, dit-on, que les *quarante royaumes* avaient pour lui la plus grande vénération. Cette tradition prouve qu'alors la Chine était morcelée en quarante petites souverainetés féodales.

---

(1) *Mémoires concernant les Chinois*, t. II, p. 14.

Une sécheresse et une famine étant survenues, Tching-thang s'en déclara devant le ciel le seul coupable et méritant d'en être seul la victime. Il coupa ses cheveux et ses ongles (les Chinois ont toujours tenu beaucoup à leurs ongles), se couvrit de plumes d'oiseaux et de poils de quadrupèdes en signe d'humilité, monta sur son char, se fit conduire au pied d'une montagne, se prosterna la face contre terre et s'accusa publiquement d'avoir négligé l'instruction du peuple, d'avoir fait bâtir des palais superbes et inutiles, d'avoir eu trop d'amour pour les femmes, d'avoir été gourmand et enclin à écouter les flatteurs.

La tradition rapporte qu'après cette confession publique, le ciel se couvrit et une pluie abondante vint rendre à la terre sa fertilité (1). Elle devait nécessairement ajouter cette circonstance afin de corroborer le fait, et le donner en exemple aux empereurs futurs.

Cet empereur aimait à recevoir des conseils et en demandait souvent à son ministre Tchong-Hoeï; mais celui-ci lui répondait par des éloges: « Roi, vous n'aimez ni les femmes ni la musique déshonnête, vous n'enlevez pas le bien d'autrui, vous placez ceux qui ont de la vertu dans les premières charges; vous récompensez ceux qui ont rendu de grands services; vous traitez les autres comme vous-même. Si vous commettez des fautes, vous savez vous en corriger, vous êtes indulgent, miséricordieux et plein de bonne foi... » Si ce prince faisait tout cela, il devait plutôt donner des conseils qu'en recevoir.

Le grand principe de la morale chinoise, le juste-milieu, se produit ici, et le même ministre disait au prince: « Soyez pour le peuple un modèle de juste milieu, et traitez les affaires selon la justice. » Il ajoutait: « Qui sait se trouver un maître est digne de régner; qui ne le sait pas ne peut réussir. »

Son petit-fils et successeur Taï-kia (1755), avait un sage ministre, Y-Yn, qui eut beaucoup de peine à ramener son jeune prince dans le bon chemin. Voyant que ses paroles étaient im-

(1) *Mémoires concernant les Chinois*, t. XIII, p. 24.

puissantes, il composa un livre rempli de sages et douces remontrances. Le roi, touché enfin de tant de zèle, lui dit : « Jusqu'ici je n'ai fait aucun cas de vos instructions, aussi ai-je mal commencé, mais je veux bien finir. » Y-Yn prit sa tête dans ses mains et s'inclina jusqu'à terre : « Un prince intelligent, dit-il, travaille à se perfectionner soi-même, et son vrai talent est de savoir s'accommoder à l'esprit et aux inclinations de ceux qui lui sont soumis ; le roi précédent traitait les pauvres et les malheureux comme ses propres enfants, aussi le peuple lui obéissait-il avec joie... La paix règne où règne la vertu ; sans la vertu, tout est dans le trouble et la confusion... Le bonheur ou le malheur ne sont point attachés à la personne des hommes ; mais le bien ou le mal que le ciel envoie dépendent de leurs vertus ou de leurs vices. »

Ainsi ce ministre, ou plutôt l'auteur du *Chou-King*, n'admet point la fatalité d'une prédestination au bien ou au mal ; la récompense ou le châtiment dépend de la libre conduite de l'homme, quoique, selon lui, l'une et l'autre descendent du ciel. Cette sage doctrine ne prévalut pas toujours, comme nous le verrons, parmi les philosophes chinois.

Taï-wou, en 1637 avant J.-Ch., suivant les tableaux chronologiques chinois, se conforma au régime administratif des anciens rois et assura la subsistance des vieillards ; mais aucun fait remarquable, aucune maxime n'est citée depuis ce prince jusqu'à l'avénement de la dynastie de *Yu*. Pendant 200 ans, le pouvoir devient un but de convoitise pour tous les membres plus ou moins éloignés de la famille impériale ; des guerres se succèdent et ruinent le pays.

Pan-keng (en 1405) donne à la dynastie *Chang* le nom de *Yn*. Il se distingue par une sagesse et une habileté qui justifient la confiance du peuple. On cite de lui de bonnes paroles adressées à ses ministres : « C'est par le choix et après un examen attentif que je vous indique ce que vous devez faire ; pensez soigneusement à mes peuples. Je ne me servirai jamais de ceux qui cherchent à s'enrichir... Au lieu de vous occuper à rassembler des

richesses et des choses rares, ne pensez qu'à acquérir le mérite
de procurer au peuple un repos et une tranquillité durables.
Faites-lui connaître le chemin de la vertu et joignez à une grande exactitude la droiture et la simplicité de cœur. »

Mais la dynastie des *Yn* n'offrait généralement que des princes vicieux, débauchés et cruels, à l'exception de son fondateur et de Wou-ting (en 1324). Celui-ci ne trouvant pas dans sa cour un seul homme digne de seconder ses bonnes intentions, fit choix d'un pauvre artisan, Fou-yue, renommé pour sa sagesse et se l'attacha comme conseiller et ministre. Il est à croire que ce paysan avait l'esprit assez cultivé pour être apte aux affaires publiques, car le bon sens ne suffit pas pour gouverner et il fallait bien que l'Empereur lui reconnût cette supériorité puisqu'il lui disait : « Regarde-moi comme un miroir peu poli que tu dois façonner, ou comme un homme faible et chancelant sur le bord d'un précipice que tu dois guider, ou comme une terre sèche que tu dois cultiver. Ne me flatte point, ne m'épargne point sur mes défauts. »

Yue, en effet, n'épargna pas les bons avis :

« Pensez au bien avant d'agir, lui disait-il, mais sachez choisir le temps pour le faire : Croire qu'on a assez de vertu, c'est perdre sa propre vertu, et se vanter de ses bonnes actions, c'est en perdre le mérite... Il n'est pas difficile de connaître le bien, mais il l'est de le pratiquer... si vous apportez une attention perpétuelle à vos actions, vous viendrez à bout de vous perfectionner, et si vous le voulez sincèrement, vous posséderez l'art de gouverner. Instruire les autres est la moitié de la doctrine. Celui qui donne des préceptes aux autres s'instruit lui-même sans s'en apercevoir. »

On croirait entendre un stoïcien ; c'est que pour les idées morales la communication entre les philosophes des différents pays et des différents siècles n'est point nécessaire ; tous les hommes éclairés qui méditent sur le bien et le mal se rencontrent même dans l'expression.

Les princes suivants ne se ressemblèrent que par leurs vices, et le *Chou-King* les signale seulement pour flétrir leur mémoire.

L'un d'eux, Lin-sin (en 1225), préférant la débauche aux soins du gouvernement abandonna ceux-ci aux ministres avec défense expresse de lui en parler. Le dernier roi de la dynastie de *Chang* ou *Yn*, Cheou-sin, se livra également aux plus grands excès. Il se laissa dominer par une jeune fille, Ta-ki, la plus belle et aussi la plus méchante femme de l'empire ; elle fit régner la terreur et inventa un nouveau supplice. Un des ministres de ce roi avait offert à celui-ci sa propre fille, aussi sage que belle; mais cette jeune fille opposa une vertueuse résistance aux brutalités du roi qui, dans sa fureur, la tua lui-même et ayant coupé son corps en morceaux, la fit servir à la table de son père. Un autre ministre, indigné de cette barbarie, ayant essayé quelques reproches, fut massacré à son tour. Voilà des scènes de cannibales comme malheureusement l'histoire de l'Orient nous en présente quelques exemples.

Ta-Ki fit construire une tour en marbre appelée *Lou-Taï* (tour des cerfs), qui coûta dix ans de travail et fut enrichie d'ornements et de choses précieuses. Elle s'y enferma avec des jeunes gens de l'un et l'autre sexe et s'y livra à toutes sortes de débauches. Le désordre étant devenu général, Wou-wang (le roi guerrier), prince de *Tcheou*, leva une armée pour détrôner Cheou-sin. Ayant réuni une grande assemblée de princes voisins, il leur dit: « Le ciel et la terre sont le père et la mère de toutes choses. L'homme est le seul être intelligent, mais un roi doit l'emporter par sa droiture et son discernement pour être le père et la mère du peuple. Aujourd'hui, le roi de la dynastie de *Chang* n'a aucun respect pour le ciel: il opprime et vexe le peuple. Il est livré au vice et à la débauche, et se plaît à exercer des cruautés inouïes; lorsqu'il punit, la punition s'étend sur toute la famille; s'il donne des dignités, il les rend héréditaires. »

Ces deux injustices, la punition et la récompense héréditaires, ont été signalées et flétries, comme on le voit, depuis des siècles, et cependant elles n'ont pas encore disparu des sociétés humaines. Mais de tout temps, en Chine, les fonctions administratives ayant été dévolues au mérite par les grades obtenus dans les concours, ont exclu le privilége. Aussi Chéou est-il blâmé particulièrement à cause de la violation de cette règle fondamentale.

Il reproche encore à Chéou-sin les dépenses excessives en maisons, en tours, en pavillons, en lacs, au moyen d'impôts sans nombre. Sa cruauté passait toutes les bornes. Il faisait, dit-il, mettre en broche, rôtir les gens de bien, et ouvrir le ventre des femmes enceintes.

Comprenant que de pareils souverains sont peu faits pour inspirer au peuple le respect et l'obéissance, Wou-wang cherche à lui persuader que la royauté est un auxiliaire du ciel. « Le ciel, dit-il, pour aider et assister les peuples, leur a donné des instituteurs ou chefs habiles; ce sont les ministres de l'Etre suprême (*Chang-ti*), chargés de gouverner l'Empire avec douceur, de punir les coupables, et de récompenser les bons. »

Les princes et les ministres qui ont rempli cette mission furent très-rares; aussi le sort des peuples a-t-il toujours été livré au hasard des bons ou des mauvais; or, le nombre des mauvais l'ayant emporté de beaucoup, on s'explique pourquoi les peuples en sont encore à la recherche d'institutions véritablement protectrices de leurs droits.

Voici, dans la bouche de Wou-wang, une sentence marquée au coin de la plus haute équité : « lorsque les forces sont égales, il faut avoir égard au talent; lorsque les talents sont égaux, il faut avoir égard à la droiture du cœur. »

Mais Wou-wang comprenant bien que pour renverser la tyrannie, les beaux discours ne suffisent pas, se mit à la tête des révoltés.

Après une grande et décisive bataille, Chéou-sin vaincu se retira dans la Tour des Cerfs, s'y enferma avec toutes ses richesses, y fit mettre le feu et mourut comme Sardanapale. Taki eut la tête tranchée par ordre du vainqueur, mort très-douce pour une femme qui avait raffiné les supplices.

Wou-wang, après avoir battu Chéou-sin, ne voulut pas entrer

dans la ville abandonnée avant que les habitants n'y fussent rentrés eux-mêmes ; il entra enfin précédé d'une escorte. Son frère s'avança le premier, et le peuple demandait : n'est-ce pas là le nouveau roi?—«Non, dit un ancien ministre, il a l'air trop fier; le sage a un air modeste et paraît craindre dans tout ce qu'il entreprend. » Le premier ministre de Wou-wang se présente : Est-ce lui ? dit le peuple effrayé de son air superbe. — « Non, répond le même, il se laisse trop emporter par son caractère bouillant, le sage sait s'avancer et se retirer à propos. » Wou-wang paraît avec une attitude modeste, grave et affable au milieu de ses officiers. « Le voici sans doute, s'écria le peuple. » — « Oui, quand le sage veut faire la guerre au vice et rétablir la vertu, il est tellement maître de ses passions, que jamais il ne manifeste aucun mouvement de colère contre le vice ni de joie à la vue de la vertu. »

Wou-wang monta sur le trône en 1122 et fonda une nouvelle dynastie. Ki-tseu fut son conseiller intime, et le *Chou-King* lui prête plusieurs discours empreints d'une grande sagesse. Il disait, par exemple, que le peuple imitant les princes et leurs agents, ceux-ci étaient responsables de sa conduite, et que si les fonctionnaires n'étaient pas équitables, le peuple se livrerait au désordre. Puis, s'exprimant d'une manière symbolique, il ajoutait :

« Voici les bonnes apparences : quand la vertu règne, la pluie vient à propos, quand on gouverne bien, le temps paraît serein. Une chaleur qui vient en son temps désigne la prudence. Quand on rend un jugement équitable, le froid vient à propos ; la perfection, c'est le vent qui souffle selon la saison. Voici les mauvaises apparences : quand le vice règne, il pleut sans cesse. Si on se comporte légèrement et en étourdi, le temps est trop sec. La chaleur est continuelle, si l'on est négligent et paresseux ; de même le froid ne cesse point si on est trop prompt, et les vents soufflent toujours si l'on s'aveugle sur soi-même. »

Ces rapprochements ne sont pas tous fort judicieux, mais ils démontrent la tendance des esprits orientaux, en général, à chercher dans les phénomènes de la nature des objets de comparaison avec les mouvements de l'âme.

Puis viennent des divisions subtiles comme nous en avons vues plus haut. Ainsi, la catégorie des cinq bonheurs comprend: 1º une longue vie, 2º la richesse, 3º la tranquillité d'esprit, 4º l'amour de la vertu, 5º une mort heureuse après avoir accompli sa destinée. La catégorie des six malheurs comprend, 1º une vie courte et vicieuse, 2º la maladie, 3º l'affliction, 4º la pauvreté, 5º la cruauté, 6º la faiblesse et l'oppression.

Il énumère encore les cinq occupations, les huit principes de gouvernement, les trois vertus, savoir : 1º la droiture; 2º l'exactitude et la sévérité; 3º l'indulgence et la douceur, etc.

Wou-wang eut l'imprudence de rétablir des souverainetés vassales qui bientôt voulurent se rendre indépendantes, causes perpétuelles de guerres dont l'empire fut troublé.

Des envoyés du pays de *Lou* lui ayant apporté un grand chien en présent, son premier ministre lui dit:

« Préférer ce qui est utile à ce qui ne l'est pas est méritoire. Le peuple trouve ce qui lui est nécessaire quand on ne recherche pas les choses rares, et quand on ne méprise pas les choses utiles : un chien, un cheval sont des animaux étrangers à votre pays (1), il n'en faut pas nourrir; de même n'élevez pas chez vous de beaux oiseaux, ni des animaux extraordinaires. »

Wou-wang mourut en 1146 après un règne dignement rempli.

§ 5. — INSTITUTIONS POLITIQUES, CIVILES ET ADMINISTRATIVES.

C'est sous Wou-wang que fut rédigé le *Tchéou-li*, ou *rites* de Tchéou, sorte d'almanach administratif qui entre dans de minutieux détails sur les fonctions politiques, religieuses et civiles

(1) Les chiens et les chevaux ont toujours été assez rares en Chine.

de l'Empire. On l'attribue à Tchéou-Kong, frère de Wou-wang (1). La plupart des offices administratifs qui y sont consignés subsistent encore avec les seuls changements de dénominations ou d'attributions occasionnés par la domination étrangère.

A cette époque l'empire chinois comprenait de 3 à 400 lieues de longueur sur 150 de large; l'empereur avait établi sa résidence à Lo-yang (dans le Ho-nan) où, suivant les auteurs chinois, était le milieu de la terre, le point de jonction du ciel et de la terre, le lieu où s'unissaient les quatre saisons, le vent et la pluie, les principes du repos et du mouvement. L'empereur avait huit pouvoirs: ceux de nommer aux offices, de fixer des appointements, de destituer, de confirmer, de tuer, de faire grâce, d'accorder des gratifications, de supprimer ou de réduire des emplois. Il avait auprès de lui trois grands conseillers, et trois vices conseillers. L'empire se composait du domaine impérial et d'un certain nombre de districts feudataires, auxquels le souverain imposait des chefs appelés pasteurs, trois ministres, cinq préfets et divers officiers. Le chef devait rendre visite à l'Empereur à certaines époques déterminées avec un cérémonial minutieusement décrit par le *Tcheou-li*.

Tous les sept ans des interprètes étaient chargés d'examiner les langages des divers royaumes pour faire concorder les formules de conversation. Tous les neuf ans les musiciens et les annalistes comparaient les caractères de l'écriture et déterminaient les sons de la prononciation.

La 11e année on vérifiait les poids et mesures, la 12e année l'Empereur faisait lui-même une grande tournée dans l'Empire et réunissait en assemblée générale les feudataires Ceux qu'il destituait étaient censés morts et l'on accomplissait en leur honneur des cérémonies funèbres.

Il y avait un premier ministre, grand administrateur ayant

---

(1) Ce livre important a été traduit par M. Edouard Biot, 2 vol. in-8o 1851.

sous ses ordres cinq ministres : 1° un ministre de la terre ou de l'enseignement, 2° un ministre du printemps ou des rites, 3° un ministre de l'été ou de la guerre, 4° un ministre de l'automne ou de la justice, 5° un ministre de l'hiver ou des travaux publics.

Le grand ministre recevait les tributs et les redevances et en répartissait les produits suivant les besoins : « Par les neuf professions ou classes de travail, dit le *Tchéou-li*, il règle les divers travaux des peuples; par les huit principes conducteurs, il aide le souverain à guider les peuples; par les neuf couples ou liens d'association, il attache la population des royaumes. » Le peuple était divisé en neuf classes, ou plutôt en neuf occupations librement choisies : 1° les cultivateurs, produisant neuf espèces de grains, 2° les jardiniers, 3° les bûcherons, 4° les pâtres des marais cultivés, élevant les oiseaux et les quadrupèdes, 5° les artisans qui transforment par leur travail les huit matières brutes, les perles, l'ivoire, le jade, les pierres, les bois, les métaux, les peaux, les plumes, 6° les marchands en boutique et ambulants, 7° les femmes légitimes qui travaillent la soie et le chanvre, 8° les serviteurs et servantes y compris les esclaves achetés sur le marché, 9° les individus sans profession fixe.

Il existait une sorte de hiérarchie entre ces classes; on engageait, mais on n'obligeait personne à suivre la profession de son père.

Le *Tchéou-li* indique huit principes conducteurs : aimer ses proches, respecter les hommes âgés, élever en grade les hommes de mérite, déléguer les hommes capables, protéger ceux qui servent bien l'État, honorer les personnages célèbres, connaître les officiers secondaires qui se sont bien conduits, recevoir selon les rites les étrangers qui viennent à la cour.

Il y a neuf liens d'association : 1° les pasteurs ou chefs feudataires agissant sur le peuple par la possession, 2° les anciens ou supérieurs, les instructeurs, les lettrés, qui tirent leur influence de la dignité dont ils sont revêtus, du bon exemple et de l'enseignement qu'ils donnent; l'ancêtre qui agit par le lien de la parenté; l'officier supérieur et l'officier subalterne, qui possèdent le peuple par le bien-être qu'ils lui procurent; les amis, c'est-à-dire les hommes du même carré de terre, agissant par la communauté de travaux; enfin, le marais cultivé, qui attache le peuple par l'abondance.

Le *Tchéou-li* parle des fonctionnaires du palais, du chef des médecins, de l'intendant des vins, du grand-trésorier, et de leurs employés, de la cuisine de l'empereur, des douze terrines dont se composent ses repas, du service de la tuerie, de la chasse, de la pêche, de la glacière, de la pâtisserie.

Il donne des règles générales pour le traitement des maladies des hommes et des animaux.

Un administrateur est chargé du palais qu'habitent les femmes de l'empereur.

L'impératrice elle-même n'est point inactive; elle commande aux neuf femmes du deuxième rang et aux vingt-sept du troisième rang : les unes dirigent à leur tour quatre-vingt-une concubines divisées en neuf groupes faisant des ouvrages en soie et en fil; les autres sont à la tête des femmes de service. Des eunuques ont la surveillance de toutes ces femmes.

Le ministre de la terre est appelé directeur des multitudes. Il est chargé d'instruire le peuple dans la morale et dans les travaux matériels; il distribue le territoire et les cultures, organise la famille, répartit les tâches, inspecte le commerce. De plus, il enseigne le respect par les rites des sacrifices, l'humilité par ceux du principe mâle, l'amour conjugal par les rites du principe femelle, la concorde par ceux de la musique; il distingue les rangs sociaux par les règles du cérémonial; il enseigne la tranquillité par les usages, la pratique du juste milieu par les châtiments, la charité par les engagements contractés dans les sacrifices, la modération par les mesures; par les professions héréditaires, il enseigne ce que chacun peut faire; il règle par le mérite les nominations aux offices administratifs, par les actions méritoires les redevances des offices.

Il y a six principes de conservation et de tranquillité : aimer ses enfants, nourrir les vieillards, secourir les veufs et les orphelins, avoir compassion des pauvres, être indulgent pour les cas de maladie, consolider la richesse du peuple.

Le même ministre fait établir convenablement les habitations et les maisons, unit intimement les frères aînés et les frères cadets, les instituteurs et les lettrés, les disciples et les amis, et rend les habillements uniformes. Par les trois genres de mérite il instruit le peuple : le premier genre de mérite comprend les six vertus, c'est-à-dire le savoir, l'humanité, la sagesse, la justice, la fidélité envers le prince, l'union : le second genre comprend les six actions louables : la piété filiale, l'amour fraternel, l'amour des parents, la fidélité, la charité entre amis ; le troisième genre comprend six sciences : les rites des cérémonies, la musique, l'art de tirer les flèches, de conduire un char, l'écriture, le calcul. Enfin, par les huit punitions au moyen de la bastonnade, les officiers de ce ministère répriment les contraventions aux actions louables, ainsi que l'action de débiter des faussetés ou d'exciter au désordre, quand ces délits ne méritent pas des poursuites criminelles.

Ce ministre mesure aussi l'étendue de la terre et en fixe le milieu là où l'ombre d'un gnomon marque un pied cinq dixièmes. On y établit la capitale, et autour de ce centre on décrit des carrés comprenant les environs de la capitale, le domaine impérial, les apanages, etc.

Les terres distinguées en cinq espèces sont réparties entre les familles des diverses classes agricoles.

Suivent des réglements sur ces terres et sur les corvées ; sur les familles formant un groupe dirigé par un ancien. Ces familles se doivent assistance mutuelle et un asile en cas de malheur. Les sections de plusieurs groupes font une commune qui a un chef ; cinq communes forment un canton avec un chef ; cinq cantons forment un arrondissement avec un chef ; cinq arrondissements forment un district avec un chef.

Les chefs territoriaux dressent la statistique de la population et des diverses classes de la société, commandent les corps appelés pour les corvées, accomplissent des sacrifices, contrôlent la conduite de leurs subordonnés, les encouragent ou les réprimandent.

Les communes sont associées deux à deux, et doivent se soutenir, se recevoir, participer aux peines et aux châtiments, aux éloges et aux récompenses, exécuter ensemble les services requis, enterrer mutuellement leurs morts.

Il y a des familles privilégiées dans lesquelles se recrutaient les officiers du premier rang : les fils des dignitaires reçoivent, sous le nom de *fils de l'État*, une éducation spéciale pour les emplois supérieurs.

Dans la suite ce fut parmi les lettrés qui sortaient de toutes les classes que l'on choisit de préférence les fonctionnaires.

Le tir de l'arc était une cérémonie que l'empereur et ses feudataires accomplissaient en certaines occasions. Le peuple, réuni deux fois par an pour cet exercice, désignait par acclamation ceux qui s'étaient montrés les plus habiles.

Les suffrages populaires étaient invoqués encore dans d'autres circonstances, soit lorsque le royaume était en danger, soit lorsqu'il fallait changer de capitale, soit lorsque les subsistances étaient insuffisantes, soit, enfin, quand le trône étant vacant il fallait élire un prince. Le peuple avait le droit de grâce, et l'on n'exécutait pas un criminel lorsque la multitude des assistants s'y opposait.

Tous les actes de la vie civile sont minutieusement déterminés et réglés dans le *Tchéou-li*; une masse de fonctionnaires en surveillent l'accomplissement. Un officier visite le champ du laboureur et frappe d'amende celui qui le cultive mal, les travaux même des femmes sont soumis à une surveillance et à une taxe. Un autre officier enregistre les unions conjugales et veille à ce qu'un homme prenne femme à trente ans au plus tard, et à ce que la femme soit mariée à vingt ans. De plus, il juge toutes les discussions sur les rapports secrets entre les époux.

Un autre est préposé à la vérification des marchandises, à la rédaction des conventions entre les parties, au jugement des contestations, à la régularisation des échanges.

Un *instructeur* est chargé spécialement de signaler à l'Empereur ce qui est bien et juste, et d'instruire le prince héritier dans la pratique de la vertu ; un *protecteur* enseigne les six sciences, et peut réprimander l'empereur. Un *censeur* a mission d'inspecter les vertus du peuple, de l'exhorter à la concorde et à la science ; un *sauveur* a celle de punir les fautes graves et les égarements ; un *conciliateur* a celle d'apaiser les complots de ramener l'union.

Le ministre du printemps ou des rites réunit sous sa direction tout ce qui a trait au culte, à la devination, à l'étiquette, à toutes les cérémonies publiques ; c'est comme le pontife suprême, bien qu'il soit avant tout fonctionnaire. De lui dépendent les officiers chargés de régler les rangs, les titres, les diplômes, les costumes de l'empereur, la musique et la danse qui font partie des sacrifices et d'autres cérémonies.

La musique est considérée comme inspirant l'observation du juste-milieu, la concorde, la vénération pour les esprits, le respect pour les supérieurs, l'amour filial, l'amitié. Il y a des chants et des danses prescrits pour toutes les circonstances heureuses ou malheureuses. Des aveugles composent un corps de musiciens pour chanter et célébrer, sous la conduite du grand instructeur, en s'accompagnant de la harpe et de la guitare, les vertus des anciens.

Les augures dépendent encore de ce ministère. On n'entreprenait aucune affaire d'État, aucune réunion d'armée, aucun voyage sans avoir consulté la plante *Chi*, et surtout l'écaille de tortue qu'on chauffait pour tirer des présages bons ou mauvais des fissures qu'y produisait le feu.

Il y a encore un interprète des songes ; des *invocateurs* qui adressent aux esprits des prières ; des sorciers et des sorcières chargés de divers offices, des annalistes et des astronomes pour tenir les archives, régler le calendrier, déterminer les divisions du ciel, les mouvements des planètes, du soleil, de la lune, tirer des pronostics des nuages et des vents.

Bien qu'on s'occupât beaucoup d'astronomie, on n'était point alors arrivé à des connaissances très exactes ; ainsi, pendant les éclipses, l'empereur battait du tambour pour secourir le soleil qu'il croyait menacé, et tirait des flèches sur la lune pour la sommer de se retirer.

Le ministre de l'été était le ministre de la guerre, le grand commandant des chevaux. Le *Tchéou-li* contient des préceptes sur ce sujet : Si les chefs des royaumes, dit-il, écrasent les faibles, empiètent sur les petits, alors on les déclare coupables. S'ils oppriment les hommes de bien, s'ils vexent le peuple, alors on les attaque ouvertement ; s'ils sont cruels à l'intérieur et usurpateurs au dehors, on leur fait un autel (c'est-à-dire un tombeau). Si leurs campagnes sont stériles, si leur peuple se disperse, on réduit leur territoire. S'ils se prévalent de leurs forces et n'obéissent pas, on les attaque sans démonstration. S'ils maltraitent ou tuent leurs parents, on les réprime. Si des sujets tuent ou chassent leur prince, on les coupe en morceaux. S'ils violent les ordres supérieurs, on les arrête. S'il y a des hommes qui excitent des désordres au-dedans et au-dehors, qui se conduisent comme des bêtes brutes, on les anéantit. »

Les soldats étaient choisis par le ministre des multitudes dans les diverses classes de la société ; il en formait une infanterie, divisée en régiment de 2500 hommes, et en bataillon de 500, et armée de lances, d'arcs, de flèches, de cuirasses, de boucliers.

Souvent on leur plaçait dans la bouche une espèce de mors pour les empêcher de pousser des cris, surtout pendant les expéditions secrètes. Les chefs portaient le tambour, insigne et moyen de commandement. Il n'y avait point de cavalerie, mais une partie de l'armée combattait en chars.

La chasse était un des principaux exercices des soldats ; l'empereur en faisait une à chaque saison et avait à son service un grand nombre de gens occupés à la vénerie.

Le ministre de l'automne était le *grand préposé aux brigands*, le juge criminel, et avait sous ses ordres des officiers chargés les uns de s'enquérir des crimes, les autres d'instruire les affaires, de les juger ; puis venait la police et les exécuteurs. On comptait 500 délits punis par la marque noire sur le visage, 500 par l'amputation du nez, 500 par la réclusion dans le palais (ou castration), 500 par l'amputation des pieds, 500 par l'exécution capitale. Il y avait aussi l'emprisonnement à temps, les travaux dégradants, et l'esclavage.

Le ministre avait encore sous ses ordres le grand voyageur et ses aides chargés de se rendre auprès des feudataires, d'examiner leur conduite, de les punir s'ils avaient prévariqué ; et des officiers préposés à la réception des visiteurs étrangers, pour les accompagner et les surveiller.

Les voyages étaient favorisés par des routes bien entretenues, et des auberges placées de distance en distance, que l'État lui-même approvisionnait.

Le ministre de l'hiver avait la surveillance des travaux publics et industriels. Les nombreux métiers qu'on exerçait en Chine, les procédés du travail, tout cela était minutieusement réglementé.

L'autorité réglait tous les actes de la vie publique et privée, le mariage, les funérailles, la culture des terres, l'industrie ; il ne restait point de place pour la liberté individuelle. Il en résulta une foule d'usages tyranniques, de rites, de cérémonies qui accompagnent encore le Chinois pendant toute sa vie. S'il n'y eut point de castes, il y eut un corps de lettrés qui institua peu à peu le mandarinat, d'où sortirent les fonctionnaires publics à l'exclusion des autres corps d'état.

§ 4. SUITE DU CHOU-KING.

Le fils de Wou-wang, Tching-Wang, est signalé par le *Chou-King* pour sa sagesse précoce ; jeune encore, il n'osa se fier à son inexpérience et s'en rapporta à ses ministres, et surtout à son oncle Tcheou-koung, qui fut régent pendant sa minorité.

Des instructions lui furent données sur les devoirs du prince envers ses sujets et sur les vertus nécessaires pour bien gouverner. On lui recommandait de punir sévèrement une faute légère volontairement commise, et de pardonner, au contraire, une faute importante commise sans dessein prémédité.

L'amour filial y est placé en tête de toutes les vertus ; l'amour fraternel y est également préconisé, mais son exercice étant subordonné à l'ordre de primogéniture entre cadets et aînés, il en résulte une position inégale entre eux. Le *Chou-King*, tout en recommandant aux aînés de protéger leurs cadets, n'en consacre pas moins un injuste privilège.

De plus sages maximes concernent l'accord qui doit régner entre les princes, les grands et le peuple. C'est pour le peuple, est-il dit, qu'il y a un roi, des chefs et des princes vassaux ; ceux-ci ne doivent pas le maltraiter ni lui faire tort ; ils doivent protéger le pauvre, les orphelins, les veuves et les jeunes filles sans appui.

Voilà de forts bons conseils, ils n'ont jamais manqué aux princes depuis l'auteur du *Chou-King* jusqu'à Fénélon ; mais ils n'ont jamais eu de sanction obligatoire.

Tcheou-koung disait à son neveu.

« Jeune prince, vous aurez peut-être des vices et des passions qui vous empêcheront d'être juste ; prenez garde qu'ils ne soient comme le feu qui se communique. Dans le commencement, c'est peu de chose ; mais par degrés se forme une flamme qu'on ne peut plus éteindre. »

Il l'engageait aussi à ne point céder à l'amour du plaisir, et à se préoccuper du sort des travailleurs; s'appuyant dans tous ses conseils de l'exemple des anciens :

« J'ai appris, dit-il, que les anciens s'avertissaient mutuellement des fautes qu'il fallait éviter ; ils s'instruisaient, se communiquaient leurs pensées ; si vous ne suivez pas mes conseils, vos vices seront imités; on changera les sages lois portées par les anciens rois contre les crimes ; tout sera dans la confusion ; le peuple mécontent commencera et finira par vous maudire et par invoquer les esprits contre vous. »

Ces paroles sont la meilleure critique du gouvernement patriarcal, où tout dépend des exemples que donne le chef.

Cependant il est fort douteux qu'un jeune prince, si débonnaire qu'il fût, ait écouté de pareils avertissements sans sourciller

L'auteur du *Chou-King* a fait pour les anciens rois et ministres ce que plus tard a fait Tite-Live, il a prêté à ses personnages historiques de magnifiques discours auxquels il n'aurait manqué que des sténographes pour les recueillir. Tite-Live a conformé les harangues qu'il rapporte au caractère et à l'esprit traditionnel de ses personnages ; mais l'auteur ou le coordonnateur du *Chou-King* a conformé les maximes qu'il a mises dans la bouche des souverains et des ministres de différentes époques à une morale traditionnelle dont on ne s'est jamais départi en Chine.

Bien que les Chinois aient su combattre avec courage, en maintes occasions, ils ont toujours été naturellement peu enclins à la guerre ; le *Chou-King* rapporte plus d'une parole qui exprime ce caractère pacifique, comme celle du roi Tching-wang :

« La manière de faire le bien n'est pas toujours la même, dit-il, mais tout ce qui contribue à conserver la paix tend à la même fin; la manière de faire le mal n'est pas toujours la même, mais tout ce qui tend à mettre le trouble produit le même effet..... Suivez toujours la droite raison qui réside dans un juste milieu en toutes choses. »

C'est le système du *statu quo,* en vertu duquel il vaut mieux s'en tenir aux anciens usages que de s'exposer aux troubles qui pourraient naître de leur changement ; et ce même roi dit encore : « Sous prétexte que vous vous croyez plus expérimentés que les anciens, ne changez pas les vieilles coutumes, ce serait du désordre. » Ces paroles expliquent pourquoi la civilisation chinoise est aujourd'hui, à peu de chose près, ce qu'elle était il y a 3,000 ans.

Ce même roi disait aux fonctionnaires publics : « Dans les grands postes soyez toujours sur vos gardes ; celui qui ne craint rien est surpris par le danger. »

L'indulgence et la mansuétude sont le plus beau côté de ce système ; on ne saurait être bien sévère quand on est prudent jusqu'à la pusillanimité :

« Soyez indulgent, dit le même, mais faites observer la loi ; sachez temporiser à propos... N'ayez point d'aversion pour les esprits bornés, et n'exigez pas qu'un homme soit parfait en tout... On gagne à être patient, et savoir supporter les défauts des autres est une grande vertu. »

Tching-wang reconnaît aussi combien l'exemple des gouvernants peut influer sur la conduite des gouvernés : « Les peuples sont naturellement bons, dit-il, mais leur penchant pour le plaisir les fait changer ; alors ils violent les ordres de leurs supérieurs pour suivre leurs propres passions. Observez et publiez fidèlement les lois ; soyez fermes et constants dans la vertu ; vos inférieurs, touchés de vos instructions, se corrigeront et parviendront à une solide vertu. »

Tching-Wang, sentant sa fin prochaine, convoqua ses ministres et ses vassaux, leur donna ses derniers avis, et les pria de veiller sur son fils Tchao, qui devait lui succéder. « Qu'il traite bien ceux qui viennent de loin, dit-il, qu'il instruise ceux qui sont auprès de lui et entretienne la paix dans tous les royaumes grands et petits. C'est par l'autorité et le bon exemple qu'il faut gouverner les inférieurs ; vous ne sauriez être assez attentifs à faire en sorte que dès le commencement Tchao ne donne dans aucun vice. »

Il mourut en 1067. Après une régence de quelques années, Tchao prit les rênes du gouvernement sous le nom de Kang-wang. Il rassembla les premiers vassaux et leur dit :

« Les rois mes prédécesseurs pensaient plus à récompenser qu'à punir ; leur libéralité s'étendait partout ; leur gouvernement était sans défaut et fondé sur la droiture... Votre corps est éloigné de la cour, mais votre cœur doit y être ; partagez avec moi le travail et les inquiétudes, remplissez tous les devoirs de sujets vassaux. »

Il disait à son premier ministre :

« Celui qui gouverne doit s'attacher à ce qui dure toujours. — Celui qui parle doit s'attacher à ne dire que ce qui est nécessaire et en peu de mots. »

Bien que nous n'en soyons encore qu'au onzième siècle avant notre ère, l'antiquité est sans cesse invoquée comme seul modèle à suivre : « Si dans les instructions qu'on donne aux autres, dit le même, on ne cherche pas les exemples et les préceptes dans l'antiquité, que peut-on leur enseigner ? »

Voici une autre pensée attribuée au même roi, qu'on dirait tirée des livres de Khoung-tseu. « La vertu règne rarement parmi les gens riches et parmi ceux qui sont d'anciennes maisons ; l'orgueil leur impose de la haine et du mépris pour les gens vertueux et ils les maltraitent : c'est détruire la loi du ciel que de ne pas se soucier de garder les règles de la modération, de ne penser à vivre que dans le luxe et la mollesse. »

Son fils, Tchao-wang, lui succéda en 1052; mais son amour pour la chasse le détourna de ses devoirs. Le peuple, dont ses meutes ravageaient les champs, murmura, et des conspirateurs profitèrent d'un jour où il était dans une barque pour le faire chavirer et noyer avec quelques grands de sa suite.

Mou-wang, son fils, lui succéda en 1001. Ce roi paraît avoir aimé les magnificences et le luxe ; cependant, le *Chou-King* le représente comme rempli de crainte sur lui-même. Il aurait dit à un de ses officiers : « Je me trouve dans la même inquiétude et dans le même danger que si mes pieds étaient posés sur la queue d'un tigre ou si je marchais sur la glace du printemps... Au milieu de la nuit je me lève et je pense à éviter de commettre des fautes... Mon caractère est porté au mal, mais ma ressource est dans les ministres qui sont auprès de moi, et doivent suppléer, par leur prudence et par leur expérience, à ce qui me manque ; c'est à eux de me redresser dans mes égarements, de corriger mon obstination, de changer ce que j'ai de mauvais ; par là, je pourrai me mettre en état de suivre les grands exemples de mes prédécesseurs... Les vertus et les défauts des rois dépendent des grands et des fonctionnaires publics. »

Cette observation n'est point toujours fondée en réalité ; les rois choisissant d'ordinaire leurs agents parmi ceux dont le caractère, le goût, les passions s'accordent le mieux avec leurs penchants, sont exposés à avoir autour d'eux plutôt des flatteurs que des conseillers.

Mou-wang est un des rois qui régnèrent le plus longtemps ; l'aménité de son caractère, la douceur de son gouvernement, non-seulement lui assurèrent la fidélité de ses agents, l'attachement du peuple, mais encore ôtèrent toute espérance de succès aux ambitieux.

A l'âge de cent ans il dictait encore de sages mesures et recommandait, entre autres, une équitable application des châtiments. S'appuyant sur l'antiquité, il disait : « On gardait alors le juste milieu dans la punition ; les magistrats ne faisaient acception de personne... Un juge imite la vertu du ciel en exerçant le droit de vie et de mort... » S'adressant aux magistrats, il leur dit : « Vous qui êtes préposés pour faire exécuter les lois pénales, n'êtes-vous pas à la place du ciel pour être les pasteurs du peuple?... Parmi les fautes qu'on commet il faut examiner celles qui sont faites de dessein prémédité et celles qui ne le sont pas. »

Puis viennent des catégories de supplices et de rachats qui ont été introduites dans la loi : « S'il y a quelques doutes sur l'application des supplices, dit-il, il faut avoir recours aux cinq sortes de rachats ; si l'on doute que l'accusé soit dans le cas de rachat, alors on juge selon le cas des cinq sortes de fautes ou involontaires ou presque inévitables. Ces cinq fautes sont : 1° parce qu'on craint un homme en place ; 2° parce qu'on veut ou se venger ou reconnaître un bienfait ; 3° parce qu'on est pressé par des discours de femmes ; 4° parce qu'on aime l'argent ; 5° parce qu'on a écouté de fortes recommandations. »

Il y a beaucoup d'indulgence a trouver ces fautes involontaires ou presque inévitables ; elles accusent des faiblesses auxquelles la volonté n'est pas étrangère, et qui peuvent entraîner de véritables délits.

L'auteur apprécie sagement la gravité des fautes selon les motifs et les circonstances, distinction déjà signalée plus haut. « Il y a des cas sujets à de grandes punitions ; mais si la cause ou les motifs rendent ces cas légers, il faut punir légèrement. Au contraire, il y a des cas sujets à des punitions légères, mais que la cause ou le motif rend graves : alors il faut employer de grandes punitions. Dans les discussions de deux parties, un juste et droit milieu pris à propos est le plus capable de terminer les différends. Dans les procès, n'ayez pas en vue votre intérêt particulier ; les richesses ainsi acquises ne sont point un trésor, mais elles causent des crimes qui attirent des malheurs. »

A partir de Mou-wang, la Chine commence une ère de décadence qui se poursuivra jusqu'à l'époque des philosophes.

Un de ses successeurs, Li-wang (en 873 avant Jésus-Christ), contraste bien tristement avec lui ; cruel, avide et prodigue, il défendait sous peine de mort qu'on se parlât à l'oreille ; il soupçonnait avec raison qu'on parlait contre lui. Mais s'il pouvait interdire la parole à haute voix, il ne pouvait empêcher les vers satiriques de circuler, et le *Chi-King*, livre des vers, 3ᵉ livre sacré des Chinois, contient des imprécations lyriques contre Li-wang, mêlées à d'autres chants nationaux recueillis depuis le dix-huitième jusqu'au septième siècle avant notre ère. Dans une élégie de ce recueil, on lit des passages qui peuvent s'appliquer à ce règne : « Un prince juste et bienveillant est l'espérance du peuple et attire à lui tous les vœux... : un prince injuste et cruel, ne se fiant qu'à ses vaines lumières, trouble le repos de l'Etat et s'aliène le cœur du peuple... »

Faisant allusion au silence imposé à la plainte, le poète dit : « Si nous ne parlons pas, nous ne pouvons remédier à rien ; mais il y a trop de danger à parler... Ils proclament leur bonne foi et leur sincérité, et ils sont pleins de dol et de fourberie ; ils ne cessent de tendre des piéges au peuple. » Or, la tyrannie corrompt le peuple en l'abrutissant ; elle le pousse à l'unique satisfaction de ses besoins physiques pour le distraire de la servitude. « Le peuple, ajoute-t-il, se livre à toutes sortes d'excès et son état empire chaque jour... On blâme mes paroles accusatrices et tu voudrais les étouffer ; mais d'autres t'ont déjà chanté et maudit (1). »

Malgré toutes les précautions de Li-wang, et de ses sicaires, le peuple finit par se révolter, et ainsi qu'il arrive souvent, les innocents subirent le châtiment dû au coupable. Tous les membres de la famille royale, au nombre de trois cents, furent massacrés, tandis que Li-wang et un de ses fils parvinrent à s'échapper ; le tyran mourut en exil, mais son fils fut rappelé (en 827).

Ce prince ne régna pas longtemps, et eut pour successeur Yeou-wang, homme adonné au plaisir, et qui augmenta les impôts pour satisfaire aux prodigalités d'une jeune fille dont il s'était épris.

Le *Chi-King* contient aussi des satires contre ce prince :

---

(1) *Chi-King*, Hao-Ya, ch. 3, col. 3.

« Tu t'empares des champs d'autrui, ô roi, tu charges de crimes les innocents, et tu les jettes dans les fers, tandis que tu renvoies les criminels impunis...... Une femme babillarde causera ta ruine..... Aucun conseil, aucun écrit n'est pris en considération : aussi longtemps que cette femme règnera, les eunuques seront en faveur à la cour... »

Le dernier prince dont le *Chou-King* ait conservé le souvenir et signalé la sagesse, est un prince de *Tsin* (septième siècle avant Jésus-Christ), auquel il prête ces maximes :

« Il n'est pas difficile de reprendre dans les autres ce qu'ils ont de mauvais ; mais recevoir leurs avis et leurs réprimandes sans les laisser couler comme l'eau, voilà qui est difficile... Quoique la force et la vigueur manquent aux vieillards, ils ont la sincérité et la prudence en partage, et je veux m'en servir. Les jeunes gens, au contraire, sont vigoureux, braves, habiles à tirer la flèche et à conduire un char ; mais je ne m'en servirai pas pour le conseil : ils sont portés à me flatter ; ils savent feindre des discours étudiés et changent le sens des paroles des sages... Un seul homme peut mettre le royaume dans un grand danger, et un seul homme peut aussi faire régner la paix et la tranquillité... »

Telle est l'essence morale du *Chou-King* : les paroles sentencieuses placées dans la bouche des premiers empereurs offrent un cachet d'uniformité qui fait penser que Khoung-tseu y a mis un peu du sien en coordonnant ce livre, et peut-être a-t-il attribué sa propre sagesse aux anciens pour donner plus d'autorité à ses enseignements.

§ 5. LES LIVRES SACRÉS.

Avant d'arriver à l'époque la plus importante de la civilisation chinoise, à celle des philosophes, il faut dire un mot des livres sacrés, dont la première rédaction est fort antérieure à cette époque, mais dont la coordination définitive appartient à

Khoung-tseu et à d'autres philosophes des siècles postérieurs. Je viens de résumer la partie morale du *Chou-King*, 2e livre sacré; il me reste à parler de l'*Y-King*, du *Chi-King* et du *Li-King*.

L'*Y-King*, ou livre des changements, 1er livre sacré, est attribué à l'empereur Fou-hi, 3,000 ans avant notre ère; c'est un traité de définitions fondées sur la combinaison de 64 lignes appelées *Koua*, dont l'invention est due à cet empereur. Les idées contenues dans ce livre le rapprochent du système de Lao-tseu, à en juger du moins par les extraits suivants sur l'humilité, que Khoung-tseu commenta dans son sens particulier.

« L'humilité surmonte tout. Le sage arrive au but. »

Le commentateur paraphrase cette maxime en disant que l'humilité est une vertu que rien n'arrête, qui ne connaît point d'obstacle et conduit tout à une heureuse fin. C'est pourquoi le sage qui ne se reconnaît pas les vertus dont il est doué, et paraît ignorer ses belles actions, parvient par son humilité au but de la sagesse et à l'accomplissement de ses vœux. C'est l'idée que nous verrons développée dans le *Tao-te-King*.

« L'humilité est honorée et éclatante; elle est abaissée et ne peut être surmontée, elle est la fin des sages. »

Le sens donné à cette maxime, c'est qu'on doit détester ceux qui sont orgueilleux et pleins d'eux-mêmes, et aimer ceux qui sont humbles. L'homme véritablement humble ne perd rien de cette humilité s'il est élevé à un haut rang, et il en acquiert plus de considération.

« Humilité éclatante, sort juste et fortuné. »

Khoung-tseu développe ce texte en disant que l'humilité éclatante est justement fortunée parce qu'elle n'a pas recherché la gloire; elle l'a acquise d'elle-même par le fait de la vertu.

« Un honnête homme qui a rendu humblement de grands services est approuvé de tous les peuples. »

En effet, selon le commentateur, cet homme étant aimé de ses supérieurs et de ses inférieurs, peut rendre de grands services à l'État. Loin d'en devenir arrogant, il se retranchera dans son humilité contre les louanges. Khoung-tseu dit : « L'humilité est difficile à pratiquer pour tous les hommes ; mais elle l'est davantage pour ceux qui, par une bonne administration, ont bien mérité de l'État. » L'enivrement du triomphe peut devenir l'écueil du sage.

« L'homme humble se servira utilement de la guerre pour réduire les rebelles. »

A l'appui de ce texte, le commentateur suppose l'exemple d'un roi qui, s'attachant par son humilité le cœur du peuple, s'en fait utilement aider pour soutenir une guerre avec succès. Khoung-tseu ajoute : La guerre réussira ou contre les rebelles, ou contre d'autres ennemis, pourvu qu'on l'entreprenne parce qu'on ne peut faire autrement. »

Cette prudente réserve se retrouvera développée dans les paroles et écrits du philosophe.

Le *Chi-King*, 3ᵉ livre sacré, contient trois cents pièces de vers, extraites par Khoung-tseu de la grande collection de la bibliothèque impériale de *Tcheou* (1).

Il est divisé en trois parties : la 1ʳᵉ, intitulée : *Koue-Fong* (mœurs du royaume) renferme des poésies et des chansons populaires que les empereurs faisaient recueillir en voyageant pour juger par elles de l'état des mœurs.

(1) Voir Duhalde, *Descript. de la Chine*, t. 2. Amiot, *Mémoires concernant les Chinois*, t. 1, p. 74, 220. Brosset, *Essai sur le Chi-king*, 1828. Lacharme, traduction latine, édit. Mohl. 1830.

La 2me, intitulée : *Siao-ya* (petite droiture), et la 3me, *Ta-ya* (petite droiture), renferment des cantiques, des hymnes, des épitalames, des satires, etc., réunis sans beaucoup d'ordre, qui se chantaient en Chine dans les fêtes publiques et de famille.

Quelques-unes de ces odes expriment les regrets des femmes pendant l'absence de leurs maris engagés pour le service du prince, et la joie qu'elles éprouvent à leur retour.

D'autres odes peignent le relâchement des mœurs, l'ivrognerie, la débauche, l'impudicité du temps.

Outre les cantiques et hymnes qu'on chantait dans les sacrifices et cérémonies consacrés aux Esprits et aux ancêtres, le *Chi-King* renferme des sentences et des proverbes qui se sont éternisés dans la mémoire des Chinois. On cite particulièrement ceux-ci :

« La vertu est semblable à un cheveu, elle est aussi flexible que lui.

» Le sage ne parle pas imprudemment, car il y a des oreilles auprès des murs de la chambre.

» La femme doit se vêtir selon l'usage et suivant les conditions de son existence.

» Une douce volupté est permise quand elle est unie à la décence.

» L'homme probe et sage est toujours semblable à lui-même dans sa manière d'agir, il n'est pas aujourd'hui différent de ce qu'il était hier.

» Les hommes débauchés ont un extérieur commun et grossier ; la débauche ne connaît ni loi ni règle.

» Le plus grand homme est celui qui peut être proposé comme exemple en toute chose.

» La vertu parfaite subjugue les esprits des nations.

» Celui qui conçoit de grandes choses, ne prend pas conseil de son bien particulier, mais songe au bien public ; il envisage l'avenir, avertit sagement les autres, se présente dans une attitude pleine de dignité et chacun se plaît à le suivre et à l'imiter.

» Ne soyez ni léger, ni inconsidéré, ni irréfléchi en parlant ; les paroles ne doivent pas être proférées témérairement. Il n'est point de paroles sans effet, comme il n'est point de vertu sans récompense. Si vous traitez bien vos amis, vous subjuguerez (comme prince), par l'amour, le peuple et vos fils; votre postérité sera éternelle et toutes les nations vous seront soumises.

» La bienveillance et le respect pour les autres sont le fondement des vertus. On ne conseille pas vainement le sage, il sait ce qui est bien, mais l'insensée accuse les avis de faussetés. Tels sont les hommes, autant de têtes, autant d'opinions.

» Un roi bon et clément appelle les regards et l'espérance des peuples ; attentif sur lui-même, il est empressé de suivre les bons conseils et sait choisir ses ministres. Un roi injuste ne se fie qu'en lui-même et en sa vaine prudence, au risque de troubler le repos de l'empire et de s'aliéner l'esprit des peuples.

» La gloire de l'homme ordinaire, c'est d'unir le talent à la prudence ; la gloire d'un roi, c'est d'unir la clémence à la majesté.

» Le plus grand éloge qu'on puisse faire du prince, c'est qu'il es le père et la mère du peuple. »

Khoung-tseu ajoute : « Ce que le peuple aime, l'aimer ; ce que le peuple hait, le haïr. »

La sagesse des maximes du *Chi-King* est exaltée par tous les philosophes et moralistes de la Chine : les six vertus, dit Han-tchi, sont comme l'âme du *Chi-King* ; aucun siècle n'a flétri les fleurs brillantes dont elles sont couronnées, et aucun siècle n'en verra éclore de si belles. »

Cependant ce livre consacre en quelque sorte la condition inférieure de la femme quand il établit une différence déplorable entre l'accueil fait à la naissance d'un fils et celui fait à la naissance d'une fille :

« Il naît un fils : Il est posé sur un lit, et enveloppé d'étoffes brillantes. On lui donne un demi-sceptre. On revêt d'étoffes rouges les parties inférieures de son corps. Le maître, le chef, le souverain es né, on lui doit l'empire.

« Il naît une fille : On la pose à terre, on l'enveloppe de lange communs ; on met auprès d'elle une toile (emblème du tissage de la toile, principale occupation des femmes). Il n'y a en elle ni bien ni mal. Qu'elle apprenne comment se prépare le vin, se cuisent les aliments ; voilà ce qu'elle doit savoir. Surtout il faut qu'elle s'efforce de n'être pas à charge à ses parents. »

Dans l'état d'isolement et d'abandon où la femme était laissée, il lui était très-difficile de trouver par le travail de quoi suffire à tous ses besoins ; aussi les parents se débarassaient-ils le plus tôt possible de leurs filles en les mariant, c'est-à-dire en les vendant.

Parmi les élégies contenues dans le *Chi-King*, il en est qui expriment les lamentations touchantes des femmes répudiées ; en voici deux exemples :

« L'ingrat me délaisse au plus fort de l'orage ; la plus petite source fertilise les plus belles campagnes ; elles s'empressent de lui ouvrir leur sein et moi je suis rejetée avec mépris. O larmes, ô regrets accablants ! ô ingrat, que tu me coûtes de soupirs... Qui pourrait te ramener vers moi ? »

Et dans une autre pièce :

« Semblables à deux nuages qui se sont unis au haut des airs et que les plus violents orages ne sauraient séparer, nous étions liés l'un à l'autre par un éternel hymen, nous ne devions plus faire qu'un cœur ; la moindre colère ou le moindre dégoût eût été un crime, et toi, tel que celui qui arrache les feuilles en laissant les racines, tu me bannis de ta maison comme si, infidèle à ma gloire et à ma vertu, je n'étais plus ton épouse et pouvais cesser de l'être (1).

Le 4e livre sacré est le *Li-King*, dont nous avons un extrait sur la piété filiale (2).

L'original ayant été perdu lors de la destruction des livres,

---

(1) *Mémoires sur les Chinois*, t. XIV, p. 387.
(2) *Mémoires sur les Chinois*, t. IV, p. 28.

dans le III° siècle avant notre ère, on n'en possède plus que des fragments.

C'est de ce livre que Khoung-tseu s'est le plus inspiré pour développer ses belles théories de la piété filiale, et pour s'appuyer de l'exemple des anciens, dont ce livre résume les mœurs et les idées.

Le *Li-King* renferme des détails sur le gouvernement, la religion, les mœurs, les usages depuis les plus anciens temps, jusqu'au V° siècle avant J.-C.

Traitant de la piété filiale, il dit qu'un bon fils doit veiller à ce que son père et sa mère soient vêtus chaudement en hiver et fraîchement en été; soir et matin il vient leur rendre hommage et s'enquiert s'ils ne manquent de rien. C'est leur témoigner peu de respect que de parler en leur présence de vieillesse ou d'âge avancé. Un bon fils voit et entend son père et sa mère sans être en leur présence, c'est-à-dire qu'il doit deviner et prévenir leurs vœux. Il n'a rien en propre, tout leur appartient ; il ne peut même disposer de sa vie pour un ami.

Un fils qui croit avoir de justes griefs contre ses parents, leur fait jusqu'à trois représentations ; s'il n'est point écouté, il gémit et pleure, mais il ne les quitte pas.

Loin de faire attention à leurs défauts, il les cache, et ne leur marque pas le chagrin qu'il éprouve de leurs mauvais traitements.

Un fils vertueux ne se contente pas du deuil légal fixé à trois ans pour la perte de son père, son devoir est de le porter toute sa vie dans son cœur, et surtout de ne se permettre aucun plaisir au jour anniversaire de sa mort.

Dans le royaume de *Theou*, un fils ayant tué son père, le roi, consterné d'un crime aussi extraordinaire, s'écria: « C'est ma faute ! je ne sais pas régner. » Il fit tuer le meurtrier, raser sa maison, et le terrain sur lequel elle était située fut changé en égoût ; puis lui-même s'abstint de vin pendant une lune entière.

Ce livre contient un précepte qu'on retrouvera bien souvent dans la bouche des moralistes, savoir que celui qui remplit les devoirs d'un bon fils sera lui-même un bon père ; comme celui qui saura obéir à son souverain, saura commander à son tour.

Les mauvais traitements qu'on reçoit de ses père et mère, loin d'inspirer de la mauvaise humeur, doivent faire redoubler de respect et d'amour. S'ils aiment le fils d'une esclave, celui-ci doit être aimé de leurs fils et petits-fils.

La piété filiale domine même sur les rapports des époux entre eux. Un homme est obligé de renvoyer sa femme, quelque tendresse qu'il ait pour elle, si elle déplaît à son père ou à sa mère. Si, au contraire, il n'a que de l'indifférence pour elle, et que son père et sa mère en soient contents, il la gardera fidèlement. Voilà une règle d'amour conjugal assez arbitraire.

Passant à un autre ordre d'idées, l'auteur traite de l'oubli des offenses : Rendre le bien pour le mal, c'est conquérir tous les cœurs à la bienfaisance; rendre le mal pour le bien, c'est mettre le poignard dans les mains d'autrui.

Nous retrouverons cette doctrine dans le *Tao-te-King* de Lao-tseu.

Il y a plusieurs sortes d'humanité : l'humanité de sentiment et de bonté ; l'humanité de crainte et de servilisme. Ces catégories ne se rapportent pas beaucoup au sens que nous attachons aujourd'hui au mot humanité.

Suivant le *Li-King*, l'humanité fait l'homme, la sagesse fait le juste. Quiconque juge ses semblables par ce qu'ils devraient être, en trouvera peu qui méritent le nom d'homme, mais s'il les juge en comparant les uns avec les autres, il leur trouvera des qualités estimables.

Un prince qui aime ses sujets comme un père aime ses enfants, sera aimé de ses sujets comme les enfants aimeront leurs pères ; s'il est fidèle à ses promesses, s'il les traite avec douceur, ils le lui rendront en obéissance et en respect.

La condition inférieure de la femme en Chine apparaît jusque dans les maximes sur l'amour filial. Le *Li-King* dit que l'on doit avoir le même amour pour son père et sa mère, mais que la mère n'y tient que le deuxième rang, parce que suivant lui, le ciel n'a pas deux soleils, la terre deux empereurs, le royaume deux princes, la famille deux maîtres ; aussi, ne porte-t-on le deuil de la mère que pendant un an. Khoung-tseu, plus juste, porta trois ans celui de sa mère, et donna ainsi le double exemple de l'amour filial qui ne distingue point les sexes, et d'une déférence pour les femmes, dont les Chinois se sont trop écartés.

Le *Li-King* contient aussi un pompeux éloge de la musique et de son influence:

« La musique est l'expression de l'union de la terre avec le ciel... Avec le cérémonial et la musique, rien n'est difficile dans l'Empire. »

Et dans un autre passage.

« La musique agit sur l'homme et le fait entrer en commerce avec l'Esprit... Sa fin principale est de régler les passions ; elle enseigne aux pères et aux enfants, aux princes et aux sujets, aux maris et aux femmes leurs devoirs réciproques. »

L'auteur veut sans doute assimiler l'accord des instruments ou des voix entr'elles à celui qui devrait exister entre les hommes, comme fondement de la société et de la famille.

« Le sage trouve dans la musique des règles de conduite. Les poètes anciens nomment la musique l'écho de la sagesse, la maitresse et la mère de la vertu, la manifestation des volontés du ciel. »

On voit que les anciens Chinois se faisaient sur l'influence de la musique un idéal qui répond fort peu à l'état d'imperfection où elle fut toujours dans ce pays.

Le *Li-King* renferme des maximes qui paraissent y avoir été insérées à diverses époques, telles que les suivantes où l'on oppose les mœurs de l'antiquité aux mœurs contemporaines :

« Dans les premiers temps, tous les intérêts étaient communs : la sagesse et la vertu ouvraient seules la porte des emplois ; le gouvernement n'était occupé qu'à entretenir les bonnes mœurs et la concorde. L'on ne se bornait pas à chérir tendrement ses enfants et à aimer ses proches. Les vieillards trouvaient dans la bienfaisance publique de quoi terminer paisiblement leur carrière. Les veuves, les orphelins, les estropiés et les malades étaient entretenus avec charité. Les hommes remplissaient leurs devoirs et les femmes n'étaient jamais sans appui. On craignait de laisser perdre les productions de la terre ou d'en faire un mauvais usage, et la bienfaisance les partageait. La simplicité des mœurs générales en assurait l'innocence. On mettait peu de cérémonial dans la société civile et domestique, mais la candeur, l'innocence et la générosité des sentiments n'avaient pas besoin de cérémonial pour inspirer des égards et des respects les uns pour les autres. Les cœurs parlaient aux cœurs et s'entendaient, et ce qui nous blesserait aujourd'hui et alarmerait notre vanité n'était pas aperçu, puisque les procédés de la conduite étaient encore plus naïfs que les paroles et les manières. Les démonstrations de dévouement et d'amitié étaient inutiles pour des hommes qui n'avaient rien à eux, et étaient plus prompts à aider leurs concitoyens qu'on ne l'a été depuis à en témoigner le désir stérile. » (1)

Le *Li-King* exalte les avantages du jeûne : « Le sage, dit-il, arrive par le jeûne à une grande force et à une grande pureté de vertu. »

Khoung-tseu n'adopta point cette doctrine, et il disait à son disciple Hoeï-tseu, qui se vantait de ne pas boire de vin et de ne manger que des légumes : « Tout cela n'est qu'un jeûne extérieur, mais il y a loin de là au jeûne du cœur ; ce jeûne consiste à écouter la raison plus que les sens, son cœur plus que la raison, et sa conscience encore plus que son cœur ; il faut que l'âme, vide des objets extérieurs, puisse se remplir des rayons de la sagesse et recevoir toutes les vertus (2). »

---

(1) *Mémoires sur les Chinois*, t. XV, p. 22.
(2) *Mémoires sur les Chinois*, t. XV, p. 63-65.

Voici plusieurs autres maximes remarquables tirées de ce livre :

« Que l'amitié ne vous aveugle pas sur les défauts de vos amis, ni votre haine sur les défauts de vos ennemis. — S'enrichir, éviter la peine, l'emporter sur les autres et être le mieux partagé, sont les premières pensées du vulgaire et les dernières des grandes âmes. — Quelque question que l'on vous fasse sur le gouvernement, ne parlez que de l'ancien. Quand les enfants et les brus sont dans la chambre du père et de la mère, ils ne doivent répondre à leurs ordres qu'en disant : J'obéis. — Maintenir les devoirs de la piété filiale, récompenser les services, confier l'administration publique aux sages, est ce qu'il y a de capital dans le gouvernement.—Aimer les hommes parce que l'on est homme, c'est de l'humanité ; les aimer parce que la loi le commande, c'est s'aimer soi-même. »

CHAPITRE II.

ÈRE DES PHILOSOPHES.

§ 1. LAO-TSEU ET SA DOCTRINE.

Depuis Mou-wang une longue succession de mauvais rois ouvrit la Chine aux Tartares, qui commencèrent leurs tentatives partielles d'envahissement et y introduisirent des usages nouveaux. Ainsi, à la mort de Mou-Koung prince de *Thsin* (en 621 avant Jésus-Christ) eut lieu un fait étranger aux mœurs de la Chine. A son enterrement, 177 personnes se tuèrent, dont un fils du roi, et trois personnes de sa famille, des tigres enchaînés furent ensevelis avec lui. Le P. Gaubil pense que cette coutume venait des Tartares occidentaux (1).

La Chine était donc à cette époque dans un état de dissolution politique et morale qui n'eut pas tardé à la livrer complètement aux Tartares, si une puissante réaction ne l'eut sauvée de sa ruine imminente.

Deux philosophes moralistes vinrent par leurs prédications exercer une influence réparatrice sur les esprits: Lao-tseu, en

---

(1) Hérodote mentionne un fait semblable à l'occasion des funérailles des rois Scythes.

cherchant à détourner le peuple des intérêts et des jouissances de ce monde pour s'occuper de son perfectionnement moral ; Khoung-tseu, en enseignant la modération, le juste milieu dans la conduite, les devoirs respectifs des gouvernants et des gouvernés, enfin toutes les règles importantes de la morale pratique. Le premier, par ses idées ascétiques, fonda une école puissante, autour de laquelle se groupèrent un grand nombre d'hommes éclairés ; mais le second, par le caractère positif et humanitaire de sa doctrine, s'adressait à tous, aux petits comme aux grands, aux pauvres comme aux riches, aux ignorants comme aux savants, et leur traçait les règles les mieux appropriées à leur condition ; en un mot, c'est à lui que la Chine dut véritablement sa régénération, et la morale son plus sublime apôtre.

Cependant Lao-tseu peut revendiquer la gloire d'avoir le premier ouvert en Chine un siècle unique dans l'histoire de l'humanité, un siècle illustré par des penseurs dont les doctrines renferment les meilleurs enseignements pour la conduite publique et privée.

Lao-tseu naquit en l'an 604 avant notre ère, 54 ans avant Khoung-tseu. Après de fortes et patientes études, il fut nommé, jeune encore, historiographe et archiviste d'un roi de la dynastie de *Tchéou*, qui lui confia ensuite un petit mandarinat.

Son œuvre capitale est le *Tao-te-King*, livre de la Raison suprême (1), dont les formules brèves et concises se gravent facilement dans la mémoire Le principe général de ce livre est de dégager l'âme des entraves du corps, d'arriver à l'anéantissement des passions et même des simples désirs, et finalement de s'absorber dans la contemplation exclusive du *Tao* (esprit ou raison suprême).

Les commentaires qui accompagnent ce livre sont curieux,

---

(1) M. Stanislas Julien nous en a donné une excellente traduction.

en ce qu'ils renchérissent sur la doctrine déjà fort sévère de Lao-tseu : il en a été ainsi de tous les systèmes; les disciples ont exagéré, amplifié les idées de leurs maîtres en cherchant à les expliquer.

Le *Tao-te-King* se compose de 81 chapitres, qui peuvent se réduire à un nombre bien moindre, si on élimine les répétitions. Je me bornerai à analyser sa partie morale (1).

Le CHAPITRE 1er résume, en quelque sorte toute la doctrine dans ces mots :

« Lorsqu'on est constamment exempt de passion, on voit l'essence spirituelle du Tao ; lorsqu'on a constamment des passions, on le voit sous une forme bornée. »

Les chapitres suivants ne font que développer cette double pensée.

CHAP. 2. « Dans le monde, lorsque tous les hommes ont su apprécier la beauté (*morale*), alors la laideur (*du vice*) a paru. »

Un commentateur cherche à confirmer cette opinion par une tradition dont il n'indique pas la source, suivant laquelle les hommes d'autrefois étaient bienveillants, sincères, honnêtes sans le savoir. Or, selon un autre commentateur, remarquer le bien, c'est reconnaître l'existence du mal ; en sorte que le bien se pratique réellement en n'y songeant pas.

CHAP. 3. « En ne regardant pas des objets propres à exciter des désirs, on empêche que le cœur du peuple ne se trouble. »

Suivant le commentateur, le cœur de l'homme, étant naturellement calme, doit éviter le contact même des créatures afin de conserver sa placidité, et, appliquant cette doctrine au gouvernement des hommes, il dit que le meilleur moyen de

---

(1) Voir, pour la partie religieuse, *Mémoire sur l'origine et la propagation du Tao*, par G. Pauthier, 1831.

leur procurer la tranquillité c'est le non agir, et il le recommande aux rois.

Mais le roi qui se serait conformé à un pareil système eût été bientôt supplanté par ceux qui eussent voulu agir et prendre sa place; aussi le commentateur dit-il plus loin : « Tous les hommes aiment à s'élever, le saint homme aime à s'humilier et à s'abaisser, à paraître mou et faible... il se met lui-même après les autres et les place avant lui. » La conséquence de ce système c'est l'abdication du pouvoir en faveur d'un plus entreprenant que soi. L'abnégation portée à ce point conviendrait à des moines, à des bonzes, mais non à des hommes chargés de gouverner les autres.

CHAP. 8. « L'homme d'une vertu supérieure est comme l'eau, qui habite les lieux que déserte la foule, » c'est-à-dire les lieux bas et en pente.

Sur ce chapitre le commentateur recommande au sage la charité pour tous les hommes, mais de l'affection particulière pour aucun. N'est-ce pas condamner implicitement l'amitié, l'amour, les affections de famille? Que devient même la piété filiale, cette vertu si caractéristique des Chinois? Lao-tseu n'en parle point.

CHAP. 9. « Lorsqu'on a fait de grandes choses et obtenu de la réputation, il faut se retirer à l'écart. »

Voilà une belle maxime qui contredit un peu les précédentes, car elle suppose une action antérieure dont les résultats auraient été utiles ou glorieux, et que la modestie viendrait couronner.

CHAP. 10. « L'âme spirituelle doit commander l'âme sensitive.— Si l'homme se délivre des lumières de l'intelligence il pourra être exempt de toute infirmité morale »

Suivant le commentateur, le naturel du saint homme étant calme et reposé, la partie spirituelle de son être est invariablement fixée, et n'est point entraînée ni pervertie par les objets matériels. Cette quiétude est portée jusqu'à la paresse, car il ajoute : « Le saint homme doit prendre la quiétude absolue pour base de sa conduite. Un roi, par exemple, fait en sorte que le sage et les hommes bornés se montrent d'eux-mêmes, que le vrai et le faux se manifestent spontanément, et, alors, il ne se fatigue pas à exercer sa prudence. »

Quelle amélioration peut-on attendre de cette inaction ? Le bien se produit-il sans efforts ?

Chap. 13. « Lorsqu'un homme redoute de gouverner lui-même l'Empire, on peut lui confier l'Empire ; lorsqu'il a regret de gouverner l'Empire, on peut lui remettre le soin de l'Empire.

C'est l'excès opposé de l'ambition, mais il est douteux qu'il soit plus favorable à un bon gouvernement ; entre le trop et le trop peu d'action il y a un milieu que Khoung-tseu saura faire reconnaître.

Chap. 16. « Savoir être constant s'appelle être éclairé ; celui qui ne sait pas être constant s'abandonne au désordre et s'attire des malheurs. Celui qui a une âme large est juste, celui qui est juste devient roi ; celui qui est roi s'associe au ciel ; celui qui s'associe au ciel imite le Tao. Celui qui imite le Tao subsiste longtemps ; jusqu'à la fin de sa vie il n'est exposé à aucun danger.

On ne saisit pas bien cette filiation à perte de vue. Le commentateur cherche à l'éclaircir en disant que posséder le *Tao*, c'est avoir le repos complet sans vicissitude ni changement.

Comment cette insensibilité, ce vide conduit-il à la justice ? Parce que, suivant le commentateur, on est exempt des affections particulières qui inspirent la partialité. Mais n'est-on pas également exempt de l'équité qui doit présider à l'application des peines ?

Chap. 17. « Dans la haute antiquité, le peuple savait seulement qu'il avait des rois. »

Cette observation est profonde, mais on n'a pas encore eu l'exemple d'un gouvernement assez abstrait pour ne point faire sentir son action. On pourrait toutefois l'appliquer à cette maxime moderne : « Le roi règne et ne gouverne pas. » Le commentateur prétend qu'autrefois les princes pratiquant le *non agir* ne laissaient voir aucune trace de leur administration. « A cette époque d'innocence et de simplicité, dit-il, l'amour ni la haine n'avait pas encore germé au fond des cœurs. » Et il regarde comme une époque de décadence celle où les rois commencèrent à s'attacher les peuples par des bienfaits, à s'en faire aimer et louer. Cette invocation de l'antiquité à l'appui de pareilles idées méritait d'être corroborée par des exemples ; Lao-tseu eût été sans doute en peine d'en trouver.

Suivant le même, d'autres vinrent ensuite qui, pour contenir les peuples, firent les lois pénales ; et lorsque l'humanité et la justice furent épuisées, ils se mirent à gouverner par la force et la prudence. Leurs successeurs ayant perdu la force et la prudence, furent regardés avec mépris. Voilà ce qu'on présente comme les conséquences de l'action.

Quelques autres réflexions pourtant sont empreintes de vérité comme celle-ci : « Lorsque le prince n'a pas confiance dans son peuple, le peuple, à son tour, n'a point confiance en lui et le trompe. »

Lao-tseu exclut même la conscience de l'action individuelle et la reconnaissance des bienfaits ; il les trouve opposées à la parfaite quiétude de l'âme : » Le peuple, dit-il, se portait au bien, et s'éloignait du crime sans s'en apercevoir : les rois faisaient en sorte que le peuple reçût en secret leurs bienfaits et le peuple croyait obtenir de lui ces mêmes avantages. »

Cette abnégation d'une part, cette impassibilité de l'autre, ressemblent fort à l'insouciance de l'égoïsme.

Chap. 18. « Quand le Tao (ou la grande voie) eut dépéri, on vit paraître l'humanité et la justice. Quand la prudence et la perspicacité se furent montrées, on vit naître une grande hypocrisie ; quand les parents eurent cessé de vivre en bonne harmonie on fit des actes de piété filiale et d'affection paternelle ; quand les États furent tombés dans le désordre on vit des sujets fidèles et dévoués. »

Donc, les plus grandes vertus, celles qu'on a toujours regardées comme le fondement de la famille et de la société humaine sont, pour Lao-tseu, les effets de la dégénérescence et de la corruption des hommes.

CHAP. 20. « Je ressemble à un nouveau-né qui n'a pas encore souri à sa mère. Je suis détaché de tout ; on dirait que je ne sais où aller. Je suis vague comme la mer, je flotte comme si je ne savais où m'arrêter. »

C'est le portrait fidèle d'un homme qui renonce à tout ; les plaisirs les plus innocents, les arts mêmes sont impitoyablement condamnés dans ce système. Un commentateur dit : « La musique, la volupté, la richesse et le luxe sont les choses qui usent notre vie et blessent le *Tao*. » Et il ne s'agit pas ici de l'excès mais du simple usage.

CHAP. 22. « Celui qui ne parle pas arrive au non agir. »

Ainsi le mutisme uni à l'inaction voilà ce que Lao-tseu préconise comme perfection morale.

CHAP. 24. « Celui qui s'approuve lui-même ne brille pas ; celui qui se vante n'a pas de mérite. »

Cette maxime très-sensée n'avait pas besoin de commentaire ; cependant un commentateur croit devoir la développer en disant que celui qui s'approuve lui-même avec une sorte de persistance, s'imagine que tous les hommes n'ont pas autant de capacité que lui ; or, comme il ne profite pas de leur talent, il ne peut arriver à briller lui-même.

CHAP. 27. « L'homme vertueux est le maître de celui qui ne l'est pas. L'homme qui n'est pas vertueux est le secours de celui qui l'est. Si l'un n'estime pas son maître ; si l'autre n'affectionne pas celui qui est son secours, quand on leur accorderait une grande prudence, ils sont plongés dans l'aveuglement. »

Le commentateur paraphrase cette pensée un peu obscure en disant que le saint homme a le cœur exempt de partialité, instruit les autres sans acception de personne, n'est pas vertueux pour lui seul, mais se trouve destiné à être le modèle des hommes. Par là il devient maître de ceux qui ne le sont pas, et c'est le devoir des hommes vulgaires d'écouter et de suivre ses instructions.

Ici, la doctrine du *Tao* s'écarte un peu de son principe ; en effet, pour enseigner et propager un système ennemi de l'action, il faut employer des moyens d'influence exigeant une certaine activité.

Chap. 28. « Celui qui connaît sa force et garde la faiblesse est la vallée de l'Empire. » (*C'est-à-dire* le cœur de l'Empire.)

Suivant le commentateur, les honneurs et la gloire ne pouvant se conserver, les sages aiment à rester dans l'humiliation et l'abaissement. Mais parce qu'ils se sont mis après les autres hommes, ceux-ci les placent avant eux ; parce qu'ils se sont abaissés, les hommes les élèvent.

Jésus-Christ exprimera une pensée analogue, mais en vue de la vie future, dont Lao-tseu ne se préoccupe pas.

Chap. 30. « Partout où séjournent les troupes on voit croître les épines et les ronces. A la suite des grandes guerres, il y a nécessairement des années de disette. L'homme vertueux frappe un coup décisif et s'arrête. »

Ce dernier trait encore aurait eu besoin de développement pour s'accorder avec la morale passive de Lao-tseu. Sur cette pensée le commentateur dit que les armes sont des instruments de malheur, que, cependant, on doit s'en servir contre ceux qui oppriment le peuple.

Chap. 31. « Les armes les plus excellentes sont des instruments de malheur, le sage ne s'en sert que lorsqu'il ne peut s'en dispenser ; il met au premier rang le calme et le repos. S'il triomphe il ne s'en réjouit pas ; s'en réjouir c'est aimer à tuer. »

Cette dernière pensée s'adresse à tous les conquérants ; et là-dessus un commentateur rapporte que dans l'antiquité, lorsqu'un général avait remporté une victoire, il prenait le deuil, se mettait à la place de celui qui présidait aux rites funèbres, et couvert de vêtements noirs, pleurait et sanglotait. On aurait voulu quelque exemple à l'appui de cette assertion ; mais il est douteux qu'en Chine même il se soit trouvé un général capable de pleurer à la suite de son triomphe.

Chap. 33. « Celui qui connaît les hommes est prudent, celui qui se connaît lui-même est éclairé. Celui qui dompte les hommes est puissant, celui qui se dompte lui-même est fort. Celui qui se suffit est assez riche, celui qui accomplit des œuvres difficiles et méritoires laisse un souvenir durable dans la mémoire des hommes. »

Les stoïciens ne diront pas mieux.

Le commentateur a mêlé du mysticisme à cette pensée: « celui-là seul est capable de se connaître lui-même, dit-il, qui concentre en lui son ouïe pour entendre ce qui n'a pas de son, et sa vue pour voir ce qui n'a pas de corps. (Le *Tao*.) »

Chap. 34. « Jusqu'à la fin de sa vie le saint homme ne s'estime pas grand, c'est pourquoi il peut accomplir de grandes choses. »

La modestie est, en effet, le plus puissant auxiliaire du talent pour réussir. Le commentateur pense que le cœur du saint homme ressemble au Tao. Quoique sa vertu soit extrêmement grande, jamais il ne se regarde comme grand ; or, c'est par là qu'il est grand.

Chap. 37. « L'absence du désir prouve la quiétude. »

Le commentateur pousse la conséquence de cette doctrine jusqu'à dire qu'on ne doit pas désirer le *Tao*, parce que le cœur doit se rectifier de lui-même sans aucune espèce de désir.

Chap. 38. « Les hommes d'une vertu s érieure ignorent leur vertu, c'est pourquoi ils ont de la vertu; ils la pratiquent sans y songer; les hommes d'une vertu inférieure la pratiquent avec intention. »

C'est le développement des idées précédentes.
Le commentateur ajoute que la justice exigeant l'examen préalable de ce qui est bien ou mal n'est pas la vertu, puisqu'on ne peut la pratiquer sans agir, sans y penser, sans intention.

Chap. 39. « Si les princes et les rois s'enorgueillissaient de leur noblesse et de leur élévation, ils cesseraient d'être des modèles et seraient renversés. C'est pourquoi les hommes élevés regardent la bassesse de la condition comme leur origine; de là vient que les princes et les rois s'appellent eux-mêmes orphelins, hommes de peu de mérite, dénués de vertu. »

Dès les plus anciens temps les empereurs et les grands de la Chine ont ajouté à leurs noms, soit dans leurs édits, soit dans leurs discours, ces appellations humiliantes.

Le commentateur soutient ici que dans l'ordre de la nature les vassaux et les rois sont de la même nature que l'humble artisan: c'est quand le peuple se soumet à eux, dit-il, que de simples particuliers ils deviennent princes et rois; et si le peuple les abandonne, de princes et de rois qu'ils étaient ils descendent dans la classe des simples particuliers.

Ces théories égalitaires répandues dans le peuple auraient pu le disposer à fonder un gouvernement démocratique, mais le mysticisme, qui enveloppait l'ensemble de la doctrine de Lao-tseu, l'éloignait de la portée des masses; puis, Khoung-tseu venant immédiatement après enseigner, sous le nom de piété filiale, l'obéissance absolue à l'autorité, fût-elle tyrannique, les Empereurs continuèrent d'être respectés et obéis comme *pères* et *mères* du peuple, suivant l'antique tradition.

Un autre commentateur exprime sur le même sujet une pensée naïve de justesse : « c'est la réunion et l'ensemble du peuple, dit-il, qui forme un prince et un roi. Si vous ôtez le peuple il n'y aura plus ni prince ni roi. »

Chap. 42. « Ce que les hommes détestent c'est d'être orphelins, imparfaits, dénués de vertu, et cependant les rois s'appellent ainsi eux-mêmes. »

Suivant le commentateur, ceux qui ont créé ces dénominations les ont empruntées aux conditions que les hommes méprisent généralement afin que les rois n'oublient jamais la condition infime d'où ils sont sortis ; et à l'appui de cette idée, un autre commentateur dit : « Quiconque se diminue les hommes l'augmentent. » C'est la même réflexion que nous avons vue plus haut.

Mais ces formules d'humilité, employées à tout propos dans le langage, ont fini par perdre leur caractère primitif ; les bons et les mauvais Empereurs s'en servirent également sans croire s'abaisser. Il en a été ainsi des formules de politesse usitées dans la conversation, à force de les prodiguer on en a amoindri l'effet et détruit la valeur.

Chap. 45. « Le saint homme est grandement droit et il semble manquer de rectitude ; il est grandement ingénieux et il paraît stupide ; il est grandement disert et il paraît bègue. »

C'est toujours la même idée exprimée déjà en d'autres termes.

Chap. 46. « Il n'y a pas de plus grand malheur que de ne pas savoir se suffire, il n'y a pas de plus grande calamité que le désir d'acquérir. Celui qui se suffit est toujours content de son sort. »

Ces maximes parlent à toutes les consciences ; aussi les trouve-t-on exprimées dans les mêmes termes chez les penseurs de diverses époques.

Chap. 49. « Le sage arrive sans marcher, nomme les objets sans les voir, et, sans agir, accomplit de grandes choses. »

Le sage par inaction n'aurait pas plus de mérite que le sage par prédestination. Quels dangers aurait-il courus et surmontés, quelle lutte aurait-il soutenue et quel triomphe aurait-il remporté ?

Chap. 49. « Le saint homme vivant dans le monde reste calme et tranquille et conserve les mêmes sentiments pour tous. »

Le commentaire ajoute qu'il ne se réjouit point à la vue des bons et ne témoigne pas de déplaisir à la vue des méchants ; en sorte que les uns ne s'enorgueillissent point et les autres ne s'irritent point. Alors, suivant lui, tous se convertissent et le monde commence à goûter la paix.

Si la conversion des méchants pouvait s'opérer par le mutisme impassible du sage, le moyen serait facile ; mais l'expérience démontre au contraire que le silence encourage le vice : il peut être interprété comme une approbation.

Chap. 53. « Si les palais sont très-brillants, les champs sont très-incultes et les greniers très-vides. Le prince s'habille de riches étoffes et porte un glaive tranchant ; il se rassasie de mets exquis et regorge de richesses. C'est ce qu'on appelle se glorifier du vol. Ce n'est point pratiquer le Tao. »

La hardiesse de ces observations prouve que les Chinois jouissaient alors d'une certaine liberté de langage vis-à-vis du pouvoir, et le commentateur renchérit encore sur Lao-tseu en disant : « Pour que le prince puisse porter des vêtements de soie de différentes couleurs et se nourrir de mets exquis, il faut qu'il accable le peuple d'impôts. »

Et un autre : « Pour que le prince ait du superflu, il faut que le peuple soit privé du nécessaire. »

On voit que ces opinions n'étaient pas isolées : elles se propageaient et passaient des philosophes à leurs disciples, et cet esprit de hardiesse et d'indépendance a toujours caractérisé la classe des lettrés et des mandarins ; ils se sont, à diverses époques permis des conseils et des blâmes qui ont quelquefois mal sonné aux oreilles de certains rois et amené des persécutions ; mais l'importance de cette classe s'en accrut d'avantage, ce qui fait qu'elle s'est maintenue jusqu'à nos jours.

CHAP 55. « Celui qui possède une vertu solide ressemble à un nouveau-né qui ne craint ni la piqûre des animaux venimeux ni la griffe des bêtes féroces, ni les serres des oiseaux de proie. »

Si la véritable vertu n'appartient qu'à cet âge, il faut convenir qu'elle est bien négative. La vertu du *Tao* est, en effet, la nullité systématique, et un commentateur dit sur ce chapitre : « Ceux qui sont mous et faibles comme le *Tao* subsistent longtemps, et jusqu'à la fin de leur vie ils ne sont exposés à aucun danger. » On le comprend aisément ; mais cette inaction absolue jointe à la plus grande indifférence est bien celle du nouveau-né ou de la brute.

CHAP. 56. « Celui qui connaît le *Tao* est inaccessible à la faveur comme à la disgrâce, au profit comme au détriment, aux honneurs comme à l'ignominie. »

Il n'y a donc pour lui ni élévation, ni abaissement, ni profit, ni perte, ni faveur, ni gloire, ni honneur, ni avilissement. Voilà ce que les disciples de Lao-tseu appellent la vertu parfaite, ce que d'autres moralistes appelleraient inertie.

CHAP. 58. « Le bonheur naît du malheur, le malheur est caché au sein du bonheur. — Si le prince n'est pas droit les hommes droits deviendront trompeurs et les hommes vertueux pervers. »

La première sentence a souvent été exprimée par les moralistes et par les poètes. Quant à la deuxième, le *Chou-king* nous a signalé en effet des princes corrompant les ministres et le peuple par l'exemple de leurs vices.

Chap. 59. « Pour gouverner les hommes et servir le ciel, rien n'est comparable à la modération. »

Le commentateur ajoute que régler ses dépenses avec modération, ne pas prodiguer ses richesses, ne pas faire de tort au peuple, c'est là l'économie qui sert à gouverner les hommes.

Chap. 63. « Le sage venge les injures par des bienfaits. »

Maxime dont la sublimité passe la puissance morale de l'homme. Jésus-Christ la proclamera également ; mais, sauf de très-rares exemples, elle en est encore à l'état de théorie. Il y a magnanimité à mépriser la diffamation, mais récompenser le diffamateur serait-ce justice? Le commentateur l'interprète comme un effet d'inaction plutôt que de générosité, en ce sens que le sage ne connaissant ni bienfait, ni injure, n'a ni vengeance ni reconnaissance à exercer ; il ne songe qu'à la vertu, et fait du bien à ceux-mêmes qui lui ont fait du mal. Cette sagesse-là ressemble beaucoup à de l'apathie.

Le chapitre suivant roule encore sur la nécessité de ne pas agir et de ne pas aimer pour posséder la vertu suprême.

Chap. 65. « Celui qui se sert de la prudence pour gouverner le royaume est le fléau du royaume : celui qui ne se sert pas de la prudence fait le bonheur du royaume. »

Le commentateur appliquant ce principe au peuple lui-même, dit que s'il acquiert beaucoup de prudence, sa pureté et sa simplicité s'évanouissent pour faire place à la ruse et à l'hypocrisie :« C'est pour cela, ajoute-t-il, que les sages de l'antiquité s'étudiaient à le rendre simple et ignorant au lieu de lui donner des lumières. Or, si le prince emploie la prudence pour gouverner, le peuple, influencé par son exemple, cherchera à devenir prudent, c'est-à-dire faux et fourbe. » Le disciple aggrave ici la pensée du maître et préconise un système à l'usage du despotisme dont Lao-tseu se montre pourtant l'adversaire.

67. « J'ai de l'affection, c'est pourquoi je puis être courageux. J'ai de l'économie, c'est pourquoi je puis faire de grandes dépenses. Je n'ose être le premier de l'Empire, c'est pourquoi je puis devenir le chef de tous les hommes. »

Lao-tseu semble déroger ici encore à son système d'inaction absolue ; car l'affection, l'économie, la modestie impliquent l'idée d'une certaine activité de cœur et d'esprit, sinon de corps. Le commentateur ajoute : « Dans l'Empire, personne ne me résiste, c'est pourquoi je semble doué de courage. Celui qui économise a du superflu... Celui qui est doué d'affection ne fait de mal à personne ; le peuple le chérit comme un père et une mère. »

Chap. 68. « Celui qui excelle à vaincre ne lutte pas. Celui qui excelle à employer les hommes se met au-dessous d'eux. »

Un commentateur applique imprudemment cette maxime à la guerre : « Ceux, dit-il, qui lèvent des troupes, qui mettent le peuple en mouvement, qui déploient, en combattant, toutes les ressources de leur prudence, sont des guerriers du dernier ordre. » Et cependant, que devra faire un général en cas de défensive ou d'offensive légitime ? S'il n'emploie tous ses efforts pour vaincre, il sera vaincu.

Chap. 69. « Voici ce que disait un ancien guerrier : « Je n'ose « donner le signal ; j'aime mieux le recevoir. Je n'ose avancer d'un « pouce ; j'aime mieux reculer d'un pas. »

Les Chinois paraissent avoir souvent appliqué ce précepte ; il n'a fallu qu'une poignée de Tartares pour conquérir leur vaste territoire ; aujourd'hui encore 360 millions d'hommes sont tenus en échec par une milice dont le chef est l'empereur.

Le commentateur développe la même pensée de manière à enlever tout doute sur ce système de pusillanimité : « Il ne provoque point l'ennemi, dit-il, seulement il répond à son attaque, mais il ne désire point en venir aux mains avec lui : il aime mieux fuir au loin pour éviter l'ennemi que de le chercher pour lutter corps à corps. Aimer à combattre, c'est se plaire à tuer les hommes ; par là nous perdons presque le sentiment d'humanité que nous devrions conserver comme un trésor. »

Ainsi, dans les cas de legitime défense, où l'on est forcé de tuer pour ne pas être tué, que devra faire le *Tao-sse* ? Se livrer pieds et poings liés à l'ennemi ; c'est la conséquence forcée de ce système.

Chap. 70. « Le saint se revêt d'habits grossiers et cache des pierres précieuses dans son cœur. »

D'après le commentateur, le sage possède intérieurement une beauté sublime, mais par sa figure et son extérieur il paraît commun et stupide. Il le compare à l'huître qui cache une perle sous son enveloppe grossière ou une pierre informe qui recèle un diamant précieux ; de là vient que le vulgaire ne peut voir sa beauté intérieure ni ses vertus cachées.

Une vertu aussi discrète peut-elle bien servir de modèle ?

Chap. 71. « Savoir et (*croire qu'on*) ne sait pas, c'est le comble du mérite. Ne pas savoir et (*croire qu'on*) sait, c'est une maladie.

On trouvera cette maxime chez les philosophes grecs et latins ; mais chez Lao-tseu, elle est moins l'apologie de la modestie que de l'ignorance, car, suivant le commentateur, si celui qui connaît le *Tao* peut revenir au non-savoir, c'est-à-dire sans doute à désapprendre ce qu'il a appris, c'est la marque d'un mérite éminent.

Chap. 72. « Gardez-vous de vous trouver à l'étroit dans votre demeure ; gardez-vous de vous dégoûter de votre sort. »

Ces conseils de modération n'avaient pas besoin de commentaire, cependant ils ont été paraphrasés comme les autres. Un commentateur dit sur ce sujet : « Celui qui ne se dégoûte point de son sort, qui sait se suffire et ne désire rien, reste jusqu'à la fin de sa vie à l'abri du danger et du malheur... Il n'y a que le saint qui connaît lui-même sa condition et accepte avec humilité la destinée que lui envoie le ciel. Le système de prédestination au bien ou au mal qui se fait jour ici, s'accorde avec la résignation passive commandée par Lao-tseu ; mais il ne faut pas en conclure nécessairement que celui-ci l'ait enseignée ; le disciple a été plus loin que le maître.

CHAP. « Celui qui met son courage à oser trouve la mort ; celui qui met son courage à ne pas oser trouver la vie. »

Cette sentence prise à la lettre exclurait tout effort de dévouement, où l'on risque sa vie pour son semblable ; et, en général, la doctrine de Lao-tseu aboutit fatalement à cette conséquence.

CHAP. 74. « Lorsque le peuple ne craint pas la mort, comment l'effrayer par la menace de la mort ? »

Le commentateur fait observer avec raison que sous un gouvernement tyrannique, le peuple ayant perdu toute énergie ne craint pas la mort, tandis qu'il la craint sous la tutelle d'un bon gouvernement qui lui fait aimer la vie.

CHAP. 75. « Le peuple a faim parce que le prince dévore une quantité d'impôts ; le peuple est difficile à gouverner parce que le prince aime à agir. »

En effet, selon le commentateur, sous un gouvernement tyrannique le peuple est obligé d'employer la ruse et la fraude pour éluder les lois injustes et rigoureuses, ce qui le corrompt et le rend plus difficile à gouverner. Le mot *agir*, dans ce sens, signifie faire le mal.

CHAP. 76. « Le ciel ôte à ceux qui ont du superflu pour aider ceux qui n'ont pas assez; il n'en est pas ainsi de l'homme, il ôte à ceux qui n'ont pas assez pour donner à ceux qui ont du superflu. »

Ce passage fait allusion aux impôts qui, chez les Chinois comme chez tous les peuples, ont pesé sur les masses pour être distribués en gros émoluments à un petit nombre de privilégiés, ou gaspillés en folles dépenses. Or, soit par le travail, soit par l'impôt, c'est le pauvre qui fait le riche, et quand celui-ci rend à celui-là une partie de son bien sous forme de salaires, en retour de pénibles services, c'est uniquement un prêté rendu dans une moindre proportion.

MÊME CHAP. — « Quel est celui qui est capable de donner son superflu à ceux qui éprouvent des besoins dans le monde? Celui-là seul qui possède en lui le Tao ou la raison suprême. »

Il semble ici que Lao-tseu n'exige pas un grand effort de la part de l'homme pour obtenir le *Tao*, s'il se contente de lui demander le sacrifice du superflu. Sans doute, il juge que la rareté de l'action en fait le mérite; mais plus rare encore est l'action des hommes qui ont pris sur leur nécessaire pour soulager les autres; à eux seuls appartient réellement la perfection morale. Toutefois, il faut savoir gré aux riches qui emploient leur superflu à faire du bien plutôt qu'à le dissiper en frivolités.

CHAP. 79. « Celui qui a de la vertu songe à donner, celui qui est sans vertu songe à demander. »

Le commentateur s'appuie sur ce texte pour recommander d'oublier également le bien que nous avons fait et le mal qu'on nous a fait, c'est un rappel de l'oubli des injures que Lao-tseu enseigne plus haut.

CHAP. 80. « Si un autre royaume se trouvait en face du mien et que les cris des coqs et des chiens s'entendissent de l'un à l'autre, mon peuple arriverait à la vieillesse et à la mort sans avoir visité le peuple voisin. »

Un commentateur explique cette parole par la haine que Lao-tseu portait aux princes de son temps. Ces princes se faisaient la guerre par cupidité et s'appropriaient les richesses de leurs sujets sans nul souci de leurs plaintes. Le spectacle de ces luttes a pu inspirer à Lao-tseu des idées exagérées en faveur de la paix.

Il dit encore : « Si je gouvernais un petit royaume et un petit peuple, je ferais en sorte que ce peuple n'eût des instruments de guerre que pour une compagnie de dix ou de cent hommes, et encore qu'il n'en fit pas usage. Je ferais en sorte que ce peuple craignît la mort et qu'il n'émigrât pas au loin. Quand même il aurait des bateaux et des chars, il n'y monterait pas ; quand même il aurait des cuirasses et des lances, il ne les porterait pas. »

Avec cette doctrine de la paix à tout prix il serait difficile de constituer et de maintenir une société, car en désarmant l'individu pour sa défense, on désarme également la famille et la nation, et on les laisse à la merci du premier aventurier muni d'un peu d'audace. Les empereurs, disciples de Lao-tseu, qui ont voulu conformer leurs actes à cet enseignement n'ont réussi qu'à causer beaucoup de troubles et à favoriser les invasions.

Les Tao-ssé ont contribué pour une bonne part aux succès des Tartares comme à celui de la propagande bouddhiste. Du moment qu'on se soumet au joug, peu importe d'où qu'il vienne, comme dit l'âne de Phèdre : *clitallas dùm portem meas.*

CHAP. 81. « Les paroles sincères ne sont pas élégantes, les paroles élégantes ne sont pas sincères. L'homme vertueux n'est pas disert, celui qui est disert n'est pas vertueux. Celui qui connaît le Tao n'est pas savant, celui qui est savant ne le connaît pas. Plus le Saint donne aux hommes, plus il s'enrichit. Telle est la voie du Saint ; qu'il agisse et ne dispute point. »

Le commentateur explique cette maxime en disant que les paroles vraies n'ont pas besoin d'ornement emprunté, que celui qui agit bien ne cherche pas à parler avec habileté.

Cette observation est très juste, renfermée dans ces termes, mais il ne faut pas oublier que Lao-tseu pousse son système de discrétion jusqu'au mutisme absolu.

Tel est, en substance, le *Tao-te-king*, ce livre où respire la mansuétude, la résignation, l'humilité, l'amour des hommes ; mais en même temps le mépris du monde, la fuite de tout désir, la haine de toute action : la charité d'une part, l'indifférence de l'autre.

Lao-tseu vivait à une époque de décadence où le luxe, la richesse, la débauche, la cruauté des grands, jetaient la misère, le désordre, la révolte dans les masses, et par une sorte de réaction dont l'histoire présente plusieurs exemples, en face de ces débordements il prêcha l'ascétisme.

La perfection pour l'homme, d'après lui, consiste à réduire sa forme corporelle pour se rendre incorporel, et à s'identifier avec la raison suprême, avec le *Tao* ; il doit anéantir ses sens pour obtenir l'impassibilité complète, nécessaire à son absorption dans le *Tao*.

En conséquence, le saint homme ne cultive que sa nature spirituelle ; il fuit le monde, et cependant il s'occupe des autres pour les convertir ; il fait du bien sans chercher à s'en prévaloir, par humilité, mais non par amour.

Comment aimerait-il ? Rien à ses yeux n'est beau ni laid, grand ni petit, riche ni pauvre, vertueux ni vicieux; il ne connaît pas la vertu, car il ne connaît pas l'injustice ; indifférence et ignorance, voilà son double principe.

On comprend encore pourquoi cette doctrine, par la suite, a dû s'allier naturellement aux traditions merveilleuses; les Taossé, en effet, se sont livrés à beaucoup de superstitions ridicules; ils ont pratiqué la magie, l'astrologie, le jeûne, le monachisme, et d'une doctrine qui aurait dû rester dans la sphère des conceptions philosophiques, ils ont fait une religion compliquée de bizarres observances.

Lao-tseu avait déjà propagé sa doctrine parmi un bon nombre de disciples fervents, lorsque Khoung-tseu (Confucius) commençait à produire la sienne. Ces deux philosophes se mirent en rapport. Lao-tseu, comme doyen d'âge, ne manqua pas de faire des remontrances au jeune néophyte; il lui reprocha de trop fréquenter le monde : « Le sage, lui disait-il, aime l'obscurité; loin d'ambitionner les emplois, il les fuit; il étudie les temps et les circonstances; si les temps sont bons, il parle; s'ils sont mauvais, il se tait. Celui qui est véritablement vertueux ne fait pas parade de sa vertu et n'annonce pas à tout le monde qu'il est sage. »

Entre faire parade de sa vertu et en faire mystère, il est un juste milieu, que Khoung-tseu saura observer; cacher sa vertu comme on cache un trésor, c'est imiter l'avare, et ne pas vouloir que les autres en profitent.

Conséquent avec ses principes, Lao-tseu vécut dans une profonde retraite pour se livrer à une étude exclusive de la *voie* et de la *vertu*. Ayant demandé à Khoung-tseu pourquoi il étudiait l'*Y-King*, celui-ci répondit que ce livre résumait l'humanité et la justice. Lao-tseu répliqua : « La justice et l'humanité d'aujourd'hui ne sont plus qu'un vain mot; elles ne servent qu'à masquer la cruauté et à troubler le cœur des hommes. Si vous cultivez le *Tao* (la raison suprême) et vous élevez à lui de toute votre âme, vous y arriverez de vous-même. »

Ce mysticisme misanthropique a pu faire des Tao-ssé d'excellents moines, voués comme les ascètes indiens ou ceux du moyen-âge en Europe, aux contemplations solitaires, mais non de bons pères de famille, ni de bons citoyens, et sous ce rapport, la doctrine de Khoung-tseu a heureusement prévalu sur elle.

§ 2. KHOUNG-FOU-TSEU (CONFUCIUS). — SA VIE.

Khoung-fou-tseu ou Khoung-tseu, dont le nom a été défiguré par celui de Confucius, se distingue de tous les philosophes et moralistes de l'antiquité par le caractère positif et pratique de son enseignement. C'est celui dont l'influence a le plus directement et le plus longtemps agi sur les mœurs d'un peuple. Depuis le sixième siècle avant notre ère jusqu'à ce jour, sa gloire n'a pas faibli, ses préceptes n'ont point cessé d'être enseignés, sinon observés par la plus nombreuse population du globe.

Khoung-tseu naquit en 551 avant notre ère (1); il se fit remarquer, dès son enfance, par la piété filiale, qui fut comme le pivot de sa doctrine. Sa mère, devenue veuve, mit tous ses soins à le bien élever, et en retour il eut pour elle des égards et une docilité dont l'exemple aurait dû contribuer à faire adoucir la triste condition des femmes en Chine.

Tout jeune encore, il montrait un grand respect pour les vieillards et se plaisait à assister aux cérémonies consacrées aux morts; son plus grand divertissement avec ses camarades était d'imiter le cérémonial traditionnel des rites, qui consistait particulièrement à se saluer les uns les autres, à se prodiguer toutes sortes de politesses en paroles et en attitudes. C'est le seul côté un peu mystique de son école; et son exemple et ses préceptes sur ce sujet n'ont que trop servi à perpétuer en Chine l'hypocrisie de paroles, l'afféterie des révérences, les fausses protestations de dévouement qui couvrent par fois le plus abject

---

(1) Le père Amiot a écrit la vie détaillée de Khoung-tseu dans le 12ᵉ volume des *Mémoires concernant les Chinois*.

égoïsme. Peut-être ne faut-il pas s'en prendre à Khoung-tseu de l'abus d'une pratique qu'il proposait uniquement comme une application du respect filial à toutes les relations de la société.

Après des études terminées de bonne heure et avec succès, il obtint les fonctions de mandarinat subalterne, consistant à surveiller la vente et la distribution des grains; ce fut pour lui une première occasion de révéler son génie réformateur en mettant fin aux abus de toutes sortes qui s'y commettaient; son zèle et sa justice lui attirèrent l'estime de ses concitoyens.

A dix-neuf ans il se maria; l'histoire se tait sur sa femme; le peuple chinois est celui qui a le plus pratiqué cette maxime, enseignée par un philosophe grec : « la femme la plus sage est celle dont on parle le moins. » Ses annales en parlent très-peu ; et malheureusement quand les écrivains chinois daignent le faire, c'est pour en dire du mal.

Khoung-tseu fut nommé inspecteur-général des campagnes et des troupeaux, avec plein pouvoir de changer ou modifier des usages établis; il s'acquitta de cette fonction avec une activité qui fut couronnée de succès.

Sa mère étant morte, il fit transporter son corps auprès de celui de son père en disant que ceux qui ont été unis pendant la vie ne devaient pas être séparés après la mort. A cette époque on enterrait les morts dans le premier recoin de terre inculte qu'on trouvait, et le deuil ne durait que quelques jours malgré les prescriptions du livre des *Rites*. Khoung-tseu déclara que c'était mettre l'homme au niveau de la brute, que de montrer une telle indifférence pour ses restes; et, donnant l'exemple avec le précepte, il prit le deuil et s'enferma trois ans dans sa maison. Pendant cette retraite il se livra à l'étude, principalement à celle des *King*. Ce deuil et cette retraite de trois ans sont fort édifiants, mais comment pouvait-on ériger en devoir rigoureux ce qui n'était pas possible dans toutes les conditions sociales? Si Khoung-tseu avait été obligé, pour vivre, de s'acquitter d'une profession, eût-il pu accomplir ce devoir tout entier?

Sa réputatian de sagesse le fit bientôt rechercher et consulter sur la morale et la politique. Alors commence cette série non interrompue de voyages qui remplirent son existence, et dont le double but était d'acquérir de l'expérience et de réformer les mœurs.

Ses parents l'engageant à poursuivre la carrière des emplois publics et des honneurs, il répondit : « Je me dois indifféremment à tous les hommes, parce que je les regarde comme ne composant entre eux tous qu'une seule et même famille dont je veux être l'instituteur. »

Il fonda une sorte d'académie où tout le monde put venir recevoir son enseignement, et ce fut une occasion pour se faire de nombreux prosélytes.

Il alla, en compagnie de plusieurs disciples, à la cour du roi feudataire de *Tsi*. On rapporte qu'étant en route il rencontra un homme qui allait s'étrangler de désespoir parce qu'il n'avait pu encore trouver la sagesse et s'élever au-dessus des faiblesses humaines, Khoung-tseu l'aborda et lui dit : « Quels qu'aient été nos torts, le plus grand de tous est de succomber au désespoir ; tous les autres peuvent se réparer, celui-ci est irréparable. Il fallait commencer par être un homme ordinaire avant d'être un sage. Car on ne saurait parvenir à être un sage qu'après avoir rempli avec exactitude ce qui est un devoir imposé par la nature à tous les hommes. Mais reprenez courage, retournez chez vous, et comme si vous commenciez dès aujourd'hui à connaître le prix de la vie, travaillez à en mettre à profit tous les instants, vous pouvez encore devenir sage... Tant qu'un homme jouit de la vie, rien n'est à désespérer pour lui. »

Il fut très-bien reçu par le roi de *Tsi*, mais il le trouva peu disposé à entreprendre des réformes. Ce roi lui offrit le gouvernement d'une ville ; notre sage refusa et se rendit à la cour du roi de *Lou* ; le ministre de ce roi demanda quelle était sa doctrine. Il répondit : « Je cite en exemple la conduite des anciens ; je conseille la lecture des *King*, et je veux qu'on s'accoutume à réfléchir sur les maximes qu'on y trouve. » C'est là, en effet, le programme de tout l'enseignement de Khoung-tseu.

Le même lui demanda : « Par où faut-il commencer pour acquérir la sagesse ? » Le sage ne lui dissimula pas la difficulté de cette question ; la modestie lui semblait devoir être une première condition.

« L'homme orgueilleux se place au-dessus des autres, dit-il, et croit que tout lui est dû ; les autres, au contraire, le mettent au dernier rang et ne lui accordent rien. L'homme complaisant accorde tout pour tout avoir, et est la dupe de sa facilité. »

S'étant rendu dans la capitale de l'empire, Khoung-tseu alla visiter le temple dit de la *Lumière*, où l'on rendait hommage aux ancêtres de la famille impériale. Il fut frappé de voir réunies, les unes à côté des autres, les images des bons et des mauvais empereurs ; et il dit aux disciples qui l'accompagnaient : « Voilà les portraits de Yao et de Chun auprès de ceux de Kie et de Cheou ; les uns et les autres ont été empereurs, c'est le seul trait de ressemblance qu'il y ait entr'eux. Les premiers ont été les favoris du ciel et ont fait les délices des hommes ; les deux autres, au contraire, ont été odieux au ciel et en horreur aux hommes. »

Malheureusement ces observations n'étaient pas inscrites au bas de ces peintures, en sorte que les visiteurs pouvaient fort bien prendre les bons rois pour les mauvais. En quoi d'ailleurs les portraits de grands criminels peuvent-ils être édifiants ? La célébrité même que l'art y attache n'est-elle pas un prestige dangereux ?

Il remarqua une statue d'or dont la bouche était fermée par trois aiguilles qui perçaient les deux lèvres pour les tenir closes, et dont le dos était couvert de caractères que Khoung-tseu interpréta ainsi :

« Anciennement les hommes étaient très-circonspects dans leurs discours, il faut les imiter; ne parlez pas trop, car lorsqu'on parle beaucoup on dit presque toujours quelque chose qu'il ne faudrait pas dire. — Ne vous chargez pas de trop d'affaires, beaucoup d'affaires entraînent avec elles beaucoup de chagrins. — Ne cherchez pas à vous procurer trop de joie ni une trop grande tranquillité; la recherche que vous en feriez est elle-même une peine et un obstacle au repos. — Gardez-vous de jamais rien faire dont tôt ou tard vous puissiez avoir sujet de vous repentir. — Ne négligez pas de remédier au mal quelque petit qu'il vous paraisse : un petit mal négligé s'accroît peu à peu et devient très-grand. — Si vous ne tâchez d'éviter qu'on vous fasse de petites injustices vous serez bientôt dans le cas d'employer tout votre savoir-faire pour vous mettre à couvert de plus grands torts. — En parlant ou en agissant ne pensez pas, quoique vous soyez seul, que vous n'êtes ni vu ni entendu; les Esprits sont témoins de tout. — Ne vous persuadez pas qu'un homme qui a la force en partage puisse sans risquer sa vie s'exposer à tous les dangers; un fort trouve un plus fort qui le terrasse. — On ne résiste au souverain que lorsqu'il se contente de peu. — Le ciel n'a point de parents, il traite également tous les hommes. »

Khoung-tseu ayant lu à haute voix cette inscription, ajouta : « Je pense que quiconque mettra en pratique ce qu'elle enseigne ne sera pas loin de la perfection. »

Ces maximes, en effet, résument la morale dans ce qu'elle a de plus essentiel, et soit que Khoung-tseu les ait lui-même interprétées dans son sens particulier pour en laisser modestement tout le mérite aux anciens sages, soit qu'il les ait adoptées, toujours est-il qu'il n'a fait que les développer dans son enseignement.

Il disait à ses disciples :

« Les jeunes oiseaux évitent le piége qu'on leur tend quand ils ne se séparent pas des vieux; les vieux se prennent dans les filets quand ils suivent les jeunes; il en est ainsi des hommes. La présomption, la hardiesse, le défaut de prévoyance, le peu d'attention sur soi-même sont les principales causes des écarts que font les jeunes gens. Enflés de leur petit mérite, à peine ont-ils quelque teinte de science qu'ils croient déjà tout savoir ; à peine ont-ils fait quelques actes de vertu les plus communs qu'ils croient être parvenus au sommet de la plus haute sagesse. Dans cette persuasion ils ne doutent de rien ; il entreprennent témérairement sans consulter les sages ni les vieillards ; s'engagent dans une fausse route, la suivent sans défiance, puis s'égarent et tombent dans le premier piége qu'on leur tend. Parmi les vieillards ou les personnes d'un âge mûr, il s'en trouve qui se laissant éblouir par les étincelles qui éclatent dans les discours ou dans la conduite des jeunes gens, leur donnent imprudemment leur confiance, parlent comme eux et s'égarent avec eux. »

Ces observations nous semblent des lieux communs, des redites monotones, parce qu'on les retrouve partout. Mais si Khoung-tseu n'a pas, sur ce point de la morale universelle, le mérite de l'invention, il a du moins celui de la priorité pour les avoir formulées clairement et enseignées avec l'autorité de l'expérience.

Étant retourné auprès du roi de *Tsi*, il en reçut toutes sortes d'honneurs ; le roi voulait l'obliger à marcher devant lui ; notre sage lui fit observer qu'il ne devait pas s'abaisser ainsi : « Je ne m'abaisse point, répondit le roi, en honorant un sage : le sage est supérieur aux rois. » — « Ce que vous dites, répliqua Khoung-tseu, vous place même au-dessus du rang que vous occupez, mais il y a des règles de bienséance pour tout le monde ; vous manqueriez à votre devoir et je m'écarterais du mien si nous renversions l'un et l'autre l'ordre qui est établi. »

Ce roi voulait lui confier une haute fonction dans l'État, mais un des ministres, craignant cette redoutable concurrence, parvint à l'en détourner. Khoung-tseu revint dans le royaume de *Lou* ; le ministre Ki-sun l'attendait avec impatience pour lui demander son secret sur la manière de fertiliser la terre ; mais le sage, devinant qu'il voulait l'exploiter dans un intérêt privé, lui répondit d'une manière évasive. Ses disciples lui en demandant la raison, il leur dit : « Le ministre Ki-sun possède des terres considérables, il veut en tirer un grand profit, et non soulager la misère du peuple; il ne pense qu'à trouver de nouveaux moyens pour tirer du peuple tout ce qu'il est possible d'en tirer, et augmenter ainsi la misère. »

Un parent du même ministre, voulant obtenir les bonnes grâces de Khoung-tseu, lui envoya mille mesures de riz ; le philosophe ne les refusa pas, mais il les fit distribuer aux gens de la campagne et à d'autres, et dit à ses disciples qui s'en étonnaient : « En me conduisant ainsi je lui fais comprendre comment il doit se conduire lui-même, et l'usage qu'il doit faire de ses richesses. »

Etant allé voir exécuter des danses qui accompagnaient les sacrifices offerts pour obtenir de la pluie, il les trouva fort dégénérées de ce qu'elles étaient autrefois ; et comme ses disciples lui reprochaient sa curiosité, il leur dit :

« Le sage doit les voir une fois ; cela suffit pour les apprécier ce qu'elles valent, et pour en parler avec mépris. »—« Il est bon d'avoir égard aux préjugés communs, disait-il encore, mais il ne faut pas s'y conformer en tout ; il est des cas où l'on doit même les heurter de front. »

C'est ce qu'il ne fit peut-être pas assez au sujet des rites antiques dont l'observation scrupuleuse a entretenu chez les Chinois une déplorable hypocrisie de politesse.

Cependant, malgré son austérité, il aimait à voir le peuple des campagnes se livrer à des divertissements pendant les jours consacrés au culte des Esprits de la terre, et il assistait volontiers à leurs chants et à leurs danses. Un de ses disciples lui ayant dit que ces hommes feraient mieux, au lieu de s'abandonner à ces joies bruyantes, de rendre grâce au ciel pour les bienfaits qu'ils en avaient obtenus, afin d'en obtenir d'autres, Khoung-tseu répondit : « C'est bien de remercier le ciel; mais ces bonnes gens le font à leur manière ; ne leur reprochez pas ce faible bonheur d'un jour. La continuité sans relâche de travaux énerve le corps et l'âme ; il est juste qu'après cent jours d'un travail pénible (les artisans chinois n'avaient qu'un jour de repos sur cent), ils réparent leurs forces en se livrant à la joie. Un arc qui serait toujours bandé perdrait nécessairement de son ressort et deviendrait hors d'usage. »

On voit par ces paroles et par d'autres que nous trouverons plus loin, qu'il attachait une médiocre importance au côté religieux des cérémonies publiques.

Le roi de *Lou* fit accepter à Khoung-tseu les fonctions de gouverneur ou préfet. Dans l'exercice de cette charge il sut se concilier l'affection de tout le monde et principalement des classes inférieures, dont le sort le préoccupait par-dessus tout; il savait se mettre à leur niveau et leur parler un langage qu'elles pouvaient comprendre. Enfin, il démontra, par sa propre conduite, le caractère pratique de sa doctrine.

Malgré sa pieuse vénération pour les morts, il ne voulait pas que les honneurs qu'on leur rendait fussent une occasion de vanité pour les vivants. Or, beaucoup de personnes riches élevaient à grands frais des sépultures qui occupaient un vaste emplacement : « C'est un abus, disait-il ; les sépultures ne doivent pas ressembler à des jardins de plaisance et de divertissement. »

Dès lors, on enterra les morts sur des hauteurs et dans des terrains impropres à l'agriculure.

Il fut nommé chef de la magistrature civile et criminelle. A cette occasion, il donna un double exemple de justice et de sévérité : l'un des principaux officiers avait commis impunément plusieurs crimes dignes de mort ; Koung-tseu obtint du roi de le faire mettre en jugement ; il fut condamné et exécuté. A ceux qui trouvaient cette justice prompte et rigoureuse, le sage répondit : « Il faut qu'avant d'exercer un emploi qui met l'homme le plus doux dans le cas de punir, on soit convaincu qu'agir autrement ce serait n'avoir pas d'humanité. J'ai réparé, par cet acte de justice, le mauvais exemple d'impunité donné trop souvent par les personnes de haut rang. Les crimes deviendront plus rares quand on saura qu'aucun rang ne peut mettre à l'abri d'une punition méritée. » Et à ce sujet il cita une ancienne loi portant qu'on exterminerait jusqu'à la cinquième génération pour le crime de rébellion contre le ciel et la terre, jusqu'à la quatrième pour le crime de rebellion contre les supérieurs et les magistrats, etc. Khoung-tseu ne citait point ces lois pour les appliquer : sa doctrine, au fond, les condamnait, bien qu'elle les laissât subsister. Il voulait montrer seulement qu'il avait usé d'indulgence en ne faisant pas poursuivre la famille de cet officier. Il eût mieux fait encore d'employer son autorité à provoquer l'abolition de lois si contraires à la justice naturelle.

Cependant, lui-même ne resta pas toujours dans les bornes de la modération ; ainsi, à l'occasion d'une entrevue des rois de *Tsi* et de *Lou*, une troupe de comédiens ayant exécuté des danses indécentes, Khoung-tseu fit immédiatement trancher la tête aux deux histrions en chef, sous prétexte qu'ils avaient insulté ces rois. Or, ces comédiens n'avaient agi que d'après les ordres du roi de *Tsi*. C'était donc une énorme et cruelle injustice ; elle prouve, en outre, combien on faisait alors bon marché de la vie des hommes.

Dans les circonstances ordinaires, pourtant, Khoung-tseu recommandait de procéder avec lenteur aux instructions judiciaires Un père ayant dénoncé son fils pour lui avoir manqué de respect, il les fit mettre tous deux en prison pendant trois mois, au bout desquels il interrogea le père dont la colère avait eu le temps de se calmer ; celui-ci déclara son fils innocent. Il les renvoya, tout en les rappelant à leurs devoirs réciproques. C'était fort bien ; mais grâce à cette lenteur, le fils avait subi une injuste détention. On aurait pu opposer à Khoung-tseu les paroles qu'il adressait à ses disciples : « Un juge qui punirait indistinctement tous ceux qui paraîtraient avoir violé la loi ne serait pas moins cruel qu'un général qui ferait passer au fil de l'épée tous les habitants d'une ville prise d'assaut. »

Le roi de *Lou* étant mort, son successeur goûta peu les austérités de Khoung-tseu ; il le laissa d'abord libre de se retirer dans le royaume de *Wei*, puis le rappela pour lui faire des questions oiseuses, lui demandant par exemple quel vêtement convenait le mieux à un philosophe :

« Prince, répondit Khoung-tseu, je n'ai pas encore appris comment les philosophes doivent s'habiller ; ce que je sais, c'est que leur principal objet est l'acquisition de la sagesse. — Le philosophe, lui disait-il encore, n'est occupé du matin au soir qu'à acquérir des vertus ou à accroître ses connaissances. S'il sent qu'il a assez de droiture et de fermeté pour remplir de grands emplois, il ne les refuse pas quand on les lui offre, et fait tous ses efforts pour s'en acquitter dignement. — Il ne tremble pas devant ceux qui sont au-dessus de lui, il ne s'enorgueillit pas devant ses inférieurs — S'il s'agit de reprendre quelque défaut ou quelque vice, il ne le fait qu'avec une extrême réserve. — Il est au-dessus de toute crainte quand il fait ce qui est de son devoir; une conduite irréprochable, jointe à des intentions pures et droites, lui sert de bouclier contre tous les traits qu'on pourrait lui lancer ; la justice et la loi sont les armes dont il se sert pour défendre ou pour attaquer. — L'amour qu'il porte à tous les hommes le met en droit de n'en craindre aucun. — L'exactitude scrupuleuse avec laquelle il pratique les cérémonies, obéit aux lois et observe les usages reçus, fait sa sûreté même parmi les tyrans. — Quelle que soit l'étendue de son savoir, il travaille toujours à l'agrandir. — Dans tout ce qui est honnête et bon, il ne voit rien de petit ; les plus minutieuses pratiques tournent chez lui au profit de la vertu. — Il se plaît de préférence dans la compagnie des sages, mais il ne rebute point ceux qui ne le sont pas. Dans son intérieur, il ne témoigne aucune prédilection pour un membre de sa famille plutôt que pour un autre. — L'eût-on gravement offensé ou par des paroles ou par des actions, il ne donne aucun signe de colère et de haine, et son extérieur serein et tranquille est une preuve non équivoque de la tranquillité de son âme. — Le vrai philosophe cherche à se rendre utile à l'Etat n'importe de quelle manière. — S'il arrive que dans la distribution des récompenses on l'ait oublié, il ne s'en plaint pas, il n'en murmure pas. Le suffrage des hommes honnêtes, l'honneur d'avoir contribué en quelque chose à l'avantage de ses compatriotes, et la satisfaction dont il jouit intérieurement d'avoir fait le bien pour le bien sont pour lui la plus flatteuse des récompenses. Si, au contraire, on le place au faîte des honneurs, il ne s'en enorgueillit pas ; il n'est pas moins accessible à ceux qui vont à lui pour le consulter ou s'instruire qu'il le serait si la fortune adverse lui faisait éprouver des malheurs. Le changement de fortune, soit en bien soit en mal, ne change rien dans ses mœurs ni dans sa conduite ; il est le même en tout temps. — C'est de tout cela réuni que se forme cette charité universelle, ne faisant acception de personne, et c'est de cette vertu, source féconde de toutes les autres, que le vrai philosophe cherche à se munir avant tout et surtout ; par elle il se distingue de l'homme ordinaire, puisque c'est elle qui dirige toute sa conduite et vivifie toutes ses actions... » (1)

Que ces réflexions aient été amplifiées par ceux qui les ont transmises, ou qu'elles appartiennent intégralement à Khoung-tseu, elles donnent toujours une haute idée du génie moral de son école.

Le roi lui disant qu'il voulait désormais s'entourer de sages, Khoung-tseu lui répondit : « Cela est très-bien, mais un roi a quelque chose de mieux encore à faire. Il doit avoir un amour tendre pour tous ses sujets ; tâcher de leur procurer une honnête aisance ; diminuer les impôts et ne laisser subsister que ceux dont tout le monde reconnaît la nécessité... »

Khoung-tseu voyait dans la société cinq espèces d'hommes qu'il dépeignait en ces termes : « Les uns, et c'est le plus grand nombre, agissant par instinct, ne connaissent que de petits intérêts : c'est le vulgaire ; les autres sont les hommes instruits, se conformant aux lois et usages ; ils influent sur les mœurs et sur le gouvernement, parlent peu, mais bien, n'agissent qu'à bon escient, et se contentent de leur sort : c'est la classe des lettrés. Une troisième espèce, ce sont les hommes qui font le bien pour le bien, ne se passionnent et ne s'attachent pas légèrement, sont inébranlables et considèrent les choses et les

(1) *Kia-yu*, Discours familier sur la vie de Khoung tseu.

êtres d'un œil égal, ne se mettent au-dessus de personne, ne se découragent pas dans l'insuccès, ne s'enorgueillissent pas dans le triomphe : c'est la classe des philosophes.

« Viennent ceux qui, en toute occasion, ne s'écartent jamais du vrai milieu, ont une règle fixe de conduite et de mœurs, remplissent leurs moindres obligations, ne se démentent jamais, contiennent leurs désirs dans de justes bornes et y résistent quand ils veulent s'en écarter, veillent sans cesse sur eux-mêmes, mesurent leurs paroles, ne font que des actions capables de servir de modèles, rendent des services à tous les hommes riches ou pauvres, hauts fonctionnaires ou artisans, n'ont aucune vue d'intérêt, n'exigent même pas de reconnaissance : c'est la classe des hommes solidement vertueux. »

On ne s'explique pas pourquoi Khoung-tseu les distingue des précédents ; la nuance n'est pas assez marquée pour établir cette distinction.

« Enfin, une dernière classe est celle des hommes qui réunissent les plus belles qualités de l'esprit et du cœur, remplissent avec joie tous les devoirs que la nature et la morale imposent aux hommes, font du bien à tout le monde, sont imperturbables et agissent à l'instar des Esprits : c'est la classe des parfaits ou des saints. »

Voilà une définition un peu vague du plus haut degré de perfection où l'homme puisse monter par ses vertus. Mais, en réalité, cette division en cinq classes peut être réduite à trois ; et celle des philosophes, dont Khoung-tseu est un type complet, donne la mesure de toute la puissance morale de l'homme.

Il disait à un de ses disciples qui venait d'être nommé gouverneur :

« Soyez diligent à traiter les affaires, informez-vous exactement de toutes les circonstances qui peuvent contribuer à vous les faire connaître, à démêler le vrai d'avec son apparence. Soyez juste, désintéressé, toujours égal à vous-même. La justice ne fait acception de personne ; elle rend à chacun ce qui lui est dû. Le désintéressement conduit à l'équité ; quand on est intéressé, on cesse bientôt d'être juste. Faites que le peuple ne manque d'instruction dans aucun temps, car s'il ignore ce qu'il doit faire, comment serait-il coupable en ne le faisant pas? »

Observation pleine de bon sens et qui trouverait encore aujourd'hui son application : oui, l'ignorance où croupit la grande majorité des hommes à l'égard des lois même qui les gouvernent devrait atténuer pour eux le fait de leur violation; cependant ils sont punis à l'égal de ceux qui les connaissent.

Il définissait l'homme un être dans lequel sont réunies les qualités de tous les autres êtres, et de plus, doué d'intelligence, de perfectibilité, de liberté, de sensibilité, capable de discerner, de comparer, d'agir pour une fin et de prendre les moyens nécessaires pour y parvenir. La philosophie moderne n'a rien ajouté à cette définition.

Il disait que le mariage est l'état par lequel l'homme remplit sa destination sur la terre. Rien par conséquent de plus respectable; et il distinguait les devoirs communs aux deux sexes et ceux propres à chacun d'eux : l'homme doit commander, la femme doit obéir. La tendresse, la confiance réciproque, les égards, voilà la base de leur conduite. Suivant lui, la femme est redevable au mari de tout ce qu'elle est; s'il meurt, il faut qu'elle garde le veuvage et reste soumise à son fils aîné. Il ne veut pas qu'elle se montre et s'occupe d'affaires du dehors, et quant à celles du dedans, elle ne doit s'en occuper que s'il y a pour elle nécessité indispensable. « C'est en menant cette vie retirée, dit-il, qu'elle jouira, parmi ses descendants, de la gloire de s'être conformée à tous les devoirs de son sexe. »

Il est beau de laisser après soi une bonne réputation, mais les conditions imposées à la femme par Khoung-tseu sont un peu humiliantes. Sous ce rapport, il céda trop aux mœurs et aux idées reçues en Chine à l'égard des femmes.

Il consacre même par l'autorité de sa parole leur sujétion intérieure, leur nullité individuelle, et semble méconnaître leur influence morale sur la famille et la société; pour lui, en un mot, c'est comme un être à part, plus voisin de la brute que de l'homme. Se conformant à l'ancien livre des *Rites*, il admet sept cas où le mari peut répudier la femme : 1° si elle ne peut s'accorder avec son beau-père et sa belle-mère; 2° si elle est stérile; 3° si elle est infidèle ou impudique; 4° si elle cause du trouble par ses rapports calomnieux; 5° si elle a quelque infirmité repoussante; 6° si elle a une intempérance de langage incorrigible; 7° enfin, si elle vole. Autant dire que l'homme peut la répudier quand il le veut. Les codes de Manou et de Moïse en ont fait autant. Cependant Khoung-tseu admet des circonstances où le mari ne peut répudier sa femme, savoir : 1° lorsqu'elle n'a ni père ni mère; 2° lorsqu'elle porte un deuil de trois ans; 3° lorsque le mari s'est enrichi pendant le mariage.

Le roi de *Lou* s'étant montré peu accessible aux enseignements de Khoung-tseu, celui-ci se retira avec ses disciples dans le royaume de *Weï;* puis dans celui de *Soung*, où il forma des réunions d'auditeurs, près de la ville. Ces réunions étant devenues suspectes, furent brutalement dispersées. Alors il reprit le cours de ses voyages, qui furent mêlés de beaucoup d'incidents (1).

Arrivé dans les royaumes de *Tcheu* et de *Tsaï*, il fut jeté en prison avec les disciples, par ordre des ministres de ces royaumes, qui craignaient son influence auprès de leurs rois. Pendant cette captivité, Khoung-tseu ne se démentit pas; ses disciples voulaient opposer la force à la force, mais il les disposa à la patience et à la résignation. Enfin, des troupes envoyées à leur secours vinrent les délivrer.

Cependant il arriva à la fin de ses jours sans avoir atteint son but, la réforme des mœurs, des coutumes et des lois; il n'avait obtenu que des succès partiels et qui semblaient devoir peu durer. Malgré toute sa résignation philosophique, il en éprouvait de la tristesse et se lamentait en disant :

---

(1) Voir les *Mémoires sur les Chinois*, t. XII.

« On ne peut parvenir au sommet de la montagne sans passer par des chemins difficiles et raboteux, on ne peut atteindre à la vertu sans qu'il en coûte bien du travail et beaucoup de peine... J'ai fait de vains efforts pour mettre sur la voie qui conduit à la sagesse ceux qui voudraient y marcher; n'ayant pu réussir, je n'ai plus de ressources que dans les gémissements et les pleurs. »

Rentré dans sa patrie, il ne s'occupa plus que d'enseigner sa doctrine; il choisit à cet effet un tertre surmonté d'un pavillon dont il fit une salle de conférences auxquelles il invita de nombreux auditeurs, et c'est alors qu'il rédigea et expliqua le livre des vers (le *Chi-king*); le livre des annales (le *Chou-king*); le livre des changements (le *Y-king*), et compléta son ouvrage intitulé : *le Printemps et l'Automne* (*Tchun-Tsieou*).

Ayant perdu son plus cher disciple, Yan-hoeï, il en éprouva un chagrin inconsolable; il s'écriait souvent : « Le ciel m'a tué! le ciel m'a tué! » Montrant ainsi qu'il n'est point de philosophie assez stoïque pour consoler de la perte d'un véritable ami; et depuis ce jour il traîna une existence fort triste.

Sentant l'approche de la mort, il convoqua ses disciples dans la salle de ses conférences, et leur donna ses derniers conseils:

« Un homme quelque sage, quelqu'intelligent, quelqu'éclairé qu'il soit, disait-il, n'est pas également apte à tout. Le point capital de chacun est de connaître à quoi il est propre, afin de s'y appliquer de préférence et de s'y perfectionner. Vous êtes témoins du peu de succès que j'ai eu dans mon entreprise; ce que vous pouvez faire, c'est de conserver le précieux dépôt que je vous ai confié; vous le confierez vous-même à des personnes qui pourront en faire usage et qui le transmettront à leur tour pour le faire parvenir aux générations futures. »

On croirait lire saint Paul, qui, plus tard, adressait les mêmes recommandations à ses auditeurs. Il chargea ensuite chacun d'eux d'une tâche particulière le plus en harmonie avec son talent.

On rapporte comme étant ses dernières paroles, celles-ci :

« La montagne de *Taï-chan* s'écroule ; je n'ai plus à lever la tête pour la contempler. Les poutres qui soutiennent le bâtiment sont plus qu'à demi pourries, je n'ai plus où me retirer ; l'herbe sans suc est entièrement desséchée, je n'ai plus où m'asseoir pour me reposer. La sainte doctrine avait entièrement disparu ; elle était entièrement oubliée ; j'ai tâché de la rappeler et de rétablir son empire : je n'ai pu réussir. Se trouvera-t-il quelqu'un après ma mort qui veuille prendre sur soi cette pénible tâche? »

Quelques jours après il mourut dans sa soixante-treizième année, en 479 avant notre ère, et neuf ans avant la naissance de Socrate.

De grands honneurs funèbres lui furent rendus par ses disciples et par le roi de *Lou*. Un magnifique mausolée, élevé à sa mémoire, devint un but de pèlerinage et presque un objet de culte. Ses descendants jouissent encore aujourd'hui d'une certaine considération, et de la seule noblesse héréditaire qui existe en Chine.

Ainsi, Khoung-tseu, comme tous les grands réformateurs, ne vit pas le succès couronner ses efforts ; mais à peine disparu de ce monde, il a été l'objet des plus grands avantages qu'un sage puisse désirer : la vénération pour sa mémoire et le triomphe de ses doctrines, triomphe fondé sur la vérité des principes de morale inscrits au fond de toutes les consciences.

En conséquence de ces mêmes principes de la morale naturelle qu'il proclama, Khoung-tseu, ennemi du mysticisme et du merveilleux, est peut-être le seul qui n'ait pas eu la prétention de se montrer aux yeux des peuples comme l'interprète ou l'inspiré du ciel ; il n'a point voulu fonder une religion, ni même inventer une philosophie ; il s'est mis à étudier uniquement la nature morale de l'homme, à définir, à expliquer, à énumérer les sentiments du bien, du beau, du vrai et du juste, et à formuler des maximes et règles pratiques à la portée de toutes les intelligences.

Reconnaissant dans l'homme, avant tout, une mission morale et sociale à remplir ici-bas, il en a fait ressortir l'importance et indiqué les moyens, laissant à d'autres philosophes le soin d'élucider ou d'obscurcir les questions sur l'âme, sur la vie future, sur la raison suprême, etc. Il reconnaît bien un principe supérieur, intelligent, spirituel; mais son dogme fondamental, son vrai culte, c'est la piété filiale, qu'il pousse jusqu'à l'exagération, jusqu'au fanatisme.

La piété filiale est pour lui la base et le faîte des devoirs sociaux, du gouvernement, de la famille; mais comme il en fait un principe absolu, il en déduit des conséquences également absolues, savoir tous les droits du côté du père ou du souverain, tous les devoirs du côté du fils ou du sujet; et s'il y a des obligations rigoureuses également commandées au père et au souverain, elles restent subordonnées à leur arbitraire, à leur bon vouloir. Cependant, chez aucun peuple ancien, les règles du gouvernement n'ont été mieux exprimées qu'en Chine, soit par les philospphes, soit par les ministres, soit par les souverains eux-mêmes. Ainsi l'on attribue ces belles paroles à l'empereur Hoang-ti (2600 ans avant notre ère) :

« Le gouvernement des hommes est comme l'eau qui coule dans la vallée sans remonter à sa source; son action est incessante et ne s'arrête jamais. Pourvoir aux besoins des populations, et ne pas montrer envers elles de l'indifférence ou du mépris; faire la part de chacun, c'est-à-dire tracer à chacun ses devoirs, selon la position qu'il occupe, et ne pas multiplier sans nécessité les obligations de chacun, voilà le seul et véritable gouvernement; c'est pourquoi encore appliquer ces principes à l'empire et ne jamais les oublier est le seul et véritable gouvernement. »

Quelle que soit l'authenticité de ces paroles en tant qu'imputables à cet empereur, leur ancienneté est incontestable, et prouve que les Chinois ont connu de bonne heure les principes d'un bon gouvernement; mais il a toujours manqué à ces principes une sanction obligatoire. Le souverain étant regardé comme le père et la mère du peuple, on s'en est rapporté à sa conscience pour l'accomplissement de ses devoirs. Un sujet, c'est-à-dire un fils, ne saurait l'y rappeler dans le cas où il s'en écarterait.

On a bien vu des ministres et des lettrés, en de rares circonstances, oser présenter des remontrances aux princes et signaler leurs injustices ; mais c'était en s'agenouillant, en offrant presque leur tête pour expier cette audace.

Laisser tous les avantages du côté du prince, savoir : la force armée, la richesse et le pouvoir, n'était-ce pas lui permettre d'en abuser ? Et en défendant au peuple de le renverser sous peine de crime de lèse-paternité, comment ce peuple n'eût-il pas toujours été à la merci du hasard de la naissance ou de l'usurpation, qui lui imposait un bon ou, le plus souvent, un mauvais roi?

§ 3. DOCTRINE DE KHOUNG-FOU-TSEU.—LES *Sse-Chou*, OU LES QUATRE LIVRES CLASSIQUES (1).

Les quatre livres classiques contiennent la doctrine de Khoung-tseu recueillie par ses disciples sous ces titres : 1° Le *Ta-hio* ou la grande étude. 2° Le *Tchoung-young* ou l'invariable dans le milieu. 3° Le *Lun-yu* ou entretiens philosophique. 4° Le *Meng-tseu.*

Le *Ta-hio* ou la grande étude, est le premier livre et le plus important comme destiné à l'instruction des jeunes gens qui se destinent à la vie politique.

(1) Je me servirai de la traduction donnée par M. Pauthier dans ses *Livres sacrés de l'Orient.*

«Le *Ta-hio*, dit un docteur Chinois, est un livre laissé par Khoung-tseu à son disciple Thseng-tseu, afin que ceux qui commencent à étudier les sciences morale et politique s'en servent comme d'une porte pour entrer dans le sentier de la sagesse. »

On l'enseignait dans le collége impérial. Son étude, abandonnée pendant quelque temps, fut reprise dans le xiie siècle de notre ère par le docteur Tchoû-hi.

Le philosophe commence par établir que l'homme une fois à l'âge de raison doit apprendre les devoirs qui lui sont imposés dans les différentes conditions de la vie, développer ses facultés morales, et chercher son bonheur dans la sagesse.

La perfection morale, tel est le but final que se propose Khoung-tseu.

Le premier pas à faire pour y arriver, c'est de connaître son but, puis de méditer sur l'essence des choses, sur les principes et les conséquences des actions.

Il donne en exemple les anciens princes Yao, Chun et Yu, qui ayant commencé par mettre le bon ordre dans leurs familles, par se corriger eux-mêmes, par augmenter leurs connaissances, auraient finalement atteint cette perfection

Il cite une des inscriptions gravées sur la baignoire du roi Tching-thang, ainsi conçue : « Renouvelle-toi complètement chaque jour. » Ce qui veut dire : examine-toi et améliore-toi sans cesse.

Notre philosophe blâme la solitude absolue et prolongée comme inspiratrice d'actions vicieuses : si la vertu se forme dans la conscience, sa manifestation doit être extérieure ; aussi appartient-il au sage de veiller attentivement sur ses pensées secrètes, afin qu'elles lui inspirent des actions dignes d'être imitées. Suivant lui, quand l'âme n'est pas maîtresse d'elle-même, on regarde et on ne voit pas, on écoute et on n'entend pas ; c'est pourquoi il faut s'appliquer à rectifier son âme et à se corriger de toutes passions vicieuses.

Reconnaître les défauts des personnes qu'on aime et les

bonnes qualités de celles que l'on hait est chose fort rare, l'homme étant naturellement partial envers ceux qu'il aime, injuste envers ceux qu'il hait, servile envers ceux qu'il respecte ou craint, miséricordieux envers ceux qui lui font pitié.

Il traite ensuite des devoirs imposés à ceux qui gouvernent.

Un homme capable de gouverner et d'instruire les hommes doit tout d'abord être capable d'instruire sa propre famille. La piété filiale est sa première règle ; c'est elle qui lui inspire de la déférence dans ses rapports avec les personnes plus âgées que lui, et la bienveillance dans ses rapports avec la multitude.

L'influence de la vertu est telle, suivant lui, qu'une seule famille douée d'humanité et de charité suffira pour rendre une nation humaine et charitable ; de même un seul prince avare et cupide suffira pour amener le désordre dans une nation. En effet, la conduite d'un prince étant publique, le peuple, dans son ignorance, est disposé à imiter toutes ses actions, les jugeant bonnes, non en elles-mêmes, mais à cause de la haute position de leur auteur.

« Si un prince ne possède pas et ne pratique pas lui-même toutes les vertus, dit-il, il ne saurait les exiger des autres. »

Et cependant, il les exige, car si les princes se mettent au-dessus des lois, ils veulent que les autres s'y soumettent.

Le livre des vers dit :

« Le prince dont la conduite est toujours pleine d'équité et de sagesse remplit ses devoirs de père, de fils, de frère aîné et de frère cadet, et le peuple l'aime. »

Les devoirs réciproques des hommes entre eux sont fort bien déterminés dans ce livre. Il recommande de ne point faire à nos inférieurs ce que nous blâmerions dans nos supérieurs à notre égard. « Ce que vous réprouvez, dit-il, dans ceux qui sont à votre droite, ne le faites pas à votre gauche. »

Le livre des vers porte :

« Le seul prince qui inspire de la joie est celui qui est le père et la mère du peuple. »

Khoung-tseu revient sur le danger des mauvais exemples donnés par le prince : de même que le peuple imite les vertus du prince, il imite ses vices. Quand un prince cherche à amasser des richesses, le peuple s'abandonne à toutes les passions cupides. S'il est économe, le peuple est ménager. Si le prince et les magistrats emploient des moyens violents et injustes, le peuple sera violent et injuste.

Le premier devoir du prince est d'élever en dignité l'homme de talent. S'il donne ses préférences à des hommes haïs de tous, il fait ce qu'on appelle un outrage à la nature humaine. Des calamités redoutables fondront sur lui.

Enfin, les princes ne doivent point s'enrichir au moyen des revenus publics; la justice, voilà leur seule richesse. S'ils cherchent à s'enrichir, ils attirent auprès d'eux des hommes cupides qui simulent la vertu pour les tromper. Le philosophe déclare enfin qu'une mauvaise administration fait tomber sur le gouvernement les châtiments du ciel et les vengeances du peuple.

Cette hardiesse de langage ne prouve point que les Chinois, au temps de Khoung-tseu, jouissaient d'une entière liberté de parler; son enseignement ne s'adressait qu'à un certain nombre de disciples et aux princes qui voulaient bien l'écouter; mais nous avons vu, dans les détails de sa vie, qu'il n'eût pas toujours impunément son franc-parler.

Un commentateur interprète, en la résumant, la doctrine de Khoung-tseu sur le gouvernement :

« Le gouvernement d'un Empire consiste dans l'application des règles de droiture et d'équité naturelle que nous avons en nous, à tous les actes d'administration publique, ainsi qu'au choix des hommes que l'on emploie, lesquels, par leur bonne ou mauvaise administration, conservent ou perdent l'Empire. Il faut que, dans ce qu'ils aiment ou dans ce qu'ils réprouvent, ils se conforment toujours au sentiment du peuple. »

On ne peut renfermer plus de sens en moins de mots. Cette

théorie gouvernementale n'a pas été dépassée; nos révolutions n'ont eu d'autre but que de l'ériger en fait, et, si simple qu'elle paraisse, on est encore à la recherche des moyens d'exécution.

§ 4. LE TCHOUNG-YOUNG OU L'INVARIABLE DANS LE MILIEU. (2º *Livre classique.*)

Le *Tchoung-young* contient les règles de conduite enseignées par Khoung-tseu et recueillies par Tseu-tsé, son petit-fils et disciple.

Khoung-tseu définit le *milieu* ce qui ne dévie d'aucun côté, et l'*invariable* ce qui ne change pas; le *milieu* est la voie droite, et l'*invariabilité* est la raison fixe : c'est donc un traité sur la persévérance de la conduite dans la ligne droite.

Le sage écoutant les inspirations secrètes de sa conscience, pénètre les causes les plus subtiles des actions; il arrive ainsi à reconnaître que la vertu supérieure consiste à persévérer dans un *invariable milieu*. Mais combien peu d'hommes savent s'y tenir ! Khoung-tseu attribue la rareté des sages à l'ignorance qui empêche d'atteindre ce *milieu*, et à la science qui le dépasse; en effet, beaucoup présumant trop de leur science, disent connaître le mobile des actions, et cet orgueil les fait tomber dans mille piéges.

Il cite à ce sujet, comme modèle, son disciple favori Hoeï, qu'il perdit si prématurément et qui persévéra jusqu'au bout dans la voie droite.

Il regarde comme chose vaine et inutile la recherche du principe des choses; il le croit inaccessible à notre intelligence. Sous ce rapport les Chinois, dont la grande majorité professe sa doctrine, n'ont point changé, ils pensent encore que l'homme ici-bas a bien assez à se débattre avec le connu, pour ne point perdre les courts instants de sa vie à la recherche ou à l'explication de l'inconnu. Voilà sans doute un bon moyen pour ne pas se tromper, mais, c'est aussi un moyen pour ne pas faire de progrès, ce qui explique l'état stationnaire et inférieur de la science en Chine.

Khoung-tseu, conformément à ce système, désapprouve les actes extraordinaires qui tendent à mériter l'admiration et la renommée. N'est-ce pas détruire l'émulation, et imposer des limites même à l'industrie?

Il recommande au sage de fuir le monde et de vivre inconnu; misanthropie renouvelée de Lao-tseu, mais sur laquelle toutefois il n'insiste pas.

Il reconnaît qu'il y a des règles de bonne conduite à la portée de tout le monde, cependant il ajoute qu'il n'est donné à personne, pas même à ceux qui sont parvenus au plus haut degré de sainteté, d'atteindre à la perfection de la science morale.

Ainsi, il conçoit un idéal moral inaccessible aux efforts de l'homme, comme les théologiens conçoivent une personnalité divine, dont ils ne peuvent expliquer la nature.

Malgré cette limite, la règle de conduite morale du sage a, suivant lui, son principe dans le cœur de tous les hommes, d'où elle s'élève à sa plus haute manifestation pour éclairer le ciel et la terre de ses rayons éclatants.

Notre philosophe développe ensuite cette éternelle et universelle maxime : Ne fais pas aux autres ce que tu ne veux pas qui te soit fait.

« Celui, dit-il, dont le cœur est droit et qui porte aux autres le même sentiment qu'il a pour lui-même, ne s'écarte pas de la loi morale ni des devoirs prescrits aux autres par leur raison, et ne fait pas aux autres ce qu'il désire qu'on ne lui fasse pas à lui-même. »

C'est là un principe de morale universelle auquel se rallient tous les moralistes, tous les philosophes, lorsqu'ils n'ont pas la conscience faussée par des préjugés traditionnels.

Khoung-tseu recommande la circonspection dans les paroles, et leur conformité avec les œuvres.

Il établit qu'aucune condition de la vie sociale ne saurait être un obstacle à la vertu ; le sage qui s'est identifié avec la loi morale conserve toujours assez d'empire sur lui-même pour accomplir les devoirs de son état dans quelque position qu'il se trouve. S'il est dans un rang supérieur, il ne tourmente pas ses inférieurs ; s'il est dans un rang inférieur, il n'importune pas de ses sollicitations ceux qui occupent un rang supérieur. Il ne murmure pas contre le ciel et n'accuse pas les hommes de ses infortunes ; c'est pourquoi il conserve une âme toujours égale en attendant l'accomplissement de la destinée céleste. Car Khoung-tseu, sans avoir une doctrine religieuse bien définie, croyait néanmoins que la destinée humaine ne se bornait point à une courte évolution sur terre ; elle devait suivant lui trouver dans le ciel, c'est-à-dire dans une vie future, une juste compensation à ses maux passagers d'ici-bas, doctrine d'autant plus consolante qu'il ne la faisait pas dépendre de croyances dogmatiques, locales et variables, mais de la conduite individuelle de tous les hommes sans exception.

Il trace ensuite les règles du gouvernement ; il attribue la bonne administration aux qualités des ministres ; tout dépend, en conséquence, du choix des hommes que le prince aura su faire ; le bien public doit en être le mobile. Or, pour avoir ce mobile toujours en vue, il faut se conformer à la grande loi des devoirs dont la base, le point de départ est l'amour des hommes, l'humanité. Cette humanité elle-même découle de l'amour filial ; et l'application de ces deux sentiments est la justice, laquelle consiste à rendre à chacun ce qui lui est dû.

Khoung-tseu compte ici, comme dans le *Chou-King*, cinq devoirs universels : les relations entre le prince et ses ministres, entre le père et ses enfants, entre le mari et la femme, entre le frère aîné et le frère cadet, et entre les amis.

Il reconnaît trois grandes facultés de l'âme : la conscience qui est la lumière de l'intelligence pour distinguer le bien du mal, l'humanité qui est l'équité du cœur, et le courage moral qui est la force d'âme.

Ces divisions et définitions ne sont pas toujours marquées au coin d'une rigoureuse logique, mais elles montrent les efforts d'une intelligence supérieure pour approfondir la nature de l'homme.

Il représente celui qui aime l'étude, c'est-à-dire la recherche des lois et des devoirs, comme tout près de posséder la science morale; celui qui fait ses efforts pour les pratiquer, comme prêt à se dévouer au bonheur des hommes, et celui qui sait rougir de sa faiblesse, comme doué de la force d'âme nécessaire à leur accomplissement.

Pour ceux qui gouvernent, les obligations sont plus nombreuses; Khoung-tseu leur indique neuf devoirs à remplir : 1o se régler soi-même ; 2° révérer les sages ; 3o aimer ses parents ; 4° honorer les premiers fonctionnaires de l'Etat ; 5° être en parfait accord avec les magistrats ; 6° traiter et chérir le peuple comme un fils ; attirer à soi les savants et les artistes ; 8° bien accueillir les étrangers ; 9° traiter amicalement tous ses vassaux.

Puis viennent des devoirs secondaires : se purifier de toute souillure ; avoir un extérieur propre et décent et des vêtements distingués ; ne se permettre aucune action contraire aux rites ; répudier les flatteurs ; fuir les séductions de la beauté ; mépriser les richesses ; estimer ceux qui pratiquent la vertu, honorer ses parents, augmenter leurs revenus, aimer et éviter ce qu'ils aiment et évitent. Tels sont les moyens à employer pour régler sa personne, pour encourager la sagesse et pour resserrer l'union entre parents. Or, tous ces devoirs sont comme remplis du moment qu'on est bien résolu de les remplir.

A part l'observation des rites qui complique la morale de devoirs factices et traditionnels, ces prescriptions indiquées par Khoung-tseu s'adressent aux hommes de toutes les classes et de tous les pays.

Tenant compte des efforts tentés, quoique infructueusement,

pour acquérir la sagesse, il encourage ceux qui étudient, même sans en profiter, ceux qui interrogent les hommes instruits, même sans pouvoir acquérir la science ; ceux qui méditent, même sans pouvoir s'éclairer sur le principe du bien.

Tout en reconnaissant la difficulté, pour ne pas dire l'impossibilité d'arriver à la perfection morale comme à la vérité absolue, Khoung-tseu croit qu'on peut y atteindre par les lumières de l'intelligence aidées de l'instruction.

Ceux qui parviennent à l'acquérir arrivent à connaître leur propre nature, les lois qui régissent leur être et les devoirs qui en dérivent.

Khoung-tseu élève si haut l'homme doué de la perfection morale, qu'il lui attribue non-seulement la connaissance de sa propre nature, des lois et des devoirs de son être, mais encore la faculté de prévoir les choses à venir, et aussi de se révéler par des bienfaits sans se montrer, d'opérer le bien sans agir. Il est vrai qu'il ne peut pas en citer d'exemple, mais il espère encourager davantage son semblable en lui faisant entrevoir une perspective que d'autres présentent comme un effet du *non agir*, suivant Lao-tseu.

Si un homme de condition ordinaire peut aspirer à ce sublime résultat, que sera-ce d'un prince ? Le prince, arrivé à cette haute sagesse, n'aura qu'à agir, et pendant des siècles, ses actions seront les lois de l'empire ; il n'aura qu'à parler, et pendant des siècles ses paroles seront les règles de l'empire. Ce prince est encore à naître, mais Khoung-tseu le suppose pour avoir l'occasion d'exalter la souveraineté remise aux mains d'un homme sage ; et, suivant lui, il n'y a que le sage qui, par la faculté de connaître à fond et de comprendre parfaitement les lois primitives des êtres vivants, soit digne de posséder le pouvoir souverain ; qui ayant une âme grande, affable et douce, soit capable de répandre des bienfaits avec profusion ; qui par sa fermeté imperturbable, constante, soit capable de faire régner la justice ; qui par sa simplicité, son honnêteté, sa gravité, sa droiture, soit capable de s'attirer le respect et la vénération ; qui, étant revêtu de tous les charmes de l'esprit et du talent à la suite d'une étude assidue et de lumières tirées de l'investigation des choses les plus cachées, des principes les plus subtils, soit capable de discerner avec exactitude le vrai du faux, le bien du mal.

Si Khoung-tseu avait fait de la réunion de ces diverses qualités une condition *sine quâ non* de la souveraineté, il aurait été obligé de condamner celle-ci, puisqu'elle ne lui en offrait point d'exemples, et ceux tirés de l'antiquité n'étaient qu'un idéal traditionnel auquel il ajoutait sans doute beaucoup du sien, afin d'en proposer l'imitation aux princes de son temps. Enfin, il croit que le sage, fût-il arrivé à une certaine perfection, peut déchoir s'il ne se surveille pas incessamment, s'il ne juge pas les plus secrets mouvements de son propre cœur par ceux qui se révèlent dans les autres, et n'y trouve rien dont il ait à rougir.

A ce propos, il cite une maxime du livre des vers : « Prends bien garde de ne rien faire dans les lieux les plus secrets dont tu puisses rougir. » C'est ainsi que le sage peut s'attirer encore le respect, alors même qu'il ne se produit pas en public; et qu'il est vrai et sincère, alors même qu'il garde le silence.

Le même livre des vers dit encore : « J'aime et je chéris cette vertu brillante qui est l'accomplissement de la loi naturelle de l'homme et qui ne se révèle point par beaucoup de pompe et de bruit.

Après avoir exposé la doctrine de son maître sur les devoirs de l'homme dans toutes les conditions, Tseu-tsé enseignait à son tour combien il fallait faire attention à nos actions et à nos pensées. « Il faut, dit-il, faire tous nos efforts pour atteindre à cette solide vertu qui attire le respect et la vénération de tous les hommes et procure une abondance de paix et de tranquilité dans tout l'empire. »

En résumé, l'invariabilité dans le milieu, c'est la perfection morale que Khoung-tseu présente comme le but auquel doivent tendre les hommes de toute condition. S'il faut une perpétuelle surveillance de soi-même, à laquelle peu de personnes voudront se soumettre, au moins le philosophe, en s'adressant aux personnes de bonne volonté, ne leur propose point les devoirs factices de l'ascétisme, mais les engage à chercher dans leur conscience les lois de la morale universelle qui y sont inscrites, et leur indique des moyens pratiques pour les accomplir.

§ 5. LE *Lûn-Yû*, OU ENTRETIENS PHILOSOPHIQUES.
(3ᵉ *Livre classique.*)

Toute la doctrine philosophique de Khoung-tseu est résumée dans le *Lûn-Yû*.

Un commentateur de ce livre, Tching-tseu, dit que son but était de faire connaître la vertu de l'humanité au moyen de la doctrine de la raison dont les hommes doués de sainteté ont fait un objet d'étude persévérante.

Cette doctrine est simple, car elle est fondée sur la vraie nature de l'homme, et Khoung-tseu avait le droit de dire : « Ma doctrine est simple et facile à pénétrer. » C'est ce que démontrera l'analyse de cet ouvrage.

CHAP. 1ᵉʳ. Khoung-tseu parle de la grande satisfaction que fait éprouver l'étude persévérante du vrai et du bien ; puis il exalte la piété filiale et la déférence fraternelle comme bases de l'ordre et de l'obéissance dans l'empire, et comme les premiers devoirs à enseigner aux enfants ; c'est le moyen de les rendre attentifs dans leurs actions, sincères et vrais dans leurs paroles, et attachés aux personnes vertueuses ; une fois bien pénétrés de ces devoirs, ils peuvent alors chercher à acquérir des connaissances et des talents.

Puis il énumère les règles principales qui doivent diriger la conduite privée :

Ne contractez pas d'amitié avec des personnes inférieures à vous moralement et intellectuellement.

Quand vous êtes à table ne cherchez pas à assouvir votre appétit.

Fuyez les jouissances de l'oisiveté et de la mollesse.

Soyez vigilant dans vos paroles.

Fréquentez ceux qui ont des principes droits, afin de régler votre conduite sur eux.

Pauvre, sachez trouver du contentement dans la pauvreté; riche, plaisez-vous dans la pratique des vertus sociales.

Ne nous affligeons pas d'être inconnus des autres, mais affligeons-nous de ne pas les connaître nous-mêmes.

Ces préceptes sont tellement simples et vrais qu'ils n'ont besoin d'explication pour personne.

Chap. 2. Khoung-tseu ne veut pas que le gouvernement repose sur la crainte; car en maintenant le peuple dans l'ordre par la crainte des supplices, il sera circonspect dans sa conduite, mais il ne rougira pas de ses mauvaises actions; tandis que si on le gouverne selon les principes de la vertu et par les seules lois de la politesse sociale, il aura honte d'une action coupable et il avancera dans le chemin de la sagesse. Par les lois de la politesse il entend, sans doute, celles d'une justice bienveillante qui s'exerce bien moins pour sévir que pour corriger.

Il insiste de nouveau sur les devoirs envers les parents, soit pendant leur vie, soit après leur mort. Pendant leur vie on doit les secourir; après leur mort, on doit porter leur deuil. La piété filiale s'applique à tous les actes d'affection et de bonté; il dit qu'elle s'étend même aux chiens et aux chevaux.

Il définit l'homme supérieur, celui qui met ses paroles en pratique, parle conformément à ses actions; montre une bienveillance égale pour tous et est sans égoïsme et sans partialité.

Il disait à son disciple Yeou : « Il faut savoir que l'on sait ce que l'on sait, et savoir que l'on ne sait pas ce que l'on ne sait pas. Il voyait autant de présomption à feindre tout ignorer qu'à feindre tout connaître.

Donnant des conseils à son disciple Tseu-tchang, qui étudiait pour devenir gouverneur, il lui recommandait d'être toujours bien attentif à ne rien dire de superflu, et à agir de manière à ne point se repentir de ses actions.

Le prince de *Lou* lui ayant demandé par quels moyens on pouvait soumettre le peuple, le philosophe lui répondit : « Elevez et honorez les hommes droits et intègres, abaissez et destituez les hommes corrompus et pervers. Si vous faites l'opposé, le peuple vous désobéira. Ayez de la piété filiale et de la commisération, et alors le peuple sera fidèle ; élevez aux charges publiques et aux honneurs les hommes vertueux, et donnez de l'instruction à ceux qui ne peuvent se la procurer par eux-mêmes, alors le peuple sera excité à la vertu. C'était là de fort bons conseils, et qui n'ont pas vieilli, mais l'histoire ne dit pas que le roi s'y soit conformé.

Chap. 5. Khoung-tseu s'élève contre l'éclat donné aux pompes funèbres ; il lui préfère une douleur silencieuse, comme marque de regret plus sincère ; cependant les cérémonies consacrées aux ancêtres étaient accompagnées de pompes assez voisines d'un culte superstitieux, et notre philosophe en impose la pratique.

Ennemi de toute dispute, il n'admet de contestation que dans les jeux où l'on tire à un but ; et encore veut-il que le vainqueur cède la place à son antagoniste vaincu et entre dans la salle pour prendre une tasse de thé avec lui.

Il se rapproche ici de Lao-tseu, qui réprouvait jusqu'à la joie légitime du triomphe.

Chap. 4. Notre philosophe développe cette thèse que si la pensée est sincèrement dirigée vers les vertus de l'humanité, on ne commettra point d'actions vicieuses ; et par ces vertus, il n'entend pas seulement l'attention pour les autres, mais aussi le respect de soi-même. « La pauvreté, dit-il, et une position humble ou vile font l'objet de la haine et du mépris des hommes, mais, si l'on ne peut en sortir par des voies honnêtes et droites, il faut y rester. »

Il recommande d'estimer par-dessus tout les hommes doués d'humanité; mais il ajoute que c'est pratiquer encore l'humanité que de haïr et d'éviter ceux qui en sont dépourvus.

La haine est ici de trop, à moins qu'elle ne s'applique au vice seulement; si elle devait atteindre l'homme, ce serait manquer aux sentiments charitables dont toute la doctrine de Khoung-tseu est empreinte; même en détestant le vice, n'est-ce pas faire acte d'humanité que de vouloir ramener par la bienveillance l'homme vicieux à la vertu?

Il dépeint l'homme supérieur se montrant dans toutes les circonstances de la vie exempt de préjugés et d'obstination, et se conformant aux règles de la justice.

Il désapprouve la recherche des emplois publics, et veut qu'on soit moins empressé de les obtenir que d'acquérir les talents nécessaires pour s'en acquitter : « Ne soyez pas affligés, dit-il, de ne pas être encore connus, mais cherchez à vous rendre dignes de l'être. »

Voici des paroles empreintes d'une véritable philanthropie :

« Je voudrais procurer aux vieillards un doux repos; conserver aux amis et à ceux avec lesquels on a des relations une fidélité constante; donner aux enfants et aux faibles des soins tout maternels. »

Chap. 6. Youan-sse, un de ses disciples, ayant été nommé gouverneur d'une ville, on lui offrit 900 mesures de riz pour appointement; il crut devoir refuser; mais son maître lui dit : « Ne les refusez pas, et distribuez-les aux habitants voisins de votre demeure. »

Il donne pour exemple de simplicité rigide son cher disciple Hoeï, qui se contentait d'un vase de bambou pour prendre sa nourriture, et habitait un humble réduit dans une rue étroite et déserte, ce qui, ajoute-t-il, n'ôtait rien à sa sérénité.

Tout en estimant ce genre de vie, Khoung-tseu ne le pratiqua pas lui-même, et n'y encouragea pas ses disciples. Il avait trop de bon sens pour admettre que la sagesse pût gagner quelque chose aux mortifications.

Un de ses disciples résume sa morale individuelle et sociale en quelques mots : Avoir la droiture du cœur et aimer son prochain comme soi-même.

Khoung-tseu, pour distinguer l'homme supérieur de l'homme vulgaire, disait que l'un est inspiré par la justice et l'autre par l'amour du gain.

Il attache un grand prix à l'influence de l'exemple ; outre celui des anciens, il propose celui des sages contemporains : « La vue d'un sage, dit-il, doit nous faire réfléchir en nous-même pour voir si nous possédons ses vertus, comme celle d'un pervers doit nous porter à scruter attentivement notre conduite.

Enfin, un des attributs de l'homme supérieur, c'est d'être lent dans ses paroles et rapide dans ses actions.

Chap. 5. Khoung-tseu n'approuve pas l'art de parler avec adresse, il croit qu'il engendre la haine entre les hommes. Quant à lui, dans ses relations avec les autres, il écoute leurs paroles, mais il examine surtout leurs actions.

Le positivisme de notre philosophe, réprouvant les actes inutiles, n'admet pas que le dévouement à ses semblables doive être poussé jusqu'à se sacrifier à coup sûr en venant à leur secours. Ainsi, un de ses disciples lui demandant si un homme qui voyait un autre tomber dans un puits devait s'y précipiter lui-même en vertu des principes de l'humanité, Khoung-tseu répondit : « Pourquoi agirait-il ainsi ? L'homme supérieur doit s'éloigner, et ne doit point s'abuser sur l'étendue des devoirs qui ne l'obligent point de perdre la vie. »

D'après ce système on n'exposerait jamais son existence pour les autres avant d'être bien assuré d'en sortir sain et sauf. Cependant le mérite du dévoûment n'est-il pas dans les risques qu'il fait courir ?

Quoique ennemi de l'égoïsme, Khoung-tseu professe qu'on doit penser tout d'abord à soi-même, et qu'on fait suffisamment preuve d'humanité en pensant ensuite aux autres. Homme d'observation avant tout, il a vu que généralement on travaille pour soi avant de travailler pour son prochain, et il a érigé en principe le *primò mihi* si universellement pratiqué et qu'il aurait dû laisser dans le domaine des faits nécessaires : voici, au reste, comment il développe ce système :

« L'homme qui a la vertu de l'humanité désire s'établir lui-même, et, ensuite, établir les autres ; il désire connaître les principes des choses, et, ensuite, les faire connaître aux autres ; avoir assez d'empire sur lui-même pour juger les autres par comparaison avec lui, et agir envers eux comme il voudrait qu'on agît envers lui ; c'est là, dit-il, ce qu'on peut appeler la doctrine de l'humanité ; il n'y a rien au-delà. »

Certes, en faisant pour les autres ce que nous désirons qu'ils fassent pour nous, nous n'abdiquons pas notre personnalité, et, pourtant, nous ne sommes point égoïstes : nous obéissons à la loi de réciprocité que Khoung-tseu préconise comme le *nec plus ultra* de la vertu sociale.

Chap. 7. Aucun moraliste n'a su mieux que lui faire la part de la faiblesse humaine ; et, bien qu'il se soit créé un type de sainteté offrant la réunion dans un seul homme de toutes les vertus pratiques, il ne se dissimule pas la difficulté d'en rencontrer la réalisation : « Je ne puis parvenir à voir un homme véritablement vertueux, dit-il ; tout ce que je puis, c'est de voir un homme constant et ferme dans ses idées. »

Voilà pourquoi il n'exige que des sacrifices à la portée de tous.

Loin de ces théoriciens qui cherchent uniquement à propager une nouvelle doctrine, il s'efforçait de prêcher d'exemple, et cet effort même pouvait contribuer à lui faire reconnaître expérimentalement tous les devoirs accessibles à l'homme. Or, dans cette limite même du possible, combien y a-t-il de sages?

Khoung-tseu, Socrate, Jésus-Christ, Marc-Aurèle, voilà les plus célèbres, et encore les partisans de chacun d'eux vont-ils fouiller avec malice dans la vie des trois autres pour y trouver des taches. J'ai dû signaler dans la doctrine de Khoung-tseu lui-même, le sage pratique le plus complet de tous, des défauts qui la déparent.

Ses disciples en faisant son portrait dépeignent bien l'homme dont l'attitude extérieure répond à l'état moral : il était, disent-ils, d'un abord aimable et prévenant ; sa gravité sans raideur, et la dignité de son maintien, inspiraient du respect sans contrainte.

Khoung-tseu parlait peu des choses surnaturelles, de *génies* ou d'*esprits*. Et là-dessus, son commentateur officiel, Tchou-hi, disait : « Le saint homme ne s'entretenait que des choses parfaitement droites, conformes à la raison, et accessibles à ses investigations. L'existence des *esprits* et des *génies* se suppose d'après les événements heureux qui arrivent dans le monde, quoiqu'on ne puisse s'en rendre compte selon le cours ordinaire des choses ; cependant, à moins d'atteindre aux dernières limites de la raison, il y a des faits qu'il n'est pas donné à l'homme d'éclaircir. C'est pourquoi on ne peut légèrement s'en entretenir avec les hommes. »

Par cette prudente réserve, on n'arrive pas à résoudre les questions d'origine et de fin de l'homme et des choses ; on ne cherche point à analyser la nature et les facultés de l'âme, à découvrir l'action d'une puissance supérieure sur l'univers ; mais aussi l'on ne se dispute point sur des questions douteuses, on n'impose point ses opinions par le fer ou le feu, et si l'on meurt ignorant de ce qu'on devient après cette vie, au moins on ne tombe point victime du fanatisme et de l'intolérance.

Chap. 8. Un disciple de Khoung-tseu étant malade disait : « Quand l'oiseau est près de mourir son chant devient triste ; quand l'homme est près de mourir, ses paroles portent l'empreinte de la vertu. »

On trouve rarement chez les philosophes des pensées empreintes d'une aussi douce mélancolie.

Dans le même chapitre, Khoung-tseu soutient que l'homme doué d'une foi inébranlable dans la vérité et aimant l'étude avec passion, conserve jusqu'à la mort les principes de la vertu qui en sont la conséquence.

Il conseille à ses disciples de visiter les pays gouvernés par les principes de la droiture et de la raison, et d'aller plutôt vivre dans la retraite seuls et ignorés que de rester sous un gouvernement injuste : « Dans les premiers, dit-il, la pauvreté et la misère sont un sujet de honte ; dans le deuxième, la richesse et les honneurs sont également des sujets de honte. »

Cette honte est-elle un motif suffisant pour que le sage se retire en lui-même et prive les autres de l'exemple de ses vertus? Son devoir n'est-il pas, au contraire, de protester par sa présence et ses paroles contre le crime impuni et triomphant? Mais ici se présente la question du dévouement à toute épreuve, et, il faut le répéter, ce dévouement fait défaut à la morale de Khoung-tseu.

Chap. 10. Khoung-tseu ne recommandait pas seulement de rendre des services aux autres pendant leur vie, il voulait que la charité les suivît jusqu'après leur mort, et il en donna l'exemple : lorsqu'un de ses amis mourait sans laisser de quoi suffire à ses pompes funèbres, il revendiquait comme une faveur d'y présider et d'en payer les frais.

Chap. 11. Il n'osait pas s'élever contre les superstitions des Chinois à l'égard des *esprits*, de leur influence, et du culte qu'on leur rendait, mais nous venons de voir qu'il n'hésitait pas à placer les questions morales au-dessus des questions religieuses. Dans ce chapitre, quelqu'un lui demandant comment il fallait servir les *esprits* et les *génies* : « Quand on n'est pas encore en état de servir les hommes, répondit-il, comment pourrait-on servir les *esprits* et les *génies* ? Quand on ne sait pas encore ce que c'est que la vie, comment pourrait-on connaître la mort? »

Il disait encore :

« Gouverner son pays avec la vertu et la capacité nécessaires, c'est ressembler à l'étoile polaire, qui demeure immobile à sa place, tandis que les autres étoiles circulent autour d'elle en la prenant pour guide. »

Il soutient ici que les grands ministres sont ceux qui peuvent servir leurs princes selon les règles de la droite raison, et qui se retirent, s'ils cessent de le pouvoir.

Des ministres aussi intègres se sont quelquefois rencontrés à l'honneur de l'espèce humaine, mais leur exemple n'a point fait école.

Chap. 12. Khoung-tseu répète encore cette fameuse maxime qu'on ne saurait trop rappeler : « Ce que vous ne désirez pas qui vous soit fait à vous-mêmes, ne le faites pas aux autres hommes. »

L'humanité étant chose difficile à pratiquer, il veut qu'on soit sur ce sujet sobre en paroles et zélé pour l'action.

Tseu-hia, un de ses plus dignes disciples, émet cette pensée : que l'homme supérieur doit veiller avec une sérieuse attention sur lui-même, porter dans le commerce des autres une certaine déférence, des manières distinguées et polies, et regarder tous les hommes comme ses propres frères. »

On voit que le disciple avait bien profité des leçons du maître.

Khoung-tseu, interrogé sur ce que c'était que le gouvernement, répondit : « C'est ce qui est juste et droit. » La réponse était trop générale, car elle pouvait s'appliquer à toutes les circonstances de la vie, soit privée, soit publique.

Chap. 13. Ce chapitre est spécialement consacré aux conditions d'un bon gouvernement. Les devoirs du roi, suivant Khoung-tseu, sont de donner, le premier, l'exemple de la vertu et du travail, d'avoir de bons fonctionnaires pour les diverses branches de l'administration, de pardonner les fautes légères, d'élever les hommes de vertu et de talent aux dignités publiques.

Celui qui gouverne avec droiture et équité n'a pas besoin d'ordonner le bien pour qu'on le pratique ; celui qui tient une conduite opposée, quand même il ordonnerait le bien, ne serait pas obéi.

Il cite ce proverbe : « Agir en prince est chose difficile, agir en ministre n'est pas facile. » Et nul mieux que lui n'a su déterminer les obligations rigoureuses de ces hautes fonctions.

Il regarde comme le symptôme de la ruine prochaine d'un État, le silence du peuple sur les mauvaises actions de ceux qui le gouvernent. « Si j'étais roi, dit-il, il ne me faudrait pas plus d'une génération pour faire régner partout la vertu de l'humanité. »

Ses efforts comme administrateur prouvent qu'il ne s'en tenait pas à de vaines paroles.

Il recommande une prudente lenteur dans l'expédition des affaires, et condamne la préoccupation des intérêts personnels.

Il blâme les hommes qui ayant des projets hardis manquent de résolution pour les exécuter, tout en voulant suivre la voie droite tracée par ceux qui ont fait des actions d'éclat : il leur préfère ceux qui, fermes et persévérants, ne pratiquent cependant que des actes à leur portée.

L'homme supérieur, dans une haute position, ne montre point de faste et d'orgueil ; l'homme vulgaire en montre dans une infime condition. La vertu de l'humanité éclate surtout dans l'homme ferme, patient, simple, naturel et sobre en paroles.

Il conseille aux lettrés, particulièrement, de rechercher sincèrement le vrai, d'exposer les résultats de leurs recherches avec la même sincérité, et d'avoir toujours un air affable et prévenant.

Chap. 14. Khoung-tseu fait observer avec raison que l'homme doué de la vertu de l'humanité ne doit point l'être uniquement en théorie, mais qu'il doit y conformer sa conduite sociale, et, surtout, posséder le courage viril. Cependant, il peut arriver que l'homme doué de courage viril ne possède pas nécessairement la vertu de l'humanité.

Le proverbe : « Qui aime bien, châtie bien, » se trouve

dans ces paroles du philosophe : « Si on aime bien, ne peut-on pas aussi bien châtier ? Si l'on a de la droiture et de la fidélité, ne peut-on pas faire des remontrances? »

Il comprend que la pauvreté puisse inspirer la haine ; mais il n'admet pas que la richesse puisse inspirer l'orgueil.

Il attribue à la vertu de l'humanité le pouvoir de dissiper les tristesses, à la science de dissiper les doutes de l'esprit, au courage viril de dissiper les craintes ; et il avoue, avec trop de modestie, sans doute, n'avoir pas encore atteint ces vertus.

Quelqu'un lui ayant demandé : «Que doit-on penser de celui qui rend bienfait pour injure ? » Il répondit : « Avec quoi paiera-t-on les bienfaits eux-mêmes? Il faut payer par l'équité la haine et les injures, et les bienfaits par des bienfaits. »

Il trouvait donc le précepte mis en avant par Lao-tseu comme au-dessus de la morale humaine, et contraire à une rigoureuse justice.

Il méprisait profondément les hommes qui, arrivés à un certain âge, n'avaient rien fait que vivre dans l'oisiveté ; car il n'admettait pas qu'aucun homme, riche ou pauvre, pût se dispenser des devoirs de la sociabilité. Un de ses anciens amis, Youan-jung, plus âgé que lui, restait oisivement assis sur le chemin, les jambes croisées. Khoung-tseu lui dit : « Étant enfant, n'avoir pas eu de déférence fraternelle ; dans l'âge mûr, n'avoir rien fait de louable ; parvenu à la vieillesse, ne pas mourir ; c'est ne valoir rien. » Et il lui frappa une jambe avec son bâton, en signe de mépris.

Chap. 15. Khoung-tseu représente l'homme supérieur comme plus fort que le besoin, et l'homme vulgaire dans le besoin comme tout prêt à défaillir.

Il recommande à ses disciples de ne jamais dévier d'une conduite honorable et digne, en toute circonstance et partout. « Si vos paroles ne sont pas sincères et fidèles, dit-il, vos actions constamment honorables et dignes, que vous soyez dans une cité de 2,000 familles ou dans un hameau de 25, que pensera-t-on de votre conduite? »

Il n'est point partisan des conversions forcées, et il déclare que c'est perdre inutilement ses paroles que de s'adresser à des hommes peu disposés à recevoir ses instructions; cependant, il veut ici qu'on s'expose au besoin à la mort pour accomplir les vertus de l'humanité. Ce précepte sur les actes de dévouement semble heureusement démentir ce que nous avons vu plus haut. La sévérité pour soi-même et l'indulgence pour les autres est une de ses plus fréquentes recommandations, et il la reproduit ici.

Comme dans le chapitre précédent, il plaint l'homme dont la vie s'est écoulée sans laisser après elle des actions dignes d'éloge. Parlant de l'attitude de l'homme supérieur en société, il dit qu'il est ferme dans ses résolutions sans avoir de différends avec personne, vit en paix avec la foule sans s'y mêler, ne s'inquiète pas de la pauvreté, mais s'inquiète de ne pas atteindre la voie droite.

Khoung-tseu préfère l'étude à la méditation, et avoue qu'il avait passé des journées entières sans nourriture, et des nuits sans sommeil, pour se livrer à la méditation, et n'en avoir tiré aucune utilité réelle; il trouve, au contraire, un grand bonheur dans le sein de l'étude. C'est une condamnation indirecte de l'ascétisme contemplatif de Lao-tseu, ennemi de la science.

Il dit que les principes de conduite étant différents, les conseils en général ne suffisent pas; il faut donc s'efforcer d'avoir un enseignement pour tout le monde, sans distinction de classe. C'est, en effet, la méthode qu'il a suivie avec succès, car sa philosophie est la seule qui se soit propagée dans les masses avant celle de Jésus-Christ.

CHAP. 16. Ce chapitre est rempli de maximes qui n'ont aucun lien entre elles. Voici les plus remarquables:

« Si chacun obtient la part qui lui est due, il n'y a point de pauvres.

» Si la concorde règne, il n'y a pas de pénurie d'habitants.

» S'il y a paix et tranquillité, il n'y a pas de cause de ruine ou de révolution.

» Il y a trois sortes d'amis qui sont utiles et trois sortes qui sont nuisibles : les amis droits et véridiques ; les amis fidèles et vertueux ; les amis qui ont éclairé leur intelligence, voilà les amis utiles. Les amis qui affectent une gravité toute extérieure et sans droiture ; les amis prodigues d'éloges et de basses flatteries ; les amis qui n'ont que la loquacité sans intelligence : voilà les amis nuisibles.

» Il y a trois sortes de joies ou satisfactions utiles et trois sortes qui sont nuisibles : celle de s'instruire dans les rites et la musique ; celle d'instruire les hommes dans la pratique de la vertu ; celle de posséder l'amitié d'un grand nombre de sages sont les joies ou satisfactions utiles. La satisfaction que donnent la vanité et l'orgueil ; celle de l'oisiveté et de la mollesse ; celle de la bonne chère et des plaisirs sont les satisfactions nuisibles. »

Khoung-tseu recommande à la jeunesse d'éviter les plaisirs sensuels ; à la maturité, d'éviter les rixes et les querelles ; aux vieillards, d'amasser des richesses.

Il compte neuf sujets principaux de méditation : s'éclairer en observant, s'instruire en écoutant, conserver le calme et la sérénité dans l'attitude, la dignité dans la contenance, la sincérité dans la parole ; dans les actions rechercher le respect, dans le doute interroger les autres, dans la colère réprimer ses mouvements, dans le gain penser à la justice.

Où trouver une morale plus complète et plus claire ?

Chap. 17. Le philosophe proclame cette grande vérité, que les hommes sont semblables par la nature, mais que l'éducation les rend divers et les éloigne. Il aurait dû ajouter qu'une bonne instruction, distribuée à tous, les rapprocherait de nouveau ; car c'est l'inégale culture de l'esprit et de la conscience qui divise les hommes, au point de faire voir dans la même société, à côté de grandes intelligences, de véritables brutes.

Khoung-tseu revient sans cesse à la vertu de l'humanité, sa plus grande préoccupation ; il dit qu'elle consiste : 1° dans le respect de soi-même et des autres ; 2° dans la générosité ; 3° dans la sincérité ; 4° dans l'application au bien ; 5° dans la bienveillance pour les hommes.

Mais comme point de départ du perfectionnement des qualités humaines, Khoung-tseu désigne l'amour de l'étude, sans lequel l'amour de l'humanité aurait pour défaut l'ignorance ; l'amour de la science (qui me paraît être un peu l'amour de l'étude) aurait pour défaut l'incertitude ; l'amour de la sincérité et de la fidélité aurait pour défaut la duperie ; l'amour de la droiture, une témérité inconsidérée ; l'amour du courage viril, l'insubordination ; l'amour de la fermeté et de la persévérance, l'attachement à une idée fixe.

C'est peut-être un peu trop généraliser les effets d'une disposition de l'esprit qui dépend moins de la nature de l'homme que d'une première éducation : l'amour de l'étude s'acquiert et n'influe pas tout d'abord sur les affections de l'âme.

Il fait ressortir le danger, pour un prince, de s'entourer d'hommes vils et cupides qui, avant d'avoir obtenu des emplois, sont tourmentés de la crainte de ne pas pouvoir les obtenir, et qui, les ayant obtenus, sont tourmentés de la crainte de les perdre, ce qui les rend capables de tout oser.

Il remarque que l'ambition des anciens s'attachait aux grandes choses et dédaignait les petites ; tandis que l'ambition des hommes de son temps était modérée sur les grandes choses, et très-ardente sur les petites.

Il est étrange que les moralistes de tous les siècles se rencontrent dans l'apologie des temps anciens et la critique de leur époque, ce qui prouve que, même pour les meilleurs esprits, l'inconnu et le lointain font illusion.

Chap. 18. Ce chapitre ne présente rien de saillant, si ce n'est cette observation d'un disciple de Khoung-tseu : « L'homme supérieur qui accepte un emploi public remplit son devoir. » Maxime déjà développée par le maître.

Chap. 19. Dans ce chapitre, plusieurs autres disciples de

Khoung-tseu prennent successivement la parole et reproduisent ses maximes.

L'un dit que l'homme supérieur embrasse tous les hommes dans son affection, exalte hautement les hommes vertueux et a compassion de ceux qui ne le sont pas.

Un autre reproduit cette pensée déjà émise, à savoir que les gouvernants doivent donner l'exemple de la justice et des devoirs, s'ils veulent être imités par le peuple et obtenir sa soumission.

Un troisième soutient que l'homme supérieur, par un seul mot de sa bouche, peut être considéré comme très-éclairé sur les principes des choses, et par un seul mot aussi, comme ne sachant rien; cela dépend de la circonspection qu'il met dans ses paroles.

CHAP. 20. Khoung-tseu trace ici la conduite de l'homme supérieur chargé de commander aux hommes : « Il doit répandre des bienfaits sans être prodigue; exiger des services du peuple sans soulever ses haines; désirer des revenus suffisants sans se livrer à l'avarice et à la cupidité; avoir de la dignité et de la grandeur sans orgueilleuse ostentation, et de la majesté sans rudesse. » Il signale quatre mauvaises actions que les gouvernants doivent éviter :

1° Ne pas instruire le peuple et le tuer. — Un commentateur dit que tuer veut dire ici tomber dans le mal. Cependant, à cette époque, on se jouait si facilement de la vie des hommes, que le mot peut bien être pris à la lettre, d'autant que Khoung-tseu ajoute : « On appelle cela cruauté ou tyrannie. »

2° Ne pas donner des avertissements préalables et exiger une conduite parfaite, il y a là violence et oppression.

3° Différer de donner des ordres et vouloir l'exécution immédiate, c'est une grave injustice.

4° Dans les rapports journaliers avec les hommes, montrer une sordide avarice, on appelle cela se comporter comme un collecteur d'impôts. — C'est une allusion à la rapacité avec laquelle on prélevait les taxes.

Tel est le *Lûn-yû*, le manuel le plus ancien des devoirs individuels et sociaux. On le croirait écrit d'hier, tant il résume parfaitement les notions du bien et du mal, du juste et de l'injuste qui sont dans toutes les consciences. C'est la morale du bon sens universel, dont les règles, formulées presque dans les mêmes termes par Khoung-tseu et par les moralistes de tous les temps, suffiraient à rendre l'homme sage, si les passions et les préjugés n'étaient venus les faire oublier ou en fausser l'application.

§ 6. MENG-TSEU (*4ᵉ Livre classique*).

Ce livre porte le nom de son auteur, ou plutôt de son rédacteur, car c'est une amplification des doctrines mêmes de Khoung-tseu.

Meng-tseu naquit au commencement du IVᵉ siècle avant notre ère. Sa mère, devenue veuve, eut un soin particulier pour son éducation. Elle demeurait près d'un boucher. S'étant aperçue que Meng-tseu se plaisait à assister au meurtre des animaux, elle craignit que ce spectacle ne lui endurcît le cœur, et alla demeurer dans une maison voisine d'un cimetière. Autre danger; Meng-tseu se mit à contrefaire les pleurs et gémissements de ceux qui accompagnaient les convois funèbres ou venaient visiter les tombes. Sa mère craignant qu'il ne s'accoutumât à la vue de ces cérémonies et ne s'en fît un jeu, changea encore de demeure et vint s'installer près d'une école. Nouveau sujet d'imitation pour Meng-tseu; mais, cette fois, à son avantage, Meng-tseu imita les élèves qu'il voyait étudier et ne quitta plus les livres; sa mère, heureuse de cette prédisposition, l'envoya à l'école.

Il fit de rapides progrès, et s'appliqua surtout à approfondir les *King*. Il s'attacha au petit-fils et disciple de Khoung-tseu, Tseu-sse, et en adopta les doctrines.

Les deux jeunes gens voyagèrent ensemble dans plusieurs petits Etats, semant partout des leçons de sagesse, et spécialement des préceptes de bon gouvernement. A l'exemple de Khoung-tseu, ils démontraient aux princes que la stabilité de leur pouvoir dépendait de l'amour et du soin qu'ils auraient du peuple, et au peuple qu'il devait obéir aux princes comme régnant sur lui par droit divin.

La partie n'était pas égale; Meng-tseu pas plus que Khoung-tseu n'a sanctionné le devoir par le droit; ses belles maximes restaient donc également à l'arbitraire des princes, et le peuple était complétement désarmé contre leur tyrannie.

Meng-tseu exerça presque autant d'influence que son maître, et longtemps après sa mort il obtint les honneurs d'un temple; mais au fond les hommages dont il devint l'objet furent implicitement adressés à Khoung tseu, dont il se distingua toutefois par un langage plus hardi à l'adresse des gouvernants. C'est pour cette dernière raison que le fondateur de la dynastie des *Ming* abolit les hommages particulièrement rendus à sa mémoire, et décréta la peine de mort contre quiconque lui en ferait des observations.

Un lettré dévoué rédigea une requête, se rendit au palais, déclara au garde, en découvrant sa poitrine, l'objet de sa visite. Le garde lui lança un trait qui le blessa, prit la requête et la fit porter à l'empereur. Celui-ci, émerveillé d'un tel dévouement, ordonna de panser la blessure du lettré et rapporta son décret contre Meng-tseu, qui continua à recevoir les honneurs accordés à sa mémoire.

Voici l'analyse de son livre :

Meng-tseu étant allé visiter le roi de l'état de *Wei*, celui-ci lui demanda s'il lui apportait de quoi enrichir son royaume. Meng-tseu lui répondit qu'il n'apportait que l'humanité et la justice; et comme il le trouva disposé à recevoir des conseils, il l'engagea d'abord à ne pas enlever aux travaux champêtres des hommes utiles à leurs familles, parce que celles-ci seraient exposées aux horreurs de la faim. Il lui conseilla ensuite de veiller attentivement à ce que l'enseignement public propageât les devoirs de la piété filiale, le respect pour les vieillards, afin qu'on ne vît plus ceux-ci traîner de pesants fardeaux sur les grands chemins.

Il lui reprochait de laisser ses chiens et ses pourceaux dévorer la nourriture du peuple, quand celui-ci mourait de faim sur les routes, et de se contenter de répondre : « Ce n'est pas ma faute, c'est celle de la stérilité de la terre. »

« Prince, lui dit-il, trouvez-vous qu'il y ait quelque différence entre tuer un homme avec un bâton et le tuer avec une épée ? » — « Non, répondit le prince. » — Y a-t-il une différence entre celui qui tue avec une épée et celui qui tue par une mauvaise administration ? » — « Non. » — Eh bien ! vos cuisines regorgent de viandes, vos haras sont remplis de chevaux ; et vos sujets, le teint pâle, les membres décharnés, sont accablés de misère et meurent de faim dans les champs : n'est-ce pas là élever des animaux pour dévorer les hommes ? Et qu'importe que vous les fassiez périr par le glaive ou par l'abandon ? Quel père du peuple que celui qui traite aussi impitoyablement ses enfants et qui a moins soin d'eux que des bêtes qu'il nourrit ! »

Voilà un langage d'une hardiesse peu commune, et s'il l'a tenu en effet, peut-être y a-t-il eu autant de magnanimité à l'écouter sans colère, qu'il y en a eu à le tenir.

Il lui disait encore :

« Le veuf, la veuve, le vieillard et l'orphelin sont les êtres les plus malheureux, car ils n'ont personne à qui communiquer leur douleur et faire entendre leurs plaintes. Aussi, Wen-wang donnait-il le premier soin à ces quatre sortes de malheureux, en vertu de cette maxime : Le riche peut échapper à la détresse commune, mais quelle compassion trouvent des êtres isolés, dépourvus de secours ? »

« Noble maxime, dit le roi. » — « Pourquoi, si vous la trouvez bonne, ne vous y conformez-vous pas. Ainsi un de vos sujets partant pour le royaume de *Thsou* a confié sa femme et ses enfants à un ami ; mais à son retour il trouve que sa femme et ses enfants ont été en proie aux angoisses du froid et de la faim. Que doit-il faire ? — Rejeter loin de lui un tel ami. » — « Si le chef suprême des magistrats ne pouvait diriger ses subordonnés, que feriez-vous ?» — « Je le destituerais. » — « Et si les provinces comprises dans vos frontières ne sont pas bien administrées, que devez-vous faire ? »

Le roi voyant là sans doute une allusion à la mauvaise administration de son royaume, regarda à droite et à gauche et parla d'autre chose.

On ne s'explique pas comment un roi capable de prêter une oreille aussi complaisante au langage hardi du philosophe, en tint aussi peu de compte.

Il lui disait encore :

« Si tous les courtisans jugent qu'un ministre a mérité la mort, le prince ne doit pas s'en rapporter à cet avis ; si tous les grands sont du même avis, il ne s'y rendra pas encore ; mais si tout le peuple le déclare indigne de vivre, alors le prince doit en juger lui-même, et s'il reconnaît l'accusation fondée, prononcer la mort du coupable. On pourra dire en ce cas que c'est le peuple entier qui l'a fait périr. C'est en agissant ainsi qu'on peut être le père et la mère du peuple. »

Cette déférence à l'opinion publique est une expression anticipée de ce fameux axiôme moderne : «*Vox populi, vox Dei*» la voix du peuple est la voix de Dieu.

Quand le roi de *Wei* lui parlait d'intérêts matériels, le philosophe lui disait : « Si l'intérêt matériel engage le sujet à servir son prince, le fils à servir son père, le cadet à servir son aîné, alors ils abandonneront la voie de la vertu et de l'humanité ; ils prendront l'intérêt matériel pour guide de toutes leurs actions. Or, une société fondée sur une pareille base ne peut subsister. Il vaut mieux leur inspirer l'humanité et la vertu. »

Malgré cette doctrine, les Chinois, qui estiment Meng-tseu presque à l'égal de Khoung-tseu, n'en ont pas moins, jusqu'à nos jours, préféré les intérêts matériels à tout autre. Il faut avouer aussi que les moralistes, en général, ont porté l'oubli des intérêts matériels jusqu'au rigorisme, et comme on n'a pu suivre leurs prescriptions à la lettre, on les a laissées de côté comme impraticables.

Meng-tseu rappelle ce précepte de Koung-tseu, qu'un prince doit gouverner comme étant le père et la mère du peuple : « Il dépend d'un gouvernement humain et bienfaisant, en diminuant les supplices, en allégeant les impôts, de voir les laboureurs sillonner la terre et cultiver leurs champs, et les jeunes gens pratiquer la piété filiale, la déférence fraternelle, la droiture et la sincérité. »

Le roi de *Thsi*, Siouan-wang, raconte à Meng-tseu qu'ayant vu conduire un bœuf lié par les cornes qu'on allait égorger, il en eut pitié et le fit remplacer par un mouton. Ce roi croyait avoir fait acte de compassion en substituant un animal à un autre, comme si la compassion se mesurait à la grosseur de la victime. Et, chose triste! Meng-tseu l'admire. Le peuple fut plus juste en accusant le roi d'avarice.

A ce sujet, le philosophe déclare qu'un roi peut toujours gouverner avec humanité, et que s'il ne le fait pas, c'est mauvaise volonté. Il cite cette maxime du livre des vers : « Je me comporte comme je le dois envers ma femme, ensuite envers mes frères aîné et cadets, afin de gouverner convenablement mon État qui n'est qu'une famille.

Entrant dans les détails d'un gouvernement appliqué à la surveillance des intérêts privés, il dit que la préoccupation d'un prince consiste à constituer le mieux possible la propriété particulière, pour donner aux enfants le moyen de servir leurs père et mère, aux pères les moyens d'entretenir leurs femmes et leurs enfants. Il faut, dit-il, que le peuple ait de quoi se nourrir, et que dans les années de calamités il soit préservé de la famine et de la mort ; alors, il sera plus facile de le conduire dans le chemin de la vertu.

Le même roi de *Thsi*, parlant à Meng-tseu du dernier prince de la première dynastie, détrônée par Meng-thang, et du dernier prince de la deuxième, mis à mort par Wou-wang, fondateur de la troisième, dit :

« Ces faits sont ils vrais ? — L'histoire le rapporte, répond le philosophe. — Un sujet tuer son souverain ! Cela se peut-il ? — Le rebelle, dit Meng-tseu, est celui qui outrage l'humanité ; le brigand est celui qui se révolte contre la justice, ce n'est plus qu'un simple particulier. En faisant tomber le châtiment sur la personne de Cheou, on n'a pas fait périr un prince, mais un criminel ordinaire. »

Cette manière d'argumenter est fort adroite, mais on peut en contester la justesse ; les princes qui abusent de leur pouvoir pour commettre des crimes doivent être punis plus sévèrement qu'un particulier coupable de faits analogues, puisque c'est à la faveur même de leur haute position qu'ils se sont rendus coupables.

Meng-tseu, traçant les devoirs respectifs des princes et des peuples, déclare qu'un roi ne doit point se livrer à aucun plaisir, même à celui de la musique, si le peuple ne peut y prendre part.

« Si le roi va à la chasse, le peuple entendant le bruit des chevaux et des chars et voyant la magnificence des étendards, froncera le sourcil et se dira : Notre roi aime beaucoup la musique et la chasse, comment fait-il donc pour que nous soyons arrivés au comble de la misère ? »

Mais que le peuple soit content, heureux, s'il entend le roi jouer des instruments, il en éprouvera de la joie et se dira : « Notre roi se porte bien, puisqu'il fait de la musique » La cause de cette joie, suivant Meng-tseu, c'est que le roi aura fait participer le peuple à ses plaisirs en le rendant heureux. C'est, en effet, une façon de régner où chacun trouve son compte, peuple et roi ; car, si un prince se réjouit de la joie du peuple, le peuple, en retour, se réjouit de la joie d'un prince qui a travaillé à son bonheur, et si ce prince a quelque sujet de tristesse, le peuple y prend également part comme un fils prend part au bonheur et au malheur de son père.

Le même roi l'interrogeant sur le gouvernement des anciens empereurs, Meng-tseu cite pour modèle Wen-wang, qui s'efforça d'introduire dans son gouvernement la justice et l'humanité, de soulager la femme veuve, les vieillards privés de fils et les orphelins.

Il dit qu'un prince, en élevant des sujets aux honneurs et aux dignités, doit porter dans son choix une grande circonspection, et, par exemple, préférer, s'il le faut, un homme de condition inférieure à un homme d'une condition élevée, un parent éloigné à un proche parent.

Si les courtisans ou fonctionnaires présentent quelqu'un au roi, en disant : « C'est un sage, » cela ne doit pas suffire ; il faut que ce soit de notoriété publique, et alors après s'être assuré que cette opinion est bien fondée, on peut lui confier un emploi. Même procédé pour un homme notoirement indigne : si l'opinion le condamne, il faut le repousser. Tenir compte ainsi du sentiment public, c'est mériter l'affection du peuple.

L'intervention du ciel est rarement alléguée par les moralistes chinois ; Meng-tseu déclare bien que le succès ou l'insuccès ne sont pas au pouvoir de l'homme, mais du ciel ; toutefois, à l'exemple de son maître, il n'insiste pas sur ce sujet.

Meng-tseu cite une parole de Khoung-tseu, pour montrer l'énergie morale ou le courage que peut donner la conscience d'un cœur pur. « Lorsque je fais un retour sur moi-même et que je me trouve le cœur droit, quoique je puisse avoir pour adversaires mille ou dix mille hommes, je marcherai sans crainte à l'ennemi. »

Un point de doctrine particulier à Meng-tseu est celui de l'esprit vital, qu'il définit un complément nécessaire des membres corporels de l'homme. Cette définition est peu claire. Il en poursuit le développement en disant que l'intelligence est au-dessus de l'esprit vital, et il recommande de la surveiller, parce que livrée à son action individuelle, dit-il, elle devient l'esclave soumise de l'esprit vital ; de même si celui-ci est livré à son action individuelle, il trouble l'intelligence. L'esprit vital, enfin, réunit en soi les sentiments naturels de la justice ou du devoir.

On voit que lorsque les moralistes de l'Ecole de Khoung-tseu veulent essayer de la métaphysique, ils ne brillent pas par la clarté. Mais cette velléité d'abstraction ne dure pas, et ils retournent aussitôt à leur doctrine positive.

Meng-tseu rapporte une belle réponse de Khoung-tseu à un disciple qui lui demandait s'il était un saint : « Un saint ! je suis loin de pouvoir en être un, j'étudie sans jamais me lasser, les préceptes et les maximes des saints hommes, et je les enseigne sans jamais me lasser. »

Meng-tseu réprouve l'emploi de la force matérielle ; il démontre que celui qui dompte et soumet les hommes par la force des armes ne subjugue pas les cœurs ; pour subjuguer les cœurs, la force, quelle qu'elle soit, est toujours insuffisante. Au contraire, celui qui se soumet les hommes par la vertu, porte la joie dans les cœurs qui se livrent à lui sans réserve, et il cite les soixante-dix disciples de Khoung-tseu qui se soumirent à lui avec une entière confiance.

Il reconnait à tous les hommes un cœur compatissant et miséricordieux pour leurs semblables. Ainsi, des hommes voient un jeune enfant tomber dans un puits, ils en éprouvent tous, au fond de leurs cœurs, un sentiment de crainte et de compassion; Meng-tseu en tire cette conséquence à l'honneur de l'espèce humaine, que si l'on n'a pas un cœur miséricordieux pour tous les hommes, on n'est pas un homme.

Il ajoute : « Si l'on n'a pas les sentiments de la honte et de l'aversion, on n'est pas un homme ; si l'on n'a pas les sentiments d'abnégation et de déférence, on n'est pas un homme : si l'on n'a pas le sentiment du vrai et du faux, du juste et de l'injuste, on n'est pas un homme.

Ces sentiments, en effet, constituent véritablement la nature humaine ; mais on ne saurait exiger qu'ils soient tous réunis pour faire un homme.

Meng-tseu parle du grand empereur Chun, qui faisait modestement abnégation de lui-même, de son haut rang, de son pouvoir pour chercher autour de lui les hommes les plus vertueux, afin de leur emprunter des exemples à suivre.

Chap. 4. Le philosophe cite trois choses comme universellement honorées : le rang, l'âge et la vertu. A la cour, rien de comparable au rang ; dans la ville et dans les hameaux, rien de comparable à l'âge ; dans la direction et l'enseignement des générations, ainsi que dans l'amélioration du peuple, rien de comparable à la vertu.

Aux hommes revêtus de fonctions publiques, il conseille de se retirer plutôt que de renoncer à leurs devoirs, et aux ministres qui ne peuvent faire agréer au roi leurs avertissements, il conseille de donner leur démission.

L'antiquité est encore ici invoquée comme exemple de perfection morale, et Meng-tseu prétend qu'alors, quand un homme supérieur commettait une faute, il s'en corrigeait ; tandis que de son temps, quand on en commet, on continue à suivre la mauvaise voie. Mais ici il ne peut être question de l'homme supérieur ; la comparaison n'est donc pas exacte.

Meng-tseu rapporte encore une sentence de Khoung-tseu : « La vertu de l'homme supérieur est comme le vent, la vertu de l'homme inférieur est comme l'herbe. L'herbe, si le vent vient à passer sur elle, s'incline nécessairement. »

Il n'est pas besoin de faire ressortir ce qu'il y a d'ingénieux dans ce rapprochement pour montrer la vénération qu'on doit au sage.

Il établit une juste distinction entre le travail de l'intelligence et le travail des bras, et à ce sujet il cite une sentence ancienne : « Ceux qui travaillent de leurs bras sont gouvernés par les hommes ; ceux qui sont gouvernés par les hommes nourrissent les hommes. » C'est-à-dire que la domination doit appartenir aux hommes d'intelligence et les occupations manuelles aux hommes sans instruction.

Il fait voir que la vie matérielle ne suffit pas à l'homme pour le distinguer de la brute ; suivant lui, les hommes ont en eux le principe de la raison ; mais si, tout en satisfaisant leur appétit, en s'habillant chaudement, et en se construisant des habitations commodes, il manquent d'instruction, ils se rapprochent alors des animaux. Meng-tseu aurait dû compléter sa pensée en accusant la mauvaise organisation de la société chinoise qui laissait les masses sans instruction.

Meng-tseu ne veut pas qu'on se contente d'enseigner la vertu aux autres, il veut qu'on leur en donne l'exemple par une pratique constante et une fermeté inébranlable : « Car, dit-il, celui qui s'est une fois plié soi-même ne peut plus redresser les autres hommes. »

Le rôle inférieur de la femme en Chine est indiqué ici d'une manière non équivoque. Le philosophe cite à ce sujet le livre des rites, qui porte :

« Lorsque la jeune fille se marie, la mère lui donne ses instructions ; lorsqu'elle se rend à la demeure de son époux, sa mère l'accompagne jusqu'à la porte et lui dit : quand tu seras dans la maison de ton mari, tu devras être respectueuse, attentive et circonspecte ; ne t'opposes pas à ses volontés ; faire de l'obéissance et de la soumission sa règle de conduite est la loi de la femme mariée. »

Il appelle grandeur d'âme le dédain des richesses et des honneurs, la constance dans la pauvreté, la fermeté dans le péril.

Quelqu'un lui disait : « L'intention du charpentier et du charron est de se procurer l'entretien de la vie ; l'intention de l'homme supérieur qui pratique les principes de la droite raison, est-elle aussi de se procurer l'entretien de la vie ? Meng-tseu répondit : « Pourquoi scrutez-vous son intention ? Dès l'instant qu'il a bien mérité envers vous, vous devez le rétribuer, et vous le rétribuez ; or, rétribuez-vous l'intention ou bien la bonne œuvre ? — Je rétribue l'intention. »

Cette réponse laisse fort à désirer ; en beaucoup de circonstances on rétribue l'œuvre pour son résultat efficace, et nullement pour l'intention de son auteur.

Meng-tseu comparant les princes de l'antiquité à ceux de son temps, trouve la comparaison défavorable à ces derniers, cependant, pour adoucir la portée de ce reproche, il reconnaît que ceux-ci ont un cœur humain et une renommée d'humanité, mais il ajoute que les peuples ne ressentant pas leurs bienfaits, il ne pourront servir de modèles aux siècles à venir.

Les bons conseils du philosophe étaient-ils donc sans effet ? Et n'est-ce pas là une pensée contradictoire avec la précédente, savoir que l'intention seule mérite d'être rétribuée ?

A l'exemple de Khoung-tseu, il fait dépendre la soumission du peuple de la bonne conduite du souverain.

« Si le supérieur ou le prince, dit-il, ne suit pas la droite règle de conduite et une sage direction, les inférieurs ne suivront aucune loi, et seront indociles. »

Il pousse plus loin les conséquences en déclarant que, si le supérieur ou le prince ne se conforme pas aux rites, et si les inférieurs n'étudient pas les principes de la raison, le peuple s'insurgera et renversera l'Empire.

Khoung-steu signalait deux grandes voies opposées, celle de l'humanité et celle de l'inhumanité ; Meng-tseu les regarde aussi comme deux causes dont l'une élève les Empires, les conserve, dont l'autre les fait périr.

Les devoirs réciproques des supérieurs et des inférieurs lui paraissent la base de l'Empire :

« Lorsque la droite règle de la raison, dit-il, est suivie dans l'Empire, la vertu des hommes inférieurs sert la vertu des hommes supérieurs; la sagesse des hommes inférieurs sert la sagesse des hommes supérieurs ; mais quand la droite règle de la raison n'est pas suivie dans l'Empire, les petits servent les grands, les faibles servent les forts. »

Les moralistes et les législateurs ne sont pas encore parvenus à modifier cet état de choses.

Il pense que les royaumes et les familles seraient moins en danger de périr si l'on pouvait parler raison aux mauvais princes qui les gouvernent, parce que, selon lui, ceux-ci se méprisent eux-mêmes avant de s'être attiré le mépris des autres.

C'est là une supposition gratuite : l'homme le plus pervers est souvent le plus orgueilleux, le plus infatué de lui-même, le moins accessible aux remontrances.

Meng-tseu indique assez ingénument la voie la plus sûre pour obtenir le cœur du peuple : « C'est, dit-il, de lui donner ce qu'il désire, ce dont il a besoin, et de ne pas lui imposer ce qu'il déteste. »

Comme on le voit, il n'est point novateur, car il se contente des moyens fort simples indiqués par le bon sens universel.

Il définit l'humanité la demeure tranquille de l'homme ; la justice, la voie droite de l'homme ; la vérité pure et sincère, la voie du ciel. Méditer sur la vérité est le devoir de l'homme.

Il rappelle, en l'adoptant, l'opinion de Khoung-tseu réprouvant et rejetant le prince qui ne pratiquait pas un gouvernement humain et les ministres qui l'enrichissaient en prélevant beaucoup d'impôts. A plus forte raison repousse-t-il ceux qui suscitaient des guerres dans l'intérêt seul de leur puissance.

Meng-tseu croit que la pupille de l'œil exprime à volonté les mouvements de l'âme. Elle peut, suivant lui, cacher ou déguiser nos vices. Si l'intérieur de l'âme est droit, la pupille de l'œil brille d'un pur éclat, s'il n'est pas droit, la pupille est terne et obscurcie.

Cette observation physiologique est bien subtile : les philosophes chinois étaient peu forts en matière d'expression physionomique.

Il semble préférer l'éducation donnée par des instituteurs à celle donnée par les parents. « Si le père, dit-il, use de correction pour porter son fils à faire le bien, leur affection mutuelle pourra bientôt en souffrir. »

Le moraliste entend peut-être par correction les mauvais traitements.

Ici encore il fait dépendre un bon gouvernement des bonnes qualités du prince : « Si le prince est humain, rien dans son gouvernement n'est inhumain ; s'il est juste, rien dans son gouvernement n'est injuste ; s'il est droit, tout dans son gouvernement est droit. Donc une fois que le prince aura adopté une conduite constamment droite, le royaume sera tranquille et stable. »

Il regarde comme un grand travers celui de se poser en modèle devant les autres ; cependant le désir d'être imité ne peut-il pas être une excitation à faire le bien ? Les moralistes chinois ne tirent pas toujours des conséquences logiques de leurs prémisses.

Meng-tseu s'adressant au roi de *Thsi*, lui disait : « Si le prince regarde ses ministres comme des chiens ou des chevaux, alors les ministres regarderont le prince comme un brigand et un ennemi. »

Cette franchise de langage étonne si l'on songe qu'il était tenu devant un prince. C'est surtout ce passage qui a poussé le fondateur de la dynastie des *Ming* à ordonner la destruction des livres de Meng-tseu et à abolir les honneurs rendus à sa mémoire.

Meng-tseu enseigne que les hommes doivent savoir ce qu'il ne faut pas pratiquer, afin de pouvoir ensuite pratiquer ce qui convient. Ne vaut-il pas mieux commencer par apprendre ce qui convient, afin d'éviter ce qui ne convient pas ?

Il dit : « Celui qui est un grand homme, c'est celui qui n'a pas perdu l'innocence et la candeur de son enfance. »

Cette innocence et cette candeur de l'enfance, souvent exaltées par les philosophes, sont un peu négatives ; incapables du mal, elles le sont, également du bien. Que serait une société gouvernée par ces deux vertus?

Le respect exagéré pour les morts a poussé les moralistes chinois à des conséquences outrées, telles que celles-ci : « Nourrir les vivants est une action qui ne peut être considérée comme une grande action, tandis que l'action de rendre des funérailles convenables aux morts peut seule être considérée comme une grande action. »

Cette pensée de Meng-tseu est un peu contraire à la doctrine de Khoung-tseu qui réprouve les trop brillants honneurs rendus aux morts.

Malgré sa prédilection pour l'innocence native, Meng-tseu, loin de repousser la science comme Lao-tseu, déclare ici que l'homme supérieur doit donner à ses études la plus grande extension possible, afin d'éclairer sa raison et d'expliquer clairement les choses.

L'impartialité et la tolérance sont un des beaux traits de sa morale. Il cite pour modèle le roi Tching-thang, qui donnait des emplois publics aux sages sans leur demander à quel pays, à quelle secte ou à quelle classe ils appartenaient.

Le mépris des offenses est formellement enseigné par lui. Il suppose qu'un homme le traite grossièrement et brutalement : il se demande s'il n'a pas été lui-même inhumain, malhonnête, sans urbanité. L'individu continue de le maltraiter ; il descend de nouveau en lui-même pour voir s'il n'a pas manqué de droiture ; reconnaissant qu'il n'en a pas manqué, il reçoit cependant encore un nouvel outrage ; alors il se dit : « Cet homme n'est qu'un extravagant, en quoi diffère-t-il de la bête brute? et pourquoi m'en tourmenterais-je?» Toutefois, Meng-tseu ne va pas jusqu'à remercier l'insulteur, et encore moins à le récompenser, comme l'enseignait Lao-tseu.

Il n'admet pas qu'un fils puisse en remontrer à son père, fût-ce même par des conseils de vertu, il ne trouve pas là de réciprocité possible et craint, au contraire, que les conseils d'un fils n'engendrent la discorde entre lui et son père. C'est pousser trop loin la condescendance filiale ; un fils ne peut-il pas acquérir des connaissances dont son père lui-même saurait profiter ?

Meng-tseu relève la belle conduite de l'empereur Chun. Étant encore ministre, Chun se plaignait de l'indifférence de ses parents, qui le rendait comme un homme privé de tout. Il avait pour femmes les deux filles de l'empereur auquel il succéda ; il était riche et revêtu des plus hautes dignités ; tout cela ne valait pas à ses yeux l'affection de ses père et mère.

Cependant, il ne les consulta pas à l'occasion de son mariage, bien que le livre des vers porte : « Quand un homme veut prendre une femme, que doit-il faire ? Il doit consulter son père et sa mère. » Meng-tseu cherche à le justifier en disant : « La cohabitation ou l'union sous le même toit de l'homme et de la femme est le devoir le plus important de l'homme. Si Chun avait consulté ses parents, il n'aurait pas pu remplir ce devoir, et, par-là, il aurait peut-être provoqué leur haine. »

Cette explication est fort embarrassée. Ne vaut-il pas mieux attribuer la conduite de Chun à l'indifférence même que lui témoignaient ses parents, et qui le dispensait de leur demander conseil ?

Chun est également représenté comme un modèle de l'amour fraternel. Son beau-frère Siang, jaloux de sa supériorité lorsqu'ils étaient ensemble sous le toit paternel, avait tenté de le faire mourir. Chun, pour s'en venger, lorsqu'il devint empereur, le nomma prince de la terre de *Yeou-pi*.

Meng-tseu exalte cette conduite qui rend le bien pour le mal, et ajoute : « L'homme humain ne garde point de ressentiment envers son frère et ne nourrit point de haine contre lui ; il l'aime, le chérit comme un frère, voilà tout, et par cela même qu'il l'aime, il désire qu'il arrive aux honneurs et aux richesses. » C'est aller trop loin ; car un empereur élevant aux dignités un homme perfide parce qu'il est son frère, commet au moins un acte d'imprudence. Meng-tseu pousse la conséquence jusqu'à dire que la meilleure marque d'honneur qu'on puisse donner à ses parents, c'est de les entretenir avec les revenus de l'État; il cite l'exemple de Chun à l'égard de son père. Les contribuables n'avaient-ils pas droit de s'en plaindre?

Meng-tseu rapporte plusieurs faits d'élévation à l'empire par le choix du peuple. Quand le fils d'un empereur mort ne convenait pas, le peuple allait rendre hommage à un ancien ministre ou à un sage, et cette démarche étant considérée comme une manifestation du ciel (*vox populi, vox Dei*), ce ministre ou ce sage était ainsi de fait proclamé empereur. Nous avons vu les premiers empereurs se succéder à peu près de cette façon.

Meng-tseu énumère les différentes conditions de l'amitié, consistant à ne pas se prévaloir de la supériorité de l'âge, des honneurs, de la richesse ou de la puissance : « Contracter des liens d'amitié avec quelqu'un, dit-il, c'est contracter amitié avec la vertu. » C'est en effet la liaison où la moralité des contractants est le plus engagée par suite des sympathies, des goûts, des caractères et des idées.

Il revient encore sur les devoirs respectifs des princes et des ministres. Le prince a des devoirs à remplir envers le peuple, et doit le secourir. Si un prince a commis une grande faute, il faut que ses premiers ministres lui fassent des remontrances; s'il y retombe plusieurs fois sans les écouter, il faut qu'ils se retirent.

Suivant lui, les germes de toutes les vertus sont dans l'homme; il lui est aussi naturel d'être bon, qu'il est naturel à l'eau de couler en bas. Tous les hommes ont donc naturellement le sentiment de la miséricorde et de la pitié, de la honte et de la haine du vice, de la déférence et du respect, de la réprobation et du blâme; les premiers tiennent de l'humanité, les deuxièmes de l'équité, les troisièmes de l'urbanité, et les derniers de la sagesse. Or, l'humanité, l'équité, l'urbanité, la sagesse ne sont pas créées en nous par les objets extérieurs; nous les possédons d'une manière fondamentale et originelle, seulement nous pouvons les oublier. En effet, les passions et les événements indépendants de notre volonté nous font dévier de ces sentiments naturels. Par exemple, Meng-tseu a observé que, dans les années d'abondance, le peuple fait beaucoup de bonnes actions, tandis que dans les années de stérilité il en fait de mauvaises ; non pas que ses facultés morales changent, mais ce sont les suggestions soit de la misère, soit du désespoir, qui ont assailli son cœur et l'ont entraîné dans le mal.

« Ainsi, dit-il, l'humanité c'est le cœur de l'homme, l'équité, c'est sa voie. Il faut donc qu'il se replie sur lui-même pour se rectifier. Sa conscience lui en donne les moyens. On méprise ceux qui s'adonnent à la boisson et à la bonne chère parce qu'ils perdent alors la meilleure partie d'eux-mêmes. L'homme possède donc en soi la noblesse du sentiment, mais il n'y pense pas toujours. »

Toutes ces observations sont pleines de justesse : en effet, l'homme attache souvent plus d'importance aux marques distinctives extérieures qui flattent sa vanité, qu'aux actes de vertu, qui satisfont uniquement sa conscience ; il aime mieux les applaudissements d'autrui que son contentement intérieur et secret, et devient sourd à la voix du devoir quand il la laisse dominer par l'orgueil ou l'égoïsme.

Meng-tseu déclare qu'un ministre doit servir son prince pour l'amour de l'humanité et de l'équité, comme un fils doit servir son père, comme un frère cadet doit servir son frère aîné, pour les mêmes motifs : « Alors, dit-il, le prince et ses ministres, le père et le fils, le frère aîné et le frère cadet ayant repoussé d'eux l'appât du gain, n'auront des égards l'un pour l'autre que pour le seul amour de l'humanité et de l'équité. »

Les deux premières observations sont très-fondées en raison, mais la troisième implique une sorte de droit d'aînesse contraire à la vraie justice, car celle-ci n'a rien à voir au hasard de la naissance.

Il raconte avec éloge la sollicitude d'un empereur pour les travaux de la terre, par des encouragements aux uns et des récompenses aux autres. Lorsqu'il entrait sur le territoire d'un prince, son vassal, s'il trouvait les champs bien cultivés, et, en même temps, les vieillards secourus, les sages honorés et les hommes de talent revêtus des hauts emplois publics, il augmentait l'étendue de son territoire.

Il cite les décrets promulgués par un autre prince, Houan-Khoung, comme des monuments de sagesse, tels que ceux-ci :

« *Faites mourir les enfants qui manqueront de piété filiale.* N'enlevez pas l'héritage du fils légitime pour le donner à un autre. Ne faites pas une épouse de votre concubine. Honorez les sages. Donnez des traitements aux hommes de talent. Produisez au grand jour les hommes vertueux. Respectez les vieillards. Chérissez les petits enfants. Donnez l'hospitalité aux voyageurs. »

Voilà un prince qui décrétait des lois morales ; reste à savoir par quelle sanction il aurait pu exiger l'observation de quelques-unes. Le premier article est empreint d'une sévérité cruelle et arbitraire; il ne précise même aucun fait particulier devant entraîner une condamnation à mort. Il faut voir là un enseignement plutôt qu'une législation ; le Code chinois ne renferme rien de pareil.

Meng-tseu fait intervenir le ciel en disant qu'il nous a donné le mandat de nous améliorer sans cesse, que notre vie soit longue ou courte, et de nous conformer à ses décrets avec une entière soumission. Il entend sans doute par ces décrets les notions de justice inscrites dans notre conscience.

Suivant lui, toutes nos actions ayant en nous leur principe ou leur raison d'être, si après avoir fait un retour sur nous-mêmes nous les trouvons parfaitement vraies et conformes à notre nature, nous en ressentons une grande satisfaction. De même si nous faisons tous nos efforts pour agir envers les autres comme nous désirons les voir agir envers nous, nous accomplissons les devoirs de l'humanité. Cette maxime est le complément de celle mentionnée plus haut : « Ne faites pas aux autres ce que vous ne voudriez pas qu'on vous fît. »

En voici une autre qui est à l'adresse de tous les gouvernants: On n'obtient pas aussi bien l'affection du peuple par un bon régime, par une bonne administration et de bonnes lois que par de bons enseignements et de bons exemples de vertu. Par de bonnes lois et une bonne administration on en tire de bons revenus ; par de bons enseignements et de bons exemples on obtient son cœur. Montesquieu n'exprimera pas de pensée plus profondément juste.

Meng-tseu dit encore que l'urbanité, la prudence, l'équité ne sont pas des faits d'éducation, mais qu'elles ont leur fondement dans le cœur, et constituent proprement la nature de l'homme. Cependant l'éducation, l'expérience, la culture de l'esprit ont toujours contribué au développement de ces vertus sociales. Meng-tseu semble oublier ici l'influence de son propre enseignement.

Il représente le sage comme chérissant tous les êtres qui vivent, mais n'ayant pas pour eux les mêmes sentiments d'humanité qu'il a pour les hommes ; et n'ayant pas non plus pour les hommes le même amour qu'il a pour ses père et mère.

Meng-tseu dit :

« L'homme humain arrive par ceux qu'il aime à aimer ceux qu'il n'aimait pas. Le prince inhumain, au contraire, arrive par ceux qu'il n'aime pas à ne pas aimer ceux qu'il aimait. »

Il fait sans doute allusion aux courtisans dont les princes acceptent les services sans estimer leurs personnes. Ces princes écoutent de perfides suggestions contre les hommes de vertu et de talent qui osent leur faire des remontrances.

Voici une pensée très-hardie :

« Le peuple vient le premier, les esprits de la terre et des fruits viennent en second lieu ; le prince est le moins important. »

Ce qui veut dire : « Les fruits de la terre sont faits pour nourrir le peuple, et le prince seulement pour le gouverner.

Cette autre maxime : « Les paroles dont la simplicité est à la portée de tout le monde et dont le sens est profond, sont les meilleures, » caractérise le génie des moralistes chinois, qui, en général, expriment simplement de grandes pensées.

Meng-tseu croit que la conservation de la vertu est en raison inverse du nombre des désirs, et que pour entretenir dans son cœur l'humanité, il faut les réduire, les diminuer autant que possible.

Enfin, voici une maxime qui, vieille de plus de deux mille ans, trouverait certainement son application actuelle : « Je veux, dit-il, que celui qui est né dans un siècle, soit de ce siècle. Si les contemporains le regardent comme un honnête homme, cela doit lui suffire. »

Toutefois, il signale le travers opposé, c'est celui des adulateurs de leur siècle, qui s'attachent trop servilement aux usages, aux mœurs et aux idées contemporaines.

En résumé, le livre de Meng-tseu est le développement de la doctrine de Khoung-tseu. Cependant, j'ai signalé en passant quelques idées propres au disciple, et surtout une hardiesse de langage à laquelle le maître ne nous avait pas habitués.

Ici, comme pour toutes les grandes écoles, l'élève ajoute du sien, mais il faut rendre cette justice à Meng-tseu : il n'exagère pas les principes de Khoung-tseu ; il en tire seulement des conséquences nouvelles, surtout lorsqu'il les applique aux règles du gouvernement ; de là vient qu'on a mis son livre au nombre des livres classiques.

§ 7. LE *Hiao-King*, LIVRE DE LA PIÉTÉ FILIALE.

Ce livre canonique est attribué à Khoung-tseu : c'est le dernier qu'il aurait composé et que son disciple Thseng tseu aurait coordonné. Il n'a pas été retrouvé intégralement, et de ses débris nous avons quelques fragments traduits et publiés dans les *Mémoires concernant les Chinois* (1).

La piété filiale y est définie, comme dans tous les livres de Khoung-tseu, la racine des autres vertus, et la première source de l'enseignement. Elle ne consiste pas seulement dans les soins et le respect dû aux pauvres; mais elle embrasse également ce qui concerne le Prince, la justice, et plus généralement l'acquisition et la pratique des vertus sociales.

L'auteur s'appuie d'un passage du *Chi-King* : « Faites revivre en vous les vertus de vos ancêtres; qui aime ses parents n'oserait haïr personne; qui honore ses parents n'oserait mépriser personne. »

Et il ajoute que ne pas aimer ses parents et prétendre aimer les hommes, c'est contredire l'idée de la vertu; que ne pas honorer ses parents et prétendre honorer les hommes, c'est démentir les notions du devoir :

« Un fils, dit-il, est ravi des égards qu'on a pour son père, un cadet est flatté des attentions qu'on a pour son aîné, un sujet est charmé des honneurs qu'on rend à son souverain, un million d'hommes est enchanté des honneurs qu'on décerne à un seul, c'est-à-dire à l'empereur. »

Telle est la gradation établie par Khoung-tseu dans l'exercice de la piété filiale.

L'amour filial envers le prince est naturellement compris dans le titre de père et mère du peuple qui lui est attribué. Il embrasse tous les hommes depuis l'empereur jusqu'au dernier des sujets; il ne commence ni ne finit à personne, et si difficile que ce devoir paraisse à remplir, on n'a pas le droit de dire qu'on ne le peut pas.

Nos parents nous ont donné la vie, c'est le premier lien qui nous attache à eux ; c'est le motif de nos préférences, de notre respect et de notre tendresse. Se révolter, c'est ne vouloir pas

(1) T. IV, p. 28.

de maître ; mépriser les sages, c'est outrager les lois (les lois morales sans doute) ; mais il y a pire que tout cela, c'est manquer de respect et d'obéissance filiale, car c'est faire violence à la nature et ouvrir la porte à tous les crimes. Aussi Khoung-tseu, disait-il, que les empereurs de l'antiquité gouvernaient bien parce qu'ils pratiquaient la pitié filiale.

Voici comment il dépeint l'attitude d'un bon fils aux funérailles de son père :

Il assiste à la cérémonie avec un visage pétrifié de douleur ; les paroles qui sortent de sa bouche n'ont ni élégance ni suite ; ses vêtements sont grossiers et en désordre. La musique la plus touchante n'effleure pas son cœur ; les mets les plus exquis n'ont ni goût ni saveur pour son palais, tant est grande la désolation de son âme.

La conclusion de ce livre est celle-ci : honorer et aimer ses parents pendant leur vie, les pleurer, les regretter après leur mort. Voilà le grand accomplissement des lois fondamentales de la société. C'est là, en effet, le résumé des opinions de Khoung-tseu sur la piété filiale.

§ 8. MOEURS ET USAGES.

Plusieurs historiens Chinois disent que Yao-Chun et Yu étaient vêtus de simple toile en été et de peaux en hiver. On ne connaissait pas encore la soie. La demeure impériale de Yao était de paille et de terre ; les pluies de l'été y faisaient croître l'herbe. Après la porte d'entrée venait une grande cour qui servait de salle d'audience, au bout de cette cour était une grande salle où l'on gardait les poids et les mesures pour les marchés. Au-delà de cette salle venait une seconde cour au fond de laquelle était la demeure du roi et de sa famille. Avant d'être admis dans la salle d'audience, on attendait sous des arbres plantés devant la porte.

Un officier de second ordre conduisait le char royal, de compagnie avec un cocher tenant les rênes à la main, et ayant le roi à sa gauche. Les fonctions de cocher étaient alors fort considérées. Ainsi, l'habile cocher de Wou-wang reçut une principauté en apanage pour récompense de son habileté. Lorque Khoung-tseu se rendait sur un char attelé d'un bœuf, à la cour des princes, il avait toujours un de ses disciples pour cocher.

Derrière le char royal, on voyait un étendard, représentant les figures du soleil et de la lune, des étoiles, et des dragons, symboles de la souveraineté.

Le char royal, pour les grandes cérémonies, était tiré par seize chevaux. Dès les plus anciens temps, huit cents familles devaient se cotiser pour fournir au roi ce char à seize chevaux, avec trois capitaines armés de leurs casques et de leurs cuirasses, et vingt-deux fantassins.

Le parasol était en Chine, comme dans l'Inde, dans la Perse et dans l'Égypte, un signe distinctif de la royauté ; mais, l'usage en devenant général, chez les Chinois, n'eut plus de signification spéciale.

Les princesses portaient une robe appelée *hwei* dans la célébration des sacrifices, sur laquelle figuraient deux oiseaux fabuleux, mâle et femelle, symboles de bonheur. L'empereur portait un bonnet appelé *mien*, à forme carrée, dont le dessus était uni et plat, et une robe sur laquelle étaient brodés le soleil, les étoiles, des montagnes, etc.

Les grands dignitaires qui l'accompagnaient portaient entre les mains une espèce de tablette (*kouei*) sur lesquelles on voyait représentées diverses figures symboliques se rapportant aux fonctions du personnage.

§ 9. LOIS DIVERSES.

Le roi Mou-wang, qui régna dans le dixième siècle avant notre ère, ordonna à Liu-heou, président du tribunal des crimes, de publier un recueil de peines proportionnées aux divers délits.

Il fit exempter les coupables des marques noires sur le visage, de l'amputation du nez, de celle des pieds, de la décapitation et de la mort quand il y avait doute sur les cas où l'on devait employer ces peines. La première se rachetait par 100 *hoan* de métal, la seconde par 200, la troisième par 500, la quatrième par 600, et la cinquième par 1000. Mais il fallait bien s'assurer de la peine à infliger et du rachat correspondant. Il voulut que, lorsqu'on examinait les procès pour les fautes graves ou légères, l'on évitât les discours et les paroles embarrassantes et confuses capables d'égarer le jugement : « Il ne faut pas suivre, disait-il, ce qui n'est pas d'usage ; observez les lois établies, prenez-en le sens, et faites tout ce qu'il sera de votre devoir de faire. »

Depuis, sous la dynastie des *Tsing*, fut rédigé le *Ta-tsing-lu-li* (lois et statuts de la dynastie des *Tsing*) (1)

C'est un code de lois anciennes auxquelles d'autres furent ajoutées successivement.

Il est encore en vigueur de nos jours.

Ce Code détermine les rapports civils et administratifs, et attache à chaque clause particulière une sanction pénale. La

---

(1) Ce recueil a été traduit en anglais par Thomas Stawnton, et reproduit en français par Renouard de Sainte-Croix, 2 vol. in-8°, 1812.

moindre irrégularité, la plus petite infraction qui, en Europe, serait passible d'une simple amende, entraîne un certain nombre de coups de *bambou*, pour lesquels heureusement on a établi la faculté de rachat ; le Code renferme un tableau curieux des sommes correspondantes à payer.

La loi du talion y est généralement suivie : ce n'est pas sur la gravité morale du délit qu'on règle la peine, c'est sur l'importance du préjudice qu'il a pu causer.

Pour donner une idée de la sévérité de ce Code, voici les articles qui concernent la rébellion.

Section 254. Les personnes convaincues de haute trahison seront mises à mort par une exécution lente et douloureuse (1). Tous leurs parents mâles seront décapités, les enfants et les femmes réduits en esclavage au profit des officiers de l'Etat.

Section 255. Pour la violation du serment de fidélité et d'obéissance envers le souverain et envers les magistrats, les coupables seront décapités, leurs propriétés seront confisquées, leurs femmes et leurs enfants réduits en esclavage.

La poursuite de la rébellion s'exerce jusque sur les enfants de moins de 7 ans et sur les vieillards de plus de 90 ans ; tandis que ces deux catégories de personnes ne sont poursuivies en aucune manière pour d'autres délits.

Le Code fait poursuivre même comme suspects de trahison ceux qui adressent à l'empereur le panégyrique de ses vertus et de ses talents.

Cet article doit gêner singulièrement l'esprit complimenteur des Chinois ; mais il ne s'applique sans doute pas aux courtisans, dont la position ne serait pas tenable.

Quelques-unes de ces rigueurs ont pu être introduites dans

---

(1) C'est le supplice des couteaux, consistant à couper ou mutiler successivement tel membre ou telle partie du corps, avec des couteaux pris au hasard dans une corbeille les uns après les autres, et dont chacun porte la désignation de cette partie.

le Code depuis la domination tartare. Un peuple immense réduit au joug des princes étrangers devait être sans cesse disposé à la révolte, et l'on a cherché à en prévenir l'explosion par la terreur des supplices.

Le meurtre et même le suicide sont l'objet de poursuites très-actives contre les personnes qu'on soupçonne d'en être la cause, surtout s'il a lieu dans leur domicile, circonstance qui entraîne pour elles des perquisitions et des vexations de toutes sortes.

Lorsqu'il s'élève quelques soupçons sur la mort d'un individu, les mandarins font exhumer le corps et sont obligés de l'examiner avec soin, malgré le danger d'une pareille opération. Le livre de médecine légale, le *si-yuen*, porte :

« Il n'est pas moins glorieux d'affronter la mort pour défendre ses concitoyens du fer des assassins que pour les sauver de celui des ennemis. Qui n'en a pas le courage n'est pas magistrat; il doit renoncer à son emploi. »

Cette observation a son mérite, mais elle s'accorde peu avec l'ensemble de ce code, qui est généralement empreint d'arbitraire, comme on peut en juger par les détails.

Dans la haute antiquité, si l'on s'en rapporte au *Tcheou-li*, on ne punissait pas les fautes commises par ignorance ou par emportement, ou par surprise, ou par inadvertance, ou par méprise. On graciait les enfants, les vieillards, les insensés, et l'on montrait généralement assez d'indulgence.

Il y avait, en outre, des pardons généraux accordés par les empereurs : Kao-tsou, qui régnait dans le troisième siècle avant Jésus-Christ, en accorda neuf en dix-neuf ans.

Les lois devinrent plus sévères à mesure que les petits États feudataires disparurent pour faire place à une grande unité, exigeant une législation à la fois uniforme et absolue.

Le code actuel entre dans de si nombreux détails sur la conduite publique et privée des citoyens, que la liberté et le repos de ceux-ci seraient continuellement menacés, s'ils n'avaient mille moyens d'en éluder les clauses.

Le *Ta-tsing-lu-li* renferme quelques prescriptions destinées à protéger la femme contre les mauvais traitements du mari, mais il en contient davantage en faveur de celui-ci contre elle.

Section 285. Lorsqu'un mari surprendra sa femme principale ou sa femme inférieure en adultère, s'il tue sur-le-champ le séducteur ou la femme, ou tous les deux, il ne subira aucune peine. S'il ne punit pas sa femme, elle sera punie suivant la loi applicable à l'espèce en question et vendue, comme femme inférieure, à un autre mari; l'argent qui proviendra de cette vente sera remis au gouvernement.

Section 293. Si une femme qui a été frappée et injuriée par son mari se donne la mort de désespoir, son mari n'en sera pas responsable.

Section 315. Si une première femme frappe son mari, elle sera punie de cent coups, et son mari pourra obtenir le divorce. Si elle le frappe de manière à le blesser, elle sera punie de trois degrés de plus qu'on ne l'est pour avoir fait une pareille blessure à un égal dans les cas ordinaires. S'il en devient infirme, elle sera condamnée à être étranglée; s'il en meurt, elle sera décapitée. Si elle a eu dessein de le tuer, elle subira le supplice des couteaux.

Dans les premiers temps, la polygamie n'était permise qu'aux fonctionnaires et aux hommes de quarante ans qui n'avaient point d'enfant de leur première femme. Le livre des Rites porte même une sanction pénale contre l'homme marié qui prend des concubines; il veut qu'il soit puni de cent coups de bambou. Cependant l'histoire nous a montré que dès la plus haute antiquité un homme marié pouvait avoir autant de secondes femmes que sa fortune le lui permettait; l'exemple des empereurs y autorisait suffisamment, mais il y eut toujours une seule femme légitime.

Les seules circonstances où la femme, en Chine, soit honorée, sont : 1º Quand, mère de famille, elle a eu le bonheur d'avoir des fils qui, fidèles aux principes de Khoung-tseu, l'honorent et la servent à l'égal de leur père ; 2º Quand veuve et jeune encore, elle refuse de convoler à de secondes noces, par respect pour la mémoire du mari défunt ; 3º Enfin, quand, jeune fille, elle se voue à un célibat perpétuel ; dans ces deux derniers cas, on lui élève après sa mort une espèce d'arc de triomphe ou de tour qui sert à la fois à l'honorer et à encourager les autres ; beaucoup de ces monuments sont répandus sur les chemins et quelquefois dans les villes.

§ 10. RELIGION.

Si l'on s'en réfère au *Tchéou-li,* le culte des Chinois dans le XIe siècle avant notre ère, s'adressait aux Esprits des trois ordres : céleste, humain et terrestre ; le premier ordre comprenait le seigneur suprême, les cinq souverains célestes, présidant aux cinq régions du ciel, puis le soleil, la lune, et cinq planètes. Le second ordre comprenait les anciens princes ou ministres invoqués comme génies protecteurs de l'Empire et les ancêtres. Le troisième ordre comprenait les Esprits qui président à la terre, aux montagnes, aux grands lacs, aux céréales, etc.

On honorait tous ces Esprits par des sacrifices ; il y avait des rites de bonheur, occasions de réjouissances ; il y avait des rites de malheur à propos de calamités, d'épidémies, de désastres. On sacrifiait pour les visites, pour les assemblées, pour les chasses, pour les funérailles, et généralement pour tous les événements de la vie civile, politique et administrative.

Les offrandes consistaient en animaux, en grains, en étoffes, en jade et en vin. Le bœuf d'une seule couleur était la victime la plus pure. L'empereur seul faisait le sacrifice au ciel et tuait lui-même la victime avec l'aide du grand archer ;

les fonctionnaires sacrifiaient aux Esprits locaux suivant les rites.

Au premier mois du printemps, dans une cérémonie religieuse, l'empereur labourait un champ consacré ; il traçait trois sillons et les feudataires en traçaient neuf. Cet hommage rendu au travail de la terre excitait l'émulation des cultivateurs.

Il y avait un culte spécial pour les ancêtres : dans le palais impérial comme sous les plus modestes chaumes un endroit leur était affecté ; on y déposait des tablettes sur lesquelles on avait inscrit leurs noms. On donnait des repas en leur honneur.

Jusqu'à l'introduction du bouddhisme en Chine, le système religieux n'a point changé. L'adoration d'un esprit supérieur représenté par le ciel, celle des Esprits animant tous les êtres : les animaux, les fleuves, les arbres, les montagnes, et le culte des ancêtres, voilà ce qui s'est maintenu constamment, sans toutefois avoir été l'objet d'une pratique obligatoire. La religion, dominée par des principes philosophiques et moraux que Khoung-tseu avait mis au-dessus de tout, n'eut jamais qu'un rôle secondaire. Le bouddhisme, avec le prestige de ses transmigrations, ne fit qu'alimenter la crédulité populaire par de nouvelles superstitions, mais il ne réveilla pas le sentiment religieux qui restait comme enfoui sous les préoccupations de la vie positive.

Chez les Chinois, point de révélation divine, point d'intervention directe de Dieu dans les événements humains. Le ciel ou le souverain suprême se manifeste dans les sages, et tout homme, en examinant sa conscience, peut en recevoir des inspirations. Les sacrifices annuels que les premiers empereurs accomplissaient pour lui rendre hommage n'étaient que des témoignages de reconnaissance et de respect, et non des pratiques intéressées dans le but d'obtenir des faveurs spéciales, des miracles.

On dit cependant qu'avant l'époque historique, les Chinois

pratiquaient le culte des astres, pour lequel il y avait un sacerdoce. Ce sacerdoce, d'abord très-puissant à cause de ses connaissances astronomiques et de ses attributions sacrées, aurait été supprimé par les premiers souverains, et désormais il n'en a plus été question. L'empereur fut le grand-prêtre ou sacrificateur, et réunît le double pouvoir politique et religieux.

Quant aux bonzes créés par le bouddhisme, ils ont été plutôt des moines que des prêtres, et leur rôle dans la société chinoise n'eut jamais un caractère officiel.

Les idées cosmogoniques et métaphysiques des anciens Chinois furent dans une même proportion que celles de la religion, c'est-à-dire bornées à des notions incomplètes.

Suivant les plus anciens livres, les Chinois admettaient un chaos primitif qu'un Esprit suprême aurait débrouillé pour en séparer les éléments : le bois, le feu, la terre, le métal et l'eau. Ces éléments renfermaient deux principes : l'un chaud et sec, principe mâle ou parfait (*yang*), l'autre froid et humide, principe femelle ou imparfait (*yn*) ; l'un est le ciel, *tien*, l'autre la terre et les esprits qui l'habitent. L'accord entre les deux principes produit le juste milieu, base de la morale chinoise.

C'est dans la morale qu'ont excellé les Chinois ; et ils auraient pu devenir un peuple modèle, s'ils avaient toujours conformé leur vie politique et privée aux belles maximes de leurs philosophes ; mais ils se sont contentés de les inscrire sur les monuments, sur les vases, sur le bambou, sur le papier, et ils en ont négligé la pratique.

§ 14. ARTS, INDUSTRIE, COMMERCE.

Le livre sacré des Annales constate que les Chinois ont eu, dès la plus haute antiquité, des connaissances en astronomie, en musique, en poésie, en peinture, et qu'ils ont excellé sur tout dans les arts industriels, dans la fabrique des étoffes, dans l'emploi de l'aimant.

Des tombeaux, des monnaies, des vases de bronze, des urnes et autres objets ont été soigneusement recueillis et conservés dans le musée impérial; il en est qni remontent au dix-huitième siècle avant notre ère. On compte plus de 1,200 vases de formes différentes appartenant à la seconde et à la troisième dynasties, dont on faisait usage dans les sacrifices, ou qui étaient des présents d'honneur accordés par l'empereur à des hommes de mérite. Il en est sur lesquels on retrouve l'ornement en forme de méandre si souvent employé par les Étrusques.

Les haches, les poignards et autres armes qu'on a conservées de la troisième dynastie révèlent un art très-avancé.

Le P. Amiot rapporte que la poudre a été découverte en Chine dans le quatrième siècle avant notre ère (1). Mais elle n'a servi que pour des feux d'artifices. Son emploi meurtrier ne remonte pas aussi haut en Chine qu'en Europe.

La boussole remonte également à une époque très-ancienne; cependant les Chinois s'étant peu livrés aux expéditions maritimes, n'ont pu l'appliquer dans son plus important usage.

L'imprimerie a favorisé la propagation des livres sacrés et

---

(1) *Mémoires sur les Chinois*, t. IV, p. 482.

classiques, mais n'a point contribué au progrès de la littérature et des sciences. La médecine s'y réduit encore à des médicaments traditionnels appliqués sans discernement.

L'art militaire y a toujours été incomplet, ce qui a fait de la Chine une proie facile aux invasions.

Les procédés de la fabrication de la porcelaine ont été plusieurs fois perdus et retrouvés. C'est dans les meubles et les tissus, les couleurs brillantes sur étoffes que l'industrie chinoise a pu rivaliser avec les meilleures fabriques de l'Europe et entretenir avec tous les peuples un commerce considérable d'échanges.

§ 12. ÉCRITURE.

Rien ne peint mieux l'esprit stationnaire des Chinois que leur système d'écriture, le plus ancien, mais aussi le plus désavantageux, le plus lent, de tous les systèmes graphiques actuellement pratiqués. Leur génie inventif aurait pu trouver mieux, mais leur vénération outrée par tout ce qui tient à l'antiquité leur a fait conserver l'écriture hiéroglyphique avec ses imperfections.

Toutefois, le besoin de la rendre plus abrégée, dans l'usage habituel a fait modifier les signes. Les plus anciens monuments hiéroglyphiques de la Chine nous indiquent les objets qu'ils représentent, ce sont : 1° les corps célestes, 2° l'homme et la femme, 3° les animaux, 4° la terre, 5° les produits de l'art.

Les Chinois n'ont jamais montré beaucoup d'art en traçant une figure, et ils ont fini par les réduire à quelques traits méconnaissables. Les plus anciens signes qu'ils employèrent s'appelaient *têtards,* parce qu'ils ressemblaient à cet animal.

Bientôt les caractères se réduisirent à six traits qui entrèrent dans la formation de beaucoup d'autres. Pour éviter la confusion, on fixa le nombre des lignes formant deux cents images et symboles élémentaires.

Les caractères se placent les uns sur les autres en colonnes verticales rangées de droite à gauche. Dans les inscriptions composées d'un petit nombre de mots, où le peu d'espace ne permet pas d'écrire verticalement, on dispose les caractères l'un à côté de l'autre, en commençant par la droite.

Il y a six sortes de caractères : 1° les caractères figuratifs ou images; 2° les caractères indicatifs marquant les choses; 3° les caractères combinés; 4° les caractères métaphoriques; 5° les caractères syllabiques, ou figurant les sons; 6° les caractères retournés, pour signifier l'inverse de leur signification primitive.

Les caractères figuratifs sont les vraies images des choses; les caractères indicatifs ont un sens très-étendu et représentent ce qu'ils signifient indépendamment de toute idée antérieure.

Quant aux caractères composés, ils se forment en plaçant deux, trois ou quatre fois la même image, ou en joignant cette image à une ou deux autres, ou en accouplant un symbole avec une image, ou en unissant un symbole à deux images ou plusieurs symboles à plusieurs images.

Les caractères nommés *Kia-tsée* renferment dans un sens toutes les autres classes de caractères, comme les images qui passent du sens propre au sens figuré, les symboles qui changent de sens, les caractères composés d'images, de symboles, qui acquièrent une nouvelle signification par analogie et par extension.

Pour exprimer les sons on employa dès l'origine, les figures les plus simples dont les sons réunis formaient le son qu'on voulait exprimer; puis on remplaça les hiéroglyphes difficiles à écrire par ces nouveaux signes en donnant à ceux-ci la signification de ceux-là. Chacune de ces lettres a conservé la prononciation et la signification qu'elle avait dans le principe (1).

Les mots commencent presque toujours par des consonnes et finissent par des voyelles. Les consonnes B, D, R, X, ne sont pas employées.

Il y a des mots qui sont toujours adjectifs ou substantifs ou verbes, dont le sens se déduit de leur position respective.

Le nombre est marqué par des particules mises avant ou après le substantif ; le genre par l'addition des mots *foù*, père ; *moù*, mère ; *jin*, homme, et *niù*, femme.

La plus ancienne inscription qui nous reste des temps primitifs de la Chine, est celle que l'empereur Yu fit graver sur un rocher du mont Heng-Chan, où les anciens empereurs offraient des sacrifices annuels au souverain suprême. Cette inscription est en caractères nommés *Ko-téou*, à forme de têtard, inventés, dit-on, par Fou-hi. Elle est ainsi doublement précieuse en ce qu'elle reproduit les plus anciens caractères graphiques, et constate les travaux importants exécutés par Yu.

En voici la traduction littérale :

« Le vénérable empereur dit : « Oh ! (mon) aide et (mon) conseiller, qui (me) soulagez dans l'administration des affaires, les grandes et les petites îles (tous les plateaux habités) jusqu'à leurs sommités, toutes les demeures d'oiseaux et de quadrupèdes, et tous les êtres existants sont au loin inondés. Vous avisez (à cela); renvoyez ces eaux, et élevez (des digues).

» Il y a longtemps que (moi) j'ai complètement oublié ma famille (pour ces travaux) ; je me repose (maintenant) au sommet de la montagne Yo-Lou. Par (ma) prudence et (mes) travaux, j'ai ému les Esprits. (Mon) cœur ne connaissait point les heures (du repos). C'est en travaillant sans cesse que je me reposais. Les montagnes Hoa,

---

(1) Voir de Guignes, *Dictionnaire chinois*, préface, p. XI.

Yo, Taï, Heng ont été le commencement et la fin de (mes) entreprises. Après (mes) travaux accomplis, j'ai au milieu (de l'été) offert un sacrifice en action de grâces. (Mon) affliction a cessé; la confusion de la nature a disparu; les grands courants qui venaient du midi se sont écoulés dans la mer ; les vêtements de toile pourront être confectionnés ; la nourriture préparée ; les dix mille royaumes (l'univers) seront en paix, et pourront se livrer éternellement à la joie. (1) »

CONCLUSION.

L'ère des philosophes clôt l'histoire ancienne de la Chine. Depuis cette époque jusqu'à la domination tartare, aucun changement notable n'a modifié son état social et intellectuel; il semble qu'elle avait produit tout ce qu'elle pouvait produire, et l'histoire de sa civilisation, antérieure à notre ère, diffère peu du spectacle que nous offre sa civilisation actuelle. Les Tartares en s'emparant du territoire et du gouvernement chinois en ont respecté et adopté les institutions ; ils se sont fait eux-mêmes Chinois pour mieux asservir la Chine.

Quant au Bouddhisme, il apporta bien quelques superstitions nouvelles, mais aucune idée fondamentale capable de transformer l'État politique, religieux et intellectuel des Chinois. Ses doctrines, d'ailleurs, concordaient parfaitement avec le caractère positif de ce peuple, ce qui explique pourquoi il s'est plus solidement implanté en Chine, que dans l'Inde où cependant, il avait pris naissance.

Aucun peuple n'a montré d'attachement plus obstiné pour ses anciennes institutions que les Chinois; et les nombreuses

(1) Hager, 1 vol. in-fo, 1802, Paris.— Klaproth, 1811, à Halli.— Pauthier, la *Chine ancienne*, p. 53.

révolutions qu'il a accomplies n'ont jamais eu pour objet des réformes gouvernementales ou administratives; mais au contraire, elles eurent pour objet le retour à l'exécution des anciennes lois, au respect des coutumes primitives dont l'observance contrecarrait les vues ambitieuses ou tyranniques de certains empereurs.

J'ai déjà fait observer que les Chinois se distinguent des autres peuples par l'esprit moral. Les principes contenus dans les anciens livres, les maximes placées dans la bouche des rois, des ministres, des conseillers, des lettrés, sont dictées par un remarquable bon sens; et toute conscience pure de préjugés traditionnels peut les comprendre sans enseignement préalable; il lui suffit de rentrer en elle-même et d'écouter les notions instinctives du bien et du mal, du juste et de l'injuste, pour en reconnaître la vérité. Aussi avons-nous vu les empereurs qui y conformèrent leur vie publique et privée, faire régner l'ordre, la paix, la confiance, et influer heureusement sur les mœurs du peuple par l'exemple de leurs vertus.

Les plus anciens monuments littéraires et historiques de la Chine renferment des formules de devoirs individuels et sociaux marquées au coin d'une grande sagesse, parce que le développement moral de ce peuple a de bonne heure acquis une supériorité relative.

Mais j'ai démontré plusieurs fois le côté défectueux de cette morale, en ce qu'elle a manqué d'une sanction obligatoire. Elle a été proposée sans cesse comme règle de conduite, et jamais comme loi absolue, en sorte qu'elle a dépendu de la bonne volonté de ses disciples, gouvernants et gouvernés. Le code lui-même la contredit sur plusieurs points, notamment en ce qui concerne les clauses pénales, dont plusieurs sont empreintes d'arbitraire et de cruauté, et contrastent d'une manière fâcheuse avec les principes de miséricorde, de charité et de justice enseignés par Khoung-tseu; preuve qu'elle n'a pas été prise pour base de législation.

Aujourd'hui encore, on l'enseigne à la jeunesse, on l'invoque à tout propos, on vénère toujours son auteur presque à l'égal d'un Dieu; ses descendants jouissent de la seule noblesse qui existe en Chine, mais c'est tout: le positivisme, que ce grand maître renfermait dans les bornes du devoir, a dégénéré en égoïsme et en indifférence. Le mercantilisme, la vénalité, la corruption, ont gagné toutes les classes. Enfin, l'usage immodéré de l'*opium* a porté le dernier coup à cette décadence morale; elle a commencé avec la domination des Tartares, elle finira un jour par une révolution générale, ou mieux encore par l'invasion du commerce, de l'industrie, des lois et des idées européennes.

La dernière lutte de la France et de l'Angleterre avec la Chine a révélé des traits caractéristiques de cette décadence, tels que la mauvaise foi dans l'exécution des traités, la cruauté et la rudesse des mœurs. On doit cependant les imputer aux Tartares bien plus qu'aux Chinois, car ils sont contraires aux habitudes et aux idées traditionnelles de ces derniers.

Ce n'est point, d'ailleurs, en dévastant leurs palais, ni en élevant au milieu de leur capitale des temples à une religion étrangère, qu'on démontrera aux Chinois la supériorité de notre civilisation sur la leur; on y réussirait mieux en les aidant à secouer le joug séculaire de la domination tartare, contre laquelle leur répulsion invincible se manifeste sans cesse en tentatives infructueuses; et alors, rendus à leur indépendance nationale avec le secours de nos armes, ils nous accorderont par reconnaissance et par intérêt ce qu'ils nous refusent encore par une trop juste défiance.

INDIENS

CHAPITRE I⁽ᵉʳ⁾.

ÉPOQUE ARIENNE.

§ 1. CONJECTURES HISTORIQUES.

L'Inde, si riche en monuments littéraires, religieux et philosophiques, manque presque entièrement d'annales historiques; elle ne possède, comme dates commémoratives, que des inscriptions sur cuivre ayant pour objet des concessions de terres faites à certains temples, et celles plus remarquables du roi Pyadasi, sculptées sur des rochers (1). Mais il n'existe aucune tradition authentique sur les événements primitifs.

Ce qu'on peut admettre de plus vraisemblable, c'est qu'à une époque fort ancienne, des tribus d'Aryas (2), cherchant

---

(1) Reinaud, *Fragments arabes et persans sur l'Inde*, introduction, p. 31.

(2) *Aryas* signifie noble, brave (*areiós*). C'était le nom de la partie la plus considérable du peuple indien et le nom général de la nation persane, ce qui prouve l'unité primitive des populations iranienne et indienne.

un établissement fixe, descendirent des plateaux élevés de l'Asie centrale, se dirigèrent vers le midi et arrivèrent dans l'Inde, où elles trouvèrent un climat doux et un terrain favorable à la colonisation.

Les hymnes du *Rig-Véda* représentent les Aryas établis sur les bords de l'Indus, divisés en plusieurs groupes vivant isolément comme des pasteurs, et toujours à la recherche de contrées propres à la culture, à la chasse, au paturage, sous la conduite de chefs guerriers et de prêtres ou sacrificateurs.

Les Aryas repoussèrent devant eux les anciens habitants, encore sauvages, de l'Inde, les forcèrent de se retirer dans les forêts et dans les montagnes, et en firent le type de ces mauvais génies, de ces Raksasas dont parlent les Védas et les poëmes. Ils les détruisirent en partie, et de ceux qu'ils soumirent ils formèrent la classe servile, celle des Çoudras, dont les caractères physiologiques attestent encore aujourd'hui, pour quelques savants, une origine différente.

Les faits racontés si poétiquement par le *Râmayana* et le *Mahâbhârata* sont tellement légendaires qu'il est difficile d'en tirer quelques notions vraiment historiques. Les héros de ces poëmes, comme ceux de l'*Iliade* et de l'*Odyssée* sont environnés d'un prestige surhumain qui nuit à la réalité des personnages.

Cependant au moyen de l'étude simultanée des Védas, des poëmes, et des *Poaranas*, on arrive aux faits suivants :

Des chefs de tribus ariennes, après avoir pris successivement possession de l'Indostan, fondèrent plusieurs petits états entre l'Indus et le Gange ; ces états se rattachèrent à deux dynasties principales, à la branche solaire et à la branche lunaire; les grandes épopées sont consacrées à l'apologie des princes appartenant à ces dynasties.

D'après le Mahabharata qui donne la liste des rois solaires, ces rois seraient issus du 7me Manou, né de Sûrya, le soleil, qui aurait échappé à un déluge. De lui naquirent dix fils. L'ainé de ces fils, Ixvâkus, fonda Ayodhya (Oude), et laissa le reste de l'Inde à ses frères. On pense que ce chef vivait dans le 22e siècle avant notre ère (1). Après lui viennent 23 rois jusqu'à Râma qu'on place dans le 14e siècle.

Le plus célèbre souverain d'Ayodhya fut Sagara, lequel vainquit Çakas, ou les Saces et les Yavanas ou Ioniens. Ce roi entreprit de grands travaux que continuèrent ses successeurs pour la fertilisation des bords du Gange.

Au 17e siècle, une nouvelle branche commence avec Kakutstha et Raghus. Entre leurs successeurs on peut citer Çighraga, le même peut-être que Retuparna, qui reçut de Nala, époux de Damayanti, le don de diriger les chars, et Ambarisha, sous lequel on voulut faire un sacrifice humain qui fut arrêté par l'intervention divine. Puis vient Daçaratha, père de Râma, dans le 14e siècle. Râma, image de Vichnou sur la terre, aurait conquis le Ceylan en tuant son roi Râvana.

La race lunaire, établie à Indraprastha, serait issue, d'après le Mahâbhârata, du sage Budha, fils de Soma, génie de la lune, et remonterait aussi au 22e siècle.

Le premier roi de l'Inde centrale est Pururâva qui épousa une déesse, et eut pour fils Ayna, pour petit-fils Nahuça. Celui-ci est représenté comme un conquérant. Son petit-fils Purus monta sur le trône à l'exclusion de quatre frères qui s'étaient établis sur les bords de l'Indus.

Au 19e siècle se fondent les royaumes de Kanoge, de Vathura, de Kasi ou Bénarès.

Au 17e siècle brillent Viçvâmitra, l'adversaire des Brahmanes et Paraçurâma, leur défenseur.

Aux 14e et 13e siècles, Hastin, roi de la branche lunaire, bâtit Hastinapura; il est contemporain de Râma et de Kurus.

La famille des Yadavas, issue de la race lunaire, s'était établie dans le Nord, et divisée en plusieurs branches, dont l'une se fixa à Matra, lieu de naissance de Crichna.

A l'époque de cette naissance le roi régnant, qui avait ren-

(1) Eichhoff. Poésie héroïque des Indiens, p. 58.

versé son propre père, se soutenait au-dedans par la terreur et au-dehors par l'alliance du roi de Bahar, son beau-père.

Crichna, élevé parmi les bergers, se mit à la tête des Yâdavas et vainquit le roi de Bahar, Cansa; mais plus tard, il fut repoussé, et forcé de se retirer au fond du golfe de Cutch, où il fonda une ville.

Une guerre ayant éclaté entre les héritiers du trône de Delhi, Crichna, par ses exploits, fit pencher la balance du côté de Youdhichtira.

M. Langlois (1) ne rapporte pas à l'Inde même l'origine de la première monarchie indienne; il signale une contrée plus méridionale comme ayant été le siége de l'empire d'où serait parti un législateur ou un conquérant.

Diodore parle d'un Osiris qui serait allé chez les Indiens fonder des villes, entre autres celle de Nysa, à l'ouest de l'Indus (2), qu'Arrien attribue à Hercule Indien. Diodore représente encore Bacchus, arrivant de l'Occident, s'établissant au nord de l'Inde, y répandant l'agriculture, fondant des villes, rassemblant les hommes, les formant au respect des dieux et de la justice, et méritant par-là les honneurs divins (3).

M. Langlois reconnaît dans ce Bacchus un prince cité par le *Harivansa*, Prithou, considéré comme une incarnation de Vichnou ou d'Iswara, qui aurait fait défricher la terre, abattre les forêts, bâtir des villes et institué le commerce.

Il conclut de tous les documents comparés, que le berceau de la civilisation indienne doit être cherché vers le nord-ouest de l'Indus, d'où elle descendit dans les plaines du Gange (4).

On sait, d'après Diodore (5), que Sémiramis, tentée par la

---

(1) *Harivansa*, introduct., p. XIII.
(2) I, 12.
(3) II, 38.
(4) *Harivansa*, introd., p. 14.
(5) II, 16.

réputation des richesses et de la prospérité de l'Inde, voulut y pénétrer, mais sans succès. L'Inde jouissait donc alors d'une grande prospérité; et ses poëmes épiques renferment des descriptions pompeuses de villes, de monuments, de fêtes splendides qui en témoignent.

Dans ses *Fragments arabes et persans relatifs à l'Inde ancienne* (1), M. Reinaud cite en première ligne un extrait du *Modjmel-Altevarikh*, où il est question de l'origine des rois indiens avec un court récit de leur histoire. Les premiers faits mentionnés remonteraient à Douryodhaua, qui aurait donné le Sind à sa sœur, épouse de Djayadratha. Sous le gouvernement de ces deux princes, le Sind se serait peuplé, et plusieurs villes auraient été fondées.

On y voit l'histoire des deux frères Dhrita et Pan. Le premier étant aveugle, abandonna sa part de pouvoir à son frère en lui disant : « Prends en main les destinées de cet empire et ne les néglige pas, afin que le nom de nos pères se maintienne et qu'on ne ternisse pas notre réputation en déclarant que nous n'avons pas fait ce qui était convenable. »

Pan suivit ces conseils, et, parcourant toutes les contrées de l'Inde, il la délivra des maux qui l'affligeaient; puis il revint auprès de son frère, qui le pressa sur son sein et lui dit : «Tu t'es conduit à la manière des hommes de cœur, et toute idée de reproche s'est éloignée de nous. Maintenant, c'est à toi que convient l'empire; car je deviens vieux, je suis privé de la vue, et tu es mieux en état d'exercer l'autorité. » Pan répondit : « Je suis, comme un esclave, soumis à tes ordres. Si le roi ordonne que je me brûle, je le ferai, afin que je m'acquière une bonne réputation dans le monde. » Dhrita lui remit la moitié de l'empire.

Ce droit de choisir un successeur à l'exclusion de ses propres enfants était admis chez les Aryas comme chez les anciens Chinois; ce qui prouve l'ancienneté de cette tradition.

---

(1) 1 vol. in-8º, 1845.

Pan s'occupa d'exercer l'autorité et la justice. Dhrita eut plusieurs fils, tous nés de Gandbarî, qui furent les chefs de la famille Bharata. La famille issue de Pan fut celle des Pandous. Mais Pan ayant blessé par mégarde un anachorète fut maudit par celui-ci.

Sous le coup de cette malédiction, il se retira sur une montagne et se livra entièrement aux pratiques de dévotion. Ses deux femmes le suivirent. Il y mourut laissant 5 fils : Youdichtira, Ardjouna, Bhimasêna, nés de Countî, Sahadeva et Nacoula, nés de Mâdrî.

La légende rapporte que les deux femmes survécurent longtemps à Pan, et que lorsque la concupiscence s'emparait d'elles, elles avaient commerce avec les enfants de l'air.

Les fils de Pan furent confiés à de pieux Brahmanes. Chacun de ces Brahmanes adressa au ciel une prière afin d'obtenir pour son élève ce qui lui conviendrait le mieux, savoir : à Youdichtira une autorité puissante ; à Bhimasêna une force imposante ; à Ardjouna une grande habileté à tirer de l'arc ; à Nacoula, la bravoure et l'adresse à monter à cheval ; à Sahadeva, la science. Ces qualités sont mentionnées dans le *Mahabharata*, qui raconte les exploits de ces héros.

Les Brahmanes les conduisirent auprès de leur oncle Dhrita, qui leur remit la moitié de son royaume et remit l'autre moitié à ses fils. En même temps il leur donna des conseils de justice et de concorde, prévoyant sans doute la lutte qui devait naître de ce partage arbitraire.

Le peuple eut de la préférence pour Youdichtira à cause de son intelligence et de ses bonnes manières. Dadjouschana (Douryodhana) fut jaloux des Pandavas et leur tendit des piéges (1) ; les Pandavas en sortirent sains et saufs. Des luttes s'ensuivirent qui font le principal sujet du *Mahabharata*. Enfin, les Pandavas demeurèrent vainqueurs.

Youdichtira, devenu seul roi de l'Indoustan, fit fleurir la

---

(1) Voir l'épisode de la *maison de laque* dans le *Mahabharata*.

justice; puis un jour, lassé du pouvoir, il dit à ses frères : « les choses de ce monde n'ont pas de durée : j'ai formé le projet de me retirer à la montagne des anachorètes. Recevez l'autorité et exercez-la comme je l'ai exercée. » Ses frères le suivirent, laissant sur le trône Parik, fils d'Ardjouna. Parik régna avec justice; il eut pour successeur son fils Djanamedjaya, homme ferme et juste, sous lequel fut, dit-on, composé le *Mahabharata.*

Satanika le suivit, puis Safsânica, qui fut juste, de mœurs douces et pures. Sous Yesra, le désordre éclata dans les affaires; Couyahour aggrava le mal; le sceptre finit par échapper aux Pandavas et échut à Brahmyn fils d'un brahmane. Brahmyn ayant appris que son père avait été insulté par le roi, jura de le venger; à cet effet, il réunit une armée, renversa Couyâhour et anéantit la race de Pandavas, à l'exception de ceux qui embrassèrent la profession de musicien ou d'autres métiers dévolus à la 3e classe.

Cependant Brahmyn, se repentant d'avoir fait tant de victimes, résolut de se retirer sur une montagne et de laisser le pouvoir au Brahmane Fâsaf (Casyapa); celui-ci ne l'accepta que pour l'abandonner bientôt à Sounâga. Sounâga pratiqua la justice et l'humanité, et l'empire resta dans sa famille, dit l'auteur, jusqu'à la 15e génération, c'est-à-dire jusqu'à Gustasp, roi de Perse, qui s'empara de l'Indostan, et fut ensuite supplanté par Bahman, de famille turke.

Il est question ensuite de Hal, et de Kefend. Ce dernier, dit le *Modjmel,* prononçait de beaux discours et relevait par ses louanges l'Inde et ses habitants. Il vivait du temps d'Alexandre, auquel il envoya, pour obtenir la paix, sa fille, un médecin habile, un philosophe et une coupe intarissable. Son fils Ayanda partagea le Sind en 4 principautés; et le fils de celui-ci, Rassel, fut chassé du trône par une révolte, laissant deux fils, Raoual et Barkamârys. A cette époque il y avait dans l'Inde une fille de roi, célèbre par son intelligence et sa sagesse; on avait dit que celui qui l'épouserait deviendrait maître des 4 climats (les 4 points cardinaux). Elle choisit Barkamârys, mais son frère Raoual se prévalant de son titre d'aîné, revendiqua et obtint les mêmes droits sur elle.

Barkamârys n'y fit point obstacle, mais pour se rendre plus digne d'elle il s'instruisit, et fréquenta les sages et les Brahmanes.

Cependant le rebelle, qui avait déjà chassé leur père, vint attaquer les deux frères et les réduisit à la dernière extrémité ; Raoual lui ayant demandé la paix, le vainqueur lui fit répondre : « Envoie-moi cette fille et que chacun de tes officiers m'envoie une fille ; je les mettrai à la disposition de mes propres officiers, et je m'en retournerai. »

Le vizir Safar, consulté sur ce point, déclara cyniquement qu'il valait mieux livrer ces femmes et conserver la vie : « On peut, dit-il, prendre des mesures contre son ennemi ; mais lorsqu'on a perdu la vie, de qu'elle utilité peuvent être les femmes, les enfants et les richesses ? » Ce mauvais conseil, heureusement, fut repoussé, et Barkamârys, se dévouant pour le salut de tous, s'habilla en femme et fit habiller de même les fils des officiers, et une fois introduits auprès de l'ennemi, ils le tuèrent lui et toute son armée.

Dans la suite, Barkamârys se rendit suspect par son habileté même : on lui tendit des pièges auxquels il échappa au moyen de diverses ruses ; et il finit par tuer Raoual.

La princesse, de son côté, loin de penser à venger son époux, consentit à s'unir au meurtrier.

Barkamârys voulut laisser au vizir Safar le timon des affaires ; mais celui-ci se contenta d'écrire pour lui un livre intitulé : l'*Instruction des Rois*, et après le lui avoir donné il le brûla.

Si ce livre fut réellement écrit, sa perte ne doit pas être regrettable ; à en juger par le conseil que l'auteur avait donné plus haut, il est à croire que ses enseignements écrits n'étaient pas marqués d'une haute sagesse.

Cette histoire de l'époque primitive de l'Inde, quoiqu'émanée d'une source étrangère, présente quelques vraisemblances en ce qu'elle s'accorde avec les récits légendaires du *Mahabhârata*, mais il serait téméraire d'en tirer autre chose que des conjectures.

Cependant, si les Védas et les poèmes nous éclairent peu sur les faits primitifs, ils sont une mine précieuse pour les idées, les mœurs et les institutions des Aryas établis dans l'Inde.

Les hymnes védiques ont éternisé les noms de leurs auteurs qui nous apparaissent les uns comme chefs ou prêtres : tels sont Atris, Angira, Nârada, Vacistha, Breghou ; les autres comme poètes et législateurs, tels que Kaçyapa, Vrehaspatis, Budha, Agastya, Viçvamitra.

A cette époque, il n'est point encore question des classes ; les prêtres et les guerriers apparaissent sur la même ligne, les autres membres de la tribu sont, au gré des circonstances, soldats, pasteurs, agriculteurs ou artisans ; et l'on ne découvre entre eux aucune distinction bien tranchée. Il n'est point fait mention de classe servile, mais il est à croire que les plus rudes travaux étaient abandonnés aux captifs faits à la guerre aux femmes enlevées à l'ennemi et aux enfants qu'elles mettaient au jour.

Peu à peu les prêtres, comme sacrificateurs, comme chantres, comme poètes, ayant acquis une certaine prépondérance morale et religieuse, devinrent une classe distincte et au-dessus de la classe guerrière ; celle-ci se sépara à son tour des marchands, des agriculteurs, des industriels, qui eux-mêmes furent distingués des prolétaires, des serfs, dont le plus grand nombre étaient les indigènes soumis par les conquérants. Pour éviter la confusion de races, il fut interdit comme un crime, aux trois premières classes, de s'allier par le mariage à la quatrième.

Avec l'établissement des Castes commença l'organisation sociale de l'Inde ; des lois successivement portées déterminèrent les rapports de famille, les mariages, les successions, les transactions commerciales, les peines et les récompenses. Les

Brahmanes, législateurs et prêtres en même temps, se firent la plus large part, et le Code de Manou atteste à la fois leur puissance et leur ambition (1).

A l'époque d'Alexandre, la puissance brahmanique commençait sans doute à décliner, puisque le fils d'un Çoudra, Chandragoupta, le Sandracothus des Grecs, avait soulevé les Indiens contre la tyrannie des Brahmanes et des Kchatriyas et s'était emparé du gouvernement de l'Indoustan. Ce fut son petit-fils, Açoka, qui éleva le Bouddhisme au rang de religion d'État, et fonda ainsi une nouvelle ère.

§ 2. LIVRES SACRÉS.

Si les Chinois possèdent les plus anciennes annales historiques, les Indiens possèdent les plus anciens livres sacrés; les hymnes, prières et invocations que contiennent ces livres datent d'une époque antérieure à l'établissement des Aryas dans l'Inde. Ceux-ci les apportèrent avec eux et les conservèrent longtemps par la tradition orale, jusqu'à ce qu'ils fussent réunis en recueils appelés *Védas*.

L'Écriture sacrée des Indiens comprend, outre les Védas, les Brâhmanas, ouvrages moitié théologiques, moitié liturgiques; puis d'autres traités orthodoxes plus modernes, appelés Oupanishads, rédigés dans un style populaire, et appendices des Védas. Mais ce sont les Védas eux-mêmes dont l'étude offre le plus d'intérêt pour l'histoire des civilisations primitives en général, et pour celle de la civilisation indienne en particulier.

Le premier en date et en importance est le *Rig-Véda*, renfermant des hymnes et des prières (sanhitas) en vers et en prose.

(1) Voir plus loin, chap. II, paragraphe 1.

Le deuxième est l'*Yadjour-Véda*, divisé en *Yadjour blanc* et *Yadjour noir*; ce livre est conforme au précédent, mais plus moderne.

Le troisième est le *Sama-Véda*, qui contient des morceaux tirés, pour la plupart, des premiers Védas.

L'*Atharva-Véda* ou *Atharvana*, le plus moderne, renferme des formules de consécration, d'expiation et d'imprécation.

On rapporte que les deux premiers furent révélés ou dictés par Brahma, et se transmirent oralement jusqu'au quatrième siècle avant notre ère, époque où un sage, Véda-Vyasa, en aurait formé des recueils complets, et y aurait ajouté le *Védenta* et les *Oupanishads*.

On a représenté les *Ithavas* (traditions historiques) et les *Pouranus* (anciennes légendes) comme formant, réunis, un cinquième Véda, mais c'était pour donner plus d'importance à ces livres; en réalité, il n'y a que quatre Védas.

Les prières du Rig-Véda étaient destinées à être récitées dans diverses circonstances de la vie de famille: la naissance, le mariage, la mort, puis dans les sacrifices accomplis par les chefs. On y trouve les idées populaires des Aryas sur les astres et sur les puissances supérieures propices ou funestes (1). Expression naïve des premiers rapports de la pensée humaine avec la nature, le Rig-Véda contient une métaphysique naissante appuyée sur des mythes empruntés aux choses et aux êtres visibles. Ces hymnes sont l'œuvre de divers auteurs dont chacun leur donne la forme particulière que lui dicte son imagination, mais en se conformant aux idées traditionnelles sur les divinités et sur leurs attributs. Tout y est divinisé: le sacrifice, le prêtre, la prière, la libation (*soma*) et les rites. Ses invocations s'adressent à Indra (le ciel), à Agni, le feu; à Vâyus, l'air; à Varouna, l'eau, à Sûrga, le soleil, à Chandra, la lune; à Prethvi, la terre; à Ushâ, l'aurore; à Nuça, la nuit; aux Açvins, crépuscule.

---

(1) Stenzler. Ind. stud. II, 159.

Ces hymnes portent encore les noms des chantres qui les composèrent et qui n'ont cessé d'être vénérés comme de saints Rishis ; ils peignent les impressions que les phénomènes de la nature produisaient sur les âmes, puis les luttes, les craintes, les espérances qui agitaient la tribu et ses chefs. Parmi leurs auteurs il y a des rois et des fils de rois auxquels Brâhma lui-même en aurait communiqué le texte divin.

Quelques-uns de ces hymnes offrent des idées métaphysiques au milieu d'une mythologie toute naturaliste. D'autres sont des inventions personnelles, des formules sacramentelles pour rappeler un mort à la vie, recouvrer la santé, faciliter un accouchement, faire mourir une rivale, donner la victoire, etc. (1).

On y démêle l'antagonisme du mal et du bien ; les agents pernicieux son nommés Asouras et Rakhsasas. Indra est leur vainqueur, mais ils survivent toujours à leurs défaites ; les poëmes indiens, très-postérieurs aux Védas, contiennent les récits des éternelles luttes des dieux et des héros contre ces démons. En sorte que la postérité du mal semble indestructible dans la religion indienne, comme dans toutes les autres religions, jusqu'au triomphe définitif du bien.

Les hymnes du Rig-Véda sont écrits dans la plus ancienne forme du sanscrit, ce qui démontre leur antiquité. M. Langlois dit avec raison (2) que le mysticisme n'existait pas pour leurs auteurs, et que, peintres enthousiastes de la nature, ils en représentaient les phénomènes tels qu'ils les concevaient dans la simplicité de leur ignorance.

Les prières du Yadjour blanc, deuxième Véda, regardent les sacrifices et les offrandes à la nouvelle et à la pleine lunes, aux mânes des ancêtres, à la consécration du feu perpétuel, au sacre des rois, etc. Il y est question de l'Aswamed'ha, simulacre du sacrifice d'un cheval ou d'un homme, consistant à

---

(1) Barthélemy Saint-Hilaire : *Des Védas*, p. 30.
(2) Traduction du *Rig-Véda*, préface, p. 15.

attacher soit un cheval, soit un homme à un poteau, puis à les mettre en liberté après le chant de l'hymne relatif à l'immolation allégorique de Na'ra'yana.

Ce simulacre de sacrifice indique l'ancienne coutume des sacrifices humains chez les Aryas auxquels on substitua ceux du cheval, abolis plus tard à leur tour par suite de l'adoucissement des mœurs.

Le Yadjour noir n'est qu'une collection de prières, qui n'a de commun avec le précédent qu'une répétition monotone des mêmes formules.

Le Sama-Véda a pour privilége d'effacer les péchés, suivant la manière dont les prières sont récitées.

L'Atharva-Véda n'est pas moins efficace sous d'autres rapports; outre les prières et les invocations, il contient des formules d'imprécation pour la destruction des ennemis et des animaux nuisibles, et la conjuration de diverses calamités. Le Brâhmana principal de ce livre se nomme Gopatha, ou chemin des vaches. Mais la partie la plus curieuse, c'est le recueil des Oupanishads qui s'y rattachent, et dont plusieurs ont servi de base à la théologie de l'école védânta.

En un mot, les Védas sont le recueil des prières et invocations qu'on doit prononcer dans toutes les circonstances importantes de la vie.

Mais on attribue aussi à leur récitation le pouvoir d'aider à faire le mal, comme celui de faire le bien. Ainsi, dans une légende ancienne, Vasichtha, se rendant pendant la nuit à la maison de Varouna pour y voler des grains, est assailli par des dogues ; il prononce alors une prière tirée des Védas qui endort ces fidèles gardiens et facilite la perpétration du vol.

Comme tous les livres sacrés, les Védas ont donné lieu à des interprétations, à des commentaires qui ont engendré des écoles, des sectes, en un mot, des hérésies, tout en restant le pivot sacré autour duquel les opinions tournaient avec respect.

Le caractère moral des Indiens primitifs un peu marqué dans les Védas ; les passions, les sentiments y sont bien désignés, mais non développés ; la forme sentencieuse qu'ils revêtiront par la suite n'y est pas encore usitée. Ainsi, l'amour, qui a joué un grand rôle dans les poèmes sanscrits, paraît inconnu aux auteurs des hymnes védiques ; tandis que l'union conjugale y est déjà préconisée.

§ 3. LE RIG-VÉDA (1).

SECTION I. Dès le début, l'objet que se proposent les auteurs est bien dessiné ; il s'agit d'intéresser la divinité à répandre ses bienfaits sur ceux qui l'invoquent.

Agni, dieu du feu, âme du sacrifice, « qui joint à la sagesse des œuvres la vérité et l'éclat variés de la gloire, » est le premier désigné comme personnification de l'élément le plus sensible à la vue et au toucher, « Le bien que tu fais à tes serviteurs, y est-il dit, tournera à ton avantage »

Le traducteur fait observer ici que c'est là un moyen de captation indigne exercé envers un dieu ; mais si les dieux du Rig sont invoqués et servis généralement pour le bien qu'on en espère, ils sont méprisés et insultés, lorsqu'ils se montrent peu bienveillants.

Indra est le gardien de la richesse, l'auteur de toute félicité, l'ami de l'homme pieux. « Dans les grandes comme dans les petites affaires, c'est Indra que nous invoquons, Indra qui frappe nos ennemis de sa foudre. »

Ce sont toujours des biens terrestres qu'on veut obtenir par les prières et les sacrifices.

---

(1) Je me suis servi pour cet examen critique de l'excellente traduction de M. LANGLOIS.

« Donne-nous, Indra, une grande fortune, des richesses, des biens immenses et des chariots chargés d'abondantes provisions. — « Que les hommes sages connaissent ta puissance ; daigne élever leur fortune. » (Lect. I.)

Indra est à la fois le dieu clément et le dieu redoutable ; il rassure et il fait trembler. Il frappe les nuages et les ondes s'épanchent sur la terre pour les féconder.

Agni est l'intermédiaire entre les dieux et les hommes, le ministre du sacrifice, le dieu sage, fidèle au devoir et à la vérité, destructeur du mal, purificateur et resplendissant. Sans lui, malgré la science du prêtre, le sacrifice ne peut s'accomplir.

Ainsi, la lumière, le feu devient la personnification, le symbole de l'intelligence ; toutes les facultés humaines trouveront ainsi des symboles dans ces phénomènes physiques qui paraîtront s'y rapporter.

Les dieux indiens sont mariés et leurs femmes sont invoquées à leur tour :

« Que les déesses, amies des hommes, nous couvrent de leur haute faveur et nous donnent la prospérité ! »

La mention des déesses est une marque non équivoque de déférence dont leur sexe était l'objet surtout avant l'établissement des castes.

Savitri, le soleil, est dit maître de l'opulence :

« Toi qui nous aides sans relâche, accorde-nous la richesse. — Cette richesse recherchée, estimée, qu'on blâme quand on ne l'a pas, qu'on cesse de haïr (quand on la possède), tu la tiens dans tes mains. »

On voit percer ici la morale positive des Védas, que l'école brahmanique tournera plus tard à l'ascétisme. L'auteur entend par richesse l'abondance des biens de la terre que le soleil vivifie de ses rayons, fait croître et mûrir.

Les mœurs barbares de ce temps-là se révèlent dans les prières adressées aux dieux pour l'extermination des ennemis. Indra, surtout, est le dieu terrible et vengeur, dont le type se reproduira dans le Jéhovah des Hébreux.

« Détruis tout ce qui élève la voix autour de nous ; donne la mort à l'ennemi qui menace notre tête, donne-nous la renommée en nous accordant par milliers des vaches et de superbes chevaux »

Agni n'est pas seulement le dieu de la vérité, c'est encore le dieu de la vertu et aussi de la richesse :

« Agni, tu aimes cette richesse enviée qui est le premier vœu de ton chantre respecté. Ta haute sagesse gouverne depuis l'enfant jusqu'aux régions célestes. »

Dans la même lecture Iudra est dit roi du monde qui se meut et du monde immobile, roi des troupeaux qui portent des cornes, dieu armé de la foudre, et roi des humains dont il habite la demeure. Il embrasse toute chose comme le cercle d'une roue en embrasse les rayons. (Lect. II)

Les dieux protégent particulièrement celui qui leur rend hommage :

« Il croît, à l'abri des attaques de ses ennemis, celui que les dieux défendent et dont ils sont comme le bras protecteur. — Ces royaux amis ouvrent devant leurs favoris les routes embarrassées, et renversent leurs antagonistes. Ils détruisent l'effet de nos fautes. » (Lect. III).

L'aurore qui appelle l'homme au travail, dispensateur des richesses, est invoquée en ces termes :

« Aurore, lève-toi, apporte-nous tes richesses, et ton opulente abondance. — La prière sainte a souvent contribué à un heureux établissement ; elle a valu des chevaux, des vaches, des biens de toute espèce. — L'aurore excite également l'homme diligent et le pauvre : elle est ennemie de la paresse. — L'aurore, fille du ciel, chasse nos ennemis et confond leur haine. — Accorde-nous une abondance telle que nous soyons renommés pour nos vaches, nos chevaux et notre vigueur. » (Lect. IV.)

Cette invocation caractérise bien une tribu de pâtres, de chasseurs encore nomades se frayant laborieusement un chemin dans des forêts et par les montagnes. Aussi la première invocation de la journée était-elle la plus sainte.

Les chantres védiques descendent jusqu'à la flatterie et à l'obséquiosité, en invoquant les dieux ; ils vantent leurs vertus, caressent leur orgueil pour obtenir leurs faveurs.

« Indra, pour plaire à l'homme pieux, frappe l'impie ; pour plaire à ceux qui l'honorent, il accable ceux qui le dédaignent. De tout temps tu fus célébré pour ta libéralité ; tu ne sais pas tromper nos désirs ; tu te montres l'ami de tes amis. Il travaille au bonheur de sa nation, le prince, ami de la vertu, qui, en l'honneur d'Indra, présente l'holocauste et l'hymne sacré ou qui accompagne la prière de riches offrandes. Le généreux Indra lui envoie la pluie du haut du ciel. — Ma bouche chante un hymne qui représente le tableau de ses bienfaits ; je voudrais, par une brillante expression de mes pensées, obtenir la faveur de ce maître magnifique, et ajouter quelque chose à sa grandeur. »

La vie présente, matérielle, le bien-être, la richesse, la destruction des ennemis, voilà les perpétuels objets de ces prières ; la sagesse est bien demandée quelquefois, mais il semble qu'elle dépende plutôt des efforts de l'homme que d'un bienfait de la divinité. Cette prière adressée à Agni résume parfaitement le but des invocations et des sacrifices des premiers Indiens :

« O Agni, accorde-nous, avec la sagesse, une opulence qui nous procure tous les plaisirs de la vie et nous rende l'existence agréable ! — Qu'il périsse celui qui cherche à nous nuire soit de près, soit de loin ; augmente notre prospérité. » (Lect. v.)

Rien ne révèle mieux la préoccupation exclusive des biens présents que cette prière adressée aux dieux pour qu'ils veuillent bien protéger notre existence :

« Que l'heureuse faveur des dieux, que les bienfaits des dieux justes soient avec nous. Puissions-nous obtenir leur amitié! Qu'ils prolongent notre vie! —Immortels, qu'ils nous accordent le bonheur, à nous qui sommes mortels, et qu'ils repoussent nos ennemis. »

J'ai déjà montré que ces poëtes ne brillent point par la miséricorde ; ils sont impitoyables envers leurs ennemis :

« Que nos imprécations soient funestes à nos ennemis!... O Agni, que ton amitié ne nous soit pas inutile! — Frappe de mort nos ennemis, quels qu'ils soient, éloignés ou voisins ; qu'ils tombent sans gloire avec leurs funestes pensées ! » (Lect. VI)

Il n'est point question de polygamie dans les Védas ; il n'en faudrait pas induire que les chefs et les gens riches se privèrent de concubines ; elles étaient pour la plupart des butins de la guerre ; mais on y honore le mariage ; le Rig-Véda exalte quelquefois le bonheur des époux :

« Qui demande obtient : la femme a obtenu un mari. Le désir des deux époux s'est enflammé et la femme a conçu un germe précieux de cet amour. »

Un autre hymne à l'aurore contient une apologie du travail et des réflexions qui révèlent, dans son auteur, un certain esprit philosophique, dont les autres poëtes védiques nous offrent peu d'exemples.

« Le monde était courbé par le sommeil ; tu annonces que le temps est venu de marcher, de jouir de la vie, de songer aux sacrifices, d'augmenter sa fortune. L'obscurité régnait ; l'aurore éclaire au loin l'horizon et visite tous les êtres. — Ils sont morts, les humains qui voyaient l'éclat de l'antique aurore ; nous aurons leur sort, nous qui voyons les aurores d'aujourd'hui ; ils mourront aussi ceux qui verront les aurores futures. — L'aurore apporte les biens nécessaires à la vie de l'homme ; elle déploie un étendard brillant ; elle nous appelle, pareille aux aurores qui l'ont toujours précédée. —Levez-vous ; l'esprit vital est venu par nous. L'obscurité s'éloigne, la lumière s'avance : elle prépare au soleil la voie qu'il doit parcourir. »

Section ii. — Nous trouvons ici un éloge pompeux de l'homme bienfaisant. On a pu remarquer déjà que par bienfaisance les poètes védiques entendaient la prodigalité de dons et d'offrandes faites aux dieux, aux sacrificateurs et aux chantres d'hymnes. Voici un passage explicite :

« L'homme bienfaisant se prépare une place dans le ciel, et se range parmi les dieux. Pour un tel homme, les ondes célestes font descendre leur beurre ; pour lui, une offrande est toujours féconde. Les hommes généreux ont une destinée miraculeuse ; leurs soleils brillent au ciel ; ils ont part à l'ambroisie, et prolongent leur existence. Puissent ces hommes généreux être exempts de fautes malheureuses ! Puissent les maîtres vertueux n'éprouver aucun désastre ! Autour d'eux qu'il trouvent un protecteur ! Que les chagrins n'habitent point avec celui qui est libéral ! » (Lect. i.)

L'auteur de l'hymne 15 s'adressant à Mitra et à Varouna, leur dit :

« Quand le sage, prodiguant et l'offrande et la louange, vous honore par ses invocations et ses sacrifices, vous vous approchez de lui, vous agréez ses présents, vous approuvez et ses vœux et ses désirs. »

Ainsi les dieux de Véda n'accordent rien pour rien ; la sagesse elle-même n'attire leurs faveurs que si elle est accompagnée d'offrandes.

Voici une sentence, dont la forme inusitée dans ce livre peut faire croire à une interpolation :

« L'estime que l'on peut faire des hommes n'est jamais complète : tel est juste et prudent, il aime les sages ; mais il est cruel. Tel autre se fait craindre et abuse de sa force pour opprimer un plus faible que lui. O dieux ! un tel reproche ne peut vous être adressé. » (Lect. ii.

Le dogme de la transmigration, qui prendra dans la suite un grand développement, se fait jour ici pour la première fois d'une manière non équivoque ; et il apparaît déjà comme un moyen de réparation ou d'expiation du mal qui afflige ou souille l'homme sur terre.

« L'homme, enveloppé dans le sein de sa mère et *sujet à plusieurs naissances*, est au pouvoir du mal. » (Lect. III.)

Agni n'est pas seulement le feu qui réchauffe, la flamme qui éclaire ; c'est la lumière qui dirige, c'est le bras qui protége, c'est la justice qui châtie :

« O Vrihaspati (nom d'Agni), tu ne donnes pas tes biens à l'impie ; tu aimes l'homme qui t'apporte des offrandes. — Tu es la voie verdoyante de l'heureux voyageur ; tu es aussi l'ami empressé de l'infortuné. — O maître de la chose sacrée, tu es prompt à donner, généreux, ardent au combat, courageux assaillant, vainqueur intrépide ; tu es juste et débiteur équitable. Tu abats l'homme violent et superbe. »

Cette dernière phrase signifie-t-elle qu'Agni est aussi le dieu des combats ? non, c'est uniquement en qualité de juge qu'il applique le châtiment. Le dieu de la guerre, de la vengeance, c'est toujours Indra, comme il est dit plus loin :

« Dans ses illustres combats, Indra va conquérir la richesse pour les Dévas, maître des hommes pieux et ami des sages dont il remplit les vœux. Près du foyer du père de famille qui l'honore, les prêtres renommés par leur science célèbrent ses exploits dans leurs hymnes. — Appelons à notre secours, au sein de ce sacrifice, le grand, la magnifique Indra, le plus noble des héros au milieu du combat, aussi clément que terrible, vainqueur de ses ennemis sur le champ de bataille, et couvert de leurs dépouilles. » (Lect. VI.)

SECTION III. — Indra lui-même s'exprime ainsi :

« C'est moi qui ai fait cet univers. Personne ne peut résister à ma puissance divine et invincible. Quand je suis enivré de *soma* et des hymnes, les deux mondes, dans leur immensité, tremblent. » (Lect. VII.)

Homère et Virgile prêteront à peu près le même langage à Jupiter.

Agni est invoqué pour qu'il fasse retomber le châtiment sur celui qui veut du mal à ses adorateurs et le punir par sa propre faute.

« O prudent Agni, frappe par sa méchanceté même le méchant qui nous tend des embûches! » (Lect. 8).

Section iv. — Si le poète appelle les faveurs et la protection d'Agni sur ceux qui font de riches offrandes, il appelle sa haine sur ceux qui dédaignent son culte et le chant des poètes, et ici l'intolérance s'exprime en termes qu'on retrouve dans la bouche de tous les fanatiques.

« Avec ton secours, ô Vrihaspat! (1), les hommes deviennent riches, invincibles, ornés d'une belle famille. L'opulence appartient à ceux qui n'usent de leur fortune que pour donner des chevaux, des vaches, des étoffes.—Rends caduque l'opulence de ceux qui en jouissent, sans nous demander nos hymnes. Que ces impies dont la race s'élèverait dans le monde, que ces ennemis de notre culte soient par toi enlevés à la face du soleil. » (Lect. 2.)

L'auteur de l'hymne 14 définit le sage et lui attribue le plus beau rôle qu'il ait à remplir sur la terre, celui de diriger les astres dans la bonne voie :

« Le sage est tel qu'un cheval attelé à un char : il porte volontairement la charge (du sacrifice) secourable et conservateur. C'est ce que je fais. Je ne demande pas à être délivré de ce fardeau ; je ne veux point le repousser. Le sage est fait pour diriger les autres dans la voie droite où il marche le premier. »

Varouna est une sorte d'ange gardien dont on implore la vigilance et la protection. Dans l'hymne 23 qui lui est adressé on lit :

« Si des méchants ont, comme dans un jeu, conçu quelque mauvais dessein, s'il existe quelque trâme injuste que nous ignorions,

(1) Un des noms d'Agni.

délivre-nous de ces complots, qu'ils soient éventés. Puissions-nous être sous ta garde fidèle ! »

Indra est taxé d'inconstance. Cependant on ne saurait dire si c'est un reproche ou un éloge :

« Ennemi des impies, roi du ciel et de la terre, Indra protége les mortels, enfants de Manou. — Indra quitte ses illustres amis, et passe à de nouvelles amitiés. Il descend à des gens sans nom et demeure avec eux de longues années. »

La réversibilité du châtiment d'un coupable sur sa famille, qu'on retrouve dans toutes les religions, est mentionnée dans ce passage :

« O Agni, qu'il tombe dans le mal, l'ennemi, le voleur, le brigand qui en veut à nos moissons, à nos chevaux, à nos vaches, à notre vie. Qu'il périsse *lui et sa famille*. — Qu'il soit perdu dans sa personne et *ses enfants*. Qu'il soit chassé des trois mondes. O dieux, disparaisse le nom de celui qui nous tourmente et la nuit et le jour ! »

A la suite de cette imprécation farouche, on lit une sage réflexion :

« Entre ces deux rivaux, le bien et le mal, le bien est ce qu'il y a de préférable. Soma (liqueur sacrée) le protége et détruit le mal. » (Lect. VII.)

Soma est la liqueur qui purifie ; elle a été divinisée comme tous les objets qui faisaient partie du culte, et, en cette qualité, elle fut même invoquée très-souvent.

SECTION VII. Il est question ici de sept règles de conduite dont le Rig-Véda ne donne pas la nomenclature, mais qui font supposer un enseignement moral traditionnel. Il s'agit de devoirs particuliers indépendants des pratiques religieuses, et qui se transmettaient oralement.

« Les sages ont établi sept règles de conduite. En franchir une seule, c'est se rendre pécheur. Agni soutient l'homme suivant son mérite... »

Dans une note sur ce passage, M. Langlois dit que les défenses les plus anciennes étaient : la boisson, la gourmandise, les femmes, la chasse, la brutalité en action, en parole, et le viol (1).

L'hymne 5 de la sixième lecture offre un curieux dialogue entre Yama (la nuit) et Yami (feu latent). C'est une naïve peinture des amours primitifs dans le genre du *Cantique des cantiques*. Les poëmes indiens en présentent plus d'un exemple.

« YAMI. — Qu'un ami vienne à son amie, et traverse le large Océan de la mort. Que le sage, pour fruit de ses méditations, voie les petits-fils de son père s'étendre sur la terre.

YAMA. — Ton ami ne recherche point ton amitié. Si nous avons la même origine (que les autres dieux) notre forme est différente.

YAMI. — Tous ces immortels désirent quelque chose, ne serait-ce que l'offrande d'un mortel. Moi, ma pensée est unie à la tienne. Que mon époux naisse et se revête d'un corps...

YAMA. — Nous sommes arrivés dans un âge où les épouses doivent supporter la perte de leurs maris. O femme, étends ton bras sous un homme. Désire un autre époux que moi..... Je ne rapprocherai point mon corps du tien. On a déclaré pécheur celui qui épouse une sœur. Cherche le plaisir avec un autre que moi. O femme, ton frère ne veut point de toi.

YAMI. — Hélas! Yama, tu es cruel. Je ne reconnais ni ton cœur, ni ton âme. Qu'une autre t'enlace avec sa ceinture et t'embrasse comme la liane embrasse l'arbre.

YAMA. — Yami, embrasse un autre, qu'un autre t'embrasse comme la liane (embrasse) l'arbre. Désire son amour. Qu'il désire ton amour. Que votre union soit heureuse! »

Il y a ici un détail de mœurs important à signaler, c'est

(1) T, 4, p. 331.

la réprobation attachée au mariage entre frère et sœur.

Le positivisme indien se révèle dans cette invocation : Le système d'Epicure est, on peut le dire, engermé dans les Védas :

« La vie et la mort se succèdent. Que l'invocation que nous adressons aujourd'hui aux dieux nous soit propice ! Livrons-nous au rire et au bonheur de la danse, et prolongeons notre existence. » (Lect. VI, hymne 18.)

Le caractère positif de ce peuple n'excluait pas les vertus sociales, l'amour de la famille, la déférence pour les femmes comme épouses et comme mères.

« Laissez approcher avec leur beurre onctueux, ces femmes vertueuses qui possèdent encore leur époux. Exemptes de larmes et de maux, couvertes de parures, qu'elles se lèvent devant le foyer.

— « Et toi, femme, va dans le lieu où est encore la vie pour toi. Retrouve dans les enfants qu'il te laisse celui qui n'est plus. Tu as été la digne épouse du maître à qui tu avais donné ta main. » (*Id.*).

La monogamie ressort évidemment de ce passage. Ce noble hommage rendu à la veuve, est bien différent de la coutume barbare, qui lui sera imposée dans la suite, de se laisser brûler avec le corps de son époux.

Indra est représenté avec le double attribut de dispensateur des récompenses et des châtiments ; il dit de lui-même :

« O chantre, je suis prompt quand il s'agit de récompenser les libations de mon serviteur. Je donne la mort à l'impie qui marche obliquement, et qui abuse de sa grandeur pour blesser la justice. »

Le même hymne exalte le sort de la femme qui éprouve un juste orgueil à partager la gloire de son époux :

« Toutes les femmes sont charmées du courage et de la gloire de l'époux qui les aime. Une belle épouse est heureuse quand elle rend un hommage public à son bien-aimé. » (Lect. 7.)

L'hymne 2 de la VIIIe lecture est adressé au dieu du jeu.

Les indiens ont personnifié les passions ; celle du jeu à laquelle ils furent particulièrement enclins, ne devait pas être oubliée. L'auteur de cet hymne exprime très-bien la lutte du joueur avec lui-même, et les désordres auxquels il expose sa famille. C'est un drame en quelques lignes dont les scènes sont habilement amenées. On y reconnaît le génie dramatique des Indiens qui, plus tard, se manifestera dans des œuvres remarquables (1).

« J'aime avec ivresse ces (dés) qui s'agitent, tombent dans l'air et roulent sur le sol. — J'ai une épouse qui n'a contre moi ni colère, ni mauvaise parole. Elle est bonne pour ses amis comme pour son époux. Et voilà la femme dévouée que je laisse pour aller tenter la fortune ! — Cependant ma belle-mère me hait, mon épouse me repousse. Le secours que me demande le pauvre est refusé, car le sort d'un joueur est celui d'un vieux cheval de louage. — D'autres consolent l'épouse de celui qui aime les coups d'un dé triomphant. Son père, sa mère, ses frères lui disent : nous ne te connaissons pas. Emmenez-le enchaîné. — Quand je réfléchis, je ne veux plus être malheureux par ces (dés). Mais en passant les amis me poussent. Les (dés) noirs en tombant ont fait entendre leurs voix. Et je vais à l'endroit où ils sont, pareil à une femme perdue d'amour. — Le joueur arrive à la réunion. Il se dit, le corps tout échauffé : Je gagnerai ! » Les dés s'emparent de l'âme du joueur, qui leur livre tout son avoir. — Les dés brûlant le joueur de désirs et de regrets, remportent des victoires, distribuent le butin, font le bonheur et le désespoir des jeunes gens, et, pour les séduire, ils se couvrent de miel. — L'épouse du joueur, abandonnée, s'afflige ; sa mère ne sait pas ce qu'est devenu son fils. Lui-même, poursuivi par un créancier, tremble ; la pensée du vol lui est venue ; il ne rentre chez lui que la nuit. — O joueur, ne touche pas aux dés ! travaille plutôt à la terre, et jouis d'une fortune qui soit le fruit de ta sagesse. Je reste avec mes vaches et avec mon épouse. »

Il serait difficile de trouver des observations plus justes et

---

(1) Voir *Sakountala*, drame traduit par Chéry, et le *Théâtre Indien*, trad. par Langlois, 2 vol. in-8º.

un sentiment plus vrai de repentir. Le nom de l'auteur, Cavasha, mérite d'être cité.

Section viii. L'hymne 14 de la IIIe lecture célèbre les noms de Sourya, la fille du soleil, ou l'aurore. C'est encore une sorte d'apothéose de la femme comme épouse.

« Entre sous d'heureux auspices dans la maison conjugale. Que le bonheur soit chez nous pour les bipèdes et les quadrupèdes. — Viens, ô belle, ô désirée des dieux, au cœur tendre, au regard charmant, bonne pour ton mari, bonne pour les animaux, destinée à enfanter des héros. — O généreux Indra, rends-la fortunée. Qu'elle ait une belle famille ; qu'elle donne à son époux dix enfants ; que lui-même soit comme le onzième. »

L'hymne 5 de la IVe lecture fait mention des quatre castes, il est dit que le Brahman a été la bouche de Pouroucha (l'âme) le prince (Râdjanya) ses bras ; le Vêsya ses cuisses ; le Coudra ses pieds. Le savant traducteur du Rig-Véda (1) pense avec raison que cet hymne est une interpolation, et a été introduit par erreur dans ce recueil qui porte le cachet d'une civilisation où régnait l'égalité politique. Jusqu'à présent, en effet, rien n'indiquait dans les Védas la division de la société indienne par castes, bien qu'on y trouve les mots *brâhmana* et *kchatriya*. Il y a bien la distinction du prêtre et du guerrier ; mais souvent ces deux titres sont confondus dans la même personne. En un mot, rien n'indique encore une juridiction exclusive et héréditaire, un privilège de naissance et de profession.

Colebrooke a démontré que le style de cet hymne n'est point védique (2). Il a dû être composé à l'époque où la compilation des Samhitas a été faite, et on l'a joint aux autres.

Les castes ne commencent à apparaître que dans les Brâh-

---

(1) T. iv, p. 499.
(2) *Essays*. t. I, p. 309.

manas et dans les Oupanishads, rédigés par des Brahmanes : mais on comprend que ceux-ci aient voulu qu'on pût trouver jusque dans le Rig-Véda un témoignage de leur institution sacrée.

L'hymne 2 de fa VIe lecture renferme l'éloge de la libéralité, c'est-à-dire des dons faits aux prêtres ; c'est la répétition de ce que nous avons déjà lu.

« La libéralité, divine et secourable, est une partie du sacrifice. Elle n'est point connue des impies qui sont avares. Mais les sacrificateurs généreux, dans la crainte du blâme, ont de nombreux présents à offrir. — La libéralité est prodigue de chevaux, de vaches, de parures d'or, d'aliments. Le sage qui pratique la libéralité se prépare à lui-même une armure. — Le libéral ne meurt point ; il ne connaît ni la pauvreté, ni la persécution, ni la maladie. »

On voit que les prêtres cherchaient à séduire par les plus belles perspectives ceux qui leur apportaient des offrandes.

Cependant la bienfaisance du riche envers le pauvre est aussi présentée comme très-méritoire.

« Les dieux ne nous ont point condamnés à la faim, ni à la mort ; car les humains ont une ressource dans le riche. L'opulence de l'homme bienfaisant ne périra point. Le méchant ne trouve point d'ami. — Quand le riche se fait une âme dure pour le pauvre qui demande à manger, pour l'indigent qui l'aborde, quand il garde tout pour lui, il ne trouve point d'ami.

» — L'homme bienfaisant, bon pour le malheureux qui a faim et qui vient dans sa maison, trouve de l'honneur dans le sacrifice, et des amis parmi les autres.

» — Que le riche soulage celui qui a besoin et qui trouve la route trop longue. La fortune tourne comme les roues d'un char, et visite tantôt l'un et tantôt l'autre.

» — Le mauvais (riche) possède une abondance stérile : cette abondance est sa mort.

» — Le prêtre instruit est plus respectable que l'ignorant. Le bienfaiteur généreux doit l'emporter sur l'égoïste. »

La lecture VII contient un hymne remarquable sur le dieu suprême et tout-puissant, le Rishî Kiranya-Garbha en est l'auteur.

« ... Le dieu à l'œuf d'or a paru ; il venait à peine de naître et il était déjà le seul maître du monde Il a rempli la terre et le ciel. A quel autre dieu offririons-nous l'holocauste ? C'est le dieu qui donne la vie, qui donne la force ; c'est celui dont tous les êtres, dont tous les dieux subissent et honorent la suprême loi ; c'est celui auprès de qui l'immortalité et la mort ne sont que des ombres. C'est le dieu qui par sa grandeur est le seul roi de ce monde, qui respire et qui voit par lui ; c'est le maître de tous les animaux à deux pieds, à quatre pieds... C'est pour lui qu'a été solidement établi le ciel, par lui la terre, par lui l'air immense, par lui le firmament ; c'est lui qui dans les airs, conduit la lumière. C'est lui que le ciel et la terre, soutenus par son appui, frémissent du désir de voir, quand le soleil, dans sa splendeur, se lève à l'orient... Ah ! puisse-t-il nous protéger, celui qui, dans sa sainte puissance a créé la terre et le ciel, celui qui a créé les belles, les vastes ondes. A quel autre dieu offririons-nous l'holocauste?

La même lecture contient cette invocation à l'âme suprême.

« Rien n'existait, ni l'être, ni le non-être, ni terre, ni ciel, ni région supérieure; pas de mort, pas d'immortalité, pas de flambeau du jour ou de la nuit. Lui seul respirait sans inspirer, absorbé dans sa propre essence. Il n'existait rien autre que lui ; les ténèbres étaient sans lueur, l'eau sans éclat. Tout était confondu. L'être suprême reposait dans le vide et de sa sainte pensée jaillit cet univers... «

J'ai dit que les hymnes du *Rig-Véda*, avaient été composés par des tribus venues des bords de l'Indus, et appartenant par leur origine à la grande branche de la race humaine appelée *Arya*, dont Manou passe pour avoir été le premier instituteur.

Ces tribus apportèrent dans l'Inde une civilisation déjà formée, des mœurs patriarcales et une langue ébauchée.

Le dialecte des Védas est très-différent du sanscrit classique; et W. Jones a dit avec raison qu'il y avait entre eux la même différence qu'entre le latin de Numa et celui de Cicéron (1).

Lorsque les Aryas prenaient possession d'un nouveau pays, un cérémonial religieux suivait cette conquête; on faisait des sacrifices avec l'accompagnement d'hymnes chantés ou récités. Le Rig-Véda nous apprend que les Rishis invoquaient les agents de la nature pour attirer leur bénédiction sur les troupeaux, sur les champs, sur les familles.

M. Langlois dit que le mysticisme n'existait pas pour ces auteurs, et que peintres enthousiastes de la nature, ils en représentaient les phénomènes tels qu'ils les concevaient dans la simplicité de leur ignorance (1).

Ces Rishis étaient quelquefois des dieux, ainsi Indra se célèbre lui-même (2). Ailleurs, c'est la parole (Vak), regardée alors comme la fille du sage Abhrina. L'hymne à l'arbre de science sacrée, où une femme jalouse prononce une incantation qui doit donner la mort à sa rivale, est attribuée à Indrâni, épouse céleste d'Indra (3). Enfin un hymne à Sraddhâ, à la foi religieuse, fille de Kâma, Amour ou Désir, est supposé l'œuvre de Sraddha elle-même. L'opinion populaire a fait de ces rishis, tantôt des personnages allégoriques, tantôt des êtres réels (4).

Le Rig-Véda renferme aussi des incantations toutes personnelles, des exorcismes qui doivent apaiser les craintes, consoler les regrets, assurer le bien, éloigner le mal. (5)

Les passions, les sentiments y sont indiqués, mais non développés: tels sont la colère, la vengeance, l'amour du jeu, le courage, la fierté, la justice.

L'amour, qui a joué un grand rôle dans les légendes et poë-

---

(1) *Lois de Manou*, préf. t. 7, p. 79.
(2) Langlois, trad. du *Rig-Véda*, t. I, p. 158.
(3) Trad. de Langlois, t. IV, p. 269.
(4) *Id.*, sect. 8, lect. 8, I. 5.
(5) Barthélemy Saint-Hilaire, *des Védas*, p. 65.

mes de l'Inde, n'apparait pas sous une forme tendre et sentimentale dans les Védas, mais il n'est pas non plus licencieux comme il le deviendra par la suite.

C'est la volupté sans la débauche ; le mariage y est sacré et respecté.

En un mot, la simplicité primitive du peuple indien se réflète dans les hymnes védiques, comme un témoignage de haute antiquité.

Ces hymnes, d'ailleurs, n'ont subi aucune altération ; les copistes en ont suivi religieusement le texte, et les nombreuses citations qu'on en a tirées en sont l'exacte et scrupuleuse reproduction.

Leur haute antiquité se démontre encore par le silence qu'ils gardent sur les castes et sur la transmigration ; et cependant le régime des castes, et la doctrine de la transmigration remontent déjà très-haut dans l'histoire indienne.

§ 4. LE YADJOUR-VÉDA-BLANC[1], ET LE YADJOUR-VÉDA-NOIR.

Le Yadour-Véda, sous sa forme primitive, fut enseigné par Veisampâyana à vingt-sept élèves. L'un d'eux, Yâdjnyavalkya, fut chargé de diriger l'instruction de ses condisciples, mais n'ayant pas voulu partager avec son maître l'expiation d'un meurtre involontaire, il fut forcé de rendre par la bouche, sous une forme matérielle, la science qu'il en avait reçue. Veisampâyana ordonna aux autres disciples de reprendre le Véda qui venait de sortir de la bouche de Yâdjnyavalkya ; ceux-ci, pour exécuter cet ordre, se changèrent en perdrix. Les restes souillés qu'ils avalèrent furent nommés *noirs*, et le Véda reçut le nom de Taittiriya.

Yadjnyavalkya s'adressa, pour réparer la perte de sa science, au soleil, et il obtint une nouvelle révélation du Yadjour qui fut appelé *blanc* ou pur, pour le distinguer de l'autre. On l'appela aussi *Vâdjasaneyi*. Le sujet traité par les deux Yadjour est le même. Colebroocke a indiqué les sujets des quarante-une lectures de la Vâdjsaneya-Samhitâ (1) ; ce sont des formules qui doivent être prononcées au milieu de cérémonies religieuses. Dans les oblations et les sacrifices, il y a des mantras (prières) adressées à la lune dans ses différentes phases, aux mânes, au feu perpétuel, à la consécration des rois. Plusieurs chapitres contiennent les prières dont on faisait usage pendant le sacrifice *aswamedha* ou cérémonie emblématique de l'immolation d'un cheval. D'autres concernent les obsèques, les purifications, les pénitences.

Voici un passage important sur la cause première :

« C'est le feu qui est la cause première, c'est le soleil, c'est le vent, c'est la lune; c'est aussi le pur Brahma ; ce sont les eaux ; c'est le seigneur des créatures. Tous les instants qui mesurent le temps, sont sortis de sa personne éclatante, que nul être mortel ne peut embrasser et percevoir, ni au-dessus, ni autour, ni dans le milieu. Sa gloire est si grande qu'il n'y a point d'image qui le puisse représenter. C'est lui, dit la sainte Écriture, qui est dans l'œuf d'or; c'est lui avant qui rien n'était né; c'est lui qui est le dieu de l'espace, lui qui est le premier né; c'est lui qui est dans le sein fécond, lui qui sera produit éternellement; c'est lui qui demeure dans tous les êtres, sous les formes infinies qu'il revêt. Lui avant qui rien n'est né; lui seul qui est devenu toutes choses ; lui le seigneur des créatures, qui se plaît à créer, produisit les trois lumières : le soleil, la lune et le feu, et son corps est composé de seize membres. A quel dieu offrirons-nous nos sacrifices, si ce n'est à lui, qui a rendu l'air fluide et la terre solide, qui a fixé l'orbe solaire et l'espace céleste, qui a répandu les gouttes de la pluie dans l'atmosphère ? A quel dieu offrirons-nous nos sacrifices, si ce n'est à lui, que contemplent mentalement le ciel et la terre, tandis qu'ils sont fortifiés et

(1) Essays, t. I, p. 56.

embellis par les offrandes pieuses, et qu'ils sont illuminés par le soleil qui roule au-dessus d'eux et fécondés par les eaux qui les inondent?

« Le sage fixe ses yeux sur cet être mystérieux dans lequel existe perpétuellement l'univers, qui n'a pas d'autre base que lui. En lui le monde est absorbé; c'est de lui que le monde est sorti. Il est entrelacé et tissu dans toutes les créatures sous les diverses formes de l'existence. Que le sage qui connaît tous les secrets de la révélation, s'empresse de célébrer cet être immortel, cet être dont l'existence est aussi mystérieuse que variée. Celui qui connaît ses trois états de création, de durée et de destruction, enveloppés dans ce mystère, celui-là est le père du père. Ce Brahma, en qui les dieux obtiennent l'immortalité, quand ils sont arrivés à la troisième région, est notre parent vénérable..... Comprenant que le ciel, la terre et l'air ne sont que lui, découvrant que l'espace et l'orbe ne sont que lui, l'homme pieux voit cet être, devient cet être, et s'identifie avec lui.... O feu, rends-moi sage aujourd'hui de cette sagesse qu'adorent les dieux et nos pères! Puisse cette offrande être efficace! Puissent le feu et Pradjapati m'accorder la sagesse! Puissent Indra et l'air m'accorder la sagesse! Puisse Brahma me donner la raison! Que le prêtre et le guerrier me défendent tous les deux! Que les dieux m'accordent la félicité suprême! O toi, qui es cette félicité éternelle, puisse cette offrande te plaire et t'agréer! »

Un autre morceau présente un accent encore plus élevé; il forme une Oupanishad qu'on détache souvent du Yadjour-Véda, sous le nom d'Isâ-Oupanishad:

« Un maître souverain régit ce monde des mondes; nourris-toi de cette unique pensée en abandonnant toutes les autres et ne convoite le bonheur d'aucune créature. L'homme qui accomplit ses devoirs religieux peut désirer vivre cent années; mais même alors il n'y a pas pour toi, il n'y a pas pour l'homme d'autres devoirs que ceux-là. Il est des lieux livrés aux malins esprits, couverts de ténèbres éternelles; c'est là que vont après leur mort ces êtres corrompus qui ont tué leur âme.

» Cet être unique que rien ne peut ébranler est plus rapide que la pensée, et les dieux eux-mêmes ne peuvent comprendre ce moteur suprême qui les a tous devancés. Tout immobile qu'il est, il dépasse infiniment tous les autres, et le vent n'est pas plus léger que lui. Il meut ou il ne meut pas, comme il lui plaît, le reste de l'univers ; il est loin, il est près de toutes choses ; il remplit cet univers entier, et il le dépasse encore tout entier infiniment.

» Quand l'homme sait voir tous les êtres dans ce suprême esprit, et ce suprême esprit dans tous les êtres, il ne peut plus dédaigner quoi que ce soit. Pour celui qui a compris que tous les êtres n'existent que dans cet être unique, pour celui qui a senti cette identité profonde, quel trouble, quelle douleur peuvent désormais l'atteindre ? L'homme alors arrive à Brahma lui-même ; il est lumineux, sans corps, sans mal, sans matière, pur, délivré de toute souillure ; il sait, il prévoit, il domine tout ; il ne vit que par lui seul, et les êtres lui apparaissent tels qu'ils furent de toute éternité, toujours semblables à eux-mêmes.

» Ils sont tombés dans une nuit bien profonde ceux qui ne croient pas à l'identité des êtres ; ils sont tombés dans une nuit bien plus profonde encore ceux qui ne croient qu'à leur identité... Celui qui connaît à la fois et l'identité éternelle des êtres et leur destruction nécessaire, celui-là évite la mort en croyant à leur destruction : mais il gagne d'être immortel en croyant à leur identité.

» Ils sont tombés dans une nuit bien profonde ceux qui restent dans l'ignorance des devoirs religieux ; ils sont tombés dans une nuit bien plus profonde encore, ceux qui se contentent de la science de ces devoirs. Il est une récompense pour la science, il en est une autre pour l'ignorance : voilà ce que nous avons appris des sages qui nous ont transmis cette tradition sainte. Celui qui connaît à la fois et les effets de la science et les effets de l'ignorance, celui-là évite la mort, parce qu'il connaît l'ignorance ; mais il obtient l'immortalité, par ce qu'il connaît la science... O Dieu, qui connais tous les êtres, purifie-nous de tout péché, et nous pourrons te consacrer nos adorations les plus saintes. Ma bouche ne cherche que la vérité dans cette coupe d'or. Cet homme qui t'adore sous la forme du soleil au disque brillant, cet homme c'est moi, ô Brahma ! ô soleil éternel, entends ma prière. » (1).

___

(1) *Vâdjasaneyi-Samhita*, édit. de M. Weber, p. 978. Will-Jones,

Le Bagavad-Gita renfermera le même fond d'idées, quoique ici la croyance religieuse soit plus simple et plus pure. Cette croyance en l'unité de Dieu deviendra plus tard un panthéisme compliqué de nombreuses superstitions.

Dans la seconde partie du Yadjour-Véda blanc, appelée *Çatapatha-Brâhmana*, se trouve la légende d'un déluge, différent de celui des Hébreux en ce qu'il n'était point un châtiment infligé aux hommes, mais l'effet d'un cataclysme naturel. Bien que le genre humain ait été détruit, la terre fut repeuplée à nouveau par Manou, conjointement avec sa fille.

« Manou eut rapport avec sa fille dans le milieu du sacrifice..... Il vivait avec elle priant et jeûnant, et faisant des vœux pour obtenir de la postérité ; par elle il procréa cette race qui s'appelle encore aujourd'hui la race de Manou. »

Le même livre contient une autre tradition de la destruction des hommes, non plus par l'eau, mais par le feu. Ces deux traditions, quoique différentes, se rapportent cependant à l'histoire physique de la terre, où le feu et l'eau ont dominé tour à tour sur de vastes espaces, à la suite de grands cataclysmes, et y ont laissé des traces indélébiles de leur passage.

Le Yadjour-Véda noir (*Taittiriya*) présente une autre révélation sur un sujet pareil. La Samhitâ, ou collection de prières, y est arrangée en sept livres contenant plusieurs lectures. Colebrooke en a traduit quelques passages ; l'un d'eux concerne la création du monde :

« Ce monde n'était originairement que de l'eau. Dans cette eau s'agitait le maître de la création, qui était devenu l'air. Il prit cette terre et revêtit la forme d'un sanglier. Puis il modela cette terre en devenant l'ordonnateur de l'univers. La terre devint belle et resplendissante, d'où lui fut donné le nom de Prithivi.»

œuvres posthumes, t. XIII, p. 374. Barthélemy Saint-Hilaire, *Des Védas*, p. 86-88.

Un autre contient une conversation curieuse entre un père et son fils, dans laquelle le panthéisme commence à se faire jour :

« Brighou, le fils de Varouna, s'approcha de son père et lui dit : « O père vénérable, fais-moi connaître Brahma. » — Varouna nomma successivement la nourriture ou le corps, la vérité ou la vie, la vue, l'ouie, l'esprit ou la pensée et la parole. Puis, il dit : Ce qui produit tous les êtres, ce qui les fait vivre quand ils sont nés, ce qui est leur but commun et ce qui les absorbe, voilà Brahma que tu cherches.

» Brighou médita profondément, et s'étant tenu dans une pieuse contemplation, il reconnut que la nourriture et le corps, c'est Brahma, car tous les êtres sont le produit de la nourriture ; ils ont pour but commun de se nourrir ; ils s'absorbent dans la nourriture. Brighou comprit tout cela, mais n'étant pas encore complètement satisfait, il s'approcha de son père Varouna et lui dit encore : O père vénérable, fais-moi connaître Brahma. » — « Varouna lui répondit : Cherche la connaissance de Brahma dans une pieuse méditation : Brahma est une contemplation profonde. »

Brighou reconnaît, après une contemplation profonde, que Brahma est le souffle vital. Mais, n'étant pas encore satisfait, son père lui propose une méditation profonde. Brighou s'y livre et reconnaît que Brahma est l'intelligence dont tous les êtres sont produits.

Dans une dernière et pieuse contemplation, Brighou reconnaît que le bonheur est Brahma, que tous les êtres sont produits par le plaisir, et que leur but commun est le bonheur.

« Telle est la science acquise par Brighou instruit par Varouna, science qui se fonde sur l'esprit suprême et éthéré. Celui qui la connaît s'appuie sur la même base que lui ; il acquiert une nourriture abondante, et il devient un feu brûlant qui consume les aliments ; il a une postérité nombreuse, de riches troupeaux, les perfections les plus saintes et sa gloire se répand au loin. »

§ 5. LE SAMA-VÉDA.

Ce livre se compose d'une série de versets ou stances, reproduits des autres Védas, surtout du *Rig-Véda*, et disposés de façon à être chantés dans le sacrifice de la plante dite *somayaya* (plante de la lune). On y trouve l'apothéose de différentes divinités supposées présentes aux cérémonies, et des prières et invocations pour en obtenir toutes sortes de prospérités.

Ensuite sont indiquées les pratiques d'austérité auxquelles il faut que l'ascète se livre en chantant les hymnes du Véda ; l'une d'elles l'oblige à ne manger qu'une fois pendant les trois premiers jours. Pendant les trois jours suivants, il ne mange pas, mais il mange une fois durant la nuit, et encore faut-il que quelqu'un lui apporte de la nourriture sans qu'il le demande. Enfin, pendant les trois derniers jours, il doit jeûner entièrement. Ces pratiques nous éloignent beaucoup de la vie simple et positive dont le Rig-Véda nous offre le tableau, et attestent la postériorité du Sama-Véda, au moins dans ce qui n'est pas d'emprunt. Suivant les calculs de Bintley, la plupart des hymnes du Sama-Véda auraient été composés dans le dixième ou douzième siècle avant notre ère (1). Les autres ne seraient que des emprunts faits au Rig-Véda.

La première partie de ce livre débute par une invocation à Agni :

« Viens, Agni, au banquet de celui qui célèbre ta gloire et présente l'offrande. »

Plus loin :

---

(1) Stévenson. Trad. anglaise du *Sama-Véda*, préface.

« Je te désire, Agni, toi qui es le plus grand au milieu des sacrifices, toi qui donnes la force à nos enfants... donne-nous une richesse égale à mes désirs... Gloire à Agni dont les actions sont guidées par l'équité et qui est le destructeur des maux..... Agni, tu es le dieu qui peut nous donner les richesses. Donne-nous des citernes profondes d'eau pour nos fils. Tu es grand en tous lieux, tu es le préservateur, tu es resplendissant... »

Agni est aussi invoqué comme possédant toutes les gloires, et pouvant donner la richesse, la santé et une nombreuse postérité :

« O Agni, puissions-nous avoir des fils et des petits-fils, pères d'une nombreuse race, et puisses-tu nous regarder toujours d'un œil favorable ! »

Indra est invoqué à son tour.

« Indra, qui envoies la pluie, tu es celui qui nous bénit. Nos sacrifices honorent Indra qui tourne autour de la terre et produit le tonnerre... O Indra, tu es le conducteur des grandes expéditions ; ne laisse pas nos ennemis s'avancer sur nous, et fais que nous puissions les vaincre. Apporte-nous aussi des richesses toujours croissantes. »

Indra est célébré comme tout-puissant ; sa grandeur est comparée à celle des cieux. C'est le dieu des combats,

« Indra, qui tiens le tonnerre, donne-nous la puissance des armes et fais mourir tous ceux qui haïssent les brahmanes... Viens à moi, possesseur de la sagesse, fais pleuvoir ta bénédiction sur ceux qui aiment les vaches et les chevaux... O dieu puissant qui dispenses la pluie, ta voix est entendue dans les régions les plus lointaines... »

Ce sont là, comme on le voit, des reproductions textuelles du *Rig-Véda* ; cependant le rôle qu'y jouent les Brahmanes imprime à ce livre un caractère nouveau.

Comme dans le Rig-Véda, Indra punit et pardonne ; il protége les êtres animés et les êtres inanimés.

Le dieu Soma, si souvent nommé dans le *Rig-Véda*, figure

ici avec des armures splendides, comme le meurtrier des Rakshasas, le soutien des cieux et de la terre. Il voyage et exerce partout sa vigilance, sans qu'on puisse l'attaquer.

Il y est question d'une intelligence suprême semblable au Tao, car elle est définie l'intelligence de l'intelligence, la parole de la parole, le souffle vital du souffle vital, dont la connaissance rend le sage immortel. Comme le Tao, l'œil ne peut en approcher, la parole ne peut l'atteindre; elle est au-dessus de tout ce qui peut être compris par la science. Celui qui croit la connaître, la méconnaît; celui qui ne croit pas la connaître la connaît. Elle est incompréhensible par ceux qui la connaissent le plus, et parfaitement connue de ceux qui l'ignorent entièrement. C'est l'idée philosophique de Brahma ajoutée aux symboles et aux personnifications des formes de la nature (1).

Ainsi, au point de vue religieux le Sama n'est qu'un pâle reflet du Rig, et au point de vue moral il trahit la touche brahmanique.

Cependant il est démontré que la rédaction définitive du Sâma-Véda est plus ancienne que celle même du Rig-Véda, parce que la transmission des hymnes s'étant faite oralement, leur sens religieux, tendant à s'altérer, on en publia un choix avant d'en faire un recueil intégral ; de là le double travail des Samhitâs et des Brâhmanas.

§ 6. L'ATHARVA-VÉDA OU ATHARVANA.

C'est le plus récent des Védas : les lois de Manou n'en parlent point, le Bhagarad et les livres bouddhiques n'en font pas mention.

---

(1) Voir G. Pauthier, *Mémoire sur l'origine et la propagation du Tao, par Lao-Tseu*, in-8°, 1831.

Cependant, il a été divinisé comme les autres ; les Brahmanas les plus nouveaux, les Oupanishads et les Pourânas s'y appuient comme sur une autorité sainte. D'ailleurs, il renferme quelques hymnes aussi anciens que ceux du Rig-Véda.

L'Atharvana répond à des besoins qui n'ont pu venir qu'assez tard chez les Indiens. Il est presque uniquement rempli d'incantations (Mantras), d'exorcismes, d'imprécations homicides. Ses formules sont récitées pour éviter des maux, ou assurer des biens à ceux qui en font usage (1).

On y retrouve beaucoup d'hymnes du Rig-Véda ; ses nombreuses Oupanishads forment à elles seules toute une littérature

Voici une incantation destinée à guérir un malade ; c'est un prêtre qui parle :

« Je te sauve et te fais vivre par ce breuvage ; je te délivre de la maladie inconnue qui te dévore, de la phthisie qui te consume. — Quand l'accès de la fièvre viendra le saisir, qu'Indra et Agni l'en préservent et l'en défendent. Si la vie du malade a disparu, si elle est anéantie, ou bien si le malade n'est que dans le voisinage de la mort, je le retire du sein même du néant, sans la moindre atteinte, et je lui assure encore cent automnes. »

Colebrooke cite l'imprécation suivante comme spécimen des autres :

« Gazon sacré, détruis mes adversaires, extermine mes ennemis. O précieux trésor, anéantis tous ceux qui me haïssent. » (2)

L'exorcisme du Brahmane peut aussi délivrer les peuples d'une maladie épidémique, appelée *Takman* :

« O Takman, va visiter les lointains Vahlikas, fais ta proie, si tu

---

(1) Alb. Weber, academis. Vorlesungen, p. 10, 143. Barthélemy Saint-Hilaire : *des Védas*, p. 111, 114.

(2) *Essays*, t. I, p. 90.

le veux, du Çoudra ; tu peux les torturer tous et les anéantir..... O Takman, avec ton frère Balâsa (la colique), avec ta sœur Kâsikâ (la toux), avec ton neveu Panam (la gale), va visiter le peuple ennemi... »

On voit que les imitateurs du Rig-Véda n'étaient pas plus charitables que les prêtres védiques eux-mêmes.

Dans le *Moundako-panishad*, la 1ère des Oupanishads de l'Atharva, on lit :

« Brahma était le premier des dieux, le créateur de l'univers, le gardien du monde. Il enseigna la science de Dieu, qui est le fondement de toute science, à son fils aîné Atharvan, auteur de l'Atharva-Véda. Cette science sacrée que Brahma a révélée à son fils fut communiquée par celui-ci à Anguir ; Anguir la transmit à Satyavâha, qui la transmit à Anguirasa.

» Le fils de Sounaca, puissant chef de maison, s'adressant à Anguirasa, lui dit : Quelle est la chose dont la connaissance peut faire comprendre cet univers ? Le saint personnage lui répondit : Il faut distinguer deux espèces de sciences : la science suprême et la science inférieure. La science inférieure est celle du Rig-Véda, du Yadjour-Véda, du Sâma-Véda, et de l'Atharva-Véda.. Mais la science suprême est invisible ; elle ne peut pas être saisie ; elle ne peut pas être expliquée ; elle est sans couleur ; elle n'a pas d'yeux, ni d'oreilles ; elle n'a pas de mains, ni de pieds ; elle est éternelle, toute-puissante ; elle peut pénétrer partout, sous les formes les plus diverses ; subtile, inaltérable, elle est contemplée par les sages qui trouvent en elle la source et la matrice des êtres. »

M. L. Poley a traduit la 2e partie du Moundako-panishad, de l'Atharva-Véda, qui renferme un passage digne d'être signalé ici. Il y est dit que les œuvres pieuses indiquées dans les chants sacrés du Véda, constituent la vérité, qu'on les pratique en grand nombre dans le Trétâ-yogâ (second âge du monde).

« O vous qui aspirez à la vérité, y est-il dit, accomplissez toujours ces œuvres ; c'est la route qui conduit au monde où elle fera savourer les fruits de vos bonnes actions. »

Il s'agit sans doute des sacrifices et cérémonies dont le Rig-Véda parle souvent.

L'hospitalité est recommandée ici entre les vertus méritoires. L'homme qui n'en accomplit pas les devoirs, perd son droit de séjour dans les mondes.

La science de l'esprit suprême est présentée comme supérieure aux œuvres pieuses. La pratique de cette science consiste à se livrer, dans une forêt, aux exercices de la pénitence ascétique, à se pénétrer de la foi, à avoir l'esprit calme, à recueillir des aumônes, et alors libre des passions, on entre par la porte du soleil, là où séjourne l'esprit impérissable.

Il est dit encore que les différents êtres sortent de l'esprit impérissable et retournent de nouveau en lui.

Dans la 2e partie on définit les attributs de l'esprit suprême : il est brillant, subtil, éternel, ; il est le souffle, la parole, la vérité, et le bonheur :

« Les nœuds qui enlacent le cœur sont coupés, tous les doutes sont résolus, les actions sont anéanties quand le sage a contemplé ce qu'il y a de plus élevé comme cause et ce qu'il y a de plus infime comme effet. »

Dans le 3e *Moundaka* (1re partie), il est enseigné que celui qui reconnaît l'esprit suprême, comme celui qui brille et reluit dans tous les êtres, devient un sage et ne va pas au-delà dans ses discours. On obtient l'esprit par la vérité, par la concentration du cœur et des sens sur un seul point, par une science approfondie et une vie d'abstinence. C'est lui que les pénitents, dont les fautes ont été anéanties, contemplent dans l'intérieur du corps sous forme de lumière.

La contemplation prolongée jouera un grand rôle dans la vie ascétique des Brahmanes pénitents et produira des hallucinations, des phénomènes extatiques auxquels on attribuera une cause surnaturelle. C'est ce qu'on appelle, de nos jours, l'hypnotisme.

L'auteur dit que la Vérité trace la route, le chemin des dieux, sur lequel marchent les Rishis (les saints), délivrés des désirs terrestres.

Revenant à l'Esprit suprême, il dit qu'il n'est pas saisi par l'œil, ni par la parole, ni par les auters sens, ni par la pénitence, ni par les œuvres. L'homme seul dont l'être est purifié par la science, le voit dans son unité, quand il médite.

La deuxième partie du troisième *Moundaka* porte que celui qui soupire après les jouissances et en fait le sujet de sa pensée, renaît dans l'objet de ses désirs; tandis que l'homme dont les désirs sont accomplis, dont l'esprit est achevé par la science de l'Esprit suprême, voit s'anéantir déjà en ce monde tous les désirs. On ajoute que cet Esprit ne s'obtient que par le choix même de cet Esprit qui choisit le corps comme le sien, lorsque le sage y tend par l'énergie de la foi, la sagesse, la résignation et la science.

Les hommes qui connaissent à fond les objets de la science, c'est-à-dire le but des Védas, qui se domptent, qui renoncent à toute action, et dont la nature est pure, ceux-là seront délivrés à la grande dissolution des choses dans le monde de Brahma.

Ainsi ce Véda, comme le précédent, roule principalement sur les avantages qu'on retirera de la connaissance de l'Esprit suprême.

Ces deux Védas diffèrent essentiellement du *Rig* et du *Sama* en ce qu'ils entrent dans la théorie abstraite d'un Être suprême, d'un Esprit indépendant, en quelque sorte, des divinités auxquelles les premiers Védas adressent des prières et des offrandes.

§ 6. LES BRAHMANAS.

Les Brâhmanas sont des compléments du Rig-Véda ; on y trouve les origines du rituel, de l'exégèse sacrée appliquée aux mots du texte védique et à la signification des symboles ; on y trouve encore les origines des légendes et de la spéculation religieuse et philosophique de l'Inde ancienne. Ils ont été joints de bonne heure aux Védas pour les expliquer (1). L'un d'eux, l'Aitareya-Brâhmana, en vers et en prose, comprend huit livres en cinq lectures, dont Colebrooke a donné plusieurs extraits. En voici un qui explique l'origine de certains usages, tel que celui du sacre des rois :

« Après l'inauguration d'Indra par Pradjapati, le divin Vasou le sacra dans la région de l'Est avec les mêmes prières en vers et en prose, avec les mêmes paroles saintes, pendant trente-et-un jours, afin de lui assurer sa juste domination. De là vient que maintenant encore les rois des Pratchyas, dans l'Est, sont sacrés d'après la pratique des dieux, d'après les règles fixées, et que les rois ainsi sacrés sont appelés par les peuples Sâmrâdja.

« Les divins Koudras le sacrèrent dans la région du Sud : de là vient que les rois des Satvats, dans le Sud, sont sacrés d'après la pratique des dieux pour assurer la continuité de leur joie, et que ces rois sont appelés Bhodja.... »

Sacré de même dans les autres régions, Indra subjugua tous les mondes et obtint la prééminence sur tous les dieux. Ayant obtenu la puissance équitable, le bonheur, la domination exclusive, le gouvernement universel, devenu existant en soi

---

(1) M. Weber, Acad. Vorles, p. 11 et suiv. Barthélemy Saint-Hilaire, *des Védas*, p. 155.

et maître indépendant, exempt de toute dissolution possible, remplissant tous ses désirs dans le monde céleste, il devint encore immortel.

Un autre passage contient la description du sacre des rois à l'imitation du sacre d'Indra, et l'énumération minutieuse de toutes les conséquences bienfaisantes d'un sacre accompli dans ces formes.

On cherche à faire comprendre aux rois tous les avantages que la présence du pourohita, ou prêtre domestique, attire sur la maison pieuse qui l'entretient. Suit une description détaillée des cérémonies qui, sous la direction de ce prêtre, ont pour objet de faire périr les ennemis du roi.

« Les adversaires, les ennemis, les rivaux périssent autour de celui qui fait accomplir tous ces rites... La foudre ayant brillé, disparaît derrière la pluie ; elle s'évanouit, et personne ne sait où elle est allée. Quand un homme meurt, il disparaît, et personne ne sait où est allée son âme. Ainsi donc, quand la foudre s'évanouit prononcez cette prière : Puisse mon ennemi périr ainsi! puisse-t-il disparaître et personne ne savoir où il est! Aussitôt, l'on ne saura ce qu'il est devenu...

« Celui qui entreprend de pratiquer ces rites doit appliquer soigneusement les règles suivantes : Qu'il ne se couche pas plus tôt que son ennemi, et qu'il se lève quand il suppose que son ennemi est levé; qu'il ne se lève pas plus tôt que son ennemi, mais qu'il se couche, quand il suppose qu'il est couché; qu'il ne s'endorme pas plus tôt que son ennemi, mais qu'il s'endorme quand il suppose qu'il est endormi; qu'il veille quand il suppose qu'il veille. Son ennemi a beau avoir une tête de pierre, bientôt il le tue. »

L'esprit impitoyable de vengeance des chantres védiques se retrouve ici, mais on ne retrouve plus les émotions que leur inspirait la nature; ce sont de nouvelles légendes moins brillantes, et accusant, par les superstitions qu'elles contiennent, une influence toujours plus dominante des prêtres.

On lit dans une des Oupanishads de l'Aitareya une ingénieuse allégorie de la dispute des sens :

« Les sens disputaient entre eux : « C'est moi qui suis le premier, s'écriaient-ils. Puis ils se dirent : Allons, sortons de ce corps; celui d'entre nous qui en sortant du corps le fera tomber sera le premier. La parole sortit ; l'homme ne parlait plus, mais il mangeait, il buvait et vivait toujours. La vue sortit : l'homme ne voyait plus, mais il mangeait, il buvait, il vivait toujours. L'ouie sortit : l'homme n'entendait plus, mais il mangeait, il buvait et vivait toujours. Le manas (intelligence) sortit : l'intelligence sommeillait dans l'homme, mais il mangeait, il buvait et vivait toujours. Le souffle de vie sortit : A peine fut-il dehors que le corps tomba ; le corps fut dissous; il fut anéanti. De là vient que l'on donne au corps le nom de Çarira. Il voit certainement s'anéantir son ennemi et son péché celui qui sait cela.

« Les sens disputaient encore : « C'est moi qui suis le premier, s'écriaient-ils, puis il se dirent : Allons, rentrons dans ce corps qui est à nous. Celui d'entre nous qui, en rentrant dans ce corps le remettra debout, sera le premier. La parole rentra : le corps gisait toujours. La vue rentra : il gisait toujours. L'ouie rentra : il gisait toujours. Le manas rentra : il gisait toujours. Le souffle de vie rentra : à peine était-il entré que le corps se releva. Celui-là fut le premier. Le premier des sens, en effet, est le souffle de vie même ; que l'on sache donc que le premier des sens est le souffle de vie. Les Devas lui dirent : C'est toi qui es le premier ; cet univers tout entier, c'est toi. Nous sommes à toi et tu es à nous. » C'est ce qu'a exprimé le sage inspiré quand il a dit : Tu es à nous et nous sommes à toi. » (1)

Dans une annexe de ce Brâhmana se trouve un passage important, traduit par Colebrooke (1). Il est relatif à la création de l'homme telle que l'entendaient les prêtres de cette époque :

« A l'origine, tout cet univers n'était que l'âme ; rien autre n'existait, ni actif, ni inactif. — L'âme pensa : je créerai les mondes, et aussitôt elle créa les mondes divers, l'eau, la lumière, les êtres

---

(1) Eug. Burnouf, traduct. du Bagavata-Pourana, t. 1, préface, p. 136.

(2) Essays, t. 1, p. 47.

mortels et les eaux... L'âme pensa et se dit : voilà les mondes ; je vais créer des gardiens de ces mondes... Il tira donc des eaux et créa un être revêtu d'un corps. Il le vit ; et la bouche de cet être ainsi contemplé s'ouvrit comme un œuf. De sa bouche sortit la parole ; de la parole sortit le feu. Les narines s'écartèrent et des narines sortit le souffle ; du souffle sortit l'air qui se propage au loin. Les yeux s'ouvrirent, et des yeux s'élança une clarté, et de cette clarté fut produit le soleil. Les oreilles se dressèrent, et de l'oreille fut produite l'ouie, et de l'ouie furent produites les régions de l'espace...

« Ces dieux ainsi créés tombèrent dans le vaste Océan, et ils vinrent vers l'âme, tourmentés par la soif et la faim. Ils lui dirent : donne-nous une demeure moins vaste, pour que nous puissions y trouver la nourriture dont nous avons besoin. L'âme leur offrit la forme d'une vache, ils lui répondirent : ce n'est pas suffisant pour nous. L'âme leur proposa la forme du cheval, et ils dirent : Ce n'est pas encore suffisant pour nous. L'âme leur proposa la forme humaine et ils s'écrièrent : Ah ! c'est fort bien ! c'est merveilleux ! » Et c'est de là qu'on a pu dire que l'homme seul est bien formé...

« La faim et la soif s'adressant à l'âme lui dirent : donne-nous nos places : l'âme répondit : je vous distribue entre ces déités, et je vous fais entrer en partage avec elles. » De là vient que quelle que soit la divinité à laquelle on fasse une offrande, la faim et la soif y prennent leur part. « L'âme réfléchit et dit : voilà les mondes, voilà les gardiens des mondes ; il faut que je crée la nourriture dont ils ont besoin. L'âme regarda les eaux, et des eaux ainsi contemplés sortit la forme, et la nourriture est la forme qui fut ainsi produite... »

L'auteur représente l'homme essayant tour à tour de prendre cette nourriture par ses divers sens et organes, et n'y réussissant qu'au moyen de la déglutition. Puis viennent des détails étranges sur la génération, sur le développement du fœtus et la succession des êtres.

M. Weber (1) place la rédaction des Brâhmanas à l'époque

---

(1) Acad. Vorles. p. 11. — Barthélemy Saint-Hilaire, *des Védas*, p. 155 et suiv.

de transition où le védisme primitif disparaissait pour faire place au brâhmanisme. Les brahmanes ont fait ces commentaires pour les besoins de leur cause.

Si les Védas brillent par des accents poétiques d'enthousiasme pour célébrer la nature, les héros et les dieux, ils ont des défauts qu'on ne saurait passer sous silence, comme celui de la monotonie : la lyre des Rishis semble n'avoir qu'une seule corde ; ils copient tous la même idée sans en varier l'expression.

Un autre défaut, c'est la subtilité : la poésie védique s'est épuisée à traiter des thèmes invariables sur un petit nombre de sujets, à se perdre dans des détails minutieux.

Mais les Védas, complétés par les Brâhmanas et les Oupanishads, sont précieux, comme miroirs fidèles et contemporains des mœurs qu'ils reflètent, et comme monuments primitifs des langues et des civilisations indo-européennes.

CHAPITRE II.

ÉPOQUE BRAHMANIQUE.

§ 1. LOIS ET INSTITUTIONS. (CODE DE MANOU)

Le code de Manou (*Mânava-Dharma-Çâstra* (1) présente le tableau de la vie sociale des Indiens à l'époque où ils étaient arrivés à un état prospère de civilisation. Le nom du législateur est symbolique, il signifie intelligence (2). Manou est dit le premier homme auquel Brahma aurait accordé la double puissance de créateur et de législateur.

En beaucoup de points, l'auteur de ce recueil de lois s'est conformé aux Védas ; il n'a point innové, il a seulement composé un ensemble d'usages, de coutumes, d'idées, de traditions depuis longtemps admises, et est entré à ce sujet dans des détails minutieux et parfois puérils. Il a édicté des récompenses et des peines pour cette vie et pour les autres, non-seulement au sujet des actes politiques et civils, mais encore au sujet de la conduite privée.

(1) Traduit par Loiseleur-Deslongchamps, 1 vol. in-8°, 1833.
(2) En sanscrit *manas*, en grec *menos*, en latin *mens*, en allemand *man*.

On a fait remonter la première rédaction de ce code au treizième siècle avant notre ère (1), alors que la puissance brahmanique était à son apogée; et cette antiquité se prouve par l'absence des noms de Bouddha, de Krichna et de la fameuse Trinité divine (Trimourti), qui, plus tard, jouèrent un si grand rôle dans les traditions indiennes.

Ses articles sont écrits en *slokas* ou stances de deux vers.

Le premier livre détermine les attributions des quatre castes de la société indienne, mais il commence par une digression sur l'origine du monde :

« ... Cet univers n'était que ténèbres, incompréhensible, invisible, inconnu et comme plongé dans un profond sommeil. Alors le dieu, existant par lui-même, impénétrable et pénétrant toutes choses, réunissant les éléments vitaux, dissipa soudain les ténèbres. L'être spirituel, infini, incompréhensible, éternel, principe mystérieux de toute créature, se révéla dans sa splendeur. »

Puis, se présente la série des êtres jusqu'à l'âge de fer, appelé Kalyuga, dans lequel nous vivons. Manou repeuple la terre bouleversée par un cataclysme, institue les castes, et décrète les lois qui doivent les régir.

Les Brahmanes, prêtres et savants, sont les chefs spirituels chargés d'enseigner les lois religieuses et civiles. Ils forment la première classe.

Les Kchatriyas composent la deuxième classe, celle des rois et des guerriers : ils gouvernent et commandent sous le regard vigilant et ombrageux des Brahmanes leurs ministres.

La troisième classe comprend les Vaisyas, ou les commerçants, les industriels, les artisans.

Les Çoudras sont les serviteurs, presque les esclaves des trois autres castes, et condamnés aux plus rudes et aux plus grossiers travaux.

Dans ce même livre, le législateur, ou plutôt un interpola-

(1, Chezy, *Journal des Savants*, 1831.

teur, traitant des questions à la fois morales et religieuses, dit que l'être existant par lui-même créa la distinction du juste et de l'injuste, soumit les créatures sensibles au plaisir, à la peine, au désir, à la colère, à l'amour passionné, à la haine, à la faim et à la soif; puis il ajoute que, quelles que soient les qualités qu'il ait données en partage à l'être créé, au moment de la création, la méchanceté ou la bonté, la douceur ou la rudesse, la vertu ou le vice, la véracité ou la fausseté, ces qualités ou ces vices viendront retrouver l'être créé dans les naissances postérieures.

C'est le système de la prédestination au bien ou au mal ajouté à celui des transmigrations, avec la faculté, néanmoins, de racheter une mauvaise existence antérieure par une bonne existence actuelle, ou de perdre les fruits du mérite passé par des fautes présentes.

Le code fait un récit détaillé de la création. Il dit que le souverain maître créa pour la propagation de la race humaine le Brahmane de sa bouche; le Kchatriya de son bras, le Vaisya de sa cuisse, et le Çoudra de son pied. Puis, vient la création des saints, des Manous, des Dévas, des bons et des mauvais génies, des éléments, des animaux, des végétaux, etc. Il ajoute :

« Lorsque les êtres animés se sont dissous dans l'âme suprême, alors l'âme de tous les êtres dort dans la plus parfaite quiétude.— Après s'être retirée dans l'obscurité, elle y demeure longtemps avec les organes des sens, n'accomplit pas ses fonctions, et se dépouille de sa forme. — Lorsque réunissant de nouveau des principes élémentaires subtils, elle s'introduit dans une semence végétale ou animale, alors elle reprend une forme. — C'est ainsi que par un réveil et un repos alternatifs, l'être immuable fait revivre ou mourir éternellement les créatures mobiles et immobiles. »

Passant à la description des âges du monde et de l'humanité, le code enseigne que dans l'âge *Krita-yoga* la justice se maintint ferme, la vérité régna ; que dans les autres âges parurent peu à peu le vol, la fausseté, la fraude.

L'austérité domine pendant le premier âge, la science pendant le deuxième, l'accomplissement des sacrifices pendant le troisième et la libéralité seule pendant le quatrième.

Le code sanctionne les idées morales du Brahmanisme en attribuant la corruption, les vices, les misères du temps à la déchéance de l'homme, quand il aurait dû les attribuer à une mauvaise organisation de la société. Les Indiens concevaient la perfectibilité individuelle pour les bonnes œuvres, mais pas plus que les Chinois ils n'ont eu l'idée de la perfectibilité sociale par de bonnes institutions; ce qui explique l'état stationnaire où ces deux peuples sont demeurés jusqu'à nos jours.

Le livre second est consacré à la première classe, et principalement au noviciat et aux règles de conduite religieuse imposées au fils de brahmane (dwidja); le tout entremêlé de quelques maximes de morale comme celle-ci :

« L'amour de soi-même n'est pas louable ; toutefois, dans ce monde rien n'en est exempt. En effet, l'étude de la sainte Écriture a pour motif l'amour de soi, comme la pratique des actes que prescrivent les livres sacrés. Les sacrifices ont pour mobile l'espérance. Les pratiques de dévotion, les observances pieuses proviennent de l'espoir d'une récompense, et on ne voit jamais une action accomplie par un homme sans qu'il en ait eu le désir. »

C'est avouer que les actes de dévotion sont des actes d'égoïsme. L'amour du prochain, la bienfaisance, toutes les vertus sociales, en un mot, sont destinées à nous faire éviter d'autres existences malheureuses.

Suivent des prescriptions sur la manière dont le dwidja novice doit accomplir les sacrifices, et sur la conduite à tenir envers les enfants des trois premières castes.

Il était d'usage, même avant la section du cordon ombilical, de faire goûter à l'enfant du miel et du beurre clarifié dans une cuiller d'or, et en récitant des paroles sacrées.

Puis viennent des lois sur la manière de demander l'aumône, de préparer et de prendre sa nourriture, de saluer, de répondre, etc., toutes prescriptions minutieuses auxquelles le législateur attachait une grande importance dans la vie du Bhramane.

Quelques sentences ascétiques accompagnent ces prescriptions :

« L'abandon complet des désirs est préférable à leur accomplissement.

« Ce n'est pas seulement en évitant de les flatter qu'on peut soumettre ses organes disposés à la sensualité, mais plutôt en se livrant avec persévérance à l'étude de la science sacrée.

« L'homme qui entend, qui touche, qui voit, qui mange, qui sent sans éprouver ni joie ni tristesse, doit être reconnu comme ayant dompté ses organes. »

Après s'être rendu maître de tous ses organes, le Brahmane novice, aguerri contre les tentations du monde, peut vaquer à ses affaires.

Par son respect pour sa mère, il obtient ce bas-monde ; par son respect pour son père, le monde intermédiaire (entre la terre et le ciel) ; par son respect pour son directeur, le monde céleste. Tout autre devoir est secondaire.

Cette gradation de respect et de récompense caractérise la société indienne à cette époque. Le père spirituel, le Brahmane, était placé au-dessus du père naturel, et celui-ci au-dessus de la mère.

Dans l'impossibilité où se trouve le législateur d'établir des récompenses et des peines corporelles pour l'accomplissement ou la violation des devoirs de pure convenance, laissés d'ordinaire à l'appréciation de chacun, il cherche à les sanctionner par des menaces ou des promesses dont l'accomplissement n'est pas dans la puissance de l'homme :

« Celui qui a l'habitude de saluer les gens âgés et qui a toujours des égards pour eux, voit s'accroître ces quatre choses : la durée de son existence, son savoir, sa renommée et sa force. »

Moïse promettait également la prolongation de la vie actuelle en récompense de certains devoirs remplis, entre autres, du respect filial.

Le législateur indique jusqu'aux formules de salutation : « Puisses-tu vivre longtemps, ô digne homme ! » C'est ainsi qu'il faut répondre au salut d'un brahmane, et la voyelle finale de son nom, avec la consonne qui la précède, doit être prolongée de manière à occuper trois moments.

En beaucoup d'endroits, le code de Manou préconise et recommande le savoir, la science :

« L'ignorant est un enfant ; celui qui enseigne la doctrine sacrée est un père ; car les sages ont donné le nom d'enfant à l'homme illettré, et celui de père au précepteur. »

Mais ce qui gâte le mérite de ces recommandations, c'est qu'elles ne s'appliquent qu'aux deux premières classes, comme il semble résulter du passage suivant :

« Que le nom d'un brahmane exprime la faveur propice ; celui d'un kchatriya, la puissance ; celui d'un vaïsya, la richesse ; celui d'un çoudra, l'abjection. »

Ces paroles résument parfaitement la hiérarchie des quatre classes, savoir : le pouvoir spirituel et protecteur des brahmanes, la force guerrière et l'autorité politique des Kchatriyas, la carrière commerciale et industrielle des Vaïsyas, et la servitude des Çoudras.

La prééminence est réglée par le savoir entre les brahmanes ; par la valeur entre les kchatriyas ; par la richesse en grains, entre les vaïsyas, et par la priorité de naissance entre les çoudras. »

Cette priorité de naissance est assez dérisoire dans une classe où l'on est voué à la misère et à la servitude.

Voici d'autres sentences qui méritent d'être rapportées :

« On ne doit jamais montrer de mauvaise humeur, bien qu'on soit affligé, ni travailler à nuire à autrui, ni même en concevoir la pensée, ni proférer une parole dont quelqu'un pourrait être blessé. »

Et plus loin :

« Fuyez la louange comme un poison ; aimez l'humilité comme l'ambroisie. »

Pour détourner le novice de la séduction des femmes, on lui fait d'elles un portrait peu flatteur :

« Il est dans la nature du sexe féminin de chercher à corrompre, et c'est pour cela que le sage ne s'abandonne pas à leur séduction. Une femme peut écarter du droit chemin non-seulement l'insensé, mais aussi l'homme pourvu d'expérience et le soumettre au joug de l'amour et de la passion. »

Manou pousse la défiance jusqu'à dire qu'il ne faut pas se trouver dans un lieu écarté avec sa mère, sa sœur ou sa fille, parce que les sens entraînent l'homme le plus sage.

Il est recommandé au novice de prononcer toujours le monosyllabe sacré AUM au commencement et à la fin de l'étude de la Sainte-Écriture. AUM est ici le nom mystique des trois livres saints. Dans la suite, il exprimera la trinité Brahma-Vichnou-Siva.

Le livre 3 traite du mariage et des devoirs du chef de famille.

Après avoir indiqué les familles auxquelles il est défendu au novice de s'allier, on lui prescrit de choisir dans les autres une femme bien faite, portant un nom agréable, ayant la démarche d'un cygne ou d'un jeune éléphant. L'union d'une jeune fille et d'un jeune homme, résultant d'un vœu mutuel est dit le mariage des musiciens célestes (Gandharvas). Le *Mahabharata* et le *Ramayana* en rapportent plusieurs exemples qui ne sont pas toujours approuvés, car on procédait d'ordinaire par l'enlèvement à ce mode de mariage, ce qui occasionnait des représailles sanglantes.

Le législateur va jusqu'à désigner les nuits les plus favorables à une heureuse procréation.

S'il cherche à mettre le novice en garde contre la séduction des femmes, il lui recommande aussi le respect et la déférence pour elles. Après avoir dit que les femmes mariées doivent être comblées d'égards et de présents par leurs pères, leurs frères, leurs maris et les frères de leurs maris, il ajoute :

« Partout où les femmes sont honorées, les divinités sont satisfaites; mais lorsqu'on ne les honore pas, tous les actes pieux sont stériles... Dans toute famille où le mari se plaît avec sa femme, et la femme avec son mari, le bonheur est assuré pour jamais. »

N'est-ce pas là une sorte d'égalité morale reconnue entre les deux sexes? Mais telle n'était pas l'intention du législateur ; tous les charmes de la femme pour lui sont destinés à agir sur l'individu et non sur la société. Il veut même que la femme cherche à plaire par ses atours et par sa parure.

L'hospitalité, ce devoir que les anciens pratiquaient si largement et que nos lois de douanes, nos mesures de police internationale ont rendu désormais impraticable, est principalement recommandée par Manou.

« Un maître de maison ne doit pas, le soir, refuser l'hospitalité à celui que le coucher du soleil lui amène. Que cet hôte arrive à temps ou trop tard, il ne doit pas séjourner dans la maison sans y manger. Honorer celui qu'on reçoit, c'est le moyen d'obtenir des richesses, de la gloire, une longue existence et le *swarga* (sorte de Paradis). Selon qu'il reçoit des supérieurs, des inférieurs ou des égaux, il faut que ce qu'on leur offre soit proportionné à leur rang. »

Le système hiérarchique des castes est appliqué même aux devoirs de bienfaisance. Ainsi, le Brahmane ne pouvant se commettre avec le Vaisya ou avec le Çoudra, s'il donne l'hospitalité à l'un ou à l'autre, doit le faire manger avec ses domestiques tout en lui témoignant de la bienveillance.

Manou exclut un grand nombre de personnes des cérémonies en l'honneur des dieux et des mânes, tels que les médecins, les bouchers, les usuriers, le phthisique, un jeune frère marié avant son aîné, un danseur, le fils d'une femme remariée, ou adultère, un borgne, un marin, un poète panégyriste, un buveur de liqueurs enivrantes, un épileptique, un lépreux, un fou, un aveugle, un berger, etc. Il déclare la cérémonie en l'honneur des mânes supérieure, pour les Brahmanes, à celle en l'honneur des Dieux.

Suit une description minutieuse du repas funèbre (Srâddha).

Le livre IV renferme de nombreux règlements concernant la vie privée du Brahmane. Bien que le Brahmane doive, avant toute autre préoccupation, travailler à s'identifier au moyen de bonnes œuvres, avec Brahma, il ne lui est pas interdit de s'enrichir par un honorable travail, de même il n'est point tenu aux mortifications. Toutefois la culture des beaux-arts lui est défendue, sans doute comme donnant trop satisfaction aux goûts frivoles et mondains. Ses vêtements, ses discours, ses pensées doivent être d'accord avec son âge, sa fortune, ses connaissances et sa famille. On détermine jusqu'à ses attitudes en diverses circonstances : ainsi, on lui défend de regarder sa femme lorsqu'elle mange, ou éternue, ou bâille, ou se parfume, ou accouche.

On lui interdit tout rapport familier avec un Çoudra, fût-ce même pour lui donner un conseil ou les restes de son repas. Cette dernière prescription semble contraire à la clause sur l'hospitalité que nous venons de voir. C'est une des preuves que le Code n'a pas été rédigé par une seule main.

La charité, l'oubli des offenses n'est pas une vertu préconisée par Manou, témoin ce passage :

« Qu'il ne choie ni un ennemi, ni l'ami d'un ennemi, ni un homme pervers, ni un voleur, ni la femme d'un autre ; car il n'y a rien qui s'oppose plus à une prolongation de l'existence que de courtiser la femme d'un autre. »

L'adultère était d'autant plus coupable que la polygamie enlevait tout prétexte à convoiter la femme d'un autre.

Il est enjoint au Brahmane de dire des choses vraies et agréables, d'éviter le mensonge, les inimitiés mal fondées, et les querelles à tout propos ; de ne point insulter les estropiés, les gens difformes, les ignorants, les vieillards, les pauvres. La pudeur et la décence sont également l'objet de quelques prescriptions.

Le Brahmane doit recourir le moins possible aux autres, et s'appliquer à des fonctions dignes de lui ; il lui est interdit de frapper qui que ce soit à l'exception de son fils ou de son élève.

La reversibilité de châtiment du père au fils qu'on retrouve dans toutes les législations anciennes est consacrée ici : Manou déclare que l'iniquité commise dans ce monde, de même que la terre, ne produit pas sur-le-champ des fruits, mais s'éfendant peu à peu, mine et renverse celui qui l'a commise ; et si ce n'est pas à lui, ce sont ses enfants, ou même ses petits-fils.

L'homme, au moyen de l'injustice, réussit pour un temps, obtient la prospérité, triomphe de ses ennemis, mais il périt ensuite avec sa famille et tout ce qui lui appartient.

Cette doctrine a pu être inspirée par le spectacle scandaleux de crimes demeurés impunis, à cause de la haute position des coupables ; et pour en rendre le châtiment d'autant plus terrible qu'il a été tardif, on l'a fait héréditaire ; on a cru réparer le crime par une injustice ; et cependant les préceptes d'équité et de sagesse ne manquent pas dans ce Code :

« Un Brahmane doit toujours se plaire dans la justice, dans la vérité, dans la pureté, châtier ses élèves à propos, régler ses discours, son bras et son appétit, ne nuire à personne par perfidie ou par légèreté, ou par médisance, supporter sans colère les offenses des personnes qui l'entourent et ne point accepter trop de présents. »

Le Brahmane qui fait parade de sa vertu, qui est avide, rusé, trompeur, cruel, est comparé au chat. Tout homme appartenant à l'une des trois premières classes, qui a le regard toujours baissé, un naturel pervers, pensant uniquement à son propre avantage, perfide, et affectant l'apparence de la vertu, est dit avoir les manières du héron.

Les vertus qui, suivant Manou, forment le sage sont : la chasteté, la compassion, la patience, la méditation, la véracité, la droiture, l'abstinence du vol, la douceur et la tempérance. Les devoirs pieux c'est-à-dire les devoirs conventionnels sont : les ablutions, le silence, le jeûne, le sacrifice, l'étude des Védas, la constance, l'obéissance au père spirituel, la pureté, l'impassibilité et l'exactitude.

Cependant Manou rejette au second rang les pratiques religieuses, et déclare que celui qui néglige les devoirs moraux déchoit même lorsqu'il observe tous les devoirs pieux. Mais peut-être ce précepte est-il le fait d'une interpolation comme celui qui suit et qui dément la solidarité des actions entre père et fils :

« L'homme naît seul, meurt seul, reçoit seul la récompense de ses bonnes actions et seul la punition de ses méfaits. »

Manou trace au Brahmane une ligne de conduite sociale, marquée au coin du bons sens :

« En s'alliant constamment avec les hommes les plus honorables et en fuyant les gens vils et méprisables, un Brahmane parvient au premier rang ; par une conduite contraire, il se ravale à la classe servile. Celui qui est ferme dans ses entreprises, doux, patient, étranger à la société des pervers et incapable de nuire, s'il persiste dans cette bonne conduite, obtiendra le ciel par sa constance et sa charité. »

Il s'élève contre l'hypocrisie de ceux qui s'approprient aux yeux du monde un caractère qui n'est pas le leur, et défend de nouveau l'adultère : car il n'y a rien dans le monde suivant lui, qui s'oppose plus à une prolongation de l'existence.

Manou veut que le Brahmane ne se méprise jamais lui-même, qu'il aspire à la fortune sans désespérer de l'obtenir, qu'il dise la vérité et des choses agréables, et ne mente jamais par complaisance. Qu'il n'ait point d'inimitié sans raison et ne cherche querelle à personne ; qu'il ne se moque pas des gens infirmes ou ignorants, ou vieux ou laids.

Dans le livre 5 le législateur défend au Brahmane le meurtre des animaux innocents sous peine de voir diminuer son bonheur dans cette vie et dans l'autre, il promet un bonheur sans fin à celui qui ne cause ni la mort ni l'esclavage des êtres; car c'est un crime à ses yeux que d'augmenter sa propre chair au moyen de la chair des autres êtres; et celui qui le fait avant d'avoir honoré les mânes et les dieux, c'est-à-dire probablement avant de leur avoir demandé pardon de cette action réprouvée, celui-là peut se dire : Il me dévorera dans l'autre monde celui dont je mange la chair ici-bas. Le Bouddhisme empruntera cette doctrine aux Brahmanes en l'exagérant encore.

Cependant la loi indique les cas où l'on peut manger de la viande, boire des liqueurs spiritueuses, et se livrer à l'amour, parce que les hommes, dit-elle, y sont naturellement portés; toutefois il est méritoire de s'en abstenir. Grâce à ces réserves l'abstinence de viande, n'était pas bien absolue.

Suit l'énumération des cas nombreux d'impureté surtout à la suite de la mort de quelqu'un et selon sa classe.

Il est défendu de faire porter le cadavre d'un Brahmane par un Çoudra : L'offrande funèbre faite en cette occasion serait considérée comme polluée.

Manou exalte le mérite de celui qui a conservé sa pureté en devenant riche ; il le déclare plus pur que celui qui n'est purifié qu'avec de la terre et de l'eau.

Il trouve donc plus méritoire de ne point se laisser corrompre par la richesse et les honneurs que de s'éprouver par de stériles mortifications.

Ce passage est peut-être un blâme indirect à l'adresse des Brahmanes qui poussaient trop loin l'ascétisme.

Traitant ici de la condition des femmes, il consacre leur infériorité sociale à tous les âges :

« Une jeune fille, une femme avancée en âge ne doivent rien faire de leur propre volonté, même dans leur maison. Pendant son enfance une femme dépend de son père ; pendant sa jeunesse elle dépend de son mari ; son mari mort, de ses fils, ou à défaut de fils, des proches parents de son mari, ou à leur défaut, de ceux de son père, ou, enfin du souverain. Elle doit être toujours de bonne humeur, conduire avec adresse les affaires de la maison, prendre soin des ustensiles du ménage, et n'avoir pas la main trop large dans sa dépense. Son époux, fût-il blâmable, livré à d'autres amours et dépourvu de bonnes qualités, il est du devoir de la femme de le révérer toujours comme un dieu. »

Il n'y a pas de sacrifice, de pratique religieuse ni de jeûne imposé à la femme : l'objet de son culte est son époux elle doit l'honorer vivant et mort et ne point se remarier, ni même prononcer le nom d'un autre homme. Elle est libre de le faire cependant, mais au risque d'encourir le mépris ici-bas et d'être exclue du séjour habité par son époux. Celle, au contraire, qui est fidèle à son mari vivant ou mort, partagera avec lui le séjour céleste.

Il n'est point question ici de l'horrible coutume pratiquée depuis, dans certaines contrées de l'Inde, et obligeant la veuve à se jeter vivante sur le bucher élevé pour le corps de son mari. Cependant, cette prescription faisant un point d'honneur à la femme de rester veuve, a pu être, dans la suite, prise à la lettre, par les plus dévouées, dans l'espoir de mieux mériter un bonheur éternel auprès de celui qu'elles avaient aimé sur terre.

Il va sans dire que les enfants nés des rapports d'une femme avec un autre homme que son mari sont déclarés illégitimes.

Le sort des femmes dans l'Inde, tel qu'il est réglementé par le code de Manou, diffère peu de celui des femmes en Chine. Mais nous avons pu remarquer déjà qu'il en diffère beaucoup sous le rapport des mœurs et des idées ; à côté de lois peu favorables à l'exercice de leurs facultés, le code lui-même renferme des recommandations de respect et d'égard pour elles.

Voici encore quelques règles de conduite imposées à la femme :

« La veuve qui, par le désir d'avoir des enfants, est infidèle à son mari, encourt le mépris ici-bas, et sera exclue du séjour où est admis son époux. — Tout enfant que met au monde une femme après avoir eu commerce avec un autre que son mari, n'est pas son enfant légitime ; de même celui qu'engendre un homme avec la femme d'un autre, ne lui appartient pas : et nulle part le droit de prendre un second époux, n'a été accordé à une femme vertueuse. — Celle qui abandonne son mari, appartenant à une classe inférieure, pour s'attacher à un homme d'une classe supérieure, est méprisée dans ce monde où elle est désignée sous le nom de Purapoûrvâ (qui a un autre mari que le sien.) — Une femme infidèle à son mari est en butte à l'ignominie ici-bas : elle renaît dans le ventre d'un chacal, ou bien elle est affligée d'éléphantiasis et de consomption pulmonaire.. »

Ce même livre renferme de nombreuses règles de purification au moyen de l'eau, de la terre ou de la cendre, pour les différentes souillures du corps, et en raison de la position sociale des Brahmanes, maître de maison, novice, anachorète ou mendiant ascète.

Dans le livre 6, Manou revient encore aux devoirs des Brahmanes. Après avoir déterminé leur rôle dans la société comme novices et comme chefs de famille, il règle leur conduite comme anachorètes.

Un chef de famille devenu vieux, s'il a un fils pour le remplacer, peut se retirer dans un hermitage au fond d'une forêt, avec les ustensiles propres au sacrifice, se nourrir d'herbes et de fruits, négliger les soins de son corps, être exempt de tout penchant aux plaisirs sensuels, chaste comme un novice, ayant pour lit la terre, ne consultant pas son goût pour une habitation et se logeant au pied des arbres. Il doit faire abnégation de tout, s'appliquer à la lecture du Védas, être patient, bienveillant, donner toujours, ne jamais recevoir, se montrer compatissant à l'égard de tous les êtres, supporter les injures et le mépris, être exempt de désir sensuel. Méditant sur l'âme suprême sans autre société que lui-même, il vivra dans la béatitude éternelle. Il mendiera sa nourriture une fois par jour ; s'il n'obtient rien, il ne s'en affligera pas ; s'il obtient quelque chose il ne s'abandonnera pas à la joie.

Toutes ces règles sont destinées à lui faire prendre la vie actuelle en dégoût et pour cela, on définit son corps une demeure dont les os forment la charpente, à laquelle les muscles servent d'attaches, enduite de sang et de chair, recouverte de peau et infecte, soumise à la vieillesse et au chagrin, affligée par les maladies et les souffrances, et, enfin, vouée à la mort.

Dix devoirs sont imposés à l'homme, au Dwidja qui veut s'élever jusqu'à Brahma : la résignation, l'action de rendre le bien pour le mal, prescription que nous rencontrons pour la première fois; la tempérance, la probité la pureté, la répression des sens, la connaissance de la loi, celle de l'âme suprême, la véracité et l'abstinence de colère.

Pour pouvoir les remplir, on comprend qu'une retraite absolue soit nécessaire, afin de n'en être point détourné ; de là, ces nombreux ermitages dont il est question dans les poëmes indiens, où se retiraient de vieux Brahmanes avec leurs femmes pour se livrer aux pratiques d'une dévotion ascétique. Cependant les poëmes de l'Inde renferment des descriptions d'ermitages où régnait un certain confortable, puisque les anachorètes pouvaient y pratiquer une généreuse hospitalité et recevoir même des rois avec leur escorte ; ils étaient d'ailleurs richement entretenus par les offrandes que leur faisaient les Kchatriyas élevés en dignité. Ils disparurent peu à peu devant les invasions étrangères, et le Bouddhisme y substitua ses couvents qui vécurent aussi, à leur tour, d'aumônes et d'offrandes.

Le livre 7 s'occupe de la deuxième caste, celle des Kchatriyas, rois et guerriers :

« Le roi, c'est le feu, le vent, le soleil, le génie qui préside à la lune, le roi de la justice, le dieu des richesses, le dieu des eaux, et le souverain du ciel. « On ne doit pas mépriser un monarque, même encore dans l'enfance, en se disant : c'est un simple mortel, car c'est une grande divinité qui réside sous cette forme humaine... Celui qui, dans sa bienveillance, répand les faveurs de la fortune, par sa valeur assure la victoire, et dans sa colère cause la mort, réunit certainement toute majesté. L'homme qui lui témoigne de la haine doit périr, car le roi s'occupe des moyens de le perdre. »

Après avoir défini la haute position et les devoirs des rois, le législateur leur commande de ne point s'écarter des règles prescrites relativement aux choses permises et aux choses défendues, de ne pas oublier, surtout, comme premier devoir, le respect pour les Brahmanes et une grande docilité à leurs conseils.

L'exécution des lois étant remise aux souverains, c'est à eux qu'il appartient d'appliquer les peines prononcées par les juges. Le législateur, à cette occasion, définit le châtiment une sanction pour obliger les hommes à l'accomplissement de leurs devoirs, et dont l'application est laissée aux rois :

« C'est la crainte du châtiment, dit-il, qui permet à toutes les créatures mobiles et immobiles de jouir de ce qui leur est propre et qui les empêche de s'écarter de leurs devoirs. Le châtiment gouverne le genre humain, le châtiment le protége, le châtiment veille pendant que tout dort... Le châtiment, c'est la justice, dit le sage. »

Le législateur confond l'effet avec la cause ; c'est comme s'il disait : « La récompense, c'est la vertu. »

Il ajoute que si les rois ne châtiaient pas sans relâche ceux qui le méritent, les plus forts rôtiraient les plus faibles comme des poissons. Le châtiment régit tout le genre humain ; car, selon lui, un homme naturellement vertueux se trouve difficilement : c'est donc par la crainte du châtiment que le monde peut jouir de la paix et du bien-être.

« Partout où le châtiment à la couleur noire, à l'œil rouge, vient détruire les fautes, les hommes n'éprouvent aucune épouvante, si celui qui dirige le châtiment est doué d'un jugement droit. »

Le législateur recommande au roi de dompter ses organes ;

c'est le moyen de soumettre les peuples à son autorité. Il énumère les vices que le roi est tenu d'éviter. Dix naissent de l'amour du plaisir : la chasse, les dés, le sommeil pendant le jour, la médisance, les femmes, l'amour du chant, de la danse, de la musique, le travail et les voyages inutiles. Huit vices naissent de la colère : l'empressement à divulguer le mal, la violence, l'action de nuire en secret, l'envie, la calomnie, l'action de s'approprier le bien d'autrui, celle d'injurier ou de frapper quelqu'un. Les devoirs particuliers aux rois sont de combattre, de protéger le peuple, de révérer les Brahmanes.

Suivent des règles de conduite à tenir dans la guerre : Il ne doit jamais employer contre ses ennemis des armes perfides, des flèches empoisonnées, ni des traits enflammés. Manou eut donc condamné l'emploi de l'artillerie, où l'adresse l'emporte sur le courage.

Toutefois, la ruse n'est pas défendue, elle est même recommandée : « Que son adversaire, dit-il, ne connaisse pas son côté faible, mais que lui-même cherche à reconnaître celui de son ennemi. »

Répandre des présents, semer la division, employer la force des armes, attaquer ouvertement, voilà les divers moyens qu'il indique, mais il vaut toujours mieux, suivant lui, employer la négociation.

Passant à un autre ordre d'idées, il s'occupe des devoirs du roi envers le peuple, et ne lui ménage pas les conseils et les menaces :

« Celui qui opprime le peuple par une conduite injuste, risque de perdre la royauté et la vie, et expose même ses parents. »

Cette double et terrible éventualité ne semble pas avoir effrayé beaucoup les rois de l'Inde ; leurs règnes n'ont pas, généralement, brillé par la justice.

Il détermine ensuite le mode de délibérations du conseil royal, et recommande d'en exclure les femmes. Cette recommandation pourrait faire penser que les femmes s'étaient quelquefois introduites dans les conseils et y avaient exercé une certaine influence politique, mais l'histoire de l'Inde ne présente aucun fait qui permette de le supposer.

La rouerie diplomatique trouve ici sa place :

« Le roi doit considérer comme ennemi tout prince qui est son voisin immédiat, ainsi que l'allié de ce prince, comme ami le voisin de son ennemi, et comme neutre tout souverain qui ne se trouve dans aucune de ces deux situations. »

Revenant au rôle du roi pendant la guerre, il dit :

« Le roi doit s'occuper de la conduite de ses soldats avant et pendant le combat. Après la victoire qu'il ravage le pays. »

Cette loi impitoyable est immédiatement adoucie par la recommandation d'honorer les divinités de l'endroit, ainsi que les brahmanes, de distribuer des largesses au peuple, de faire des proclamations propres à éloigner toute crainte, de respecter les lois de la nation conquise, d'offrir des présents au prince et à ses courtisans.

Suivent d'autres prescriptions sur les alliances, les expéditions extérieures, et sur sa propre conservation, comme celle-ci :

« Pour remédier à l'infortune, qu'il garde avec soin ses richesses, qu'il les sacrifie pour son épouse, qu'il sacrifie son épouse et ses richesses pour se sauver lui-même. »

Ainsi la femme est assimilée à une possession plus chère seulement que les autres, et à laquelle l'homme peut bien sacrifier sa fortune, mais non sa vie.

Le législateur menace le roi qui opprime ses sujets de se voir bientôt privé de la royauté et de la vie, et d'entraîner ses parents dans sa ruine. Il lui ordonne d'instituer un chef pour chaque commune ou village, un autre chef pour dix communes, un autre pour vingt, un autre pour cent, et un dernier pour mille, lesquels doivent se rendre compte mutuellement de ce qui se passe dans les communes de leur ressort.

Chaque chef perçoit les choses que les habitants sont tenus de donner au roi, telles que riz, boisson, bois de chauffage, et jouit lui-même d'un produit d'une étendue de terrain, proportionné à son rang.

Un surintendant est chargé de surveiller la conduite des autres fonctionnaires, et d'en rendre compte au roi, « car, en général, dit le code, les hommes chargés par le roi de veiller à la sûreté du pays, sont des fourbes portés à s'emparer du bien d'autrui. »

Le roi doit imposer les commerçants, après avoir considéré le prix auquel les marchandises sont achetées, celui auquel on les vend, la distance du pays où on les apporte, les dépenses de nourriture et d'assaisonnement, les précautions nécessaires pour apporter les marchandises en toute sûreté.

« De même que la sangsue, le jeune veau et l'abeille ne prennent que petit à petit leur nourriture, de même ce n'est que par petites portions que le roi doit percevoir le tribut annuel dans son royaume. — La cinquantième partie peut être prélevée sur les bestiaux et sur l'or et l'argent; la huitième et la douzième partie sur les grains. — La sixième partie du bénéfice sur les arbres, la viande, le miel, le beurre clarifié, les parfums, les plantes médicinales, les sucs végétaux, les fleurs, les racines et les fruits. — Sur les feuilles, les plantes potagères, l'herbe, les ustensiles, les peaux, les vases de terre, et tout ce qui est en pierre. — Un roi, même à l'extrémité, ne doit pas recevoir de tribu d'un brahmane versé dans la sainte Écriture... — Les devoirs religieux accomplis tous les jours par ce brahmane, sous la protection du roi, prolonge la durée d'existence de celui-ci, et augmentent ses richesses et ses États. — Que le roi fasse payer, comme impôt, une redevance annuelle très-modique aux hommes de la dernière classe, qui vivent d'un commerce peu lucratif. — Quant aux ouvriers, aux artisans et aux Çoudras, qui gagnent leur subsistance à force de peine, qu'il les fasse travailler chacun un jour par mois... — Que le roi soit sévère ou doux suivant les circonstances : un souverain doux et sévère à propos est généralement estimé... Qu'il protège ses peuples avec zèle et vigilance en remplissant de la manière prescrite tous les devoirs qui lui sont imposés. »

Le législateur entre dans tous les détails de la vie privée du roi ; il veut qu'il mange une nourriture préparée par des serviteurs dévoués, éprouvée, et consacrée par des prières (Mantras) qui neutralisent le poison.

« Après avoir mangé, qu'il se divertisse avec ses femmes dans l'appartement intérieur, et lorsqu'il s'est réjoui pendant le temps convenable, qu'il s'occupe de nouveau des affaires publiques... Le soir, après avoir rempli ses devoirs pieux, qu'il se rende, muni de ses armes, dans une partie retirée de son palais, pour entendre les rapports secrets de ses espions... Puis, qu'il retourne, entouré des femmes qui le servent, dans l'appartement intérieur pour y prendre son repas du soir. — Là, ayant mangé une seconde fois quelque peu, ayant été récréé par le son des instruments, qu'il se livre au repos lorsqu'il en est temps, et se lève ensuite exempt de fatigue. »

Le livre 8 concerne les attributions des juges et les causes civiles et criminelles.

Le roi préside au jugement des affaires en litige ; mais les juges ou interprètes de la loi sont pris dans les trois premières classes.

Le législateur regarde comme également coupable celui qui refuse de parler et celui qui profère un mensonge devant un tribunal.

Entre les signes indicatifs de culpabilité il mentionne le son de la voix, la couleur du visage, le maintien du corps, le regard et le geste ; témoignages fort sujets à caution.

Suivent des prescriptions relatives aux objets perdus, volés ou trouvés, aux dépositions des témoins, aux dettes et aux créances.

Elles sont entremêlées de maximes souvent très-sages comme celles-ci :

« Les méchants se disent : Personne ne nous voit. Mais les dieux les regardent de même que l'esprit qui siége en eux. — Un châtiment injuste détruit la renommée pendant la vie et la gloire après a mort, et ferme l'accès du ciel dans l'autre ; un roi doit s'en garder avec soin.— Un roi au cœur pervers qui, dans son égarement, prononce des sentences injustes, est bientôt réduit sous la dépendance de ses ennemis. Au contraire, lorsqu'un roi, réprimant l'amour de la volupté et la colère, examine les causes avec équité, les peuples s'empressent vers lui comme la rivière se précipite vers l'Océan. »

Des châtiments terribles attendent le faux témoignage dans ce monde et dans l'autre :

« Les séjours des tourments réservés au meurtrier d'un Brahmane, à l'homme qui tue une femme ou un enfant, à celui qui fait tort à son ami, et à celui qui rend le mal pour le bien, sont également destinés au témoin qui fait une fausse déposition... — O digne homme ! tandis que tu te dis : « Je suis seul avec moi-même, » dans ton cœur réside sans cesse cet Esprit suprême, observateur attentif et silencieux de tout le bien et de tout le mal. — Cet Esprit qui siège dans ton cœur, c'est un juge sévère, un punisseur inflexible, c'est un dieu... — Nu et chauve, souffrant de la faim et de la soif, privé de la vue, celui qui aura porté un faux témoignage sera réduit à mendier sa nourriture, avec une tasse brisée, dans la maison de son ennemi. »

Le juge fait jurer un Brahmane par sa véracité, un Kchatriya par ses chevaux ou ses armes, un Vaysia par ses vaches ou son or, un Çoudra par tous les crimes.

Il y a aussi des épreuves par le feu et l'eau.

Des peines sont réservées aux actes de mauvaise foi, de tromperie, de vol et de violence.

Outre l'adultère commun, le code donne ce nom au mélange des classes qu'il considère comme une violation des devoirs. « Destructive de la race humaine, et cause de la perte de l'univers. » Cette déclaration est un des exemples des conséquences auxquelles entraîne le préjugé de caste.

Des supplices plus ou moins cruels sont infligés pour les divers cas d'adultère.

Quoiqu'en bonne justice la haute position d'un coupable le rende plus digne de châtiment, les Brahmanes auteurs de ce code, ont voulu soustraire leur caste au droit commun ; et celui d'entr'eux qui commettait un adultère en était quitte pour une torture ignominieuse.

Ce livre renferme sur les gages des prescriptions dignes d'être rapportées :

Un prêteur sur gage ne doit pas recevoir plus de deux pour cent par mois.

Un gage et un dépôt ne peuvent être perdus pour le propriétaire par suite d'un laps de temps considérable. Celui qui en use sans l'assentiment du possesseur, doit abandonner la moitié de l'intérêt, en réparation de cette jouissance.

Un intérêt qui dépasse le taux légal n'est pas valable ; c'est un procédé usuraire.

Le roi qui prend ce qu'il ne doit pas prendre et refuse ce qui lui revient de droit, fait preuve de faiblesse et est perdu dans ce monde et dans l'autre.

Un débiteur peut s'acquitter avec son créancier au moyen de son travail, s'il est de la même classe, ou d'une classe inférieure ; mais s'il est d'une classe supérieure, il doit payer sa dette petit à petit.

Suivent des réglements concernant tout travail entrepris pour un salaire. Celui qui ayant fait une convention manque à son serment est condamné au bannissement après avoir payé une amende.

Une amende est également infligée à celui qui donne en mariage une fille ayant des défauts, et à celui qui par méchanceté vient dire : « Cette fille n'est pas vierge. » Car les prières nuptiales sont destinées aux vierges seulement, et consacrent le mariage.

Des limites entre les villages et entre les propriétés particulières sont déterminées par la loi, et des amendes sont portées contre les fausses déclarations.

D'autres amendes sont infligées au Brahmane pour outrages, proportionnellement à la classe de la personne outragée. Mais le Çoudra qui insulte les Brahmanes par des invectives, est condamné à avoir la langue coupée ; s'il les désigne par leurs noms et par leurs classes d'une manière outrageante, un stylet de fer, long de dix doigts, sera enfoncé tout brûlant dans sa gorge. S'il ose donner des avis aux Brahmanes relativement à leurs devoirs, de l'huile bouillante sera versée dans sa bouche et dans ses oreilles. De quelque membre que se serve un homme de basse naissance pour frapper un supérieur, ce membre doit être mutilé.

Le législateur déclare ensuite que le roi qui ne protége pas les peuples et en perçoit cependant des tributs ira en enfer. C'est au roi qu'il appartient de réprimer les crimes par la détention, par les fers, par diverses peines corporelles; et c'est en réprimant les méchants et en favorisant les gens de bien que les rois sont purifiés comme les Brahmanes le sont en sacrifiant.

Diverses peines corporelles sont édictées au sujet du vol. Pour le vol d'hommes de bonne famille, et surtout de femmes, et de bijoux d'un grand prix, le voleur est condamné à mort.

Pour le vol de grands animaux, de vaches, de bestiaux appartenant à des Brahmanes, le malfaiteur est condamné à avoir la moitié du pied coupé. Pour le vol d'objets divers il est condamné à une amende double du prix de l'objet volé. L'amende imposée à un Çoudra pour un vol quelconque doit être huit fois plus forte que la peine ordinaire, celle d'un Vaisya, seize fois, celle d'un Kchatriya, trente-deux fois, celle d'un Brahmane soixante-quatre fois ou même plus lorsqu'il connaît parfaitement le bien ou le mal de ses actions.

Celui qui séduit la femme d'un autre doit être banni après avoir subi une mutilation flétrissante :

« Car c'est de l'adultère que naît dans le monde le mélange des classes, et du mélange des classes provient la violation des devoirs destructrice de la race humaine... Celui qui parle à la femme d'un autre dans une place de pèlerinage, dans une forêt ou dans un bois, dans tout autre endroit écarté, encourt la peine de l'adultère. — Etre aux petits soins, folâtrer avec une femme, toucher sa parure ou ses vêtements, et s'asseoir avec elle sur le même lit sont considérés comme les preuves de l'adultère. »

La femme infidèle à son époux est condamnée à être dévorée par les chiens, et son complice à être brûlé sur un lit de fer chauffé à rouge.

Plusieurs lois concernent les droits imposés aux marchandises, les poids et les mesures.

Le code désigne ensuite les espèces de serviteurs : le captif fait à la guerre ; le domestique à gage ; l'esclave acheté ou donné, celui qui a passé du père au fils, et celui qui a été condamné à la servitude. Une épouse, un fils et un esclave sont déclarés ne rien posséder par eux-mêmes ; tout ce qu'ils peuvent acquérir est la propriété de leur maître.

Le livre IX traite des lois civiles et criminelles, du sort de la femme, des devoirs de la classe commerçante et de la classe servile. Le législateur renouvelle cette déclaration que la femme doit être sous la garde de son père pendant son enfance, sous celle de son mari pendant sa jeunesse, sous celle de ses enfants pendant sa vieillesse. Il faut, suivant lui, réprimer jusqu'à ses plus faibles penchants : car, dit-il, si la femme n'était pas surveillée, elle ferait le malheur des deux familles. Il engage donc l'homme à exercer sur elle une grande surveillance, tout en lui confiant le soin de l'intérieur. Malgré cette subordination de la femme bien établie, il convient cependant qu'elle n'est jamais mieux en sûreté que lorsqu'elle se garde elle-même spontanément.

Manou déclare avoir donné en partage aux femmes, l'amour de leur lit, de leur siége et de la parure, la concupiscence, la colère, les mauvais penchants, le désir de faire du mal et la perversité. Mais il ajoute que celles qui s'unissent à leurs époux dans le dessein d'avoir des enfants, qui se rendent respectables, qui font l'honneur de leur maison, sont véritablement les déesses de la fortune ; que de la femme procèdent les enfants, l'accomplissement des devoirs pieux, et la félicité céleste.

Celui-là est un homme parfait qui est composé de trois personnes réunies : sa femme, lui-même et son fils ; de là cette maxime brahmanique : « le mari ne fait qu'une même personne avec son épouse. » Aussi une femme ne peut-elle être affranchie de l'autorité de son époux ni par vente, ni par abandon.

Une clause qui doit remonter au plus ancien temps et qu'on retrouve dans beaucoup de législations anciennes, est celle qui permet au mari lorsqu'il n'a pas d'enfant, d'en avoir au moyen de l'union de sa femme avec un frère ou un autre parent. Toutefois, Manou exige qu'on observe dans ce cas certaines formalités :

« Arrosé de beurre liquide et gardant le silence, que le parent chargé de cet office, en s'approchant pendant la nuit d'une veuve ou d'une femme sans enfant, engendre un seul fils, mais jamais un second. »

Il y a dans cette clause une pudeur de langage qui corrige l'étrangeté de son objet.

Le législateur se tait sur l'éventualité de la naissance d'une fille, cette naissance ne compte peut-être pour rien. On peut le supposer d'après ce qu'il dit :

« Par un fils, un homme gagne les mondes célestes ; par le fils d'un fils, il obtient l'immortalité ; par le fils de ce petit-fils, il s'élève au séjour du soleil. Le fils délivre son père du séjour infernal ; il a été appelé sauveur de l'enfer par Brahma lui-même. »

Si un homme donne en mariage une fille ayant quelque défaut, sans en prévenir l'époux, celui-ci peut annuler l'acte de mariage ; mais la femme, de son côté, ne peut abandonner son mari vicieux ou malade.

Une fille nubile qu'on néglige de marier doit attendre trois ans, et se choisir alors elle-même un époux. Un homme de trente ans doit épouser une fille de douze ans ; un homme de vingt-quatre ans une fille de huit ans.

Il y a trois principales règles concernant les héritages : l'aîné a une part double, le cadet une part et demie, et les autres frères une part simple.

Les jeux du hazard et les paris sont défendus à l'égal des vols ; le législateur ne veut pas même qu'on s'y livre par amusement.

Puis vient un passage qui eut mieux trouvé sa place au chapitre précédent, dans lequel Manou déclare aussi injuste de laisser échapper un coupable que de condamner un innocent.

L'espionnage, ou police secrète, était pratiqué pour la découverte des criminels ; et Manou indique des ruses que la police moderne a perfectionnées « par le moyen d'espions adroits ayant été voleurs, qui s'associent avec des voleurs, les accompagnent et sont bien au fait de leurs différentes pratiques. »

Le voleur pris avec l'objet volé est condamné à mort, ainsi que ceux qui lui ont fourni des vivres, un asile ou des instruments. Celui qui fait une brèche à un mur pour voler pendant la nuit est condamné à être empalé sur un dard aigu, après avoir eu les deux mains tranchées.

Des amendes plus ou moins fortes sont infligées à ceux qui salissent les routes royales, aux médecins qui exercent mal leur art, aux marchands qui fraudent sur les marchandises, à ceux qui exercent la magie et les sortilèges.

L'orfèvre qui trompe sur la qualité du métal ou des pierres précieuses est condamné à être coupé par morceaux.

Le législateur revient sur les qualités et les devoirs du roi :

« Que le roi soit toujours armé de courroux et d'énergie contre les criminels ; qu'il soit impitoyable à l'égard des mauvais ministres, il remplira les fonctions d'Agni... Dans quelque détresse qu'il se trouve il doit bien se garder d'irriter les Brahmanes, car ceux-ci le détruisaient sur le champ avec son armée et ses équipages... Instruit ou ignorant, un Brahmane est une divinité puissante, de même que le feu, consacré ou non, est une puissante divinité. »

Des conseils de bonne gestion sont donnés au Vaysia pour le soin des bestiaux, l'industrie, le commerce et l'agriculture.

Quant aux Çoudras, une obéissance sans bornes aux volontés des classes supérieures résume tous ses devoirs, et, en retour, on lui promet une naissance plus relevée.

Le livre 10 traite du mélange des classes.

Les classes sacerdotale, militaire et commerçante sont dites régénérées, c'est-à-dire avoir déjà vécu ; tandis que la quatrième classe, n'ayant qu'une naissance, est considérée comme servile.

Dans toutes les classes, ceux-là seulement qui sont nés dans l'ordre direct, de femmes de la même classe que leurs maris, sont regardés comme appartenant à la classe de leurs père et mère.

Le mélange des castes par les unions sexuelles engendre un grand nombre de races abjectes, plus infâmes que celles dont ils sont sortis. Les hommes nés de cette race ne peuvent avoir d'affaires qu'entre eux, et sont chargés des plus vils emplois tels que celui de transporter le corps d'un homme qui meurt sans laisser de parents, d'exécuter les criminels condamnés à mort.

Le législateur dit qu'on doit reconnaître à ses actions l'homme appartenant à l'une de ces classes viles, par exemple, le manque de sentiments nobles, la rudesse de paroles, la cruauté et l'oubli des devoirs.

Celui qui a été engendré par un homme de première classe et par une femme de la dernière classe peut s'élever par son mérite ; mais celui qui est né d'une femme de première classe et d'un Çoudra demeure toujours vil.

Les attributions du Brahmane se réduisent à six pratiques : lire la Sainte-Écriture, enseigner aux autres à la lire, sacrifier, assister les autres dans leurs sacrifices, donner et recevoir. Celles des Kchatriyas consistent à porter l'épée ou le javelot. Celles du Vaysia, à faire le commerce, à soigner les bestiaux et à labourer la terre. Le Kchatriya et le Vaysia doivent, en outre, faire l'aumône, lire la Sainte-Écriture et sacrifier.

Cependant le Brahmane peut remplir les fonctions du Kchatriya ou du Vaysia, excepté celle d'agriculteur, parce que, dit Manou, il faut se servir d'un bois orné de fer qui déchire la terre et les animaux qu'elle renferme. Cependant, il peut vendre des graines de sésame, et faire des échanges de liquides : « Il vaut mieux, dit Manou, s'acquitter de ses propres fonctions d'une manière défectueuse, que de remplir parfaitement celles d'un autre. »

Le Brahmane tombé dans la misère peut recevoir de qui que ce soit; il n'en est jamais souillé.

Servir un Brahmane est déclaré l'action la plus louable pour un Çoudra ; dans ce cas, on lui donne le reste du riz apprêté, les vêtements usés, le rebut des grains et les vieux meubles, Mais il ne doit pas amasser de richesses, même lorsqu'il le peut.

Le livre 11 traite des pénitences et des expiations particulièrement imposées à la caste des Brahmanes pour laquelle ce Code paraît avoir été spécialement rédigé.

Bien que le législateur recommande aux Brahmanes d'être fort réservés au sujet des cadeaux qu'on leur offre, il indique cependant les diverses aumônes qu'ils peuvent recevoir, lorsqu'ils sont retirés du monde et vivent dans la contemplation.

Tout homme qui, selon ses moyens, fait des présents aux Brahmanes anachorètes obtient le ciel après sa mort.

Ici, se trouve une loi fort arbitraire et capable d'autoriser bien des abus de pouvoir. Le Brahmane dans le besoin a le droit de prendre ce qu'il veut dans la grange, dans le champ ou dans la maison dont le propriétaire est préalablement averti. De même un homme de la classe militaire, un Kchatriya ne doit jamais s'emparer de ce qui appartient à un Brahmane ; mais s'il est dans le dénuement il peut prendre ce qui appartient à un homme de classe inférieure.

Cette clause étrange n'aurait-elle pas été introduite dans le Code à l'instigation d'un prince avide, voulant couvrir ses exactions d'une marque de légalité ?

Des restrictions sont faites au droit de mendicité accordé au Brahmane. Le Brahmane ne doit jamais implorer la charité d'un Çoudra pour les frais d'un sacrifice, et s'il n'emploie pas à cet usage ce qu'il a eu le droit de recevoir, il deviendra Milan ou Corneille pendant cent années.

Le législateur déclare que pour les crimes commis dans cette vie ou pour les fautes d'une existence précédente, on est affligé de certaines maladies ou difformités.

Le Code présente ensuite une énumération de crimes secondaires, parmi lesquels le meurtre d'une vache figure en première ligne ; puis l'adultère, l'abandon d'un père ou d'une mère, le mariage avant un frère aîné, la défense pour le Brahmane, en particulier, d'aimer la danse, le chant, et toute musique, de recevoir des présents d'hommes méprisables, de faire un commerce indigne de lui, de servir un Çoudra et de mentir, toutes défenses mentionnées déjà plus haut. La prévarication, dans ces cas-là, n'est point criminelle, mais honteuse ; il en est de même du meurtre d'un insecte, d'un ver, d'un oiseau. Voler du fruit, du bois, des fleurs, être pusillanime, voilà ce qu'on appelle des souillures pour le Brahmane. Des règles sévères de continence lui sont également imposées.

L'ivrognerie, qui dégrade l'homme et lui donne les allures de la brute, est plus rigoureusement punie chez le Brahmane que chez tout autre homme, et plus que le meurtre même, car elle lui fait perdre son rang de Brahmane pour le faire décheoir à l'état de Çoudra : mais s'il tue par imprudence un homme de la classse des rois, il se purifie en donnant mille vaches et un taureau. La loi ne dit pas ce qu'il advient lorsqu'un Brahmane n'est pas assez riche pour y satisfaire.

Le novice qui tue un chat, un geai, une grenouille, un chien, un crocodile, un bouc ou une corneille est condamné à la même pénitence que pour le meurtre d'un Çoudra, c'est-à-dire à une amende.

Suivent des lois contre l'inceste et contre d'autres unions illégitimes.

Les peines actuelles ne sont pas les seules dont on menace les fautes et délits. La perspective d'un lieu infernal d'expiation fait partie des clauses pénales de ce Code comme aussi réelle que les supplices immédiats. Ainsi, l'homme qui se précipite sur un Brahmane avec intention de le tuer est condamné à cent années d'enfer, et s'il le frappe, à mille années.

Le législateur sanctionne l'efficacité du repentir, au moyen d'un aveu fait devant tout le monde, suivi d'actes de dévotions, de prières et surtout d'aumônes. N'est-ce pas là l'origine de la confession fondée par le Bouddhisme ?

Les Brahmanes étant déclarés la base et les Kchatriyas le sommet du système des lois, celui qui confesse sa faute en leur présence, lorsqu'il sont réunis, est purifié.

Le meurtrier d'une vache qui se dévoue au service d'un troupeau, en abandonnant tous ses biens aux Brahmanes, efface sa faute.

Le Code porte :

« Souvent la franchise et la sincérité de l'aveu fait par un homme qui a commis une iniquité, le débarrassent de cette iniquité comme un serpent de sa peau. »

La récompense des bonnes œuvres dans une autre vie est présentée au Brahmane comme une éventualité encourageante :

« Ayant bien médité dans son esprit sur la certitude d'un prix réservé aux actes après la mort, qu'il fasse en sorte que ses pensées, ses paroles et ses actions soient toujours vertueuses. »

A la suite de ces sages préceptes en vient un qui place les actes de dévotion au-dessus des actes de vertus, contrairement à ce que nous avons vu plus haut.

« Un Brahmane possédant le Rig-Véda tout entier ne serait souillé d'aucun crime, même s'il avait tué tous les habitants des trois mondes, et accepté de la nourriture de l'homme le plus vil.

Il y a des crimes irrémissibles, comme celui d'un homme qui souille la couche de son père, il ne peut l'expier qu'en s'étendant lui-même sur un lit de fer brûlant, en embrassant une image de femme rougie au feu.

Pour le meurtre d'un Kchatriya, la pénitence est le quart de celle qui est imposée pour le meurtre d'un Brahmane; d'un huitième pour le meurtre d'un Vaisya; d'un seizième pour celui d'un Çoudra.

Dans le livre 12 et dernier il est question de la transmigration des âmes et de la béatitude finale.

C'est une addition postérieure attribuée à Brighou, descendant de Manou, dans laquelle Brighou explique aux Maharchis la récompense suprême des actions.

Suivant cette explication, tout acte de la pensée, de la parole ou du corps, porte un bon ou mauvais fruit. Des actions des hommes résultent leurs différentes conditions supérieures, moyennes, ou inférieures. Penser au moyen de s'approprier le bien d'autrui, méditer une action coupable, embrasser l'athéisme, sont les trois actes mauvais de l'esprit. Dire des injures, mentir, médire, parler mal à propos, sont les quatre actes mauvais de la parole. Voler, faire du mal aux animaux sans y être autorisé; courtiser la femme d'une autre, sont les trois actes mauvais du corps.

L'être doué de raison obtient une récompense ou une punition pour les actes de l'esprit, dans son esprit; pour ceux de la parole, dans ses organes vocaux; pour les actes corporels, dans son corps.

Celui qui a su maîtriser ces trois choses, obtiendra la béatitude finale, le séjour dans le Swarga, lieu de délices.

Il ne s'agit pas ici de la résurrection pure et simple du corps; car, Brighou ajoute qu'après la mort les âmes des coupables prennent d'autres corps destinés à souffrir dans un lieu infernal. Il dit aussi que l'expiation fait renaître la pureté, et que lorsque l'âme a recueilli le fruit des fautes nées de l'abandon aux plaisirs des sens, la souillure étant effacée en elle, elle retourne vers ses deux principes, douée de l'énergie de l'âme suprême. Ces deux principes faisant la balance de ses vertus, de ses vices, elle obtient dans ce monde et dans l'autre le plaisir ou la peine.

Le code appelle passion tout ce qui produit l'aversion et porte au plaisir des sens, chose qu'il avoue être difficile à vaincre. Il appelle obscurité cette disposition qui est privée de la distinction du bien et du mal, et du pouvoir de discerner les objets inappréciables. La pureté existe dans l'étude du Véda et dans la dévotion; la bonté consiste à dompter les organes des sens, à accomplir les devoirs, à méditer sur l'âme suprême.

Il appelle aussi passion, agir dans l'espoir d'une récompense, se décourager, faire des choses défendues et se livrer au plaisir des sens; et obscurité: la cupidité, l'indolence, l'irrésolution, la médisance, l'athéisme, l'importunité et la négligence. Vouloir acquérir une grande renommée sans s'affliger de l'insuccès, voilà encore de la passion; mais il ne dit pas qu'elle soit mauvaise. La bonté est aussi dans le désir de connaître, dans la satisfaction de ce qu'on a fait.

Ces observations sont un peu obscures, ces définitions arbitraires; mais on y voit un effort de l'esprit humain à se rendre compte des mouvements de la conscience et de la moralité des actions; on peut y reconnaître aussi l'homogénéité de la doctrine brahmanique, puisque les mêmes pensées se rencontrent presque textuellement dans d'autres livres émanés de cette caste. Son enseignement n'a point varié, et il a exercé une certaine influence sur les écoles Boudhiques et Krisnhaïque.

On trouve enfin la désignation des animaux dans lesquels on renait, suivant les délits qu'on a commis :

« Plus les êtres animés, inclinés à la sensualité, se livrent au plaisir des sens, plus la finesse de leur sens acquiert de développement. En raison du degré de leur obstination à commettre des mauvaises actions, les insensés éprouvent ici-bas des peines plus cruelles en revenant au monde sous telle ou telle forme. »

Par exemple, le Brahmane qui a volé de l'or, passera mille fois dans des corps d'araignée, de serpents, de caméléons, d'animaux aquatiques et de vampires malfaisants.

La connaissance des devoirs est représentée ici comme dépendant de l'évidence du raisonnement et de l'autorité des livres saints. Dans les cas particuliers dont la loi ne parle pas, il faut s'en rapporter à la décision des Brahmanes, et le code porte que le conseil des trois juges Brahmanes doit être formé d'un Brahmane ayant particulièrement étudié le *Rig-Véda*, d'un autre connaissant le *Yadjour-Véda*; d'un troisième possédant le *Sama-Véda*. Il est chargé de résoudre les doutes en matière de jurisprudence.

Voici une réflexion finale qui résume l'opinion brahmanique sur la destinée à venir de l'homme fidèle à la loi :

« L'homme qui reconnaît dans sa propre âme l'âme suprême, présente dans toutes les créatures, obtient d'être à la fin absorbé dans Brahma. — Le dwidja qui lit ce code de Manou promulgué par Brighou, sera toujours vertueux et obtiendra la félicité qu'il désire. »

En résumé, ce qui caractérise le code de Manou, c'est la division de la société indienne en quatre castes.

Les trois premières jouissent de certaines prérogatives, et c'est pour elles que les lois et le gouvernement sont constitués, et que la quatrième caste est soumise à un travail obligatoire et à un asservissement perpétuel.

Le Brahmane, le deux fois né (Dwidja) est le chef de tous les êtres. Par son pouvoir, il est au-dessus des rois ; il peut les faire périr, créer d'autres mondes et même d'autres dieux.

Cependant, comme nous l'avons vu, cette prééminence ne leur donne point le droit de s'abandonner à leurs passions; au contraire, elle les oblige à une vie exemplaire passée dans l'étude des Védas, dans la retraite, dans la pratique austère, dans l'accomplissement de nombreux devoirs, soit comme novices, soit comme chefs de famille, soit comme anachorètes.

Le Brahmane est le conseiller le plus confidentiel des Rois, l'interprète des lois, le juge en dernier ressort, le sacrificateur, et à ce titre, il reçoit de riches offrandes ; le code porte :

« Les organes des sens et de l'action, la réputation dans cette vie, et le bonheur dans l'autre, la vie elle-même, les enfants, les troupeaux, tout est ruiné par un sacrifice que ternissent des présents mesquins offerts aux Brahmanes. »

La caste des Kçhatriyas jouit aussi de grandes prérogatives; de cette caste sortent les rois, les officiers de l'armée et la plupart des fonctionnaires politiques; elle a pour devoir de défendre le peuple, de faire des aumônes et des sacrifices, et de lire les Védas.

Les Vaisyas ont pour fonctions l'agriculture, l'élève des troupeaux, le commerce; ils peuvent aussi faire des sacrifices et lire les Védas.

Le Çoudra ne remplit d'autre fonction que celle du service personnel des autres classes. S'il ne trouve pas d'emploi auprès d'elles il peut gagner sa vie en se louant comme manœuvre, charpentier, maçon, peintre, etc. Il peut aussi accomplir des sacrifices religieux, mais sans les accompagner de chants védiques, dont la connaissance lui est interdite

On lui ôte même le droit d'amasser des richesses, fût-ce par des moyens honnêtes, « afin, dit la loi, qu'il ne devienne pas orgueilleux et ne cause pas de peine aux Brahmanes. »

Les supplices qui lui sont infligés pour les moindres délits attestent bien l'état d'abjection auquel la loi le condamne; par exemple, s'il insulte un homme de classe supérieure on lui coupe la langue; s'il s'assied sur le même siége qu'un Brahmane, on lui brûle avec un fer rouge la partie de son corps qui a souillé le siége. S'il raille un Brahmane pendant ses pratiques religieuses, on lui coule de l'huile bouillante dans la bouche et dans les oreilles, etc.

Le Çoudra n'est pas cependant un esclave dans toute la force du terme, puisqu'il peut servir qui bon lui semble, exercer un métier de son choix, posséder quelque bien ; et il peut même émigrer, chose défendue aux autres classes.

D'après les maximes de morale que j'ai citées, on voit que le législateur indien prêchait aux castes privilégiées de nobles sentiments, mais la sagesse qu'il recommandait était plutôt individuelle que générale; elle s'appliquait à la conduite privée de l'homme encore plus qu'à la vie sociale ; elle ordonnait un grand respect pour les parents, les vieillards, les infirmes, et les gens instruits. « Sur la route, dit le code, il faut céder le pas à un malade, à l'homme chargé d'un pesant fardeau, à une femme, à un prince, à un nouveau marié. »

Et à côté de ces recommandations, il marquait le plus grand mépris pour ceux que le hasard avait fait naître dans la dernière classe, et dont les travaux, cependant, étaient une source de richesse ou de bien-être pour les classes supérieures.

§ 2. *Les poëmes* : LE RAMAYANA. — LE MAHABHARATA.

L'auteur du *Râmayana*, Valmiki, fut, suivant les uns, contemporain du héros dont il célébra les exploits, au quinzième siècle avant notre ère. Les autres le font vivre au dixième siècle, et le représentent plutôt comme le rapsode que comme l'auteur de ce poëme. L'unité de style et d'idées accuse bien un même esprit, mais beaucoup de chapitres paraissent y avoir été introduits à diverses époques. Son dernier traducteur, M. H. Fauche (1), a signalé les passages interpollés.

Le *Râmayana* est une vaste allégorie de la conquête du Ceylan par les Aryas. Ses héros sont des types poétiques d'anciens chefs dont la mémoire s'est conservée entourée du prestige d'une grandeur presque divine.

On a dit encore que Sitâ, l'épouse fidèle de Râma, personnifiait l'agriculture introduite par les Aryas, triomphant de l'ignorance des indigènes. Au point de vue moral, c'est l'allégorie du triomphe du bien, personnifié dans Râma, sur le mal, personnifié dans Ravana.

Œuvre d'un Brahmane, on y voit dominer l'esprit brahmanique sous le rapport religieux comme sous le rapport politique.

On a cru voir des rapports d'origine entre le *Râmayana* et l'*Iliade* (1). Dans les deux poëmes il s'agit bien de l'enlèvement d'une femme, enlèvement qui donne lieu à une formidable guerre entre différents peuples, à des duels gigantesques entre leurs chefs ; mais la donnée de Valmiki est plus élevée que celle d'Homère. Le génie du mal enlève l'épouse de Râma ; et celui-ci, après plusieurs combats, finit par la délivrer : il tue son ravisseur et détruit son armée, composée de mauvais génies nommés Rakshasas.

C'est donc une donnée à la fois religieuse et morale. Les dieux interviennent dans la lutte et paraissent très-intéressés au succès de Râma, car le roi des démons, dans la religion indienne comme dans les autres religions, a un pouvoir surnaturel qui balance et annule souvent l'action de la toute-puissance suprême de Brâhma.

Les divinités secondaires, prenant part aux faits et gestes de l'homme, revêtent des formes corporelles, la figure d'un hé-

---

(1) 9 vol. in-18, 1852-1858. Meaux.
(1) Eichhoff, *Poésie héroïque des Indiens*, 1 vol. in-8o, 1860.

ros, d'un roi ou même d'un mendiant, sans perdre leurs attributs divins, sans cesser de faire des miracles.

On y trouve un mélange contradictoire de haute moralité et de fatalisme ; les principes de la miséricorde et de la justice s'y confondent avec ceux de l'obéissance passive et du pouvoir absolu ; les notions naturelles du bien et du mal y apparaissent en lutte avec des devoirs factices, des pratiques traditionnelles que les prêtres et les rois font prévaloir, les uns pour consacrer leurs croyances, les autres pour appuyer leur autorité.

Enfin ce poëme est un miroir fidèle de l'état moral des Indiens, sinon à l'époque primitive de la conquête de Ceylan, au moins à celle où vivait le poète, au dixième siècle avant notre ère.

Un savant orientaliste, M. Eichhoff, a montré ce qu'il y a de grand, d'harmonieux dans la marche de ce poëme depuis le début jusqu'au dénouement, à travers des incidents variés (1). On y rencontre un luxe prodigieux d'images, de visions, de transformations, de discours, de pensées morales, d'idées religieuses. Les passions mauvaises y sont attribuées à une race ennemie qui vient attaquer et mettre à l'épreuve les vertus de Râma et de Sitâ ; et le triomphe final de ces époux modèles est offert à l'admiration de la postérité. La pureté des caractères, la délicatesse des sentiments, la richesse des tableaux, font de la lecture du Râmayana un enseignement moral bien supérieur à celui qu'on peut tirer de la lecture des poëmes homériques.

Le *Mahâbhârata* est un poëme colossal en 200,000 vers, un recueil de légendes anciennes réunies, dit-on, par Vyâsa (collecteur) et groupées autour d'un sujet principal. Le Mahâbhârata a formé une transition entre les temps purement légendaires et les temps historiques ; s'il ne peut nous instruire au sujet de l'établissement des Ariyas dans l'Indostan, de leurs premiers chefs et de leurs premières colonies, il nous fournit

---

(1) *Poésie héroïque des Indiens*, p. 181.

cependant, quelques traits réels de la société indienne primitive.

M. Th. Pavie, qui en a publié une analyse et des fragments(1), dit que son principal sujet est l'inauguration dans l'Inde d'une nouvelle ère, celle de la force brutale l'emportant sur la pensée. Les auteurs se sont appliqués à peindre les passions qui dominaient alors : l'amour du pouvoir, du jeu et de la vengeance. (2)

Cependant le chef des Pandavas, Youdichthira, offre encore un type de la sagesse antique : ses actes, ses paroles, les sentiments qu'il exprime, et son abdication finale sont autant d'hommages rendus au triomphe de la vertu sur les passions.

Les héros du Mahâbhârata sont plus gigantesques que ceux du Râmayana, et les scènes sont plus dramatiques ; mais le fond des idées est le même ; car c'est encore un Brahmane, un disciple des Védas, qui écrit, et il écrit dans l'intérêt de sa caste pour en assurer la prédominence.

Le sujet principal de cette épopée est la lutte de deux branches de la dynastie lunaire des Bhâratides, établie à Hastinapoura, près de Delhi.

Des deux frères Pandous, l'aîné a cédé le trône à son frère Dhritarâchtra, en réservant les droits héréditaires de ses cinq fils, Youdichthira, Bhîma, Ardjouna, Nakula, Sahadéva, types de justice, de force, de sagesse et de fraternité à toute épreuve, dont la naissance est attribuée aux dieux. Mais Dhritarâchtra a cent fils dévorés d'ambition, surtout l'aîné, Douryodhana, et leur rivalité, commencée dès l'enfance, se poursuit jusqu'à la mort.

Le récit de leurs luttes est mêlé d'incidents sans ordre, de mille redites, d'exagérations, d'idées cosmogoniques et mythologiques où se révèle une culture intellectuelle naissante.

Mais sous les rapports moral et poétique, il ne le cède en

(1) *Fragments du Mahabharata*, 1 vol. in-8°, 1841.
(2) Revue des Deux-Mondes, 1857.

rien au Râmayana. Quoi de plus admirable et de plus pathétique que les épisodes de Nala (1), de Savitri (2) de Sakountala (3), modèles de grâce et de délicatesse !

M. de Lamartine (4) en a fait ressortir la sublimité primitive dans des termes à la hauteur du sujet, et a démontré par ces exemples que l'Inde était arrivée au plus haut degré de son génie moral et poétique, bien avant que sa civilisation eut acquis un complet développement.

§ 3. LE BHAGAVATA-POURANA.

Les *Pourânas* forment un ouvrage volumineux traduit du sanscrit en langue vulgaire. Les Indiens de toutes les classes en font encore leur lecture habituelle. Ils ont été mis sous le nom de Vyasa, bien qu'ils accusent la main de plusieurs auteurs. Le commentateur Sâyana dit que les Pourânas servent à faire connaître le sens des Védas ; aussi les a-t-on appelés cinquième Véda.

Cependant ils offrent un caractère mystique plus prononcé ; la contemplation et l'inaction y sont préconisés contrairement au naturalisme positif des Védas.

La création, la conservation, la destruction et les autres sujets dont il est parlé dans les Oupanishads sont développés dans les Pourânas. Les femmes et les Çoudras avaient le droit de les lire et d'obtenir par cette lecture la connaissance de Brâhma.

(1) Voir la traduction de M. Emile Burnouf, Nancy, 1856.
(2) Trad. par G. Pauthier, 1841.
(3) Épisode dont Kâlidâsa a fait ensuite un beau drame, traduit par Chézy, en 1830.
(4) 3e, 4e et 5e Entretiens, 1856.

Le plus ancien est le Bhâgavata-Pourâna, dont M. Eugène Burnouf nous a donné le texte et la traduction (1). C'est la première histoire de Crichna, nommé aussi Bhagavat; elle s'adresse à la secte des Vaichnavas, pour laquelle Bhagavat est un objet spécial de culte.

Crichna est né dans la classe des Kchatriyas, ce qui explique la vie aventureuse et un peu désordonnée de cette huitième incarnation de Vichnou. On l'a déifié en lui conservant son caractère à la fois magnanime et voluptueux, sage et libertin, loyal et rusé.

Le livre premier porte que dans le *Bâghavata* est révélée l'essence, la réalité existante, celle qui donne la béatitude et fait disparaître les trois espèces de douleur. La dévotion pour Bhagavat produit le détachement de tout désir, et, sans elle, la stricte observation des devoirs imposés aux autres est en pure perte.

Nous avons fait observer que les chantres védiques plaçaient les devoirs naturels au-dessus des actes de dévotion; ici, au contraire, la vie contemplative ou religieuse est placée au-dessus de la vie positive, sociale.

Ce livre constate les effets de la pureté, née d'une méditation profonde, par l'exemple suivant:

Yôgin, fils de Crichna, voyant tout avec indifférence, livré à une méditation profonde, passait pour un insensé. Un jour, des nymphes, se baignant, aperçurent le Rishi avec son fils, elles se couvrirent de leurs voiles, et, comme l'anachorète leur en demandait la raison, elles lui dirent: « A tes yeux, les sexes sont encore distincts; ils ne le sont plus aux yeux de ton fils, dont la vue est pure. »

L'auteur déclare que c'est une grande faute que de commander, en vue du devoir, une action blâmable à l'homme entraîné déjà par sa nature passionnée, car, en entendant cette parole:

---

(1) 3 vol. in-f°, 1840.

« voilà le devoir! » l'homme ordinaire ne pense pas que cette action soit défendue. C'est en renonçant aux œuvres que le sage mérite de connaitre la béatitude de l'Être souverain et sans bornes.

Nous avons vu Lao-tseu déclarer aussi que s'abstenir des œuvres était le meilleur moyen d'obtenir la béatitude; mais cette conformité d'opinion ne doit point faire croire à une origine commune.

L'auteur du Bhagavata-Pourâna veut qu'on adore l'Être suprême, celui dont les malheureux font la richesse, celui qui anéantit les résultats des qualités, celui qui trouve son plaisir en lui-même, celui qui jouit de la quiétude, celui qui dispose de la délivrance absolue.

Il exalte l'homme sans passion, affranchi de tout bien, se dérobant aux regards, rendant son corps inutile, et il le déclare un homme courageux.

L'indifférence est érigée en système :

« Que tu regardes l'homme comme permanent ou bien comme passager, ou comme n'étant ni permanent ni passager, ou comme étant à la fois passager et permanent, tu ne dois, dans aucun cas, cédant uniquement à un sentiment d'affection né de l'erreur, pleurer ceux que tu as perdus... Ce corps, agrégat des cinq éléments, esclave du temps, de l'action et des qualités, comment peut-il protéger d'autres créatures ? C'est comme si un homme, dévoré par un serpent, voulait porter secours à un autre homme. »

Ainsi, l'apogée de la vertu consiste à ne point se désoler, et à ne point se réjouir. C'est l'immobilité de la statue.

Dans le livre 2, l'auteur définit la suprême puissance : ce qu'il y a dans le monde de fortuné, de brillant, de vigoureux, tout ce qui est doué de beauté, de modestie, de pouvoir, d'intelligence.

Cette définition est le point de départ de toutes les doctrines religieuses; le Dieu suprême a toujours résumé en lui les perfections physiques et morales.

Le livre 3 renferme des idées morales qui semblent peu d'accord avec celles que nous venons de voir. On y soutient que le refus d'un plaisir qui s'offre de soi-même n'est pas une chose louable, ni pour celui qui est retiré du monde, ni pour celui qui en a l'habitude.

L'auteur ajoute ceci : « Celui qui, dédaignant ce qu'on lui offre, repousse un malheureux, voit s'évanouir sa gloire, quelque grande qu'elle soit. »

Cependant, il donne pour modèle à suivre celui qui est délivré de souillure, de désirs, de cupidité et d'autres passions nées du sentiment du moi. Celui qui est insensible à la peine comme au plaisir, et égal pour tous, celui-là seul voit l'Esprit absolu, supérieur à la nature, uniforme, lumineux, par lui-même; il le voit avec un cœur dévoué et détaché de toutes choses par la science, il le voit complétement impassible, et reconnaît alors que la nature est sans énergie.

Tout en condamnant l'affection pour les choses et pour les êtres, Vyâsa ou le rapsode ajoute que l'attachement aux hommes vertueux est un moyen de salut; il faut ajouter que par hommes vertueux, il entend ceux qui sont entièrement détachés des préoccupations de cette vie.

« Les hommes patients, dit Bhagavat, pleins de compassion et de tendresse pour tous les êtres, qui n'ont pas d'ennemis et sont calmes, qui sont bons et dont la vertu est la parure, qui avec une affection exclusive, ont pour moi une dévotion profonde, qui, pour moi, renoncent aux œuvres, à leurs parents et à leur famille, sont des hommes vertueux et libres de tout attachement. Il faut les rechercher, car leur commerce fait disparaître le péché de l'attachement du monde. »

Voici le résumé des principaux moyens par lesquels un cœur pur entre dans la voie de la vertu : accomplir son propre devoir suivant la mesure de ses forces; s'abstenir de tout devoir étranger; se contenter de ce que le destin nous donne; renoncer aux devoirs vulgaires et n'aimer que ceux qui conduisent au salut; ne prendre qu'une nourriture abondante et pure; choisir un lieu retiré, être bon et véridique; s'abstenir de vol et ne recevoir de présent que pour ses besoins; être chaste et pur; se livrer à la pénitence; garder un silence absolu; rester perpétuellement debout en renonçant à être commodément assis; se rendre peu à peu maître de sa respiration; détacher ses sens des objets visibles en les ramenant au dédain de soi: Quand le cœur a été purifié de passion, l'ascète n'a plus qu'à s'absorber dans la contemplation intime de Bhagavat, en fixant le regard sur l'extrémité du nez.

L'engourdissement extatique où plonge à la longue cette attitude, peut être assimilé au somnambulisme factice, à ce qu'on a appelé récemment l'hypnotisme, et paraître aux yeux des peuples ignorants comme le résultat d'une influence céleste; de nos jours encore, les ascètes de l'Inde emploient les mêmes moyens pour exploiter la crédulité publique.

Bhagavat interdit au sage de fréquenter les hommes qui manquent de véracité, de pureté, de compassion, de silence, de pudeur, de patience, de quiétude, de constance, etc., parce que ces hommes, selon lui, se trompent sur la nature de leur âme et qu'ils ont des femmes pour en faire leur jouet. Rien n'enchaîne et n'égare autant l'homme, à son avis, que le commerce des femmes, et celui des hommes qui s'attachent à elles.

Ce n'est pas qu'il prêche la continence absolue; les anachorètes indiens ne dédaignèrent jamais les titres d'époux et de pères; il s'élève uniquement contre le libertinage.

Bhagavat traite ensuite du fruit des œuvres : son interprète déclare que le père de famille qui remplit les devoirs de son état pour en retirer du plaisir, des richesses et du mérite, que cet homme égaré par le désir montera au séjour de *Tchandramas*, d'où après avoir bu le *Somâ*, il reviendra en ce monde; tandis que les hommes qui accomplissent leurs devoirs sans chercher le plaisir où les richesses, se détachant de tout, fermes, calmes et purs de cœur, qui font l'abandon de leurs œuvres, sont dévoués au devoir de l'inaction, sans égoïsme et sans orgueil, parviendront, par la route du soleil, au séjour de *Purucha*.

L'inaction, ici, ne signifie point l'immobilité, mais la modestie relativement aux effets de l'action.

Dans le livre 4 il est dit que la science, les austérités, la fortune, la beauté, l'âge, la famille qu'on représente comme autant d'avantages, peuvent tourner en mal pour les méchants et que leur vue troublée, par l'orgueil, ne reconnaît pas la gloire de ceux qui valent mieux qu'eux.

On fait ressortir, au contraire, le bonheur de l'homme qui se contente de ce que lui envoie le sort, bon ou mauvais. Pour conjurer le chagrin il faut voir avec plaisir celui qui a plus de mérite que nous, avec compassion celui qui en a moins, et avec amitié celui qui en a autant.

Voici une pensée toute stoïcienne :

La mort n'a ni ami, ni ennemi ; elle s'empare également de toutes les créatures ; à sa suite court, entraînée malgré elle, la foule des êtres, comme la poussière suit le souffle du vent.

Il est dit de la colère que quiconque s'en rend esclave, et s'en laisse dominer, devient un objet d'épouvante pour le monde, et nuit à sa propre sécurité.

Ceux qui souhaitent des enfants, selon Bhagavat, s'exposent en voyant réaliser leurs vœux, à avoir de mauvais fils, ou à se préparer de grands chagrins : « Je crois, ajoute-t-il, que de mauvais fils valent mieux que des enfants vertueux qui sont pour nous un sujet d'inquiétude ; l'homme se dégoute de sa maison quand il y trouve du chagrin. »

Les idées d'abnégation personnelle, de sacrifice, sont étrangères à l'ascétisme indien qui met au-dessus de tout bonheur celui de la tranquillité du corps et de l'âme ; il y a là cependant de l'indifférence encore plus que de l'égoïsme.

De pieux solitaires, voulant convertir un roi qui opprimait son peuple, lui disaient :

« Le devoir que les hommes accomplissent en pensée, en parole et en action, conduit le peuple exempt de chagrin à la béatitude même, qui est le partage des sages affranchis de toute passion. Puisse-t-il ne pas périr parmi tes sujets, ô prince, ce signe de la prospérité des peuples! quand il est anéanti, un roi descend du rang suprême. »

Cette observation un peu hardie s'explique par l'autorité spirituelle que les Brahmanes exerçaient même sur les rois; c'était un rôle équivalent à celui que rempliront les confesseurs du moyen-âge.

Voici une maxime où se réflète la douceur des mœurs indiennes et en même temps les égards qu'on avait pour les femmes : « Les hommes ne frappent jamais une femme, même lorsqu'elle est coupable. »

Cette autre sentence prouve que l'exercice arbitraire de la justice était alors dévolu aux rois :

« Le méchant, que ce soit un homme, une femme ou un eunuque, qui ne songent qu'à lui, n'a pas de pitié pour les créatures, peut être tué par un roi ; sa mort n'est pas un meurtre. »

Remarquons en passant que le Brahmane n'est point désigné; son pouvoir ne s'étendait plus alors que sur les deux dernières classes. Mais à côté des droits absolus qu'on laissait aux rois, sur le peuple, de grands devoirs leur étaient sinon imposés, au moins indiqués comme condition de salut :

« Le bonheur suprême pour un roi, c'est la défense de son peuple, parce qu'il s'assure ainsi la sixième partie des mérites que recueilleront ses sujets dans le monde futur; mais s'il leur enlève l'impôt sans les protéger, il contracte leurs fautes, et ces fautes lui ravissent les fruits de sa propre vertu. »

C'est comme une sanction religieuse de ce principe souvent proclamé que les bons et mauvais exemples venant d'en haut, ceux qui gouvernent sont responsables de la conduite de ceux qui sont gouvernés.

Bhagavat présente comme double moyen de bonheur pour l'homme, le détachement de tout, poussé jusqu'à l'oubli de soi-même, accompagné d'une passion inébranlable pour Brahma.

D'autres règles de conduite sont présentées à celui qui veut se maintenir dans la voie de la sagesse; c'est une répétition de celles qui ont déjà été produites : éviter ceux qui se plaisent à satisfaire leurs sens; aimer la solitude; se suffire à soi-même; respecter la vie des créatures; pratiquer avec désintéressement les devoirs religieux, n'avoir point de désir, être indifférent à toute espèce de sensation, etc.

Cependant la science est déclarée le plus grand bien de ce monde, et le plus capable de faire supporter le malheur. Il est vrai que cette science n'est autre que la connaissance et la méditation des livres sacrés et des devoirs religieux.

Nous avons déjà vu que les préoccupations de la famille étaient regardées comme des causes de perte. Voici sur ce sujet une pensée qui rappelle les précédentes :

« Au milieu des devoirs vulgaires d'un maître de maison, l'homme trompé qui ne pense qu'à sa femme, à ses enfants et à ses richesses, ne trouve pas l'être suprême et s'égare dans les sentiers de la transmigration. »

Cependant Bhagavat montre une certaine déférence pour les femmes : Il relève plus d'une fois leur condition, comme épouses et comme mères :

« S'il n'y a pas dans une maison une mère et une épouse dévouée à son mari, comment le sage pourrait-il s'y arrêter? Ce serait faire comme le malheureux qui s'asseoit dans un char sans roue. »

Dans le livre 5, il est dit que les âmes s'unissent aux corps qui leur sont assignés afin d'accomplir des œuvres qui condamnent l'homme à la naissance, à la mort, au chagrin, à l'erreur, à la crainte, au plaisir et à la peine.

Pour Bhagavat la vie est une expiation et une récompense;

Aussi ajoute-t-il que nous acceptons le bien ou le mal parce que nous sommes unis aux qualités et aux œuvres, et que nous exécutons tout ce que notre maître nous ordonne, semblables à des aveugles conduits par un homme qui voit.

Nous avons vu que la conséquence logique de ce système était le renoncement aux plus nobles affections du cœur.

« L'union de l'homme avec la femme, dit-il, est pour l'un comme pour l'autre ce qu'on appelle le lien du cœur ; c'est par elle qu'à la vue de sa maison, de sa femme, de ses enfants et de ses richesses, l'homme éprouve le sentiment erroné du moi et du mien. Quand ce lien que resserrent les œuvres vient à se relâcher, l'homme alors se détourne de cette union en se détachant de la cause, et va, désormais affranchi, se réunir à l'être suprême. »

En conséquence, l'apogée de la sagesse est d'arriver à cette conviction que le bonheur d'un maître de maison doit être abandonné comme un songe. Tant que le cœur reste enchaîné par les qualités de la passion, de la bonté et des ténèbres, l'homme voit se prolonger la suite des actions bonnes ou mauvaises qu'il accomplit par les organes de l'intelligence et de l'activité. Enveloppé par l'imagination, livré à l'influence des objets extérieurs, entraîné par le courant des qualités, soumis au changement, l'homme qui est formé par la réunion de seize principes, prenant des formes distinctes ou des noms divers, ne cesse d'habiter ou de quitter des corps nouveaux.

De même que la lumière qui, consumant une mèche alimentée de beurre, produit des flammes accompagnées de fumée, et qui, brillant seule se montre sous une forme pure, ainsi enchaîné par les qualités et par les œuvres, le cœur se livre à ses agents ; affranchi, il rentre dans son principe.

Il appelle accidents de la vie, le plaisir, la peine, l'amour, la haine, la crainte, l'égoïsme, l'orgueil, la hauteur, le chagrin, le trouble, la cupidité, la jalousie, l'envie, le dédain, la faim, la soif, les douleurs, les maladies, la naissance, la vieillesse et la mort.

Il déclare que l'homme, maître de lui, qui se contente de soutenir son existence, arrive bien vite à la perfection que n'atteint pas l'esclave de ses sens.

Il plaint le sort de l'homme cupide, avare, défiant, que la crainte de perdre son argent et le souci de l'accroître tourmente sans cesse.

Dans le livre 6, le roi Pârikchit demande au sage Çuka par quels moyens l'homme peut éviter d'aller dans le lieu de tourment. Le sage lui répond que l'homme doit pour cela expier convenablement en ce monde les fautes qu'il a commises dans un autre, en pensées, en paroles et en actions.

Le roi lui réplique :

« Si l'homme connaissant par la pratique et par l'Écriture combien le péché lui est funeste, y retombe encore en désespéré, à quoi bon alors l'expiation ? »

« Çuka répond : l'anéantissement d'une action par une autre action n'est pas réputé définitif parce que l'agent est toujours ignorant; la véritable expiation est la science. L'homme qui vit uniquement de régime, échappe aux maladies, de même celui qui n'accomplit que des actions obligatoires, se prépare peu à peu à la délivrance. Par les mortifications, par la chasteté, par la quiétude, par l'empire sur ses sens, par l'aumône, par la vérité, par la pureté, par l'observation des règles qu'imposent la morale et la loi, les sages qui connaissent les devoirs et qui sont doués de foi, effacent les fautes qu'ils ont commises en action, en parole et en pensée, fussent-elles même très-grandes, de même que le feu consume une touffe de bambous. L'homme recueille dans l'autre monde le fruit de l'action juste ou injuste qu'il a commise ici-bas, dans la proportion et d'après la manière suivant laquelle il l'a commise... Malheur ! malheur ! Quand l'homme n'emploie pas à faire du bien ses richesses, ses parents et son corps, toutes choses faites pour servir de pâture aux animaux qu'un instant va détruire et qui ne sont pas son véritable but ! »

L'homme doit être indifférent au plaisir ou à la peine que cause la gloire ou le déshonneur, la victoire ou la défaite, la vie ou la mort. Résister aux sens est le seul effort auquel le Brahmane est tenu de se livrer. A ce sujet, on raconte qu'un Brahmane se repentant d'avoir cédé aux charmes d'une femme, s'écria :

« Malheur sur moi qui méconnaissant mon véritable but, n'ai pas su dompter mes sens ! la bouche des femmes s'épanouit comme un lotus d'automne ; leur voix est de l'ambroisie pour les oreilles, leur cœur ressemble au tranchant d'un rasoir ; quel homme a jamais connu la conduite des femmes. »

L'existence inactive des Brahmanes ascètes est comparée à celle des reptiles qui tombent dans une immobilité complète après avoir englouti leur proie.

Le livre 7 contient le panégyrique d'un homme religieux, doué de moralité, fidèle à sa parole, maître de ses sens. Ce sage est à lui seul l'ami le plus affectueux de tous les êtres ; il les chérit comme lui-même ; il aime les malheureux comme un père, et ses égaux comme un frère. Bien que riche, beau, et savant, il n'a point d'orgueil ; sa pensée ne se trouble pas dans le malheur ; les objets que l'ouïe ou la vue perçoit, n'a pas d'attrait pour lui, parce qu'il n'y voit pas de réalité. Maître de ses sens, de sa respiration, de son corps et de sa pensée, il a éteint en lui tout désir. Cependant on pourrait lui demander à quoi lui sert la richesse, et pourquoi il n'en fait pas abnégation comme de tout le reste.

L'auteur proclame que, dans toute condition, c'est l'action spontanée du destin qui, unissant les âmes aux corps, leur apporte, sans qu'elles se donnent de peine, la douleur comme le plaisir des sens.

Le sage tombé dans le monde doit diriger tous ses efforts vers le salut.

Cent ans forment la durée de la vie de l'homme ; mais celui qui n'est pas maître de lui-même n'en vit que la moitié, parce qu'il passe inutilement la nuit plongé dans de profondes ténèbres. Il passe les vingt années de l'enfance et de la jeunesse dans l'ignorance et dans les plaisirs; et quand la vieillesse a envahi son corps, il en passe vingt autres dans l'impuissance. Le reste s'écoule sans qu'il s'en aperçoive, pendant qu'occupé dans sa maison il est en proie à des désirs qu'il ne peut satisfaire et au trouble le plus violent. Quel homme attaché à sa maison, esclave des sens, pourrait s'affranchir des liens de l'affection qui l'enchaînent si fortement? Qui renoncerait à l'amour du gain? L'homme le chérit plus que lui-même; et le voleur, l'esclave et le marchand l'achètent au prix de leur vie. Comment, au souvenir du lien qui l'unit à une tendre épouse, de ses caresses, de ses douces paroles, comment, enchaîné à ses parents par l'affection, séduit par le babil de ses enfants, comment, pensant à ses fils, à ses filles chéries, à ses frères, à ses sœurs et à ses père et mère qui souffrent, pourrait-il abandonner sa maison et ses meubles beaux et nombreux, et les soins de la famille, et ses troupeaux et ses serviteurs?... N'attachant de prix qu'aux plaisirs que donnent les plus grossiers des sens, comment, dans le trouble où il est plongé, pourrait-il se détacher du monde? Consumant son existence à soutenir sa famille, cette préoccupation l'empêche de voir qu'il va contre le vrai but de l'homme; souffrant partout de trois espèces de douleur, il ne se détache pas du monde parce que tous ses désirs sont pour sa maison... Richesses, femmes, enfants, troupeaux, maison, terre, éléphants, trésor, pouvoir, plaisirs, quel bonheur toutes ces choses passagères peuvent-elles donner à un mortel dont la vie n'a qu'un instant de durée? C'est en vue du plaisir, et pour échapper à la douleur, que l'homme qui agit forme un projet; mais celui qui se repose dans le bonheur de l'inaction, trouve toujours la peine dans l'action. Que sont donc, pour l'esprit plongé dans la mer d'une éternelle béatitude, ces biens futiles qui périssent avec le corps et qui, malgré leur apparence, sont privés de réalité?

Le bonheur qu'un maître de maison trouve dans les plaisirs

des sens ressemble à une démangeaison dont on augmente la douleur en la grattant des deux mains ; ce bonheur ne le satisfait pas. Le sage seul supporte le désir comme on tolère une démangeaison.

Suit une énumération des qualités et des devoirs propres aux différentes classes et dont la stricte observance établirait une ligne de démarcation morale fort tranchée entr'elles.

La quiétude, l'empire exercé sur soi-même, les austérités, la pureté, le contentement, la compassion, la véracité, ce sont là les caractères du Brahmane.

L'héroïsme, le courage, la constance, l'éclat, la générosité, la victoire qu'on remporte sur soi-même, la patience, la chasteté, la bienveillance, la protection du peuple, ce sont là les caractères du Kchatriya.

Servir avec dévouement les dieux, ses parents, faire fleurir les trois objets que recherche l'homme, croire en Dieu, être actif, et déployer une habileté de tous les moments, ce sont là les caractères du Vaisya.

Les devoirs du Çoudra sont : la soumission, la pureté, une obéissance sincère à son maître, l'éloignement pour le vol, la véracité, le respect des Brahmanes et des vaches.

On ne devait pas oublier ici les devoirs imposés à la femme, et ils sont présentés conformément à la loi de Manou, savoir : l'obéissance et la soumission à l'égard de son mari qu'elle doit regarder comme un Dieu, la complaisance pour ses parents et l'observation constante des devoirs religieux.

« Que la femme vertueuse, en donnant à son mari toute espèce de satisfaction, l'honore constamment avec respect, avec des paroles vraies et agréables et avec amour. Toujours constante, exempte de désirs, active, connaissant son devoir, ayant un langage vrai et agréable, attentive, pure, aimable. »

On voit que tout en faisant à la femme une existence très-subordonnée, les Indiens lui reconnaissaient des qualités morales qui rehaussaient la nature de son sexe.

Revenant aux devoirs des Brahmanes, il leur est ordonné de mendier le soir et le matin, de garder le silence, de jeûner ou de manger modérément, d'être actif, plein de foi, maîtres de leurs sens, de n'avoir de rapport, qu'autant que cela est nécessaire, avec les femmes et avec ceux qui sont dominés par elles :

« Celui qui observe le vœu de chasteté et qui n'est pas maître de maison doit éviter le chant des femmes, parce que les sens dont la violence est irrésistible entraînent le cœur même de l'ascète. Qu'il sache supporter lui-même le froid, le vent, le feu, la pluie et l'ardeur du soleil, conserve sans les soigner sa chevelure, ses poils, ses ongles et sa barbe, laissant ses cheveux tomber en mèches, se contentant d'un vase, d'une peau de gazelle, d'un bâton et d'un vêtement d'écorce. »

Pour dégoûter l'ascète des biens de ce monde, l'auteur montre l'inquiétude du riche, dévoré de désirs, incapable de se maîtriser, que la crainte prive de sommeil et pour qui tout est un sujet de soupçon ; il doit craindre sans cesse le roi, les voleurs, l'ennemi, la famille, les quadrupèdes, les oiseaux, les gens dans le besoin, tout jusqu'à lui-même.

Suivent de nouveaux conseils adressés au chef de maison, tendant à le détacher successivement de sa femme, de ses enfants, de son propre corps, en un mot, de tous les biens.

« Restant autant qu'il en est besoin dans ce corps et dans sa maison, comme s'il avait encore des attachements qu'il n'a plus, l'homme sage, doit, au sein de la condition humaine, savoir renoncer à cette condition elle-même. Qu'il regarde comme ses propres enfants les bêtes sauvages, les chameaux, les ânes, les singes, les rats, les serpents, les oiseaux et les mouches ; quelle différence, en effet, y a-t-il entre ses enfants et ces divers êtres ? »

Ainsi, le sublime de cet ascétisme tend à ravaler l'espèce humaine au niveau de la brute et à respecter celle-ci à l'égal de celle-là.

« Il n'y a pas pour ceux qui désirent le mérite de la vertu des devoirs supérieurs à celui qui consiste à éviter de faire du mal aux créatures, en pensée, en parole, en action. »

Tout cela s'accorde avec l'anéantissement des désirs et inspire quelquefois des conseils de modération dont toute homme peut faire son profit.

Voici d'autres pensées qu'aucun moraliste ne désavouerait :

— « Pour l'homme dont le cœur est toujours satisfait, chaque point de l'horizon est un lieu fortuné. »

— « Les besoins de la faim et de la soif peuvent se satisfaire; la colère se satisfait aussi lorsqu'elle atteint son but; mais la cupidité ne connaît pas de borne chez l'homme, fût-ce même chez le vainqueur de la moitié du monde entier. »

— « Tous les objets précieux que renferment les trois mondes seraient insuffisants pour satisfaire l'homme qui n'a pas dompté ses sens. »

— « L'homme qui se contente de ce que lui apporte le hasard, vit heureusement ; mais celui qui ne sait pas se contenter, n'aura pas assez de la possession des trois mondes, parce qu'il ne se sera pas vaincu lui-même.

— « La soif insatiable des biens et des plaisirs est pour l'homme la cause de son retour en ce monde, tandis que la satisfaction avec laquelle il reçoit les dons du sort le conduit à la délivrance. »

En faisant l'éloge de la vérité, l'auteur y mêle quelques paradoxes sur l'utilité du mensonge suivant les circonstances :

« La vérité est la fleur et le fruit de l'arbre de l'âme tant qu'il vit. Si l'arbre ne vit pas, il n'y a ni fruit, ni fleur : or, le mensonge en est la racine : aussi, comme un arbre déraciné se dessèche et tombe bientôt, de même l'âme *qui ne fait pas usage du mensonge se dessèche aussitôt...* Celui qui, en toute circonstance, a recours au mensonge, est un homme perdu de réputation ; c'est un mort vivant. Mais mentir avec les femmes en plaisantant, pour faciliter un mariage, pour subsister, pour sauver sa vie, dans l'intérêt des vaches et des Brahmanes, quand un ennemi nous menace, ce n'est pas s'exposer au blâme. »

Voici une boutade inspirée par une triste misanthropie :

« Bâli dit : Quel besoin a l'homme mortel de ce corps qui l'abandonne à la fin de la vie, et de ses héritiers, sorte d'ennemis qu'on nomme sa famille, et de ses épouses, cause du retour de l'homme en ce monde, et de ces maisons où l'on use ici-bas son existence? »

Dans le livre 9 est racontée l'histoire du roi Hariçtchandra, lequel désolé de n'avoir point de postérité, s'adressa au dieu Varouna et le pria de lui faire naître des fils, promettant de lui sacrifier le premier. Le dieu exauça sa prière; un fils naquit et fut Rôhita. Le dieu l'ayant réclamé en vertu de la promesse du roi, celui-ci objecta que la victime n'était pas digne d'être offerte avant dix jours. Les dix jours révolus, Varouna renouvela sa demande; le roi lui dit que la victime n'était point pure tant que les dents ne seraient point poussées. Les dents poussèrent, le dieu revint à la charge. Le roi refusa encore, prétendant qu'il fallait que les premières dents fussent tombées. Les dents tombèrent et il objecta qu'il fallait que les grosses dents fussent poussées. Les grosses dents poussèrent, et le roi refusa encore le sacrifice en disant : c'est seulement quand il peut porter la cuirasse qu'un homme de race royale est une victime pure.

Ainsi le roi qui aimait son fils trouvait toujours de nouveaux prétextes pour gagner du temps, et faisait attendre le dieu dont la condescendance s'y prêtait heureusement.

De son côté, Rôhita, pour se soustraire à la promesse de son père, acheta un jeune homme qu'on sacrifia à sa place, et le dieu fut satisfait.

Cette étrange tradition, où un roi et un dieu jouent un rôle familier d'égal à égal, s'accorde assez bien avec le système védique et nous révèle l'ancienne coutume des sacrifices humains.

I

L'auteur revient sur le danger de s'attacher aux femmes ; cet attachement est représenté comme une cause universelle d'effroi, même pour les sages, maîtres d'eux-mêmes, à plus forte raison, pour l'homme qui ne pense qu'à sa maison.

Cette opinon peu favorable au beau sexe est prêtée à une femme même.

L'auteur met dans la bouche d'Urvaci ces paroles :

« L'amitié des femmes n'existe nulle part, car elles ont le cœur semblable à celui du loup ; elles sont impitoyables, cruelles, irascibles, prêtes à employer la violence quand il s'agit d'un objet qu'elles aiment ; elles tueraient pour les motifs les plus futiles un mari confiant, et même un frère. Inspirant aux hommes ignorants une confiance trompeuse, reniant leur amour, on les voit dans leurs caprices désordonnés désirer toujours un nouvel amant. »

Les poètes indiens ne nous ont pas habitués à ces diatribes contre les femmes ; peut-être s'agit-il ici des courtisanes dont la vie désordonnée pouvait justifier des accusations aussi graves.

Il est fait ici l'éloge d'un roi, Rantidêva, qui donnait même quand il avait faim, tout ce qu'il recevait, n'ayant rien à lui et voyant d'un œil ferme sa ruine et celle de sa maison. Pendant qu'il était dans une extrême détresse et qu'il tremblait de soif et de faim, un Brahmane se présenta à lui en qualité d'hôte, au moment où il désirait manger. Rantidêva lui donna une partie de sa nourriture, et le Brahmane, après avoir mangé, se retira. Le roi avait distribué des aliments aux gens de sa maison, et s'apprêtait à manger lui-même quand survint un nouvel hôte, un Çoudra avec lequel il partagea son repas. De ce dernier fait il résulte que si le Çoudra à cette époque n'était pas l'égal du Brahmane devant la loi, il l'était devant l'hospitalité. Le Çoudra parti, un troisième hôte se présenta entouré d'une foule de chiens. Le roi lui donna tout ce qui lui restait de nourriture, avec de nombreuses démonstrations de respect. Il ne lui restait plus que de l'eau pour un seul homme; il allait la boire quand on vint lui dire : donne de l'eau à un malheureux. « Le roi répondit : faim, soif, lassitude, fatigue du corps, misère, épuisement, chagrin, découragement, trouble, tous ces maux sont dissipés en moi par le don que je fais de cette eau vivifiante à un pauvre misérable qui veut continuer de vivre. » Et il donna son eau quoiqu'il fût lui-même mourant de soif.

On voit par cet exemple que la morale indienne ne le cède à aucune autre sous le rapport de la charité.

Mais, en général, par suite d'un ascétisme poussé à l'excès, les sentiments attribués à Bhagavat ou Crichna sont la négation de la liberté humaine, et la soumission au destin; la condition de l'homme est rabaissée, ses plus nobles penchants sont regardés comme opposés au salut.

Cependant Bhagavat passe pour un Messie, descendant sur terre d'âge en âge, s'incarnant dans un fils de roi, se faisant anachorète, prêchant la pénitence, accomplissant des miracles pour appuyer sa doctrine.

Ainsi, dans une de ses excursions aventureuses, étant entré dans la ville de Mathura, une femme contrefaite vint à lui, et répandit des parfums sur son corps; le dieu lui dit : Relève-toi droite dans ta taille, belle dans tous tes traits, gracieuse dans toute ta personne. Et elle se releva comme il l'ordonnait. Des faits analogues seront attribués à Bouddha.

On dit que Vyasa a composé le Bhagavata pour rendre hommage à Vichnou. Quoiqu'il en soit, on peut dire que ce livre reproduit des doctrines et des traditions remontant jusqu'à l'origine de la société indienne, mais sous de nouvelles formes.

Les plus anciens Pourânas se composent d'éléments cosmogoniques et héroïques, et sont attribués aux Soûtas, qui mêlaient des chansons de geste aux histoires divines. Ils résument l'histoire merveilleuse des Aryas, des castes et des dynasties anciennes.

Vichnou, dont ils sont le panégyrique perpétuel, s'identifie à tous les dévas, et à tous les personnages de la mythologie indienne; il est un avec toutes choses; et Civa est le même que lui ; il ne diffère ni de Brahma, créateur des mondes, ni de Brahm, principe suprême.

Les Pourânas suivants ne furent que des résumés des précédents; on y trouve mêlés les éléments de l'histoire ancienne et de l'histoire moderne, et ils attestent la décomposition du Brahmanisme dans ses dogmes, dans sa morale, dans sa poésie, dans sa langue sacrée. Le yoguisme y a pris naissance et a substitué des pratiques bizarres et odieuses aux pratiques plus simples de l'antique Brahmanisme.

§ 4. NARASINHA-OUPANISHAD.

Cette Oupanishad, dont M. d'Eckstein a donné une analyse dans le journal asiatique (1); est antérieur au Bouddhisme; il reproduit la théorie développée dans le Bhagavat-Gitâ.

Son thème est l'anéantissement du moi humain et de l'univers, absorbés dans l'homme-lion, le Narasinha, le sage qui a dompté ses sens. Le lion, qui est rare dans l'Inde, est considéré comme un animal symbolique figurant un Ermite.

Les Védantins, dont cette Oupanishad présente le système cosmogonique, ont enseigné que l'être pensant, descendant de sa sphère lumineuse, s'enfonça dans les ténèbres, et s'incorpora dans la nature devenue matérielle et intelligente depuis qu'elle a cessé d'être spirituelle et compréhensible.

Le mal, ou le pâpma, qui est démon ou asoura, luttant contre le bien, c'est-à-dire contre le Déva, qui est lumière (Djyotis), après avoir échoué dans la tentative par laquelle il voulait

(1) Novembre, 1836, p. 466, et décembre, p. 559.

s'assimiler le bien, est lui-même dévoré par le dieu bon; le principe des ténèbres succombe sous le principe de la lumière. Le mal est écrasé; le monde est anéanti, il est spiritualisé, identifié à la lumière de l'esprit suprême.

Les Dévas formant l'assemblée qui entoure et écoute Pradjâpati, le seigneur des créatures, sont les personnifications des sens; ils représentent aussi les novices Brahmanes, qui aspirant à purifier leurs sens, cherchent à se détacher des objets de la tentation, et veulent affranchir le cœur de tout amour terrestre, de tout ce qui cause un attachement exclusif aux choses du monde.

Le monde est conçu idéalement dans l'homme typique, mais il existe en réalité dans l'homme individuel, lorsque celui-ci s'est inspiré de la sagesse suprême, quand il dompte ses sens et qu'il se gouverne lui-même.

Le seigneur des créatures régit les sens dont il constitue la force virtuelle et il domine les objets de la sensation; c'est donc l'esprit véritable, l'objet de la science.

Après avoir développé toute la série des existences mondaines, après avoir identifié le Verbe, l'esprit et la divinité au sein de l'univers, et les avoir reconnus dans le moi humain, qui constitue le monde interne, le seigneur des créatures ouvre à la méditation une voie nouvelle, en lui frayant un passage vers le but suprême de l'existence. Il l'identifie à la pensée divine par l'assujétissement des sens, par la répression du moi, par l'absorption du monde externe dans son principe interne, par la soumission du cœur et par l'énergie de la volonté.

L'homme pieux, dès qu'il est parvenu à deviner l'énigme de l'existence, voit l'esprit mondain se perdre pour revêtir le génie suprême.

Le seigneur des créatures, qui résume en sa personne l'individualité ou le moi de tous les êtres, s'introduit dans les êtres vivants; il se couvre de la nature élémentaire comme d'un masque. Il représente l'idéalité des êtres et des choses;

il existe dans la forme et non dans la substance; il est le souffle de vie, l'indice des créatures.

Il révèle aux dieux la nature de l'être, de la pensée, de la félicité, existence suprême dont toute existence même matérielle est une émanation ; pensée suprême dont toute réalité offre le symbole; félicité suprême dont toute joie est une particule.

Indépendamment du génie divin de l'univers, antérieur et supérieur au monde, il existe un non-être fondé sur l'ignorance et l'erreur ; c'est la partie purement temporelle, mondaine et ténébreuse de l'apparition universelle des existences.

Pradjâpati somme les dieux de puiser leur enseignement dans l'examen de la conscience, avec humilité, en vertu de cette parole du maître : « étudiez-vous vous-mêmes, et vous vous posséderez vous-mêmes ; c'est là toute la sagesse. » Les dieux avouant qu'ils ignorent ce qu'ils sont, Pradjâpati s'écrie : « sainte et docte ignorance ! Dans ce savoir du non savoir consiste la sagesse suprême. »

« Il n'en est pas ainsi, disent-ils. — Si vous prétendez que vous n'êtes pas liés, comment osez-vous dire : nous le voyons. — Nous ignorons la cause. — Voilà justement la bonne raison, et c'est par elle que vous vous éclairez, que vous vous illuminez vous-mêmes. Car quant à ce qui concerne l'être formé de science, ces deux (l'être et la science) sont antérieurs. »

Il demande aux Dévas : Qu'obtient-on par la science ? — Rien, répondent-ils. — Vous êtes des êtres merveilleux. — Il n'en est rien. — Prononcez l'*aum*, produisez-le ainsi, et vous proclamez par là l'être. »

Les dieux sanctifiés se prosternent devant eux-mêmes; ils reconnaissent leur suprématie dans l'universalité des êtres avec lesquels ils se sont identifiés, et se sont faits Pradjâpati.

Ces idées mystiques révèlent dans l'ancienne école brahmanique une tendance confuse à expliquer l'origine et la fin du monde et de l'homme d'après les données incomplètes des

Védas et du code de Manou. Les Védantins ont conservé religieusement et soutenu avec zèle la tradition primitive contre les doctrines nouvelles et dissidentes qui surgirent à différentes époques, et surtout contre le Bouddhisme.

§ 5. LE SANKHYA.

Le *Sânkhya* est considéré comme une doctrine intermédiaire entre celle des Védas et celle du Bouddhisme. La première école en fut fondée, dit-on, par Kapila, qui proclama que la raison toute seule suffisait pour éclairer et sauver l'homme. C'est la plus ancienne école rationaliste dont il soit question dans l'histoire de la philosophie.

D'après cette école, la philosophie doit guérir des trois douleurs : la douleur physique, la douleur morale et la douleur surnaturelle qui peut lui venir d'une influence supérieure.

Le rationalisme moderne n'admettra pas ce dernier terme, car il est contradictoire avec la raison suffisante.

Le *Sânkhya* regarde la bonté comme allégeant et illuminant les choses; la méchanceté comme excitante et mobile ; l'obscurité comme lourde et embarrassante, et l'action de toutes les trois, quand elles s'associent pour un but commun, pareille à ce qui se passe dans une lampe : la lampe est une association de la mèche, de l'huile, et de la flamme, lesquelles, différentes les unes des autres, n'en coopèrent pas moins à un but commun, la lumière. La bonté et l'obscurité sont toutes deux inertes ; il faut qu'elles soient mises en mouvement par la passion ou la méchanceté qui est essentiellement mobile, ardente et pleine de caprice. Si la bonté domine, l'intelligence a les quatre facultés de la vertu, savoir : la science, l'impassibilité et la puissance surnaturelle. Si les ténèbres l'emportent, l'intelligence a les quatre facultés contraires, celles du vice, de l'ignorance, de la passion et de l'impuissance. La vertu comprend l'humanité, la bienveillance et tous les actes d'abstention et du devoir. Il faut s'abstenir de cruauté, de mensonge, de malhonnêteté, d'incontinence et d'avarice. Les actes obligatoires sont ceux de purification, de résignation, d'austérité religieuse, d'étude et de respect pour les Dieux.

Lorsque dans le moi la bonté l'emporte sur l'obscurité et sur la méchanceté ou passion, le moi est essentiellement pur, car son essence est d'être bon. Les dispositions sont absolues, naturelles et accidentelles ; c'est la vertu, la science, l'impassibilité, et le pouvoir surnaturel, dispositions fondamentales qui dérivent de la bonté et qui ont pour contraires, le vice, l'ignorance, la passion et l'impuissance, qui viennent de l'obscurité. Ces dispositions essentielles varient d'individu à individu pour la mesure dans laquelle chacun les possède ; de là les nuances infinies de caractères moraux, où les proportions de ces qualités changent sans cesse. Quant aux dispositions naturelles, ce sont celles qu'on apporte en naissant ; mais on subit l'influence de la conduite tenue dans des existences passées. Si l'on a bien vécu, les dispositions sont meilleures ; si l'on a vécu dans la dégradation et le vice, les dispositions naturelles ne s'élèvent pas au-dessus de l'instinct des brutes et l'on est destiné à reproduire les fautes d'une première existence, à moins que d'heureuses circonstances ne viennent tempérer ces fâcheux précédents. Ce sont, par exemple, de bons enseignements qui ramènent l'être dépravé dans les voies de salut. La science procure l'impassibilité, la domination sur les passions fatales ; l'impassibilité engendre la vertu, et la vertu engendre la puissance surnaturelle. Selon que l'être, dans une de ses existences, a été vertueux ou coupable, il monte ou il descend dans l'échelle des créatures ; si, au contraire, il s'abaisse, et si le vice l'entraîne en bas, il quitte le régime de l'humanité pour devenir successivement et par degré décroissant, animal, bête fauve, oiseau, reptile, végétal et même minéral; il descend et s'enfonce de plus en plus dans cette existence obscure et incomplète où l'intelligence s'affaiblit et disparait. Il n'y a que la science de Sânkhya qui puisse le délivrer.

L'ignorance est le plus grand mal, puisqu'elle engendre et éternise tous les autres maux; une fois la science acquise, la transmigration cesse et l'âme arrivée au point le plus élevé qu'elle puisse atteindre, reçoit, le nom de *Paramâtma*, c'est-à-dire d'esprit suprême.

Le quarante-cinquième Çloka de la Kârikâ porte :

« Par l'impassibilité on obtient l'absorption dans le sein de la nature; par l'abandon désordonné à la passion on subit la transmigration; par la puissance on s'assure la destruction des obstacles. Par le contraire on n'a que le contraire. »

L'effet de la vertu c'est l'ascension dans l'échelle des êtres; l'effet du vice c'est l'abaissement. La science cause la libération, l'ignorance cause la transmigration.

Les huit perfections consistent dans le raisonnement, dans la tradition, dans l'étude, dans les trois répulsions de la douleur, dans la conversion d'un ami et dans la libéralité. Un ami tient lieu d'un livre du maître qui enseigne, et du raisonnement qui éclaire.

Avec l'ami l'intelligence se perfectionne et le cœur se réjouit; le plaisir et la science l'accompagnent.

La libéralité consiste surtout dans les dons faits aux saints personnages qui, en retour, vous transmettent leur science, et, par conséquent, le salut. C'est le libéralité dont parle le *Rig-Véda*.

Suivant quelques commentateurs cette huitième perfection serait la pureté intellectuelle et morale et non la libéralité. Cette pureté s'acquérerait par de larges et constantes pratiques et par des méditations incessantes.

Le cinquante-quatrième Çloka de la *Kârikâ* porte : Dans la création supérieure, c'est la bonté qui prédomine; en bas, la création est dominée par l'obscurité ; dans la création du milieu, c'est la passion qui l'emporte, et ces trois créations comprennent tous les êtres depuis Brahma jusqu'à la matière immobile.

Une fois la science acquise, l'esprit du sage continue à vivre tant que le corps subsiste ; mais il est déjà comme s'il ne vivait plus, il achève cette vie comme la roue achève ses tours commencés : la vertu et le vice n'ont plus désormais aucune conséquence sur son âme. Comme il ne peut plus rien apprendre, il n'a plus rien non plus à perdre.

Quand le moment où l'âme se sépare du corps est enfin arrivé, et que la nature a cessé d'agir, parce que le but est atteint, l'esprit alors obtient une libération qui est tout ensemble définitive et absolue ; l'âme méconnaît durant quelques temps son caractère véritable, mais ensuite, par l'enseignement des préceptes, et par la leçon d'un maître, elle sait à qui elle est.

Cette libération n'est donc point l'anéantissement, comme celle de Bouddha, mais une éternelle extase pareille à celle qu'on éprouvera, selon les Pères de l'Eglise, dans l'éternelle contemplation de Dieu : voilà, du moins, ce qui ressort de la doctrine de Sânkhya, dont M. Barthélemy St-Hilaire a donné une savante analyse.

Kapila n'attaque pas l'autorité des Védas, mais il la supprime en regardant la raison comme seule capable d'assurer à l'homme le salut éternel en l'affranchissant de la transmigration par la science et par la vertu. Bouddha ajoutera seulement que par la science et la vertu l'âme de l'homme est éternellement anéantie.

Au dieu du Védanta, dont le monde est la manifestation, Kapila substitue des principes qu'on trouve dans les cosmogonies religieuses, où ils paraissent comme les premières créations du dieu suprême : la nature, l'intelligence, la conscience, les cinq principes des éléments matériels (la terre, l'air, l'éther, le feu et l'eau), les onze organes de la sensation et de l'action et l'âme individuelle. Chacun de ces principes existe par lui-même.

Le Sankhya a fait naître plusieurs écoles dont la principale a été celle du yoga (joug, union). Son chef fut Patandjali qui transforma le système en y ajoutant l'idée d'un dieu suprême que Kapila laissait de côté.

§ 6. PHILOSOPHIE, RELIGION.

L'examen des livres sacrés de l'Inde nous a initiés aux idées morales et religieuses de leurs auteurs; mais les idées philosophiques ne s'y font pas encore jour; cependant voici un passage qui, sous ce dernier rapport mérite une attention particulière, c'est un hymne du Rig-Véda, intitulé l'*âme* (*manas*), sorte d'incantation qui devait être prononcée au milieu de certaines pratiques; cet hymne révèle les croyances des Indiens, à cette époque, sur la destinée de l'âme.

Lorsque l'âme a quitté le corps, elle se répand dans le monde entier, dans tous les élémens auxquels elle se mêle. De là la doctrine de la transmigration. Les Pourohitas, auteurs de cet hymne, évoquent l'âme de Soubandhou, leur frère, sur son tombeau :

« Ton âme qui est allée au loin dans la contrée de Yama (dieu de la mort), nous la rappelons pour qu'elle revienne ici dans ta maison, à la vie.

» Ton âme, qui est allée au loin dans le ciel et dans la terre, nous la rappelons, etc.

» Ton âme, qui est allée au loin visiter la terre aux quatre parties, etc.

» Ton âme, qui est allée au loin dans les quatre régions de l'air, etc.

» Ton âme, qui est allée au loin dans l'océan, etc.

» Ton âme, qui est allée au loin dans les torrents lumineux, etc.

» Ton âme, qui est allée au loin dans les eaux, dans les plantes, etc.

» Ton âme, qui est allée au loin vers le soleil, vers l'aurore, etc.

» Ton âme, qui est allée au loin dans les vastes montagnes, etc.

» Ton âme, qui est allée au loin dans le monde entier, etc.

» Ton âme, qui est allée au loin vers les dernières limites de l'univers, etc.

» Ton âme, qui est allée au loin dans le passé, dans le futur, nous la rappelons, etc. » (1)

Ces idées se sont depuis modifiées sous l'influence des différentes écoles philosophiques dont les plus anciennes enseignèrent que les êtres animés sont distingués par trois qualités, la bonté, la passion, l'obscurité.

C'est en raison de ses actions, de ses services et de ses vertus que l'une de ces trois qualités vient à dominer dans l'âme d'un être ; et c'est d'après la qualité qui y domine que cette âme transmigre d'un corps en un autre.

A son tour le code de Manou enseigne que l'âme qui s'est adonnée au mal est soumise aux tortures infligées par Yama. Après avoir passé de nombreuses successions d'années dans les demeures infernales, elle est condamnée à transmigrer plusieurs fois sur la terre dans des corps d'animaux désignés pour chaque faute. Manou n'a fait que développer le Véda. Il n'existait pas encore d'écoles philosophiques qui sous prétexte d'interpréter les livres sacrés en changèrent plus tard le sens primitif et fondèrent de véritables hérésies.

Outre les systèmes philosophiques dont j'ai donné une courte analyse, il en est d'autres qui, sans être aussi importants sont aussi fort anciens et ont joué un grand rôle ; tel est le *Nyâya*, attribué à Gotama ; c'est un système de logique et de dialectique; et le *Veiseshika* attribué à Kanada, qui explique l'univers d'après les atômes.

---

(1) Langlois, trad. de *Rig-Véda*, t. 4, p. 265.

Quant à la religion primitive, nous avons constaté qu'elle n'était pas autre chose que le culte de la nature, des éléments dont l'homme sentait les effets bienfaisants ou terribles; de là cette préoccupation toute matérielle qui imprime aux prières védiques un caractère bas et obséquieux. Les dieux y apparaissent animés des mêmes passions que lui, ne songeant qu'à tuer leurs ennemis et à s'emparer des offrandes qu'on leur présente en échange de leur protection.

Nous avons vu que les chantres védiques prêtaient une âme à tous les êtres : au ciel, à la terre, à la mer, aux astres, aux fleuves, aux montagnes, aux rochers, aux nuages, et leur attribuaient une certaine action sur l'homme. Ils ne reconnaissaient que des dieux visibles. Les chefs des tribus aryennes étaient regardés eux-mêmes comme nés des êtres célestes, et devant les rejoindre après leur mort.

Le roi des dieux est Indra, maître du ciel (dêvaspati). Il combat et dompte les Asouras, mauvais génies. Il est entouré de musiciens (gandharvas), et de nymphes ou bayadères (apsaras) au moyen desquelles il déjoue quelquefois les pénitences des anachorètes.

Après lui vient Agni, le dieu du feu (*ignis*), la lumière du ciel, protecteur du foyer, âme du sacrifice, d'où il s'élève en flamme, porte aux cieux les offrandes, et sert d'intermédiaire entre la divinité et les mortels.

Plusieurs invocations du Rig-Véda adressées à Soma et à Agni, reconnaissent Soma pour le représentant du principe igné; mais Agni a fini par effacer Soma. C'était primitivement le même dieu, existant d'une manière figurée dans le sacrifice, et d'une manière réelle dans l'air et dans le ciel. La vertu de l'âme s'unissait au principe igné, se mêlait au principe humide, et, prenant pour organes ces deux éléments, son action était symbolisée dans le Soma (1).

---

(1) Langlois. Mém. de l'Académie des Inscr., t. 19, II⁰ partie, p. 332.

Le soleil affecte plusieurs formes sous le nom d'Adytias, et de plusieurs autres dénominations comme celles de Savitri, de Sourya et de Mithra.

Varouna personnifie l'ensemble de la nature, le ciel et l'océan réunis. Le ciel et la terre reçoivent aussi des hommages.

Le rôle des déesses est secondaire, comme celui de la femme dans la société. La plus importante est la déesse de la parole, Saraswati, dont on fit ensuite l'épouse de Brahma.

Puis viennent les maîtres des ancêtres, les Pitris, dont le chef est Yama, dieu de la mort.

La trinité indienne (Trimourti) est de beaucoup postérieure au Rig-Véda, et, cependant, remonte à une haute antiquité. Dans les derniers Védas, il est déjà question d'un Être suprême au triple attribut de créateur, de conservateur et de destructeur, dont on a fait trois personnifications divines : Brahma, Vichnou et Civa. Cette conception religieuse est contemporaine de celles de la transmigration et des castes, et appartient toute entière aux Brahmanes.

Brahma est le dieu suprême, créateur; il a donné son nom aux Brahmanes. Mais le dieu le plus souvent célébré à cause de ses nombreuses incarnations (avataras) est Vichnou; il a fini même par avoir la prééminence sur Brahma. On le représente sous la figure d'un jeune homme à la teinte bleu d'azur, ayant quatre bras dont les mains tiennent l'une l'arc *sanka*, la deuxième l'anneau *l'chakara*, le troisième le feu à trois flammes, la quatrième la fleur de *lotus*. Il est monté sur l'aigle garouda ou sur le serpent Ananta. Il a pour épouse Lakmi, déesse de l'abondance. On lui attribue les actions héroïques de Rama et de Crichna, ses incarnations.

Suivant l'école mystique, Vichnou est tout quoique distinct de tout; il est le premier des êtres; il est leur âme; éternel, impérissable, pur, immuable, occupant tout, indépendant, illimité, il est l'âme individuelle, et renferme toutes choses (1). Il efface le fruit des œuvres; il ne distingue pas les Asouras des Dévas; il n'est ni leur ami, ni leur ennemi, il les appelle tous à lui indistinctement. Sa dernière et sa plus brillante incarnation, est celle de Crichna, qui fut élevé parmi les Gopis (gardeuses de vaches (2), et dont l'histoire merveilleuse offre des alternatives de simplicité enfantine et de grandeur héroïque. Il charmait le monde par les sons de la flûte : les Gopis amoureuses le suivaient et se livraient avec lui à des jeux folâtres. La doctrine à laquelle il a donné son nom est à la fois religieuse, philosophique et légendaire; il en est sorti plusieurs écoles et des sectes qui se partagent encore l'Inde.

Civa est le dieu de la mort et de la destruction; il habite les hauteurs de l'Himalaya, il est de couleur rouge, et lance des éclairs de ses trois yeux.

Il a pour symbole le *Lingam* (Phallus); le taureau lui est consacré; sa femme, Bharvani ou Dourga est noire, porte des serpents pour chevelure, et un collier de crânes humains.

Le culte de Civa est encore aujourd'hui l'objet de pratiques superstitieuses. Des dévots fanatiques se précipitent sous les roues de son char pour se faire écraser en son honneur; ce qui a fait croire que dans le principe on lui sacrifiait des victimes humaines; mais aucune tradition ne confirme cette croyance.

Il y avait deux sortes de devoirs religieux à remplir, les devoirs mystiques et les devoirs pratiques; les uns étaient im-

---

(1) *Bhagavata*, l. VII, ch. 7, st. 19, 20.

(2) L'animal le plus vénéré, puisqu'il l'est à l'égal du Brahmane, est la vache. Dans le Rig-Véda, on appelle *vaches* les nuages qui donnent une pluie fécondante, les rayons du soleil et les sacrifices. Manou déclare que tuer une vache est un des plus grands crimes qu'on puisse commettre. L'urine de vache est encore aujourd'hui une sorte d'eau bénite qui efface les impuretés du corps et de l'âme.

posés aux Brahmanes, tels que la récitation des prières du Rig-Véda, la prononciation du mot symbolique Aum, exprimant la trinité, et des mots *Bhour*, *Bhouva*, *Swar*, exprimant les trois mondes. Le Dwidja (régénéré), qui appartenait à l'une des trois classes supérieures, se lavait de ses fautes en prononçant très-souvent ces mots.

Les devoirs religieux pratiques consistaient en sacrifices, en abstinences, en purifications. Il y avait cinq offrandes : la récitation ou l'enseignement du Véda ; les libations d'eau en l'honneur des ancêtres ; les oblations de beurre liquide répandu dans le feu sacré, le riz ou tout autre aliment, puis l'offrande aux hommes par l'accomplissement des devoirs de l'hospitalité.

L'offrande aux morts était la plus importante. Le code de Manou exige que le père de famille fasse tous les mois, à la nouvelle lune, et tous les ans, à l'anniversaire du décès, un repas funèbre en l'honneur de ses parents morts, précédé d'offrandes.

Les termes dans lesquels sont conçues les prières du Rig-Véda nous révèlent le caractère positiviste des Aryas.

Que demandaient-ils aux dieux? Tout ce qui constitue le bien-être actuel, savoir : de bons pâturages, des vaches fécondes, de superbes chevaux, de riches récoltes, de l'or, de l'opulence, la santé, la force, la beauté, la vigueur, une famille, une longue vieillesse, la sécurité, la renommée et la gloire.

Sur 12,000 stances, on n'en compte que quelques-unes qui se rapportent à une autre vie, et encore pour y trouver les plus grands biens de cette terre (1).

Quand les auteurs parlent de l'invocation aux dieux comme effaçant par sa vertu souveraine le péché que l'on commet, ils ne donnent pas à ce mot le sens élevé que nous y attachons ; la prière a pour but unique les biens matériels : « Si je pouvais m'abstenir, y est-il dit, d'honorer le ciel et la terre, si je me

---

(1) Rig-Véda, hymnes 2 à 18 (Lect. 5, sect. 2.)

dispensais du sacrifice et des œuvres pieuses, je mériterais que les nuages me fissent faute (1). » C'est-à-dire que je perdisse mon bien-être, mon opulence, etc.

On y demande la jouissance de cette Aditî « qui anime tout », et les mots félicité, vertu, justice, sagesse, immortalité y reviennent continuellement : « O Agni ! tu règnes sur l'opulence ; tu es le maître de la félicité ! (2) », est-il dit souvent.

Le mal contre lequel on implore le secours de Sourya (le soleil) et des autres dieux, c'est la pauvreté, la mort, la maladie (Nirriti), ou l'ennui.

Le Rig-Véda renferme encore des paroles comme celles-ci :

« O Varouna, roi prudent, délivre-nous de nos fautes ! — O Agni, que notre faute soit effacée ! ô Soma, délivre-nous de l'imprécation ! garde-nous contre le mal ! — Eaux purifiantes, emportez tout ce qui peut être en moi de criminel, tout mal que j'ai pu faire par violence ou par libertinage. — Il est deux choses qui passent vite, le sommeil et les mauvais riches. — L'homme qui honore Indra peut être ébranlé, mais il ne périt point, etc. » (3).

On y trouve aussi un grand nombre d'imprécations qui sont suivies de la seule dégradation physique. Les chantres traitent les dieux d'égal à égal quand ils leur disent : « Nous vous célébrons, et attendons, en retour, les trésors de votre libéralité :

« Pourquoi célèbre-t on votre antique activité, si aujourd'hui vous êtes lents comme des vieillards. — Quand nous donnerez-vous l'abondance et la richesse ? Méritez nos louanges, ô Aswius. — Que ton amitié, ô Agni, ne nous soit pas inutile. — Enhardi par nos louanges, Indra se revêt pour le combat d'une force terrible. — Fais, ô Agni, que nous n'ayons pas lieu de rougir de notre confiance en toi ! » (4)

---

(1) *Rig-Véda*, lect. 8, hymne 5.
(2) *Id.*, lect. 3, 6, 13, h. 18.
(3) *Id.*, lect. à 11.
(4) *Id.*, lect. 1 à 16.

Aujourd'hui encore les Brahmanes parlent avec mépris des objets de leur culte, et font des reproches à leurs idoles quand ils n'en ont pu obtenir ce qu'ils désirent (1).

Le paganisme indien, comme le paganisme grec, après avoir été simple et sévère, devint compliqué, multiple, à mesure que les goûts du peuple pour les solennités, les sacrifices, les fêtes, les plaisirs et les arts, se manifesta davantage sous l'influence d'un climat énervant et d'une riche nature.

§ 7. LANGUE ET ÉCRITURE SANSCRITES.

L'opinion que l'antique civilisation de l'Inde est due à des peuplades venues du nord-ouest est corroborée par la variété des éléments qui la composent. S'il y a unité religieuse et civile, il y a multiplicité dans la division sociale ; et de même qu'on reconnaît dans la caste inférieure les débris d'un peuple vaincu, on reconnaît aussi deux langues radicalement dissemblables, le sanscrit des Brahmanes et les dialectes qui dominent dans le sud de l'Inde, et qu'Eugène Burnouf a regardés comme antérieurs à l'introduction du sanscrit (2).

« Le sanscrit, dit William Jones, est une langue d'une admirable structure, plus parfaite que le grec, plus abondante que le latin, et plus délicate que tous les deux. »

M. Eichhoff a démontré que l'alphabet de cette langue, tel qu'il apparaît dans les manuscrits, n'est ni symbolique ni syllabique, mais essentiellement phonétique et littéral (3). Cet

---

(1) Dubois. Mœurs et Instit. de l'Inde, t. I, 416.

(2) *Nouveau Journal asiatique*, t. X, p. 269.

(3) Poésie héroïque des Indiens comparée à l'épopée grecque et romaine, p. 1 et suiv.

alphabet, composé de cinquante lettres simples, reproduit presque tous les sons de la voix humaine; il sépare les modulations ou voyelles des articulations ou consonnes, distingue les voyelles selon l'intonation aiguë, grave, brève ou longue qui les forme, et classe les consonnes selon qu'elles ont été produites, avec ou sans aspiration, par le contact du gosier, du palais, des dents, des lèvres, de la langue. Ce système se déroule avec une admirable symétrie par l'exacte correspondance des sons qui se groupent conformément à leur nature et se développent par séries. Les formes nettes et précises le rendraient facile à déchiffrer, si l'abréviation des voyelles et des consonnes ne produisait des combinaisons nombreuses.

Les mots s'enchaînent en lignes, sans solution, dans lesquelles chaque finale d'un mot est modifiée par l'initiale du mot suivant.

La grammaire sanscrite est très-méthodique, et ses règles les plus importantes sont en parfait accord avec celles des langues européennes les plus anciennes. Il y a les trois genres: masculin, féminin, et neutre; trois nombres: singulier, pluriel, et duel; huit cas: nominatif, vocatif, accusatif, génitif, locatif, datif, causatif, ablatif, dont les voyelles finales se nuancent en cinq ou six déclinaisons communes aux substantifs et aux adjectifs.

Les types fondamentaux des pronoms constituent la charpente de la langue; les pronoms personnels, sous leur forme la plus usuelle, servent de base à la conjugaison verbale. Les terminaisons sont modifiées, à travers les verbes simples ou contractés, par l'adjonction de créments, d'augments, de lettres caractéristiques constituant cinq temps, six modes et deux voix, l'une active, l'autre réfléchie ou passive.

Les préfixes ou prépositions, les suffixes ou désinences, les noms de nombres, les noms de parenté, ceux d'éléments ou d'animaux, de qualités physiques ou morales, répandus dans nos idiomes sous diverses formes, se trouvent, sous ces mêmes formes, réunis, classés, expliqués avec leurs affinités, leurs racines primitives en sanscrit (1).

C'est cette langue, la plus complète, la plus riche des langues de l'antiquité, la mère des idiômes européens, qui a exprimé les croyances, les idées, les sentiments poétiques, religieux et philosophiques les plus anciennement conçus : c'est là que le génie grec a puisé, comme à une source abondante, les éléments d'une nouvelle civilisation.

§ 8. MOEURS, INDUSTRIE, ARTS.

Le Code de Manou ne s'occupa guère que des Brahmanes, dont il subordonnait l'existence à des pratiques austères et souvent puériles. Nous avons déjà vu qu'il se taisait au sujet des *sattis*, ou veuves se sacrifiant sur le corps inanimé de leur mari ; mais il n'empêchait pas le suicide d'un anachorète qui, atteint d'une maladie incurable, se laissait mourir de faim, ou celui d'un roi qui, sentant sa fin prochaine, distribuait une partie de ses biens aux Brahmanes, abandonnait à son fils le gouvernement, puis allait se faire tuer dans une bataille.

En général, les mœurs indiennes des temps primitifs furent moins rudes que les mœurs des autres peuples contemporains; les Chinois, les Perses, les Égyptiens pratiquaient des usages relativement plus barbares et des lois moins empreintes de douceur.

Des savants philologues ont démontré que dans l'ancien sanscrit, le père signifie le protecteur, la mère l'ordonnatrice,

(Eichhoff, liv. cité, p. 1 -13.

le frère le soutien, l'aide, la sœur celle qui soigne, la fille celle qui trait les vaches; tout cela témoigne de la vie patriarcale des premiers Indiens ou Aryas (1); ce peuple menait une vie simple, agreste et guerrière; l'agriculture, les troupeaux, la chasse étaient leurs principales occupations. Le père de famille remplissait l'office de prêtre : c'est lui qui priait les dieux de protéger sa famille, de féconder ses champs et ses troupeaux, de détourner les fléaux de sa tête, d'effacer ses fautes et de lui faire obtenir l'immortalité.

Mais cette vie simple disparut à l'époque de la rédaction du Code de Manou, et de la composition des poëmes, où l'on trouve la description de fêtes et de cérémonies splendides, indices d'une civilisation avancée. La multiplicité des objets de luxe mentionnés dans ces livres, fait croire qu'il existait un commerce très-actif entre les diverses parties de l'Inde. Des relations d'échanges s'y étaient de bonne heure établies avec les peuples riverains de la Méditerranée. Les Arabes en furent les premiers intermédiaires. Quant à la navigation, bien qu'on y parle de voyages sur mer, elle fut peu pratiquée par les Indiens. Néarque, qui commandait la flotte d'Alexandre, dans le quatrième siècle, ne rencontra aucun navire depuis les embouchures de l'Indus jusqu'à l'Euphrate; il ne vit qu'un petit nombre de bateaux pêcheurs, dont les constructeurs étaient des Çoudras, ce qui prouve le peu de cas que l'on faisait de la navigation.

Le Code de Manou renferme des règles concernant les rapports de la famille et les relations extérieures. Les impôts portaient sur les marchandises et les denrées; c'était le cinquantième des bestiaux, de l'or, de l'argent; le huitième ou le douzième des grains, suivant la qualité du sol; le sixième des quatre produits. Les Brahmanes seuls ne payaient pas d'impôts.

(1) Histoire de la littérature indienne, par Alfred Weber, trad. par A. Sadous. Introd. p. 11.

La propriété individuelle était établie pour les immeubles comme pour les objets mobiliers, et se transmettait héréditairement. Il y avait cependant des terres cultivées en commun, à charge par les habitants de payer l'impôt et d'entretenir des individus pour garder les champs.

J'ai cité quelques lois relatives aux successions; j'ajouterai ici qu'à la mort du père, le fils aîné conservait la possession indivise des biens, à charge d'entretenir ses frères et ses sœurs. Dans le cas où ceux-ci obtenaient le partage, l'aîné avait le vingtième, le cadet un quarantième, le dernier un quatre-vingtième. Le reste se partageait également. A défaut d'enfants légitimes, l'héritage passait aux fils adoptifs; à défaut de ceux-ci aux Sapindas (les six parents les plus proches); à leur défaut, aux Samanodacas (parents plus éloignés); ou, enfin, à un Brahmane chargé d'offrir le gâteau funèbre en l'honneur des ancêtres.

Les descriptions de grandes villes et de magnifiques palais, que contiennent le Râmayana et le Mahabhârata donnent une haute idée de l'état des arts à l'époque où vivaient leurs auteurs. Le Mahabhârata, en parlant de temples qui s'élevaient jusqu'au ciel, atteste au moins la forme colossale des monuments. Tels sont les temples souterrains d'Ellora, ceux des îles de Salcette et d'Éléphanta, sortes de montagnes creusées en salles immenses, en longues galeries, soutenues par des colonnes; puis des statues du dieu Civa, de nombreuses sculptures dont les formes monstrueuses et bizarres révèlent une conception primitive. Les dieux y sont représentés avec plusieurs têtes ou plusieurs bras.

L'art indien étant surtout symbolique, exprime les attributs divers d'un dieu par plusieurs images accumulées. La présence simultanée des deux sexes exprime les puissances mâle et femelle réunies; la multiplicité des têtes exprime l'intelligence; celle des bras, la force. Les images obscènes qu'on trouve à profusion sur les monuments indiens trahissent également une haute antiquité, car nous les retrouvons chez tous les autres peuples primitifs de l'Asie.

La musique et la danse ont figuré de tout temps, chez les Indiens, dans les cérémonies publiques et religieuses, comme accompagnement des chants et des sacrifices. Les musiciens célestes (gandharvas) jouent un grand rôle dans les Védas et dans les poëmes; les Apsaras et les Bayadères y jouent celui de danseuses. Mais cette intervention des femmes dans les pratiques religieuses dégénéra bientôt en une sorte de prostitution sacrée, qu'on retrouve chez tous les autres peuples de l'Asie.

Les règles de la musique indienne ont été fort multipliées. Cette musique comptait quatre-vingt-quatre modes, dont trente-six employés ordinairement, et ayant chacun une expression particulière destinée à agir sur tel sentiment ou sur telle affection; ils tiraient leurs noms des saisons et des heures.

Le Code de Manou parle de l'or, des perles, de la soie et des bijoux comme déjà fort en usage dans la toilette et dans l'ornementation.

Les éléphants, les chevaux, les chars servaient au transport des hommes; les chameaux et des espèces de véhicules servaient à celui des marchandises.

Les divers grains, les épices et les parfums désignés dans le code et dans les poëmes attestent une agriculture assez avancée.

En un mot, on trouve à cette époque tous les éléments d'une civilisation avancée.

CONCLUSION.

L'ancienne civilisation de l'Inde nous a présenté deux ères bien distinctes : celle de l'établissement des Aryas, et celle de la domination brahmanique.

Les Aryas, en quittant leur sol natal, apportèrent dans l'Inde une langue, des traditions et des usages qui se modifièrent peu à peu sous l'influence de relations et d'un climat différents. Les monuments poétiques et religieux qui nous en restent constatent une civilisation encore à l'état d'ébauche.

La domination brahmanique marque un état social régulier. Les chefs de tribus n'ayant plus à attaquer ni à conquérir, et tenus dès lors sur la défensive, avaient laissé les Brahmanes constituer légalement la société religieuse et civile, et prendre vis-à-vis d'eux-mêmes une suprématie dont ils songèrent d'autant moins à secouer le joug qu'elle fut toujours l'auxiliaire de leur despotisme. Le Code de Manou est la plus complète expression de l'état social des Indiens à cette époque.

Les Brahmanes justifièrent leur prédominance, non-seulement par leur rôle de prêtres et de législateurs, mais aussi par leurs travaux littéraires et philosophiques, qui les distançaient foncièrement de la caste des guerriers.

Les castes inférieures, sous la double autorité des prêtres et des rois, n'ayant aucune part à la politique, et fort peu à la religion, n'exercèrent aucune action nouvelle sur la société jusqu'à l'avènement du bouddhisme. Le bouddhisme, en confondant les castes, ouvrit une nouvelle ère. Cette ère fut de courte durée, le brahmanisme ayant fini par reprendre le dessus, mais fort dégénéré de son antique splendeur, et incapable de relever l'Inde de sa décadence; les troubles intérieurs l'avaient livrée aux invasions étrangères.

Cependant, en dépit des événements qui l'ont bouleversée, elle a conservé ses mœurs, ses croyances et ses lois. Les violences du régime mahométan et la tolérance du gouvernement anglais n'ont pu ébranler son respect des traditions, son attachement à de vieilles coutumes, et, sous ce rapport, elle offre de certaines analogies de caractère avec la Chine, qui en diffère essentiellement aux points de vue religieux et social.

Ses derniers soulèvements contre la domination étrangère attestent encore sa profonde antipathie pour l'introduction d'usages nouveaux, et aussi, il faut le dire, une prévention trop justifiée contre ces gouverneurs marchands qui se sont montrés plus soucieux de l'exploiter que de la civiliser.

PERSES

§ 1. RÉSUMÉ HISTORIQUE.

Les Perses faisaient partie de la grande peuplade qui avait occupé les pays entre le Tigre et l'Indus, et entre l'Océan et la mer des Indes.

Les analogies qui existent entre les langues de la famille perse, le *zend*, le *pelvi* et le *parsi* ont fait conjecturer que les peuples qui les parlaient sortaient d'une même race.

Les *Arii*, dont parle Hérodote (1) désignent les ancêtres des Perses comme ceux des Indiens. Ils quittèrent le plateau de Bolor, séjour primitif de la race blanche et refoulèrent à l'est et au sud les tribus de races jaune et noire.

Les peuples ariens se sont séparés en deux grandes branches, l'une qui est restée dans l'Arie bactrienne, l'autre qui est allée s'établir dans l'Arie brahmanique. Selon le *zend-avesta*, les Nabânazdista étaient des hommes nouveaux opposés aux ancêtres, appelés les hommes de la première loi. Les

---

(1) L. VII, 62-64.

hommes nouveaux furent les contemporains de l'auteur du Yaçna, tandis que les anciens, dont parlent les traditions persanes, avaient été les ancêtres communs des Ariens de la Bactriane et des Ariens de l'Inde (1).

Quelques notions sur ces peuples se trouvent en tête du *Vendidad*, recueilli sous le titre de *zend-avesta*, et dont la première rédaction remonte au-delà de l'empire perse.

D'après ce livre, Eriène Veedjo, contrée jouissant du plus doux climat, fut le berceau des Perses. C'était l'Eden d'Ormusd; mais Ahriman, auteur du mal, frappa ce lieu d'un froid cruel. La grande tribu quitta ce pays et Ormusd créa successivement quinze autres endroits dont se composa l'Iran.

En quittant ses premières demeures, cette race vécut de la vie pastorale et nomade ; mais une fois arrivée et fixée dans un nouveau pays, elle adopta une nouvelle manière de vivre.

Son chef Djemschid est représenté comme propageant l'agriculture et l'élève des bestiaux dans tout l'Iran, et recevant d'Ormusd les lois qu'il promulgua.

Cependant la diversité de coutumes et d'occupations amena la distinction de ces peuplades : les Bactriens et les Mèdes devinrent riches et puissants par l'agriculture et le commerce, tandis que les Perses habitant les montagnes restèrent longtemps pasteurs et guerriers. Hérodote rapporte qu'ils habitaient originairement un petit territoire montagneux et aride; que du temps de Cyrus il leur avait été proposé de le quitter tout-à-fait pour un autre climat; mais que Cyrus s'y opposa craignant de les voir perdre leur esprit guerrier (2).

Suivant Arrien, les Perses, qui aidèrent Cyrus à conquérir l'Asie, étaient pauvres et habitaient un sol ingrat (3). Platon, à son tour (4), nous montre les Perses de ce temps-là vivant

---

(1) E. Burnouf, *Comment. sur le Yaçna*, p. 568.
(2) Hérod. IX, 122.
(3) Arrien, V, 4.
(4) Des Lois, III, op. 2.

dans une contrée agreste qui produisait des hommes d'une constitution forte, en état de supporter le froid et les veilles, et, quand il le fallait, de faire la guerre.

Selon la coutume des peuples nomades, les Perses composèrent plusieurs tribus distinguées par leur genre de vie.

Chaque tribu même se divisait en familles plus ou moins nobles. C'est dans la tribu des Achéménides qu'on choisissait les rois, sans doute parce qu'elle était la plus guerrière.

D'après les écrivains mahométans, échos des traditions pehlvies, Kaiomartz aurait été le premier roi de la Perse. Il est représenté comme le fondateur d'une dynastie, celle des paishdadiens ou premiers distributeurs de la justice. Il ne parvint, dit-on, à civiliser que sa propre famille, et fut victime de la barbarie de ces peuplades. Son successeur Houcheng enseigna l'art de cultiver, d'ensemencer les champs, d'élever le bétail, de travailler le fer, de confectionner des étoffes de laine. Puis vint Theimouratz, qui cultiva les arts d'agrément (1).

Il est ensuite question d'un Jemsheed, le Djemschid du zend-avesta, fils de Theimouratz, qui inventa le vin, réforma les coutumes et divisa le peuple en quatre classes : 1º Les hommes pieux et savants chargés d'enseigner aux hommes le bien et le juste. 2º Les écrivains, chargés de conserver les actes et les comptes de l'état. 3º Les guerriers, gens toujours prêts à la bataille. 4º Les ouvriers, les cultivateurs et les marchands. Cette division assez analogue à celle des Indiens et des Egyptiens, n'est point l'effet d'une origine commune; elle s'est présentée naturellement à l'esprit des anciens législateurs qui en trouvaient les éléments dans les divers rapports déjà établis comme spontanément entre les familles d'une même tribu.

L'historien ajoute que Jemsheed finit par s'abandonner aux débauches, et par se proclamer Dieu.

Zohauk, prince syrien, profita d'une révolte pour s'emparer de la Perse. Celui-ci fut vaincu à son tour par Feridoon

(1) Klaproth, *Tableaux historiques de l'Asie*, p. 1 et suiv.

un des héros des poètes persans. Le poète Gulistan dit : « l'heureux Feridoon n'était pas un ange ; il n'était pas composé de musc et d'ambre ; c'est par la justice et la clémence qu'il réussit à faire de grandes et bonnes choses. »

On lui attribue un testament qu'il adressa à ses descendants et où l'on remarque ce passage : « Regardez chaque jour de votre vie comme une feuille de votre histoire, et, en conséquence, prenez garde qu'il y soit rien écrit qui ne soit digne de la postérité. »

Un de ses descendants, Kai-Koson, est cité pour sa justice ; elle fut si grande, dit-on, que ses contemporains cessèrent de regretter son ancêtre Feridoon.

Son fils Kai-Kaons lui succéda. Ce prince avait un fils, Kawush, dont la belle Sudaba, une de ses femmes, devint amoureuse. Le jeune homme ayant résisté à ses avances, Sudaba, pour se venger, l'accusa auprès du roi d'avoir voulu lui faire violence. Le roi se doutant de la vérité refusa de l'entendre. Elle chercha une seconde fois à le perdre, et le roi voulut enfin la punir de sa méchanceté, mais elle fut sauvée par la généreuse intervention du jeune prince.

On cite encore Kai-Khoosroo comme un prince doué de hautes qualités, et dont le nom est resté cher et vénéré en Perse ; et Isfundear, qui sut pardonner les offenses, et combattit avec zèle les ennemis de la religion de Zoroastre.

Mais tous ces récits sont légendaires et n'offrent que peu de fond historique. La véritable histoire politique de la Perse ne commence qu'avec Cyrus, dans le sixième siècle, et encore, les traditions qui le concernent diffèrent beaucoup entre elles ; Hérodote, Ctésias et Xénophon ont recueilli sur ce conquérant des documents nombreux, plus ou moins avérés.

A cette époque, les Perses étaient sous la domination des Mèdes. Impatients de ce joug, et leur nombre s'accroissant, ils n'attendaient qu'une occasion pour s'affranchir et se jeter sur les pays limitrophes ; il leur fallait un chef bien résolu pour les conduire. Cyrus, qui joignait le courage à l'habileté, et une certaine grandeur de caractère à la simplicité des mœurs, se révéla pour eux comme le plus digne d'accomplir de vastes entreprises ; il commença par chasser les Mèdes ; puis, il conduisit les Perses à la conquête d'une partie de l'Asie.

Nous n'avons pas à le suivre dans ses expéditions, nous mentionnerons seulement ceux de ses actes qui peignent l'homme moral à côté du conquérant, et les faits qui caractérisent les mœurs générales des Perses.

Lorsque Cyrus se rendit au palais des rois de Babylone il offrit des sacrifices aux dieux que les mages lui désignèrent, faisant preuve ainsi à la fois de tolérance religieuse, et, en même temps, d'habileté politique. Les grandes conquêtes ne se sont jamais mieux affermies que par le respect des usages et des croyances des vaincus.

Malgré cette condescendance, Cyrus ne pouvait espérer se rallier ceux qu'il venait de renverser du pouvoir, et songeant que Babylone devait renfermer beaucoup de mécontents, il s'occupa des moyens de prévenir toute trahison. Les eunuques lui parurent les plus capables de l'aider, parce qu'étant sans famille, et généralement méprisés, ils avaient plus de motifs pour s'attacher à celui qui pouvait faire leur fortune. Il leur confia donc la gestion du palais et la garde de sa personne.

Mais si la classe des eunuques avait son utilité dans certaines circonstances, elle avait son danger dans le plus grand nombre de cas ; l'ambition et la cupidité de ces hommes étrangers aux joies de la famille, n'étaient que plus entreprenantes ; et l'histoire de l'Orient est remplie de grands désordres suscités par eux. Xénophon raconte la cérémonie triomphale qui signala l'entrée de Cyrus à Babylone ; on voulait éblouir et gagner le peuple vaincu par l'aspect d'une magnificence extraordinaire. Un grand nombre d'individus profitèrent de cette occasion pour présenter des requêtes à Cyrus ; celui-ci dit à ceux de sa suite qui les recueillaient : « Si l'on fait des demandes déraisonnables n'y obtempérez pas, si elles sont justes, vous me les communiquerez afin que nous avisions ensemble au moyen d'y satisfaire. »

Pour gouverner son vaste empire, il fallait y établir l'unité du commandement. A cet effet, il envoya tous les ans une armée dans les différentes provinces. Le général s'enquérait de la conduite des gouverneurs, les secourait s'ils en avaient besoin, ou les réprimandait s'ils avaient commis des injustices, négligé de faire payer les tribus, de veiller à la sûreté des habitants et à la culture des terres. Si le gouverneur résistait, on en référait au roi qui le faisait punir.

En un mot, Cyrus s'efforça de consolider son nouvel empire en unissant la bonté à la fermeté de caractère.

Xénophon prête à Cyrus, au moment de mourir, cette allocution aux dieux à qui il offrait des sacrifices :

« Je vous rends grâce des utiles avis que j'ai reçus de vous par les entrailles des animaux, par les signes célestes, par les augures, par les présages, sur ce que je devais faire ou éviter. Je vous rends grâce surtout de n'avoir jamais permis que je méconnusse votre assistance, ni que dans le cours de mes prospérités j'oubliasse que j'étais homme. Il ne me reste qu'à vous prier d'accorder à mes enfants, à ma femme, à mes amis, à ma patrie, des jours heureux, et à moi une fin digne de ma vie. »

En faisant la part des traditions légendaires qui entourent ce grand nom, et de l'enthousiasme qu'il a inspiré à ses panégyristes, il faut reconnaître dans Cyrus un grand génie guerrier et politique rehaussé par un cœur magnanime.

Tous les auteurs anciens s'accordent à vanter sa bonté et sa justice (1). Hérodote dit que les Perses lui donnaient le nom de père.

Mais son œuvre fut gâtée par Cambyse, son fils et successeur, qui se montra cruel et injuste et se vengea même sur

---

(1) Xénophon, Cyropédie. Isaïe, XLIV, 28, Diodore, t. 1. Hérodote, III, 89, 160.

les morts de la résistance qu'il en avait éprouvée de leur vivant. En Égypte, il fit exhumer le corps du roi Amasis, qui avait secoué le joug des Perses, ordonna qu'on le battît de verges et qu'on le brûlât, contrairement à la religion des Égyptiens et des Perses (1).

Il commit encore plusieurs atrocités, et fit mourir, entre autres, son frère Smerdis, à la suite d'une vision qui le lui représentait comme prêt à s'emparer du trône.

Ayant conçu une violente passion pour une de ses sœurs, il résolut de l'épouser, en opposition aux lois et aux mœurs du pays. Il consulta les juges royaux à ce sujet. Ceux-ci lui dirent qu'il n'y avait pas de loi qui autorisât ce genre de mariage, mais qu'il y en avait une qui permettait au roi de faire tout ce qu'il voulait. Cette réponse caractérise le pouvoir despotique, dont les velléités de justice ne sont que de l'hypocrisie. S'il invoque la loi, c'est à la condition qu'elle ne contrariera pas sa volonté.

Il épousa cette sœur, et, peu de temps après, il en épousa encore une autre, et la tua ensuite parce qu'elle lui rappelait le meurtre de Smerdis, son frère.

Crésus, qui était resté à la cour de Perse, témoin de ces actes de cruauté, crut devoir un jour lui en faire des représentations. Cambyse ordonna qu'il fût mis à mort. Ceux qu'il avait chargés de l'exécution, pensant qu'il se repentirait d'avoir donné cet ordre, attendirent au lendemain. Et effectivement, Cambyse ayant manifesté des regrets, fut heureux d'apprendre que Crésus vivait encore; mais il fit mourir ceux qui n'avaient pas obéi sur-le-champ à ses ordres. L'obéissance devait, pour lui, primer la question d'humanité.

Pendant sa dernière expédition, un mage, que sa ressemblance avec Smerdis fit passer pour celui-ci, s'empara du trône. Cambyse accourut pour empêcher cette usurpation, mais il périt en chemin.

---

(1) Hérod., l. III, ch. 16.

I

Suivant Platon (1), les désordres survenus en Perse à cette époque provenaient de ce que, du temps de Cyrus, on avait adopté les mœurs des Mèdes, qui abandonnaient l'héritier de la couronne aux mains des femmes et des eunuques du sérail. L'exemple de Cambyse prouve, en effet, que cette éducation formait de très-mauvais élèves.

Après un règne de courte durée, le faux Smerdis fut tué par sept mages de la Perse, parmi lesquels figurait Darius, fils d'Hystaspe, qui devint roi (en 522). Hérodote (2) ajoute que les conjurés se réunirent ensuite pour délibérer sur la forme de gouvernement qu'on devrait établir.

Les mages étant chefs de tribus, il n'est pas étonnant qu'ils aient pu disposer de l'empire en faveur de Darius.

Sans être aussi injuste ni aussi cruel que Cambyse, Darius se livra cependant à des actes qui le rapprochèrent de son prédécesseur. Ainsi, lorsqu'il partit en Scythie, ayant voulu emmener à sa suite les trois fils d'Oeobase, Perse de distinction, celui-ci le supplia de lui en laisser un. Darius promit de les lui laisser tous, et il donna ordre de les faire mourir (3). Intapherne, un de ses complices dans la conspiration qui l'avait fait monter sur le trône, lui ayant un jour manqué de respect, fut condamné à mort avec ses fils et ses proches parents. Toutefois, Darius promit à la femme d'Intapherne de faire grâce à celui des siens qu'elle lui désignerait. Elle désigna son frère. Darius lui demandant les motifs de cette préférence, elle lui dit : « Je pourrai trouver un autre mari et avoir d'autres enfants ; mais mon père et ma mère étant morts, je ne puis plus avoir d'autre frère. » Darius lui fit rendre ce frère et l'un de ses enfants ; les autres furent tués.

Si Darius se montra peu généreux en cette circonstance, que dire de cette femme se préoccupant, dans ce moment su-

---

(1) Op. II, p. 695.
(2) III, 80 ; VI, 43.
(3) Hérod. l. IV, ch. 84.

prême, de la possibilité d'avoir un jour d'autres enfants pour remplacer ceux qu'elle voyait traîner au supplice?

C'est à Darius Ier que la monarchie perse dût son organisation intérieure. La tribu dominante passa définitivement de la vie nomade à une vie régulière, tout en conservant ses anciennes coutumes.

Darius divisa l'empire en satrapies, afin d'obtenir une plus exacte répartition des tributs, nomma des gouverneurs pour consolider le gouvernement civil indépendamment du pouvoir militaire, et fixa la résidence royale à Suse.

Cependant les frais énormes qu'occasionnaient ses expéditions épuisèrent la population industrielle.

On sait qu'il envoya contre les Grecs une immense armée qui fut défaite à la célèbre bataille de Marathon. On vit alors la différence qui sépare des soldats uniquement dressés pour la lutte et le pillage, et des soldats spontanément armés pour la défense de leur patrie; le nombre et la discipline des uns ne pouvaient tenir longtemps contre le courage des autres. Darius n'avait point d'ailleurs cet ascendant moral que Cyrus savait exercer sur le soldat par l'exemple de sa bravoure et de sa magnanimité.

Xerxès succéda à Darius; il parvint à replacer sous la domination perse, l'Égypte qui s'en était détachée. Puis il marcha contre les Grecs avec une armée encore plus nombreuse que celle de Darius, mais sans plus de succès. Après avoir perdu la bataille navale de Salamine, il fut contraint de se retirer honteusement.

Découragé sans doute par ses défaites, il s'abandonna aux débauches, et Artaban un de ses gardes, le tua au milieu d'une de ses orgies, à l'instigation d'Artaxerxès.

Artaxerxès Ier, dit *Longue-Main*, monta sur le trône en 465; il continua la lutte malheureuse de ses prédécesseurs contre les Grecs. Bien qu'il se fût souillé du meurtre de son frère, et ensuite de celui d'Artaban son complice, les historiens font un grand éloge de sa bonté, de sa bienfaisance, de son amour des lettres. On passe facilement condamnation sur les crimes des souverains, lorsqu'ils les rachètent par de brillantes entreprises, ou d'utiles réformes.

Artaxerxès, en effet, apporta d'heureux changements dans l'administration, honora et récompensa les hommes de talent. C'est à sa cour que Thémistocle, fugitif et proscrit, vint chercher un asile ; Artaxerxès lui accorda une généreuse hospitalité, bien qu'il eût mis sa tête à prix pendant la guerre. Lorsque la ville de Suse fut décimée par la peste, Artaxerxès fit prier Hippocrate de venir lui apporter les secours de sa science, et lui envoya à cet effet de riches présents.

Si Hippocrate fit preuve d'intégrité en refusant les dons d'un ennemi de sa patrie, il manqua aux devoirs de médecin en refusant ses soins à des malheureux pestiférés ; c'était sacrifier l'humanité à ce patriotisme exclusif, qui renferme l'amour du prochain dans d'étroites frontières.

On pense que ce roi est l'Assuérus de la Bible, et qu'à lui se rapporte l'histoire d'Esther, où se trouvent plusieurs traits de mœurs dignes d'être signalés. Artaxerxès pour se venger, dit-on, de la reine Vasthi qui avait refusé de paraître dans un festin, envoya dans toutes les provinces chercher les plus belles vierges pour son gynécée à Suse. Une juive, nommée Esther, ou Edissa, fut remarquée entre toutes. Après avoir, selon la coutume, attendu un an et s'être parfumée et parée, elle fut présentée au roi qui l'orna du diadème. Son oncle Mardochée lui avait recommandé de taire sa race ; mais un favori du roi, Aman, ayant remarqué que Mardochée ne fléchissait pas le genou devant lui, et ayant appris qu'il était juif, résolut de faire massacrer tous les juifs, et, avec l'assentiment du roi, publia un édit qui ordonnait cette exécution. Mardochée fit avertir Esther afin qu'elle intercédât de suite auprès du roi. Or, il y avait une règle rigoureuse observée dans l'intérieur du palais : quiconque osait se présenter dans l'appartement du roi sans y avoir été appelé était mis à mort sur-le-champ à moins que le roi ne lui sauvât la vie en étendant sur lui son sceptre d'or.

Esther brava cette règle et grâce à ses charmes fut bien accueillie du roi, qui lui promit de lui accorder ce qu'elle lui demanderait. Elle obtint, en effet la délivrance des juifs et le supplice d'Aman et de son fils. De plus, cette exécution fut suivie du massacre, par les juifs, de 75,000 personnes soupçonnées d'être leurs ennemies, sanguinaire dénouement que Racine a cru devoir passer sous silence. La légende d'Esther présente enfin un tableau doublement instructif du sort des juifs exilés en Perse, et des mœurs de la cour d'Artaxerxès.

Ce roi eut à soutenir une lutte terrible avec son frère le jeune Cyrus, dont Xénophon a tracé le portrait un peu trop flatté.

Cyrus avait été envoyé par Darius, son père, dans l'Asie mineure, en qualité de satrape. Il se concilia l'affection de tous par sa bravoure, sa bienveillance et sa justice. « Qu'on lui fit du bien ou du mal, dit Xénophon, il tâchait de le rendre au double ; car il voulait surpasser en bienfaits et en vengeances ses amis et ses ennemis. » En sorte que sa justice s'arrêtait au seuil de la charité.

Il était inexorable pour les criminels : on rencontrait sur les grandes routes des hommes auxquels on avait coupé les pieds, les mains, ou arraché les yeux, pour crimes de vol et autres. S'il voyait un gouverneur de province améliorer ses terres, il lui en donnait encore d'autres à cultiver.

La haine qu'il portait à son frère Artaxerxès, et plus encore l'ambition, lui fit lever l'étendard de la révolte ; tantôt vainqueur, tantôt vaincu, il accomplit de brillantes expéditions, auxquelles son historien Xénophon prit une brillante part.

Dans une dernière rencontre, il fut tué au moment où il allait frapper Artaxerxès ; et celui-ci se fit toujours une gloire d'avoir accompli lui-même ce meurtre. D'autres s'étant vantés de cet acte, payèrent cet aveu de leurs supplices, à l'instigation de la reine-mère.

Pendant son long règne, Artaxerxès fut en guerre perpétuelle soit avec les satrapies lointaines qui se révoltaient contre leur suzerain, soit avec les Grecs qui venaient aider les peuples à s'affranchir de son joug. Les Grecs triomphaient presque toujours et continuaient de montrer la supériorité du courage né de l'indépendance sur une nombreuse armée composée de mercenaires et d'étrangers qu'on menait au combat à coups de fouet.

Il faut ajouter aussi que les généraux perses, ne pouvant rien faire d'important sans un ordre exprès du roi, étaient souvent exposés à des lenteurs dans leurs expéditions lointaines ; les ennemis avaient le temps de se ravitailler en attendant que le roi eût envoyé ses instructions (1).

Les auteurs persans rapportent d'Artaxerxès des mots et des anecdotes qui viendraient à l'appui de sa réputation de sagesse et de bonté, s'ils étaient bien authentiques. Il disait :

« Le pire de tous les rois est celui que craignent les riches et non les méchants. Il ne peut y avoir de pouvoir sans armée, d'armée sans finances, de finances sans agriculture, et d'agriculture sans justice. Un lion furieux est moins mauvais qu'un roi injuste ; mais un roi injuste lui-même est moins mauvais qu'une longue guerre. — Les rois ne doivent jamais employer l'épée là où le bâton peut suffire. »

Artaxerxès se faisait présenter chaque jour des rapports sur ce qui se passait non-seulement dans la capitale, mais dans chacune des provinces ; il s'enquérait même de la vie privée de ses sujets.

On lui attribue un traité sur la meilleure manière de vivre, d'après sa propre expérience ; mais aucun fragment n'en a été conservé.

Ferdosi rapporte son testament : ce sont des conseils légués par un père mourant à son fils, et terminés dans ces termes :

« Rappelle-toi que c'est la prospérité ou l'adversité des chefs du gouvernement qui font le bonheur ou le malheur des sujets, et que le sort de la nation dépend de l'homme qui occupe le trône. Le monde

(1) Diod. XV, ch. 41.

est exposé à de continuelles vicissitudes : apprends donc à supporter les revers de la fortune avec courage et fermeté, comme à recevoir ses faveurs avec sagesse et modération. Enfin, puisse ton administration être telle qu'elle appelle un jour sur toi et sur moi les bénédictions de ceux que Dieu a confiés à nos soins paternels ! »

On lui prête quatre qualités essentielles : une véritable grandeur d'âme, la bonté de caractère, la fermeté pour réprimer, et une conduite qui ne donnait aux autres aucun lieu de craindre pour leur vie, leur honneur ou leur propriété.

Plusieurs actes de cruauté et d'arbitraire s'inscrivent malheureusement en faux contre ce portrait et contre le testament.

Ochus succéda à Artaxerxès, grâce au meurtre de ses deux frères. Pour prévenir toute contestation sur la légitimité de son pouvoir, il fit massacrer tous ses parents, proches ou éloignés, et toutes les personnes qu'il supposa mécontentes. Ces meurtres n'empêchèrent pas que des tentatives de révolte ne troublassent tout le cours de son règne.

C'est sous ce prince que se passa (en 354) un trait remarquable d'amour conjugal qui mérite d'être rapporté. A la mort de Mausole, dynaste de Carie, Artémise, sa femme et sa sœur, ayant recueilli ses cendres, en mettait tous les jours dans sa boisson, voulant servir elle-même de sépulture à son époux. Deux ans après, avant de mourir, elle fit ériger à la mémoire de celui-ci un monument fameux dans la ville d'Halycarnasse. Ce monument a été considéré comme une des sept merveilles du monde ; d'où est venu le nom de *mausolée*.

Rien d'important pour la civilisation de l'ancienne Perse ne s'effectua depuis Ochus jusqu'à Alexandre ; les révoltes perpétuelles qui éclatèrent dans ces divers états conquis par la force, réunis par la violence, et contenus par la terreur, détournèrent les souverains de tout projet d'organisation sociale; ils songèrent plutôt à consolider leur domination qu'à améliorer le sort de l'empire. Il renfermait, d'ailleurs, trop d'éléments hétérogènes pour arriver jamais à une durable unité, et sa brillante existence ne compte que deux siècles.

§ 2. INSTITUTIONS DES ANCIENS PERSES.

Les analogies de langue et de mœurs indiquent que les Perses et les Mèdes formaient deux branches différentes d'une même tribu originaire. Des mariages entre eux furent très-fréquents, et peu à peu s'effectua la fusion des deux peuples.

Nous avons vu qu'avant Cyrus la constitution politique des Perses était peu déterminée. Ces montagnards nomades se divisaient en dix tribus (1), distinguées entre elles par leur rang et leur genre de vie : il y avait trois tribus nobles, trois tribus d'agriculteurs, et quatre tribus nomades fournissant aux premières des troupes de cavalerie. Les vastes pâturages de la steppe qui sépare la Perse de la Médie favorisaient la propagation de la race chevaline. Une partie de la nation dominait le reste, et s'en distingua toujours par une civilisation plus avancée, par les arts et le luxe.

La famille la plus noble de la première tribu était celle des Achéménides, où l'on choisissait les rois (2).

Une fois l'empire fondé, le gouvernement de la Perse devint despotique dans toute la force du terme. Le souverain disposait à son gré de la fortune et de la vie de ses sujets : lorsque comme Cyrus et Artaxerxès il était animé des sentiments de justice, les populations n'avaient à souffrir que des lourds impôts nécessités par le faste de la cour; lorsqu'il était injuste et cruel comme Cambyse, elles subissaient des vexations de toutes sortes; de là, les fréquentes révoltes qui éclatèrent sur différents points de l'empire.

Des armées, sous les ordres de capitaines étaient échelonnées

---

(1) Hérod., I, 125.
(2) Ibid.

dans les provinces, afin d'en assurer la soumission, les chefs assistés de percepteurs, levaient arbitrairement les impôts au profit des souverains. Ces impôts devinrent si onéreux, qu'un grand nombre d'habitants furent obligés d'émigrer pour s'y soustraire.

Quand le roi visitait une province, on lui offrait les fruits les plus précieux du pays; et un grand nombre d'individus étaient employés à lui recueillir les aliments les plus recherchés.

Un plaisir vraiment royal était la chasse, sorte de guerre simulée, car on y employait des troupes et des armes à peu près semblables à celles des batailles (1).

Cet exercice n'était pas sans danger ni sans utilité ; les forêts et les montagnes étaient alors infestées d'animaux féroces ; il fallait donc un certain courage et un grand déploiement de forces pour les attaquer. Les visites dans les provinces lointaines en fournissaient les occasions.

Les rois furent, comme chez les Indiens, appelés *fils du soleil*, témoignage non équivoque du culte du soleil commun aux deux peuples.

Chaque province était chargée non-seulement de l'entretien de la cour, mais encore de celui des Satrapes, dont le faste cherchait à égaler celui des rois. Hérodote raconte que le revenu de quatre grands bourgs de Babylone fournissait à la nourriture des chiens de chasse du Satrape Masistius (2).

L'entretien des troupes réparties dans les provinces était à la charge de celles-ci ; et à l'occasion de grandes expéditions on levait encore des tributs extraordinaires.

Il y avait donc 3 sortes de tributs principaux, les premières pour le roi, les secondes pour les Satrapes, les troisièmes pour l'armée. La Perside seule fut exempte en qualité de patrie originaire des conquérants (3).

---

(1) Hérod. VII, 85.
(2) Ibid.
(3) Ibid., 192 ; III, 97-128.

Outre ces tributs, il y en avait un autre qui provenait de biens confisqués, après les exécutions à mort de Satrapes ou d'autres grands fonctionnaires. Or, comme les Satrapes se livraient à de nombreuses exactions pour s'enrichir, ils devenaient à leur tour une riche proie pour le souverain, quand celui-ci pouvait seulement les soupçonner de malversations.

Les personnes de la classe élevée, les hauts dignitaires, les amis et les parents du roi recevaient des pensions en assignation sur des bourgs et les villes dont le roi disposait à son gré. Les épouses et les mères des souverains avaient ainsi plusieurs pays destinés à fournir à leurs moindres besoins. Ces assignations revenaient au roi après la mort du bénéficiaire, à l'exception de celles qui avaient été accordées en récompense de services importants; dans ce cas elles passaient aux héritiers naturels.

Le gouvernement général était fondé sur la séparation rigoureuse des pouvoirs civil et militaire.

Xénophon rapporte que Cyrus disait à ses amis : Vous savez que j'ai laissé dans les pays et les villes conquis, des garnisons et des commandants auxquels j'ai ordonné de ne s'occuper que du soin de les garder; j'y établirai aussi des Satrapes qui gouverneront les habitants, percevront des tributs, paieront la solde aux garnisons et règleront les autres affaires. » (1).

Cette double institution dura longtemps. Cependant le commandement des troupes fut quelquefois uni au pouvoir administratif des Satrapes, ce qui donna trop de pouvoir à ces hauts fonctionnaires, et c'est ce qui permit au jeune Cyrus de contre-balancer pendant quelque temps le pouvoir central du roi et de le tenir en échec.

A la suite de chaque Satrape étaient des écrivains royaux (2), auxquels on transmettait les ordres du roi et qui en faisaient

---

(1) Xénoph., Cyrop., p. 250.
(2) Hérod. III, 128.

connaître le contenu aux gouverneurs. Ces ordres devaient être immédiatement exécutés et la moindre désobéissance de la part d'un Satrape était punie de mort.

Mais l'insolence de ces dignitaires s'accrut avec l'accroissement de leur territoire ; et les désordres de la cour favorisèrent leur ambition.

Les armées permanentes entretenues dans les pays subjugués, consistaient en détachements de soldats vainqueurs auxquels on substitua plus tard des troupes mercenaires à la charge du pays conquis. Les peuples qui se mutinaient contre la nouvelle domination étaient transplantés en d'autres contrées; tel fut l'exil du peuple juif à Babylone.

Les rois Perses, pour conserver leurs conquêtes lointaines, ne croyaient pas faire mieux que d'en dépayser les habitants. Lorsqu'il s'agissait d'insulaires, l'armée englobait toute l'île dans sa largeur, chassait devant elle tous ceux qu'elle rencontrait, et ne laissait derrière elle qu'un vaste désert ; on transportait ces malheureux dans les îles du golfe Persique et de la mer des Indes ; là, ils devenaient la souche de nouveaux peuples (1).

Un autre moyen plus sûr pour affermir les peuples conquis dans l'obéissance, consistait à les énerver par le luxe et les plaisirs. Cyrus l'employa en prescrivant aux Lydiens de rendre leurs armes, de se couvrir de vêtements élégants, de boire et de jouer (2). C'est par ce même moyen que Crésus obtint de sauver son peuple menacé d'une transplantation. Mais bientôt entraînés par l'exemple, les vainqueurs s'efféminèrent : les Perses prirent peu à peu les mœurs des Mèdes, des Babyloniens et des Lydiens et devinrent moins aptes au métier des armes.

Enfin, à mesure que le luxe s'accrut, le nombre des courti-

---

(1) Hérod. V, 98 ; VII, 80.
(2) Ibid., I, 155.

sans augmenta, et, au dire de Crésus, il y en eut jusqu'à quinze mille (1).

Les renseignements que Xénophon donne sur l'éducation, la vie privée et les institutions des Perses se rapportent uniquement à la race régnante. Il dit que, de son temps, l'ancienne éducation de la cour subsistait encore, mais était gâtée par le luxe.

Le harem des rois de Perse se recrutait de femmes prises dans les différentes provinces de l'empire ; sa surveillance et sa police intérieure étaient confiées à des eunuques Ces eunuques et les premières favorites acquéraient souvent une influence dangereuse sur le souverain, et facilitaient les usurpations.

Le harem était divisé en deux appartements. Les femmes ne passaient du second dans le premier qu'après avoir partagé la couche du roi (2). L'étiquette exigeait qu'une nouvelle venue se parfumât pendant un an avant d'être digne des embrassements royaux.

Le nombre des femmes était si considérable que chacune d'elles ne partageait qu'une seule fois dans sa vie la couche du roi, à moins d'une faveur toute spéciale. Darius, fils d'Hystaspe, eut trois cent soixante concubines ; leur nombre devait, selon l'usage de la cour, égaler celui des jours de l'année (3).

Les épouses légitimes étaient distinguées des concubines, comme dans les autres classes, et choisies dans la famille de Cyrus ou des Achéménides (4). L'exemple d'Esther ferait croire que certaines concubines pouvaient s'élever au rang de reines, car elles recevaient alors les insignes royaux ; mais sans doute il ne s'agit ici que des premières favorites. Les reines elles-mêmes étaient soumises à de sévères restrictions ; ainsi, l'on

---

(1) Athénée, IV. Xénoph., p. 241.
(2) Esther, II, 12-14.
(3) Diod. II, p. 220.
(4) Hérod. III, 88.

trouva fort extraordinaire que Statira se montrât en public sans voile (1).

L'aîné des fils légitimes du roi lui succédait régulièrement ; mais ce n'était pas toujours sans lutte et sans contestation. Le roi, d'ailleurs, pouvait faire un autre choix à l'instigation de la reine-mère, qui pesait quelquefois sur les décisions du conseil.

Dans un empire composé d'éléments aussi divers il était difficile que la justice fût bien rendue; le souverain était obligé de sévir rigoureusement contre les magistrats qui abusaient de leur omnipotence dans les provinces.

Voici un fait qui donne une idée de la manière dont la justice était rendue sous Artaxerxès.

Un de ses généraux, Tiribaze, ayant été accusé de n'avoir point fidèlement exécuté ses ordres, le roi lui donna pour juges trois hommes reconnus pour leur intégrité. Or, sous Darius, des juges ayant porté des sentences injustes, avaient été écorchés tout vifs, et l'on avait étendu leur peau sur les siéges du tribunal afin d'effrayer leurs successeurs. C'était là une terrible perspective pour les autres juges. Tiribaze fit valoir les services qu'il avait rendus au roi, entre autres celui d'avoir sauvé sa vie en tuant deux lions qui s'étaient jetés sur le char royal, pendant une chasse. Les juges le déclarèrent innocent. Le roi, pour se convaincre de l'équité de cet arrêt, fit venir à part chaque juge, et s'enquit des motifs que chacun avait eus en acquittant Tiribaze. Le premier déclara que les services de Tiribaze étaient certains, tandis que l'accusation était douteuse. Le second dit que quand même l'accusation serait fondée, la faute serait suffisamment rachetée par les services du coupable. Le troisième, n'admettant pas la considération des services, dit seulement que les preuves de la culpabilité manquaient. Le roi approuva la conduite des juges, et revêtit

(1) Plutarque, Artaxerxès, op. 1.

Tiribaze de nouvelles dignités; et son accusateur et rival, Orontas, fut rayé du nombre des amis du roi (1); heureux d'en être quitte à si bon marché, car la peine de mort et les supplices les plus cruels étaient appliqués pour les moindres délits. L'histoire de Perse se distingue tristement par des actes nombreux de cruauté raffinée auxquels se livrèrent ses souverains, soit pour se venger, soit même pour exercer la justice. Les reines elles-mêmes y prirent souvent part (2).

L'examen du *Vendidad* nous fournira quelques unes des lois civiles et criminelles de la Perse.

§ 3. LES MAGES. — RELIGION.

La caste sacerdotale des Mèdes fut admise par les Perses dès le commencement de l'empire. Nous avons vu que Cyrus, pour affermir sa conquête, non-seulement respecta les croyances et les coutumes des pays conquis, mais les consacra par de nouvelles lois. Trouvant une religion toute faite avec ses temples et ses prêtres, il les reconnut et les fit participer à ses triomphes.

Hérodote parle des mages comme d'une caste déjà établie en Perse à cette époque. Xénophon (3), après avoir décrit l'organisation de la cour, imitée de celle des Mèdes, ajoute : « Ce fut alors que Cyrus appela pour la première fois les mages à la fonction de réciter à l'aube du jour les hymnes sacrés et d'offrir des sacrifices quotidiens aux dieux, suivant le rite.

---

(1) Diod., l. XV, ch. 2.
(2) Hérodote, IX, 109.
(3) Cyrop., VIII.

Cette institution est encore aujourd'hui maintenue par les rois actuels. Les autres Perses suivirent l'exemple du souverain, dans l'espoir d'arriver à une plus grande faveur, en adorant les dieux comme le chef de l'État. »

Les mages formaient, à titre de prêtres, de devins, de conseillers du roi, de juges, une caste puissante à la cour. Leurs fonctions étaient à vie; mais s'ils commettaient quelque injustice, ils étaient traités avec plus de rigueur que les autres fonctionnaires.

On a regardé la révolution qui éclata sous Smerdis comme une tentative de la part des Mages, de s'emparer de la souveraineté, car l'usurpateur était de cette caste; mais d'autres auteurs pensent qu'il s'agissait de rétablir la puissance mède (1). Ce projet fut déjoué par le meurtre du faux Smerdis, qu'accomplirent sept Mages, entre lesquels se trouvait Darius, fils d'Hystaspe. La délibération des conjurés, après la mort de Smerdis, dans laquelle on discuta la forme de gouvernement à donner à l'empire, soit monarchique, soit aristocratique, soit démocratique, est un fait insolite dans l'histoire de l'Asie; cependant elle est positivement attestée par Hérodote (2).

Ce même historien dit qu'au sommet des montagnes les ancêtres des Perses adoraient Dieu dans le soleil, la lune, la terre, le feu, l'eau et les vents. Les dogmes primitifs se transformèrent sous l'influence d'un climat différent; ils devinrent austères chez les Perses, brillants et fantastiques chez les Indiens. Le magisme fondé en Bactriane, plus de 2,000 ans avant notre ère, s'étendit peu à peu sur la Médie et la Syrie, et se mêla au sabéisme, de là ces traits de ressemblance qu'on rencontre dans les religion de plusieurs peuples asiatiques.

On a remarqué des analogies nombreuses entre les Védas et le Zend-Avesta; il y a loin cependant du dogme de la transmigration des uns à celui de la résurrection de l'autre.

(1) Hérod. III, 65, 73.
(2) Ibid. 80; VI, 43.

Le naturalisme védique est remplacé ici par des sentiments de personnalité et de moralité humaine ; le système de Zoroastre oblige l'homme à lutter constamment contre le mal, et lui fait entrevoir la perspective d'un bonheur éternel dans l'autre monde, s'il a su triompher dans celui-ci. Mais la plupart des invocations du Zend-Avesta ressemblent par leur forme aux hymnes védiques ; les dieux et les génies y figurent avec les mêmes attributs. Les dieux Indiens ont la faculté génératrice, Zoroastre la leur refuse, tout en admettant des Izeds mâles et femelles, bons génies chargés de surveiller le monde.

Le mot zend Daêva est le même que le sanscrit Déva ; mais Déva signifie Dieu pour les Indiens, et Daêva mauvais génie chez les Perses. Cette différence accuse une opposition tranchée entre les deux religions. Elle établit en même temps l'antériorité du sens de Dieu, sens avec lequel le mot Déva a passé dans les anciennes langues.

Ormuzd est le premier des sept Amschaspauds qui représentent les éléments tels que les Chinois les conçoivent, savoir : Le ciel, le feu, la terre, l'eau, le bois et les métaux.

Le premier des sept Izeds est Mithra, qui s'élance au-dessus de la montagne, s'avance de la région orientale du soleil immortel traîné par des chevaux rapides ; il occupe des sommets aux pics dorés (1).

Ahriman, le dieu mauvais, auteur des maux qui affligent le monde, est supposé venu du Nord ; son nom se rattache à la lutte primitive du Touran contre l'Iran dont le souvenir s'est conservé dans les traditions parses.

Le *Soma* indien, cet extrait d'une plante employée dans les sacrifices par les Aryas et dont les chantres védiques ont fait une divinité importante, a également été l'objet d'un même culte chez les Perses, sous le nom de *Homa*, et il est invoqué

---

(1) IV° Cardé de l'iescht de Mithra.

presque dans les mêmes termes par le Yaçna, qui renferme plusieurs chapitres à sa louange (1).

« Homa, invoqué par Zoroastre, lui dit : Je suis Homa, le saint qui éloigne la mort. Invoque-moi, extrais-moi pour me manger; loue-moi pour me célébrer, afin que d'autres, qui désirent leur bien, me louent à leur tour... »

« Vivanghat est le premier mortel qui, dans le monde existant, m'a extrait pour le sacrifice. Il a acquis cette sainteté, cet avantage lui en est revenu, qu'il lui est né pour fils Yima le brillant, le chef des peuples, le plus resplendissant des hommes nés pour voir le soleil, car il a, sous son règne, affranchi de la mort les mâles des troupeaux, de la sécheresse les eaux et les arbres, et il a rendu inépuisables les aliments dont on se nourrit...

» Athwya est le second mortel qui, dans le monde existant, m'a extrait pour le sacrifice. Il a acquis cette sainteté, cet avantage, qu'il lui est né pour fils Thrétona, issu d'une famille brave, qui a tué le serpent homicide, aux trois gueules, aux trois têtes, aux six yeux, aux mille forces, cette divinité cruelle qui détruit la pureté, ce pécheur qui ravage les mondes, et qu'Ahriman a créé le plus ennemi de la pureté, dans le monde existant, pour l'anéantissement de la pureté des mondes.

» Alors Zoroastre dit : Adoration à Homa ! Homa le bon a été bien créé; il a été créé juste, créé bon; il donne la santé; il a un beau corps; il fait le bien, il est victorieux, de couleur d'or; ses branches sont inclinées pour qu'on le mange; il est excellent, et il est, pour l'âme, la voie la plus céleste.

» O toi, qui es de couleur d'or, je te demande la prudence, l'énergie, la victoire, la beauté, la santé, le bien-être, la naissance, la force qui pénètre tout le corps, la grandeur qui se répand sur toute la forme. Je te demande de marcher sur les mondes, triomphant de la haine, frappant le cruel. Je te demande de triompher de la haine de tous ceux qui en ont; de la haine des Dévâs et des hommes, des démons et des Parikâs; des êtres pervers, aveugles et sourds et des meurtriers bipèdes et des êtres hypocrites.

» La première grâce que je te demande, Homa, qui éloigne la

---

(1) *Journal asiatique*, 1844, 1845, art. d'Eug. Burnouf.

mort, c'est la demeure excellente des saints, lumineuse et abondante en tous biens.

» La deuxième grâce que je te demande, Homa, c'est la durée du corps.

» La troisième grâce que je te demande, c'est une longue vie.

» La quatrième grâce que je te demande, c'est de pouvoir, énergique et joyeux, parcourir la terre, anéantissant le mal, frappant le cruel.

» La cinquième grâce, c'est de pouvoir, vainqueur et frappant le méchant, marcher sur la terre, anéantissant la haine, frappant le cruel.

» La sixième grâce, c'est que nous puissions apercevoir, les premiers, le voleur, le meurtrier, le loup.. (1).

» Homa, donne à celles qui sont restées longtemps filles sans être mariées un homme sincère et actif, lui, qui fait le bien aussitôt qu'on l'implore.

» ... Gloire à toi! tu connais les nombreuses paroles dites avec vérité. Gloire à toi! tu ne sollicites pas à force de questions la parole dite avec vérité (2).

» Éloigne-nous des haines de ceux qui haïssent ; enlève le cœur à ceux qui empoisonnent.

» S'il existe dans ce lieu, dans cette maison, dans cette province, un homme qui soit nuisible, ôte-lui la force de marcher ; offusque-lui l'intelligence ; brise-lui le cœur (en disant) : Ne prévaux pas par les pieds, ne prévaux pas par les mains. »

Ces passages accusent bien un fond primitif commun d'idées, de mœurs, de langage entre les auteurs du Rig-Véda et ceux du Zend-Avesta.

La piété pour les ancêtres et pour les morts se révèle également dans des termes analogues chez les Perses et chez les Indiens.

Voici une prière des *Ferouers* au texte de laquelle E. Burnouf attribue la plus haute antiquité, c'est-à-dire le même âge que

---

(1) E. Burnouf, *Journal asiatique*, août 1845.
(2) *Id.*, janvier 1846.

les chapitres du Vendidad, les *Ieschts* et le Yaçna (1). Elle est adressée par les âmes des morts aux vivants :

« Nous offrons le sacrifice aux bons, aux forts et aux saints ferouers des justes, eux qui descendent de leur demeure vers le temps des Hamaspathmaêdha. Alors ils se répandent ici-bas pendant dix nuits, exprimant leur désir par les questions suivantes : Qui nous louera ? Qui nous offrira le sacrifice ? Qui répandra (pour nous l'offrande ?) Qui nous plaira ? Qui nous invitera, en portant à la main (le lait de) la vache et un vêtement, avec la prière qui fait obtenir la pureté (à celui qui la prononce) ? Quel est celui d'entre nous dont on prononcera le nom ? Quel est celui d'entre nous dont l'âm sera l'objet d'un culte ? Quel est celui d'entre nous auquel sera donnée l'offrande, pour qu'il ait à manger une nourriture qui ne lui manque ni à jamais, ni à toujours ! — Alors, l'homme qui leur offre le sacrifice en portant à la main (le lait de) la vache et un vêtement, avec la prière qui fait obtenir la pureté, ils le bénissent satisfaits, favorables, bienveillants, les forts ferouers des justes (en disant) : Qu'il y ait dans cette maison un troupeau d'une vache et de ses veaux ! Qu'il y ait un cheval rapide et un taureau vigoureux ! Que ce soit un homme respecté, un homme sage, celui qui nous offre sans cesse le sacrifice, en portant à la main (le lait de) la vache et un vêtement avec la prière qui fait obtenir la pureté. »

L'histoire religieuse de la Perse est de beaucoup antérieure à son histoire politique ; elle se confond avec celle des Mèdes, des Bactriens et des Indiens, réunis sous le nom générique d'Ariens, et ne commence à présenter de caractère particulier qu'à l'époque du premier Zoroastre. Ce réformateur, tout en changeant le sens des dogmes primitifs et la signification de quelques noms de divinité, a reproduit plusieurs des idées contenues dans les hymnes védiques.

Ce changement a dû arriver à l'époque où les tribus ariennes se séparèrent pour se développer chacune isolément, et aussi pour se disputer des terrains nouveaux.

(1) *Journal asiatique*, t. X, p. 245.

Malgré ces attributs divers donnés aux mêmes divinités, les deux cultes, indien et persan, ont conservé des dénominations et des symboles communs dont le sens s'est plus ou moins effacé dans l'un ou dans l'autre. Le magisme et le brahmanisme sont nés de ces dissidences; Zoroastre et Manou en sont les deux révélateurs.

Voici un passage du Yaçna qui constate le rôle de réformateur attribué à Zoroastre :

« C'est toi, ô Zoroastre, qui le premier as prononcé la prière nommée Ahû Vairyô, cette prière retentissante qui se fit entendre ensuite avec un bruit plus énergique. C'est toi, ô Zoroastre, qui as forcé tous les Dêvas à se cacher sous terre, ces Dêvas qui, auparavant, couraient sur cette terre, sous la figure d'hommes; car tu as été le plus vigoureux, le plus ferme, le plus actif, le plus rapide et le plus victorieux d'entre les créations de l'Etre intelligent. » (1)

§ 4. ZOROASTRE.

Zoroastre (astre d'or) est un personnage moitié historique moitié légendaire, qu'on a fait apparaître deux fois dans l'histoire ancienne de la Perse; la première fois, suivant Justin, à l'époque de Ninus, et la seconde fois vers l'époque de Darius 1er.

Dans la biographie qu'il en a faite, Anquetil-Duperron suppose que ce réformateur parut en 550 environ avant notre ère (2). Mais le système auquel on a attaché son nom remonte évidemment plus haut : les détails puérils, les règlements bizarres qu'il renferme témoignent des mœurs barbares du temps où il parut.

---

(1) Burnouf, *Journal asiatique*, 1845, août.
(2) Zend-Avesta, t. II, p. 6.

Le merveilleux entoure la naissance de Zoroastre comme celle de tous les fondateurs de religion. De mauvais génies et des magiciens harcelèrent ses premières années pour faire échouer sa mission divine. Son père, Poroschasp, les consultait quelquefois ; il invoqua un jour l'un d'eux et lui demanda une recette capable de répandre la joie dans son âme. Zoroastre tout jeune encore, l'ayant entendu, lui dit : « Ne prononcez pas de paroles vaines, vous n'avez pas besoin de pareilles recettes. Si vous suivez une autre voie que la voie divine vous irez en enfer. »

A l'âge de quinze ans, il passait nuit et jour en prières, la tête baissée. S'il voyait quelqu'un dans le besoin, il le faisait venir en secret, le consolait et le secourait ; il distribuait à tout le monde les biens dont il pouvait disposer.

Ses biographes le font comparaître devant Ormuzd lui-même, et prendre ses avis. Lui ayant demandé un jour quel était le meilleur de ses serviteurs, le dieu suprême lui répondit :

« 1º Celui dont le cœur est droit ; 2º celui qui est libéral à l'égard du juste et de tous les hommes, et dont les yeux ne sont pas tournés vers les richesses ; 3º celui dont le cœur fait du bien à tout ce qui est dans le monde, par exemple, au feu, à l'eau, aux animaux. Il sera éternellement heureux. Je n'approuve pas, ajoute Ormuzd, que l'on chagrine ce qui est bon : celui qui afflige mes serviteurs et qui marche hors de mes préceptes, dites-le aux peuples, sa place est pour toujours dans l'Enfer.

» C'est moi, dit-il encore, qui montre le bien : Ahriman est l'auteur du mal. La punition qui attend le pécheur est aux enfers : les insensés mentent quand ils disent que je fais le mal. »

C'est le dualisme bien clairement exprimé : Zoroastre ne pouvant reconnaître dans le même Dieu le distributeur du bien et du mal à la fois, a représenté deux puissances antagonistes, un dieu bon et un dieu méchant, servis par des génies participant de leur nature, et se disputant le gouvernement du monde et des hommes, jusqu'au jour où le dieu bon l'emportera définitivement sur son adversaire.

On voit aussi que l'expiation des fautes, et la récompense des bonnes actions, ne se bornaient point à cette vie terrestre, elles retrouvaient encore l'homme dans un séjour éternel.

Zoroastre ayant demandé à Ormuzd l'immortalité, le dieu lui fit voir comme en songe tous les maux et tous les crimes qui devaient arriver sur la terre. A ce spectacle Zoroastre n'insista plus pour être immortel.

Au rapport de Pline le naturaliste, Zoroastre vécut vingt ans dans les montagnes et dans les déserts, n'ayant pour nourriture que du fromage fait de manière à ne pas se gâter (1).

C'est pendant cette retraite qu'il aurait médité sa réforme et composé ses livres. Son travail achevé il vint à la cour du roi Gustasp, où il fit entendre des paroles de sagesse et de science.

En présentant au roi l'*Avesta*, il lui dit :

« Dieu m'a envoyé aux peuples pour qu'ils écoutent cette parole, l'ordre d'Ormuzd ; si vous l'écoutez, vous serez couvert de gloire dans l'autre monde, comme vous l'êtes dans celui-ci. Si vous ne l'écoutez pas, Dieu irrité brisera votre gloire, et votre fin sera l'enfer... Dieu m'a dit : si le roi vous demande des miracles, répondez-lui : Quand vous lirez le *Zend-Avesta*, vous n'aurez pas besoin de miracles. »

Néanmoins Zoroastre fut obligé d'en opérer plusieurs pour confondre l'incrédulité des ministres, jaloux de son crédit auprès du roi.

Il expliquait à Gustasp la loi tirée des livres zends ; Ormuzd lui-même l'avait envoyé en lui disant :

« Porte-leur ma loi, apprends-leur à quitter la mauvaise voie. Celui qui éloignera son cœur du mal, jouira du bonheur éternel. Que l'injuste déteste son injustice et mette les autres dans la voie droite... Le monde n'est que néant aux yeux de celui qui l'a fait. Une longue postérité n'empêchera pas de finir... N'enseignez jamais ce que je n'ai pas dit, et à la fin j'aurai pitié de vous ; car je ne dé-

---

(1) Hist. natur., l. XI, ch. 42.

sire pas votre péché : je diminuerai vos maux et vos peines...Celui qui dans le monde aura semé la pureté, l'obtiendra dans le ciel. Dieu prononce une parole qui ne sera ni augmentée ni diminuée ; il l'adresse à tous les hommes. Celui qui pèche, sera couvert de honte dans l'Enfer... Celui qui fait le bien, en recevra une récompense proportionnée... Celui qui ne vous sera pas attaché, ne demandez pas ce qu'il deviendra ; la punition l'attend à la fin de ses jours. »

Zoroastre parle d'un empire médo-bactrien gouverné par Gustasp (1), ce qui assigne une date à sa réforme. On a conjecturé que ce roi était Cyaxare Ier, roi des Mèdes, 800 ans avant Darius ; mais le pays où parut ce réformateur est plutôt la Bactriane, qui formait alors un état particulier.

Les dispositions bizarres que renferment les lois de Zoroastre confirment leur ancienneté ; de plus, il y vante plusieurs fois les avantages de l'agriculture et des arts utiles, en opposition à la vie nomade des hordes errantes qui venaient dévaster sa patrie ; or, ces tribus n'étaient autres que les Perses habitants des montagnes qui faisaient de fréquentes excursions au dehors. D'un autre côté Zoroastre déplore les vexations des satrapes et des sous-satrapes, le luxe, la corruption des mœurs, les maladies et les souffrances (2), toutes choses inhérentes à une société dès longtemps constituée et despotiquement gouvernée. Il parle de l'âge d'or au siècle du grand Djemschid, souverain d'Iran (en Zend *Eriène*).

« Djemschid, le père des peuples, fut le plus vaillant des mortels qu'éleva le soleil. De son temps les animaux ne mouraient pas. On ne manquait ni d'eau, ni d'arbres fruitiers, ni d'animaux propres à nourrir les hommes. L'éclat de son règne triomphait du froid, de la chaleur, de la mort, des passions effrénées, œuvres des Dews. Les hommes paraissaient avoir quinze ans. » (1)

Ces idées sur un âge d'or primitif rappellent celles des In-

---

(1) Zend-Avesta, II, p. 142.
(2) Id., t. I, p. 78, 118, etc.
(3) Id., p. 14.

diens. Dans cet âge d'or, on jouissait de tous les biens de la terre, mais non des biens d'un ordre plus élevé, nés de l'intelligence, puisqu'aucun monument d'art ou de littérature ne venait appuyer cette conception à la fois poétique et religieuse.

La philosophie de Zoroastre a pour point de départ la doctrine d'un bon et d'un mauvais principe, sources du bien et du mal. Il y a un empire de la lumière, et un empire des ténèbres : dans l'un règne Ormuzd, auteur et propagateur de tout ce qui est bon, dans l'autre Ahriman, auteur de tout le mal moral et physique. Autour du premier sont les sept Amschaspans, génies de la lumière et au-dessous d'eux les Izeds, génies du bien.

Ahriman est entouré de sept dews supérieurs, génies du mal, puis d'une quantité de dews inférieurs.

Ces deux divinités, ou plutôt ces deux empires célestes sont en lutte perpétuelle. Zoroastre prédit qu'Ahriman sera vaincu un jour, et que l'empire de lumière embrassera le monde entier (1).

C'était comme un symbole mystique de ce qu'il voyait de son temps. Iran, empire médo-bactrien, sous le sceptre de Gustasp, est l'image de l'empire d'Ormuzd, et le roi Gustasp représente Ormuzd lui-même. Touran, pays des nomades du nord, où règne Afrasiab, représente l'empire des ténèbres, gouvernés par Ahriman.

En vertu de ce dualisme, tout ce qui existe, les êtres raisonnables et déraisonnables, animés ou inanimés, appartiennent ou à l'empire d'Ormuzd ou à celui d'Ahriman.

Sont réputés impurs tous les hommes qui méprisent la loi de Zoroastre par pensées, par paroles ou par actions, tous les animaux ou insectes vénimeux et nuisibles, toutes les plantes et tous les végétaux de la même espèce.

Au contraire, dans l'empire où règne la loi tout est pur et saint, hommes, animaux et végétaux.

(1) Id., p. 4, 116, 160.

Cette répulsion pour certains animaux ou pour certaines plantes, et cette vénération pour d'autres, avaient peut-être une cause hygiénique : elles prévenaient les hommes au nom de la religion de ce qui pouvait leur être utile ou nuisible. Elles avaient encore pour but de favoriser la culture des terres.

Zoroastre consacra la division sociale en quatre castes qui existait déjà de son temps : les prêtres, les guerriers, les cultivateurs et les industriels (1).

Cette institution de quatre castes n'ayant été fondée dans l'Inde qu'après l'établissement des Aryas, on ne saurait dire quel des deux peuples a imité l'autre, des Indiens, ou des Perses; toujours est-il qu'on est en droit de l'attribuer à une inspiration primitive.

Les agriculteurs paraissent cependant avoir été plus honorés chez les Perses que chez les Indiens ; on les considérait comme dépositaires de la richesse nationale. Zoroastre les représente maniant le poignard de Djemschid, avec lequel il fendit le sol et en fit jaillir l'abondance. Voici, en effet, un passage du zend-avesta qui constate la haute idée que les Perses se faisaient de l'agriculture :

« Alors, au tiers de la nuit, le feu d'Ahura Mazda appelle à son secours le laboureur qui répand la vie (ou le grain): lève-toi, ceins tes vêtements, lave tes mains ; ramasse du bois, porte-le sur moi ; fais-moi briller, à l'aide de bois purifié, avec des mains pures. » (2)

La garde de la loi fut confiée à la caste sacerdotale, c'est-à-dire aux mages (*mag*, prêtre) qui formaient originairement une tribu chargée de la conservation des connaissances scientifiques et de l'observation des rites sacrés.

Il écrivit le Vendidad à une époque où de faux mages, adorateurs des dews, sans doute des anciens prêtres de la tribu

---

(1) I, p. 141.
(2) Burnouf, *Comment. sur le Yaçna*, notes, p. XVII.

arienne qui envahit l'Inde, s'opposaient à son entreprise; c'est ce qui explique la malédiction qu'il prononça contre eux et leurs divinités (1).

Il organisa trois ordres dans la caste sacerdotale : les *herbeds* (apprentis), les *mobeds* (maîtres) et les *destur-mobeds* (maîtres accomplis), chargés de la surveillance des rites, ainsi que du réglement des saintes liturgies (2).

On rapporte que Zoroastre alla à Babylone, et que là Pythagore fut initié à ses mystères.

Le roi de Touran, Ardjasp, s'étant opposé à la propagation de la nouvelle religion, fut en butte aux anathèmes de Zoroastre qui, profitant de son ascendant sur l'esprit de Gustasp, le poussa à faire la guerre au roi, en lui promettant le secours du ciel; cette guerre eut lieu, et Gustasp en sortit vainqueur. Mais les conseils de sagesse donnés par Zoroastre à Gustasp ne portèrent pas un fruit de longue durée; ce roi, devenu jaloux de son propre fils, qui s'était distingué en maintes circonstances, le fit enfermer et charger de fers. Cependant il se trouva de nouveau en guerre avec Ardjasp, et réduit à la dernière extrémité, il délivra ce jeune prince qui battit l'armée de Touran, tua Ardjasp, et fut tué à son tour par trahison.

La vie de Zoroastre présente, selon son biographe (3), un mélange de bien et de mal, de grandeur et de bassesse.

Il affectait dans sa conduite et dans ses leçons un air d'autorité divine. Il se citait, il se louait lui-même à tout propos; ses maximes, les plus belles sont empreintes de fanatisme et de cruauté. Par exemple, il ordonne que le médecin fasse l'épreuve de ses remèdes sur les infidèles; et il menace de peines éternelles ceux qui s'opposent à sa mission.

Cette intolérance s'accorde avec les mœurs générales de ses contemporains. L'histoire montre que les souverains perses les plus justes furent vindicatifs, impitoyables et cruels.

(1) Ibid., II, 171.
(2) Ibid., II. 261.
(3) Anquetil-Duperron. Zend-Avesta, t. 2, p. 62.

§ 5. *Les Livres sacrés.* — LE YAÇNA.

Les livres attribués à Zoroastre se divisaient en vingt-une sections (Naçka); nous possédons une partie seulement de la vingtième, appelée *Vendidad,* et traduite par Anquetil-Duperron.

Elle contient des notions sur la géographie ancienne du nord de la Perse et sur ses institutions religieuses et civiles.

Il faut joindre à cette partie du vingtième Naçka le livre de la liturgie, appelé par les Parses *Izeschné,* en zend *Yaçna.* Ce livre est accompagné d'un recueil d'invocations qu'on peut détacher sous le nom de *Vispered*.

Ces trois ouvrages réunis reçoivent le nom de Vendidad-Sadé, titre sous lequel le savant et regrettable Eugène Burnouf a fait lithographier le texte zend (1).

Enfin, les Parses appellent Iescht et *Néaeschs* d'anciens fragments qui ont une certaine importance sous les rapports religieux et philosophique.

Ainsi, dans les Ieschts-Sadés (paragraphe xii) on lit cette prière, qui résume l'enseignement moral de Zoroastre :

« Je me livre tout entier à toute bonne pensée, à toute bonne action. Je renonce entièrement à toute mauvaise pensée, à toute mauvaise parole, à toute mauvaise action. Quiconque est pur de pensée, de parole, d'action, ira dans le monde céleste. Tout homme qui pense le mal, qui dit le mal, qui fait le mal ira dans le monde mauvais (le douzakh). Toutes les bonnes pensées, les bonnes paroles, les bonnes actions, sont des productions du monde céleste. »

Et dans le paragraphe xviii :

« Je suis fidèle à la loi qu'Ormuzd enseigne à Zoroastre et celui-ci

(1) Un vol. in-f°, 1832.

à Gustasp ; je suis ferme dans cette loi, je ne l'abandonnerai ni pour une vie plus heureuse, ni pour une vie plus longue, ni pour l'empire accompagné de richesses et de plaisirs multipliés, et s'il faut donner mon corps, je consens à le livrer. »

Le Yaçna, dont Eugène Burnouf a traduit et commenté le premier chapitre, est précédé d'une invocation dont nous citerons les passages suivants :

« Que les prières qui rendent favorable soient pour Sérosch, saint, fort, dont la parole est le corps, dont l'épée est victorieuse, serviteur d'Ahura (Ormuzd), et pour le sacrifice (Yaçna) et pour l'invocation et pour la prière qui rend favorable, et pour la bénédiction. »

Sérosch est l'Ized de la parole d'Ormuzd ; il la transmet et la fait respecter en y obéissant le premier. C'est la parole elle-même personnifiée.

« *Le Raspi*: Comment doit être vénéré le seigneur, que le djouti me le dise ?
» *Le Djouti* : Par tout acte de pureté. Qu'ainsi dise l'homme pur qui sait. »

Raspi est le nom du ministre auxiliaire du prêtre officiant appelé Djouti. Le Djouti prononçait une grande partie des invocations et des prières, et offrait en sacrifice la chair des animaux et le jus de la plante *Haoma* (Hom.). Il accomplissait avec son ministre Raspi les actes les plus importants de la liturgie ; c'était le grand sacrificateur.

« Prononçons les prières qui rendent Ormuzd favorable ; qu'Ahriman disparaisse, ce qui est le vœu le plus ardent des hommes qui agissent conformément à la vérité. »

Plutarque voulait sans doute parler des prières de ce genre, lorsqu'il disait, d'après Théopompe, que Zoroastre apprit aux hommes à sacrifier à Ormuzd pour lui demander tous les biens et pour l'en remercier, comme à Ahriman pour détourner et repousser son influence. Bien que les mages n'adorassent pas les mauvais génies, ils pouvaient les prier de ménager leurs coups.

« § 1. J'invoque et je célèbre le créateur Ahuramazda (Ormuzd), lumineux, resplendissant, très-grand et très-bon, très-parfait et très-énergique, très-intelligent et très-beau, éminent en pureté, qui possède la bonne science, source du plaisir, lui qui nous a créés, qui nous a formés, qui nous a nourris, lui, le plus accompli des êtres intelligents. »

Cette prière résume les principales idées sur lesquelles repose la partie morale du système religieux de Zoroastre.

« § 2. J'invoque et je célèbre Bahman (la bienveillance), Ardibehescht (la pureté excellente), Schahriver (le roi désirable), Sapandomad (celle qui est sainte et soumise), Khordad et Amerdad (celle qui produit tout, et celle qui donne la vie), le corps du taureau, l'âme du taureau, le feu d'Ahuramazda, le plus rapide des saints immortels. »

Ce paragraphe contient l'énumération des noms des Amschaspands, et ceux des deux autres personnages divins qui jouent un certain rôle dans la doctrine de Zoroastre, au-dessous d'Ormuzd le créateur.

Le nom de Bahman signifie *bon cœur*. Bahman avait la protection des bestiaux.

Ardibehescht est un amschaspand considéré comme en rapport avec le feu ou avec des êtres qui y ont eux-mêmes quelque rapport. Selon Plutarque, le second des dieux créés par Ormuzd était celui de la vérité ; et Anquetil reconnaît en lui cet amschaspand Ardibehescht (la pureté excellente).

Schahriver est un amschaspand sous la garde duquel sont les richesses enfouies dans la terre, le kouvêra indien. C'est aussi le génie de l'équité, ayant pour coopérateur un ized, Vôhak-chathra (le bon roi).

Sapandomad est le génie de la terre. C'est à cet amschaspand que Plutarque faisait allusion, quand il nommait le quatrième des êtres créés par Ormuzd le génie de la sagesse. Les idées de soumission et de libéralité sont celles qui dominent dans le caractère de Sapandomad (1).

Khordad et Amerdad sont deux amschaspands toujours unis ensemble. Le premier est appelé le maître des eaux; c'est un des principes fécondants.

Amerdad, le dernier des amschaspands, est le protecteur des arbres et des fruits. C'est à lui que répond le génie dont parle Plutarque, comme signifiant l'artisan des choses agréables ayant un but honnête.

« § 3. J'invoque, je célèbre celui qui est donné en ce monde, donné contre les Dévas, Zoroastre pur, maître de pureté. »

Il s'agit du Vendidad (celui qui est donné). On rencontre souvent ce mot dans le Vendidad-Sadé.

« § 4. J'invoque, je célèbre les parties du jour (génies), maîtres de pureté, Oschen (Uchahina) pur, maître de pureté. »

Les noms des parties du jour ont été personnifiés par les Perses et sont devenus des génies.

Oschen préside à la portion de la nuit qui commence à minuit et s'arrête à l'aurore.

« § 5. J'invoque, je célèbre celui qui est élevé et qui protége les maisons, pur, maître de pureté.

» § 6. J'invoque, je célèbre Serosch (Çraocha), saint, doué de sainteté, victorieux, qui donne l'abondance au monde, Raschné (Raçna) très juste, et Aschtâd (Arstât), celle qui donne au monde l'abondance, qui donne au monde les biens. »

Sérosch est un ized personnifiant la pureté, la sainteté; Raschné, l'ized de la droiture; Aschtâd, l'ized de l'abondance, qui comble les désirs.

« 7. J'invoque, je célèbre Hâvan, pur, maître de pureté. »

---

(1) *Mém. de l'Acad. des Inscr.*, t. 34, p. 394.—*Comment. sur le Yaçna*, p. 158.

Hâvan exprime la période marquée par l'apparition du soleil jusqu'à midi, comme Oschen désigne la pointe du jour.

« § 8. J'invoque, je célèbre celui qui donne la fécondité et qui protége les hameaux, pur, maître de pureté. »

» § 9. J'invoque, je célèbre Mithra, qui multiplie les couples de bœufs, qui a mille oreilles, dix mille yeux, appelé du nom d'Ized ; (j'invoque le célèbre) Rameschne Khârom (le plaisir du goût). »

Mithra est une des divinités les plus célèbres invoquées dans le Zend-Avesta. On lui attribuait le rôle de fertiliser les terres incultes, et de peupler les déserts.

Bien que le nom d'Ized s'applique aux génies du second ordre qui prennent rang après les Amschaspands, il désigne aussi tous les êtres auxquels s'adresse l'adoration des hommes.

Ramesché-Khârom exprime un être invisible par la puissance duquel les hommes connaissent le goût de la nourriture.

« § 10. J'invoque, je célèbre Rapitan, pur, maître de pureté.

» § 11. J'invoque, je célèbre celui qui répand la génération, et qui protége les villes, pur, maître de pureté.

» § 12. J'invoque, je célèbre Ardibehescht, et le feu d'Ahuramazda. »

Rapitan est la portion du jour qui commence à midi et finit à trois heures.

Le paragraphe 2 fait allusion au *gâh* ou division du jour pendant laquelle le soleil domine sans partage, et présente le caractère fécondant de la production.

« § 13. J'invoque, je célèbre Osiren, pur, maître de pureté.

» § 14. J'invoque, je célèbre celui qui multiplie les hommes, et qui protége les provinces, pur, maître de pureté.

» § 15. J'invoque, je célèbre le haut, le divin sommet, source des eaux et l'eau donnée par Mazda. »

Le gâh Osiren exprime la seconde partie du jour, jusqu'au coucher du soleil. Il a pour coopérateur celui dont parle le paragraphe 4, le mâle Vîra (être fort), celui qui multiplie les hommes.

Quant au sommet, source des eaux, il s'agit du souverain Bordj, ized des femmes, dont la nature est l'eau. C'est de lui que sort la source de l'eau, nommée *aruamda*, qui produit les plus beaux chevaux. L'eau étant le grand principe fécondant de la nature, la montagne qui la renferme est appelée le génie des femmes.

» § 16. J'invoque le célèbre Evesroutren, celui qui veille sur la vie, pur, maître de pureté.

» § 17. J'invoque, je célèbre celui qui multiplie les moyens de bien vivre, et celui qui se rapproche le plus de Zoroastre, pur, maître de pureté. »

Le gâh Evesroutren répond à la portion de la nuit qui s'étend depuis le coucher du soleil jusqu'à minuit; c'est le génie de la vigilance.

La présence du nom de Zoroastre dans le paragraphe suivant tient à un usage assez général chez les écrivains orientaux, de se nommer eux-mêmes à la troisième personne.

« § 18. J'invoque je célèbre les ferouers des saints, et les femmes qui ont les hommes pour protecteurs ; et le gâhanbar favorable aux maisons, et l'énergie avec une bonne constitution, avec une taille élevée, et la victoire (Behram) donnée par Ahara, et la supériorité protectrice. »

Ce paragraphe comprend sous une même invocation des êtres assez différents, mais entre lesquels existaient quelques rapports. Les ferouers sont les types divins des êtres doués d'intelligence. Dans les monuments de Persépolis, le ferouer se tient au-dessus du roi. C'est le génie bienfaisant qui dispense le bonheur aux hommes vertueux dont il est l'apothéose.

Les femmes dont il est ici question sont probablement celles dont le souvenir est consacré par leur vertu et leur sainteté.

Gâhanbar est le nom d'une des six fêtes commémoratives

des six époques de la création, qu'on invoque chacune successivement.

« § 19. J'invoque, je célèbre les mois, maîtres de pureté ; la nouvelle lune, (génie) pur, maître de pureté.

» § 20. J'invoque, je célèbre la pleine lune, qui fait tout naître, (génie) pur, maître de pureté.

» § 21. J'invoque et je célèbre les Gâhanbars, maîtres de pureté Mediozerem, pur, maître de pureté. »

La lune était considérée comme dépositaire des germes, et la pleine lune comme faisant tout naître par une influence directe.

Mediozerem est un génie gâhanbar qui exprime une espèce d'huile servant de breuvage aux bienheureux. Il désigne peut-être aussi la fête de cinq jours consacrée au souvenir de la création du ciel ou éther, par Ormuzd.

« § 22. J'invoque, je célèbre Medioschem, pur, maître de pureté.

» § 23. J'invoque, je célèbre Peteschem, pur, maître de pureté.

» § 24. J'invoque, je célèbre Eïathrem, temps de la fécondation et de l'émission de la semence, pur, maître de pureté. »

Le gâhanbar Medioschem répond à l'époque de la création des eaux, et on lui attribue la verdure.

Peteschem signifie la production des grains.

Eïathrem est l'époque de la création des arbres et de la fécondation des animaux.

« § 25. J'invoque, je célèbre Mediareh, pur, maître de pureté.

» § 26. J'invoque, je célèbre Hamespethmédem, pur, maître de pureté.

» § 27. J'invoque, je célèbre les années (génies), maîtres de pureté. »

Mediareh est le génie répondant au milieu de l'année, époque où l'on célébrait une fête.

Hamespethmédem est le sixième et dernier gâhanbar relatif à la création de l'homme, en mémoire de laquelle les Perses célèbrent une de leurs plus grandes fêtes; elle dure pendant les dix derniers jours de l'année. Ce nom renferme la notion d'un long sacrifice, et rappelle les idées cosmographiques des Indiens, d'après lesquelles la création est le résultat d'un sacrifice, où l'Être suprême, sous la forme de l'homme, est à la fois le sacrificateur et la victime.

« § 28. J'invoque, je célèbre tous ces maîtres, qui sont maîtres de pureté, et les trente-trois génies les plus rapprochés de Hâvan, qui sont d'une pureté excellente, que Mazda a fait connaître et qu'a proclamés Zoroastre. »

On a vu dans ces trente-trois génies une allusion aux trente-trois dieux indiens que mentionne une Oupanishad, et dont le souvenir se serait perpétué chez les Perses (1).

Hâvani désigne le génie présidant à la portion du jour comprise entre l'aurore et le milieu du jour ; il signifie le générateur ; c'est une incarnation du soleil environné d'un cortége de dieux qui répondent aux Adityas indiens.

Mazda est ici pour Ormuzd.

« § 29. Je célèbre, j'invoque Ahura et Mithra, élevés, immortels, purs, et les astres, créations saintes et célestes, et l'astre Taschter, lumineux, resplendissant, et la lune, qui garde le germe du taureau ; et le soleil, souverain, coursier rapide, œil d'Ahura-Mazda ; Mithra, chef des provinces. »

Il y avait entre les dieux Ahura et Mithra un rapport semblable à celui que les Perses établissaient entre les amschaspands khorda et amerdad.

Mithra, dieu soleil, est une des plus anciennes divinités des Perses d'origine arienne ; il est appelé aussi le plus grand roi des villages de ce monde.

Taschter est l'un des astres fréquemment célébrés dans le

---

(1) Burnouf. Comment. sur le Yaçna, p. 341.

Zend-Avesta. Il répond à Sirius, à la constellation de la pluie.

Le *Boundehesch* nous apprend que quand le taureau cosmogonique mourut, sa semence fut recueillie par la lune, de là ce titre de dépositaire du germe du taureau, donné à la lune.

« § 30. Je célèbre, j'invoque (le génie du jour et celui du mois où l'on récite le Yaçna).

» § 31. Je t'invoque, je te célèbre, ô toi, feu, fils d'Ahuramazda (Ormuzd) avec tous les feux.

» § 32. J'invoque et je célèbre les eaux pures, et toutes les eaux données de Mazda, et tous les arbres donnés de Mazda. »

Le paragraphe 30 fait allusion au génie sous la garde duquel sont le mois et le jour où l'on récite le yaçna.

« § 33. J'invoque, je célèbre la parole excellente, pure, agissante, donnée contre les Dévas, donnée par l'entremise de Zoroastre ; la longue étude, la bonne loi des adorateurs de Mazda.

• § 34. J'invoque, je célèbre la montagne, dépositaire de l'intelligence, donnée de Mazda, brillante de pureté, et toutes les montagnes brillantes de pureté, parfaitement brillantes, données de Mazda, et la splendeur des rois donnée de Mazda, et l'éclat non emprunté (des maîtres) donnée de Mazda. »

La montagne dont il s'agit est peut-être l'Albordj, montagne qui est dite garder et conserver l'intelligence dans la demeure des hommes. Cette dénomination tient à ce que les montagnes et les lieux élevés sont en grand honneur dans la religion de Zoroastre. Les anciens habitants de l'Arie ont eu, comme plus tard les Hébreux, leur montagne de la loi, appelée dépositaire de l'intelligence, et ils l'ont souvent invoquée dans leurs chants sacrés.

La *splendeur donnée d'Ormuzd* est celle dont on s'assure la possession par la vertu et la bonne conduite ; c'est la splendeur des maîtres, des dépositaires de la loi et de la science : L'*éclat non emprunté* signifie la splendeur que les maîtres doivent à leurs bonnes actions et à la pratique de la vertu.

« § 35 J'invoque, je célèbre la pureté excellente, la connaissance excellente, la compréhension excellente, la pensée excellente, l'éclat, le bien donné de Mazda. »

Ce paragraphe renferme comme objets d'invocation les facultés de l'intelligence, les qualités de l'âme, présents d'Ormuzd.

« § 36. J'invoque et je célèbre l'excellente, la parfaite bénédiction, et l'homme excellent qui est pur, et la pensée de l'homme sage, redoutable, puissante, Ized. »

Le mot Ized n'est là sans doute que comme opposition aux mots qui caractérisent ce qui dans l'esprit du sage est redoutable et puissant, c'est-à-dire l'imprécation. Selon les Perses, le souhait des gens de bien est de deux sortes : l'un est mental, l'autre est prononcé, celui-ci est la bénédiction très-puissante; celui-là est l'imprécation très-puissante. La fortune que les hommes acquièrent par leurs bonnes actions, c'est la bénédiction des gens de bien qui en est la gardienne.

Les deux souhaits sont réunis ici et forment un paragraphe dont le commencement est consacré à la bénédiction et la fin à la pensée qui veut nuire. Or, les Perses ont personnifié ces abstractions, ces qualités morales, qui, d'abord, significatives au propre, sont devenues des êtres mythologiques.

« § 37. J'invoque, je célèbre et ces lieux et ces pays, et les parcs des bestiaux, et les maisons, et les lieux où se gardent les grains, et les eaux et les terres, et les arbres, et cette terre et ce ciel, et le vent pur, les astres, la lune et le soleil, lumières qui sont sans commencement, incréées, et toutes les créations de l'Etre saint et céleste, ceux et celles qui sont purs (génies), maîtres de pureté. »

Il n'est pas étonnant qu'après avoir invoqué les contrées et les demeures qu'il habite, l'adorateur d'Ormuzd pense à la protection et à la nourriture qu'il désire y trouver; ce sont des idées primitives dont la présence dans le zend-avesta ne doit pas plus étonner que les invocations des poètes védiques demandant sans cesse aux divinités des richesses.

Les anciens Perses ont, comme les Indiens, conçu et adoré, au-dessus des astres, la lumière incréée, immortelle, celle de la lune et du soleil.

M. E. Burnouf pense que les lumières mentionnées dans ce paragraphe ne constituent pas un objet spécial d'adoration, mais qu'elles sont jointes à l'invocation des astres, du soleil et de la lune. Ce n'est là qu'un sidérisme plus ou moins épuré, un reste du culte antique que Zoroastre réforma.

Les êtres divers invoqués à la fin du paragraphe sont désignés par un titre commun à tous les génies célébrés dans le yaçna.

« § 38. J'invoque, je célèbre le maître élevé, qui est maître de pureté, les maîtres (qui sont) les jours, les portions diurnes, les mois, les époques de l'année (les gâhanbars), les années, (génies) qui sont maîtres de pureté, ce qui est donné ici, donné contre les Dévas, la parole de Zoroastre, maître.

» § 39. J'invoque, je célèbre les redoutables, les puissants férouers des hommes purs, les férouers des hommes de l'ancienne loi, les férouers des hommes nouveaux, mes parents, les férouers de mon âme. »

Ces derniers mots expriment la différence qu'on établit entre les divers férouers, ceux des ancêtres attachés à l'ancienne loi, et ceux des hommes de la nouvelle race, contemporains de celui qui adresse l'invocation.

L'âme est considérée dans la plupart des anciens systèmes philosophiques de l'Orient comme la vie dont le mouvement est le signe : la poitrine (*uras*) était supposée son siége.

« § 40. J'invoque, je célèbre tous les maîtres de pureté.

» § 41. J'invoque, je célèbre tous les Izeds, et célestes et terrestres, qui distribuent les richesses, qui doivent être adorés et invoqués par la pureté qui est excellente.

» § 42. O toi qui es donné en ce monde, donné contre les Dévas, Zoroastre, pur, maître de pureté, si je t'ai blessé, soit en pensée, soit en parole, soit en action, que ce soit volontairement, que ce soit involontairement, j'adresse de nouveau cette louange en ton honneur; oui, je t'invoque, si j'ai failli devant toi dans ce sacrifice et dans cette invocation.

» § 43. O vous tous, maîtres très-grands, purs, maîtres de pureté! si je vous ai blessés soit en pensée, soit en paroles, soit en action, que ce soit volontairement, que ce soit involontairement, j'adresse de nouveau cette louange en votre honneur; oui, je vous invoque, si j'ai failli devant vous dans ce sacrifice et dans cette invocation. »

Cette dernière invocation est adressée à tous les maîtres pris collectivement.

« § 44. Adorateur de Mazda, sectateur de Zoroastre, ennemi des Dévas, observateur des préceptes d'Ahura, que j'adresse mon hommage à celui qui est donné ici, donné contre les Dévas, à Zoroastre, pur, maître de pureté, pour le sacrifice, pour l'invocation, pour la prière qui rend favorable, pour la bénédiction. (Que j'adresse mon hommage) aux maîtres (qui sont) les jours, les portions diurnes, etc., pour la bénédiction. »

Les chapitres suivants sont un peu la répétition de ce que nous venons de voir. Le quatrième renferme un passage qui mérite une citation particulière :

« Tous les êtres mâles et femelles à qui le tout savant Ahura a enseigné alors que le bien s'obtenait dans le sacrifice par la pureté, nous leur adressons le sacrifice. »

Cette prière résume les principales idées sur lesquelles repose la partie morale du système de Zoroastre : le bien ou la sainteté (vaghô); le sacrifice (yaçua), considéré comme le moyen d'y parvenir; et la pureté (ucha), indiquée comme condition nécessaire pour pouvoir célébrer le sacrifice, et en obtenir les résultats. Elle nous conserve la trace d'une notion commune aux Mages et aux Brahmanes. Ahura enseigne aux Amschaspands que le sacrifice est la voie de la sainteté; et Ormuzd est comme le Pouroucha indien, l'instituteur du sacrifice.

Suivent plusieurs chapitres contenant des invocations à Homa dont j'ai donné plus haut quelques extraits.

Quant aux autres, nous n'avons pour nous guider que la traduction fautive qu'Anquetil-Duperron en a faite sous le titre de *Has*.

Voici les plus importants :

« 14ᵉ HA. Celui qui donne le plus de choses au feu d'Ormuzd, et qui a le plus de soin des troupeaux, doit être le chef des purs hommes de la campagne. Je dis que l'homme pur et très-distingué doit être chef des militaires. — Je dis que le chef des chefs doit être celui qui est le plus abondant en bonnes œuvres. Celui-là est un chef, qui est plus savant que les amschaspands eux-mêmes qui font le bien par excellence, plus vrai dans ses paroles, plus élevé, agissant avec plus d'intelligence.

» 29ᵉ HA. Moi, Ormuzd, qui seul ai instruit par l'oreille Zoroastre, je ne désire que la pureté ; je dis de faire le bien, de marcher droit, ce qui conservera les animaux purs.

» 31ᵉ HA. Je te demande, ô Ormuzd, de me donner les plaisirs, la pureté, la sainteté, accorde-moi une vie longue et bien remplie..... Que celui qui fait le mal ne vive pas longtemps, qu'il soit sans gloire...

» 35ᵉ HA. Je recommande de donner aux troupeaux. Procure-leur le plaisir, les pâturages ; nourris ceux qui ne sont pas nourris ; donne un chef à ceux qui n'en ont pas.. Que l'homme et la femme sachent que celui qui fera cette bonne action aura le vent favorable ; tu le traiteras selon ses œuvres.

» 42ᵉ HA. O toi, germe parfait, excellent Ormuzd, que ta main agisse ! donne-moi de vivre longtemps pur et saint, ô toi, grand, pur et élevé ; moi, qui me présente avec des dispositions pures.

» 45ᵉ HA. Si le Darvand (produit par Ahriman) fait le bien, les productions des troupeaux croîtront dans les villes et dans les provinces. Le méchant, s'il agit ainsi, sera pur...

» 46ᵉ HA. Que le roi pur commande ! que le méchant roi ne commande pas !... — Que Bahman (second amschaspand) donne la vie longue à l'homme dont la pureté est connue...

» 48ᵉ HA. Ormuzd, qui es grand, qui aimes toujours la sainteté, donnes dans le monde la grandeur à celui qui est pur de cœur ; accomplis publiquement ses désirs juqu'à la résurrection.

» 62ᵉ HA. Moi, pur Zoroastre, je bénis quiconque nourrit un ami et fait du bien, le pur qui se rend encore plus pur, l'ami dont l'amitié est vive ; celui qui est pur, qui est juste, qu'il se rende digne du Behescht (Paradis) en augmentant sa justice... »

§ 6. LE VISPERED.

Le *Vispered* est un recueil d'invocations à tous les chefs des êtres, des cieux, de la terre, des eaux, etc. On rapporte que Zoroastre le récita devant un Brahmane qui était venu le voir et qui embrassa ensuite sa doctrine.

Il est divisé en vingt-sept chapitres.

Le Vispered, le Yaçna et le Vendidad doivent être célébrés simultanément par deux prêtres dits Mobeds : le premier est nommé Djouti, et le second Raspi, ministre du premier.

Dans le premier *cardé* ou chapitre, Zoroastre invoque tous les grands génies du ciel et de la terre, puis les hommes et les femmes qui prient avec zèle et pureté :

« J'invoque et je célèbre les femmes de toute espèce, assemblée vivante, donnée d'Ormuzd, saintes, pures et grandes. J'invoque et je célèbre celui dont les pensées sont pures et élevées. J'invoque et je célèbre la grande source d'eau, sainte, pure et grande... Les montagnes toutes brillantes, séjour du bonheur, données d'Ormuzd... Mithra, qui rend fertiles les terres incultes. . Dahman pur, qui bénit le peuple et l'homme juste.. .. L'Iman, qui désire (la loi)..... la parole (source) de tout, sainte, pure et grande... Le taureau élevé qui fait croître l'herbe en abondance. Ce taureau donné pur, et qui a fait naître l'homme pur. »

Dans le deuxième chapitre ou cardé, l'auteur s'adresse aux génies précédents, puis aux gâhanbars, savoir : Médioschem, qui donne la verdure; Peteschem, principe de chaleur, Eïathrem, qui fait naître les arbres, les fruits, les animaux; Médïareh, source de toutes choses; Hamespethmédem, qui rend grand et heureux; le Monde qui existe, saint, pur et grand; celui qui observe les grandes choses, qui conserve l'humilité, et qui, en exécutant la parole, source de biens, procure au monde l'abondance et le bonheur; le gâh Honouët, pur et grand; la femme juste et heureuse, bonne mère, très-pure; la montagne toute brillante, séjour de bonheur, donnée d'Ormuzd; Mithra, qui rend fertiles les terres incultes; le Peuple, l'homme juste; la semence forte du peuple céleste; l'Irman qui désire; le trône d'Ormuzd et les réponses d'Ormuzd; le taureau élevé qui fait croître l'herbe, donné pur, qui a donné l'être à l'homme pur.

Le troisième cardé est un dialogue entre le Djouti et le Raspi :

« *Le Djouti.* Que celui qui porte l'hâvan se présente.
» *Le Raspi.* J'obéis.
» *Le Djouti.* Que celui qui porte tout se présente.
» *Le Raspi.* J'obéis.
» *Le Djouti.* Que celui qui porte l'eau se présente.
» *Le Raspi.* J'obéis.
» *Le Djouti.* Que le fidèle, qui fait des œuvres méritoires, qui est bien instruit, et qui parle selon la vérité, se présente.
» *Le Raspi.* J'obéis. »

Le quatrième cardé porte :

« Que l'homme pur se présente, celui qui est très-saint de pensée, très-saint de parole, très-saint d'action, qui s'occupe du bien et renonce au mal, qui produit l'abondance dans le monde. Enfin, vous, qui que vous soyez, qui êtes appelé chef des Méhestans, venez et présentez-vous. Comme le premier des Amschaspands, faites le bien, soyez savant, vrai dans vos paroles, grand, plein d'intelligence. »

Dans le cinquième cardé on adresse le sacrifice à quiconque s'occupe de la pureté intérieure, aux chefs qui donnent des animaux, au prêtre; à tous les saints du monde; à celui qui fait des œuvres méritoires ; à Ormuzd, à la parole de Zoroastre, etc.

Les sixième et septième cardés sont adressés aux Amschaspands, aux gâhanbars, aux ferouers, aux Izeds et aux destours.

Dans le huitième, le yaçna, ou sacrifice, est adressé à celui qui dit la vérité, et aux génies Sérosch, Aschesching, Nériosengh, à Mithra, à la noble Parvand, aux personnes qui s'appliquent à être pures de pensée, de parole, et d'action ; à l'homme intelligent, prompt dans le bien ; au sommeil donné par Ormuzd pour le soulagement des animaux vivants ; au ciel, à l'eau, à la terre, aux astres, au taureau pur, au vent, au ciel pur, aux âmes des morts.

Le neuvième cardé porte :

« Le roi qui est pur, qui est saint et élevé comme moi, je lui donnerai ; j'aurai soin de lui comme étant à moi, Ormuzd, saint et céleste. »

Le dixième cardé est adressé surtout à Homa, ce qui donne l'abondance, les paturages, ce qui est bon à manger (1).

Les onzième et douzième sont une répétition de ce que nous venons de voir ; on lit dans le douzième :

« J'invoque celui qui rend ces lieux étendus, qui rend ces lieux fertiles, qui fait du bien à ces lieux, qui leur donne l'abondance, qui voit de loin le mal et l'éloigne de ces lieux habités par les troupeaux, par les hommes qui naissent, qui engendrent, par les saints qui sont, par ceux qui ont été, ces lieux dans lesquels je suis, moi, qui fais du bien aux provinces, moi, homme pur, qui fais le bien, moi, femme pure, qui fais le bien, moi, femme, qui agis publiquement avec pureté, moi, homme, dont les actions ne respirent que sainteté, moi, femme, dont les actions ne respirent que sainteté. »

(1 Voir § 3.

Les treizième et quatorzième cardés, reproduisent en partie les invocations précédentes. Le Djouti tenant un morceau de homa dit :

« Je suis très-obéissant ; je donne au peuple des principes purs, fidèles, j'exécute avec pureté l'ordre d'Ormuzd ; je suis soumis de cœur à ce que commande le pur Ormuzd qui nourrit celui dont les dispositions sont saintes, qui relève ceux qui sont grands, célestes et purs, leur donne l'abondance... »

Le quinzième est adressé aux trois choses principales nécessaires à ceux qui ne peuvent plus parler, qui sont sans espérance ; aux paroles bien dites qu'on lit avec attention, qu'on chante.

Les seizième et dix-septième sont adressés au gâh honoüet et à Honover.

Dans le dix-huitième il est recommandé au disciple de Zoroastre de donner à ceux qui font le bien avec exactitude et non à ceux qui veulent faire le mal, de nourrir ceux qui agissent avec pureté, et d'abandonner celui qui n'est pas humble de cœur.

Le dix-neuvième est une invocation au feu, fils d'Ormuzd, germe d'Ized, germe de droiture, à l'homme pur et à tous les saints, etc.

Les vingtième, vingt-et-unième et vingt-deuxième sont encore adressés au feu, à Ormuzd, aux Amschaspands, aux saints, aux purs, au monde, à l'intelligence qui sait tout, à la lumière du soleil, au soleil, aux créatures.

Les derniers, enfin, invoquent les génies des métaux, de la santé, de l'abondance, des fruits, des arbres, des eaux, des prières, de la lumière, du monde céleste, de la pureté de pensée, de parole et d'action.

§ 7. LE VENDIDAD.

Le Vendidad est un des livres Zends que les Mobeds lisent en célébrant leur liturgie. Les Parses le regardent encore comme le fond de leurs lois, et, en effet, il renferme de nombreux détails sur la vie civile et religieuse, et des sanctions pénales pour toutes sortes de délits.

Dans le premier *Fargard* Ormuzd parle à Zoroastre de ses productions et de celles d'Ahriman :

« J'ai donné un lieu de délices et d'abondance ; personne n'en peut donner un pareil. Si je n'avais pas donné ce lieu de délices, aucun être ne l'aurait donné. Ce lieu (Er'iene Véedjô (1), était plus beau que le monde entier qui existe... C'est la première ville que je produisis. Ensuite, Ahriman, plein de mort, fit dans le fleuve la grande couleuvre (mère) de l'hiver donné par le Dew. Il y eut dix mois d'hiver et deux de chaud... L'hiver répandit le froid dans l'eau, dans la terre, dans les arbres ; l'hiver fut extrêmement rude. Ce n'est qu'après l'hiver que les biens croissent en abondance. »

Pour nuire aux productions d'Ormuzd, son antagoniste Ahriman fit naître des mouches qui donnèrent la mort aux troupeaux, inventa les mauvais discours, créa des fourmis, imagina des doutes criminels, produisit la pauvreté, établit le culte des Pâris (Dews femelles), causa la corruption du cœur, le péché contre nature, l'enterrement des morts, la magie.

« La magie fait paraître tout ; elle donne tout. Lorsque le magicien arrive, lorsqu'on le voit, la magie paraît quelque chose de

---

(1) Anquetil pense qu'il s'agit de l'Iran, portion de l'Arménie. Voir son *Zend-Avesta*, 3 vol. in-4°.

grand ; mais lorsqu'elle se présente avec le plus d'empire, elle ne vient que du mauvais principe, du chef des maux. Elle est éloignée du grand, de celui qui fait le bien. »

Ahriman produisit encore l'action de brûler les corps, les mois des femmes et le dur hiver. En un mot, Ahriman est l'auteur de toutes les misères de ce monde, des intempéries de la nature, des vices, des maladies, de la mort, et des impuretés qui s'en suivent.

Dans le *fargard* II, Zoroastre demande à Ormuzd quel est le premier homme à qui il a révélé la loi.

Ormuzd répond que c'est Djemschid auquel il ordonna de se soumettre à sa loi, de la propager, de fertiliser, de nourrir et de gouverner le monde ; et que Djemschid lui dit : « Je rendrai heureux le monde qui vous appartient ; je rendrai votre monde fertile et abondant, j'en aurai soin, je le nourrirai, j'en serai le chef, je gouvernerai, pourvu que pendant mon règne il n'y ait ni vent froid, ni vent chaud, ni pourriture, ni mort : que les dews disparaissent lorsque je prononcerai votre parole. »

Djemschid s'avança sur trois cents portions de terres, et elles se remplirent d'animaux, d'hommes, de chiens, de volatiles, de feux rouges et brûlants.

Djemschid fit le *ver* et le peupla d'hommes et de bestiaux ; il y fit couler l'eau en abondance : des champs toujours dorés produisirent des végétaux nourrissants. Les jeunes gens y furent modestes et respectueux, gras et bien nourris.

Ormuzd, racontant à Zoroastre les détails de la création, parle du bonheur des hommes qui habitaient au commencement le *verefschoué* :

« Il n'y avait dans ce lieu aucun chef qui commandât devant ni derrière, de loin ni de près et avec dureté ; il n'y avait ni mendiant, ni ennemi caché, ni personne qui frappât, ni dent cruelle. On n'y séparait pas les hommes les uns des autres. Les femmes n'y étaient pas sujettes aux temps critiques dont Ahriman a affligé l'humanité. »

Le *fargard* III porte que si un homme puissant et juste donne des terres aux prêtres, aux troupeaux, aux femmes, aux enfants, aux assemblées pures, ces terres produiront en abondance les pâturages, les chiens, les femmes, les jeunes gens, le feu, toutes les productions qui croissent purement.

Zoroastre demande à Ormuzd : « quelle est la première chose qui déplaise à cette terre et l'empêche d'être favorable? »

Ormuzd répond : « c'est lorsqu'elle devient le séjour de la violence, et que les dews et les daroudjs y portent l'injustice. »

— Quelle est la seconde chose qui déplaise à cette terre?

— « C'est lorsqu'après l'avoir bien unie, on la creuse pour y mettre le cadavre d'un chien ou celui d'un homme, qu'on recouvre ensuite. »

Il est ajouté que si un homme porte seul un corps mort, le daroudjs Nésosch saisira le porteur par le nez, les yeux, la langue, enfin par tout le corps : le mort même élèvera la voix contre cet homme, et cet homme ne sera purifié de ce crime qu'à la résurrection.

Le lieu destiné aux sépultures doit être entièrement séparé de l'eau et des arbres, inaccessible aux animaux domestiques et aux bestiaux.

Celui qui mange des mets ou qui prend les habits qui sont près du mort, tombera dangereusement malade ; il vieillira et sera impuissant; on le conduira sur une haute montagne, où, après qu'on lui aura arraché la peau dans la largeur, il deviendra la nourriture des animaux. Mais s'il se repent sincèrement, son crime sera expié par ce repentir même.

Ormuzd déclare que la terre la plus exellente est celle qu'on unit bien et dans laquelle on plante des grains, de l'herbe, des arbres fruitiers ; à laquelle on donne de l'eau quand elle est sèche, qu'on dessèche quand elle a trop d'eau.

On demande ensuite à Ormuzd :

« Quel est le point le plus pur de la loi des Mazdéïesnans (disciles de Zoroastre) ? Ormuzd répond : c'est de semer de forts grains.

Celui qui sème des grains et le fait avec pureté, remplit toute l'étendue de cette loi... Celui qui donne des grains brise les dews. Quelque peu que l'homme en donne, il frappera, il détruira le dew.... sans la nourriture il n'y a ni forts laboureurs, ni enfants robustes...

« Séparez-vous des voleurs, du magicien, de celui qui pêche contre le juste, de celui qui enterre un mort, de celui qui commet un crime, qui empêche de passer le pont, de celui qui, par orgueil, retient ce qu'il a emprunté. »

Lorsqu'un chien ou un homme mort a été enterré, si on laisse passer la moitié d'une année sans le retirer, le coupable devra être frappé de cinq cents coups de courroies, ou payer cinq cents *derems* (sorte de monnaie). Si on le laisse passer l'année entière, le coupable recevra mille coups, ou payera mille *derems*. Si on le laisse deux ans, le coupable ne pourra expier ce crime, ni être purifié. Il sera séparé des fidèles, et on lui coupera les jointures des membres.

Le *fargard* IV porte que l'homme qui demande et ne rend pas ce qu'il a demandé, sa demande même est un vol, parce qu'il n'est pas dans la disposition de rendre ce qu'il demande. Quand même le prêteur serait riche, il n'en faudrait pas moins penser jour et nuit aux moyens de le satisfaire.

Combien y a-t-il de Mithra-daroudjs (1).

Ormuzd répond : 1° quand on donne sa parole ; 2° quand on met les mains l'une dans l'autre ; 3° dans la récompense due aux bestiaux ; 4° dans la récompense due à l'instituteur ; 5° dans la récompense due aux paysans. Augmenter les villages, les rendre abondants et riches, c'est une action digne d'un homme de bon sens.

La punition de ceux qui n'auront pas tenu leur parole sera de trois cents ans d'enfer, à moins d'une offrande faite par ses parents. La punition de ceux qui refusent la récompense due

---

(1) Péchés inspirés par le Daroudj, rival de Mithra.

à un animal domestique sera de sept cents ans d'enfer, ou d'une offrande proportionnée faite par les proches parents du coupable : Pour les bestiaux de huit cents ans ; pour l'instituteur de neuf cents ans ; pour les villages de mille ans.

Celui qui commet l'intention de frapper, sera frappé de cinq coups de courroie, ou paiera cinq derems ; à la première récidive dix coups ; à la seconde quinze coups, à la quatrième trente et ainsi de suite dans la même proportion. Celui qui aura frappé, sera puni de dix coups ; et pour les récidives de coups proportionnels ou d'amendes équivalentes : celui qui aura blessé en frappant, sera condamné à quinze coups ou à quinze *derems*, et pour les récidives dans la même proportion.

Celui qui aura frappé par derrière avec violence recevra trente coups, et ainsi de suite.

Le législateur ajoute :

« Que celui qui a de l'intelligence et qui est au-dessus des autres, exécute ce que vous annoncerez au monde ; sinon qu'on lui coupe le corps du haut en bas avec un couteau de fer... car ce sera comme s'il précipitait cent personnes dans l'enfer... »

Enfin, celui qui aura promis de faire couler l'eau féconde d'un fleuve et qui mentira à sa parole recevra sept cents coups ou paiera sept cents *derems*.

Le *fargard* V concerne les devoirs rendus aux morts et les souillures causées par leur présence ou leur contact. Puis il traite des impuretés de la femme dans les cas d'accouchements et autres.

Le *fargard* IV parle aussi des souillures occasionnées par le cadavre d'un homme ou d'un chien.

Ormuzd déclare qu'il faut laisser un an entier en friche la terre sur laquelle est mort un chien ou un homme ; et des peines sévères sont édictées contre ceux qui déterrent ces corps.

L'eau souillée par la présence d'un corps ou d'une partie du corps est rigoureusement interdite à toute espèce d'emploi avant d'avoir été purifiée dans les formes déterminées. C'est ainsi que des réglements hygiéniques ont été imposés à titre de lois religieuses.

Il ordonne de placer les corps morts sur un lieu élevé, hors d'atteinte du chien, du renard, du loup. Il ne faut pas qu'il pleuve sur cet endroit. Si les Masdéïesmans sont riches et qu'ils puissent construire un édifice, ils devront le construire; s'ils ne sont pas assez riches, ils placeront le corps sur la terre dans son propre habit, au lieu même où il est mort, de sorte que la lumière donne dessus, et que le soleil le voye.

Fargard VII: Si la première fois qu'un Daêvayaçna emploie le médecin, il vient à mourir; si la deuxième fois qu'un Daêvayaçna l'emploie, il vient à mourir, ce médecin est inhabile pour jamais. Si après cela on l'emploie et que le malade meure, que la mort soit infligée au médecin comme châtiment d'une action faite sciemment.

Si la première, la deuxième ou la troisième fois qu'un Daêvayaçna emploie un médecin il en échappe, ce médecin est déclaré expert à toujours.

Un médecin qui guérit une femme maîtresse de maison, comme celui qui guérit la maîtresse d'un lieu, mérite une vache; s'il guérit la maîtresse d'une ville, une jument; s'il guérit la maîtresse d'une province, un chameau.

La fin de ce fargard porte :

« Est-ce qu'elles sont pures les vaches qui viendraient à toucher un chien ou à un homme mort ? — Ahura répond : Elles ne peuvent être pures, ô saint Zoroastre, tant que dure l'année. Celui dont les dispositions sont pures, dont les désirs sont purs, passera le pont; celui qui est saint de cœur anéantira le Daroudj... »

Le *fargard* VIII renferme des prescriptions relatives au cadavre d'un chien ou d'un homme mort sous un arbre fruitier.

Ce corps doit être parfumé et porté en un lieu préparé pour le recevoir. Il faut que ce lieu soit à une certaine distance du feu, de l'eau, et des habitations. On y porte de la cendre ou de la bouze de vache, sur laquelle on étend le cadavre. Si le cadavre est nu, on couvrira la terre de mastic ou de pierre ; on le lavera avec de l'urine d'animal domestique.

On ne laissera passer par ce chemin ni les animaux, ni les hommes, ni les femmes, jusqu'à ce qu'il ait été vu par un chien ayant les yeux et les sourcils jaunes, les oreilles blanches et jaunes, ou qu'une prière ait été prononcée sur ce chemin par l'Athorné (prêtre qui sait la loi).

Celui qui mettra sur le cadavre un vêtement, sera puni de quatre cents coups de courroie, et plus selon les circonstances.

Les souillures personnelles et volontaires sont purifiables par la loi des adorateurs d'Ormuzd, comme celles du voleur et du magicien.

Suivent des règles de purifications à la suite de la présence ou du contact d'un cadavre, ou même du feu qui consume un cadavre.

Diverses récompenses sont promises pour l'autre vie à ceux qui portent du feu destiné à brûler un mort, à cuire la laque et des vases de terre, ou pour travailler l'étain, ou pour façonner l'or et l'argent, l'acier et le cuivre, ou pour cuire le grain, éclairer la nuit, etc.

L'homme qui a touché un cadavre redeviendra pur, en se lavant quinze fois le corps avec de l'urine de bœuf ; puis il adressera au prêtre cette prière : « Mon corps vient d'être souillé par un mort, sans que mes pensées, mes paroles, ni mes actions y aient pris part ; je désire être purifié. » Le tiers de sa faute lui sera remis ; il ira ainsi jusque dans trois villes, y fera la même prière, et sera complètement purifié.

Le *fargard* IX énumère les qualités que doit avoir le prêtre chargé de purifier l'homme souillé par un mort ; il indique les lieux de purification et les pratiques qui doivent l'accompagner ; le chef de contrée donnera à celui qui l'aura purifié un jeune chameau. Le chef de ville un jeune taureau ; le chef de maison, un plus petit taureau ; la femme du chef, un plus petit encore ; et ainsi des autres à proportion de leur rang. Ceux qui ne peuvent donner un animal, le remplaceront par de l'argent.

Le *fargard* X contient les paroles révélées à Zoroastre par Ormuzd pour chasser l'esprit malin qui s'empare du mort, et se jette sur le vivant sous forme d'impureté.

Le *fargard* XI renferme les formules de purification pour le lien, le feu, l'eau, la terre, les troupeaux, les arbres, l'homme pur, la femme pure, les astres, la lune, le soleil, la lumière première, et, en général, toutes les productions d'Ormuzd qui auront été souillées.

Le *fargard* XII indique le nombre de prières qu'on devra adresser à Ormuzd pour le salut des parents après leur mort. Le fils devra faire trente prières pour son père, la fille, trente prières pour sa mère. Ensuite, on lavera trois fois la place où était le corps, trois fois les vêtements du mort. Si un enfant mâle ou une fille vient à mourir, le père et la mère devront faire également trente prières, l'un pour son fils, l'autre pour sa fille.

E. Burnouf a traduit ainsi le passage qui concerne les frère et sœur :

« Alors, si un frère meurt, ou qu'une sœur meure, combien feront-ils d'oraisons mentales l'un pour l'autre, le frère en faveur de la sœur, la sœur en faveur du frère ? Combien s'ils sont vertueux ? Combien s'ils sont pécheurs ? Alors, Ahuramazda répondit : trente pour les vertueux, soixante pour les pécheurs. »

Si un maître ou une maîtresse de maison vient à mourir, on fera une prière par mois, pendant six mois, en leur honneur.

Pour les grand'pères ou grand'mères, vingt-cinq prières; autant pour les petit-fils et petites-filles ; vingt-cinq pour les cousins; quinze pour les parents au quatrième degré.

Le *fargard* XIII renferme des imprécations contre celui qui frappe certaines espèces de chiens : son âme passera dans ce monde un temps dur et accablant; la fureur des loups augmentera sur les lieux élevés. Le chien, qui protége si bien, ne le délivrera pas, après sa mort.

Celui qui frappe, ou blesse, ou tue un de ces chiens, sera condamné ici-bas à un certain nombre de coups ou de *derems*, suivant la gravité des délits. Ces peines sont proportionnées aux services que peut rendre chaque espèce de chien. Tel chien est représenté comme attaquant le voleur et le loup, tel autre s'attache à quiconque voudra le nourrir.

Il est formellement interdit de donner aux chiens de la graisse mouillée; il est recommandé, au contraire, de leur procurer une nourriture abondante et agréable. Ormuzd dit :

« J'ai donné au chien son poil pour vêtement; il est fier, il est prompt, et agissant, ayant la dent aiguë et de l'intelligence. Lorsqu'il fait entendre sa voix, le monde est florissant. Sans lui, le voleur ou le loup enlèverait les biens des rues ; le loup frapperait, le loup se multiplierait, le loup frapperait et ferait tout disparaître... Les chiens frappent le loup avec force, soit qu'ils l'attaquent, soi qu'ils soient attaqués. Les chiens, comme l'Athorné, est bienfaisant et heureux ; comme le militaire, il stimule les troupeaux, il rôde en tous lieux. Il est actif, vigilant, pendant le temps du sommeil, comme le laboureur, comme l'oiseau, il est gai, s'approche de l'homme, et se nourrit de ce qu'il peut prendre. Il agit dans l'obscurité comme le voleur exposé à la faim, ou à recevoir quelque chose de mauvais. Il aime à agir dans les ténèbres comme la bête féroce ; sa force est pendant la nuit. Il est content comme la courtisane et se tient dans les chemins écartés. Il dort beaucoup comme la jeune fille ; comme elle il est actif, il a la langue longue et court en avant »

Dans le *fargard* XIV sont indiquées les pénitences imposées à celui qui a tué un chien.

Voici la plus bizarre :

« Que pour purifier son âme et expier sa faute, il donne à un saint homme, pour femme, sa sœur ou sa fille vierge, ayant une bonne réputation, des boucles d'oreilles, et âgée de quinze ans..... Que pour purifier son âme et expier sa faute, il donne à un saint homme quatorze lièvres, qu'il s'approche de quatorze petits de chiennes, leur fasse passer l'eau dans quatorze bateaux ; qu'il donne un maître à dix-huit terrains incultes et sans maîtres ; qu'il entretienne pures dix-huit chiennes, quelque méchantes qu'elles soient... Qu'il nourrisse dix-huit hommes purs avec de la viande, avec du pain et avec du vin. »

Dans le *fargard* XV, Zoroastre demande à Ormuzd combien il y a d'actions qui, accomplies dans le monde actuel, ne seront pas agréées dans l'autre.

Ormuzd répond qu'il y en a cinq :

L'homme commet la première de ces actions lorsqu'il parle d'une manière méprisante à un personnage saint tout occupé de la loi divine, et qu'il marche en suivant son propre esprit.

L'homme commet la seconde action lorsqu'il donne à un chien de la nourriture chaude. Si cette nourriture lui fait tomber les dents, ou le blesse, ou lui brûle la langue, celui qui aura fait cette action sera coupable du tanafour (1).

L'homme commet la troisième action lorsqu'il frappe une chienne qui a des petits ou qu'il l'épouvante, crie après elle, claque ses mains. Si cette chienne tombe dans un trou, dans un puits, dans un précipice, dans une rivière, si elle se blesse, il sera coupable du tanafour.

L'homme commet la quatrième action lorsqu'il a commerce avec une fille nubile en état d'impureté.

L'homme commet la cinquième action lorsqu'il a commerce

(1) Péché qui empêche de passer le pont Tchinevad dans le Paradis.

avec une femme qui allaite un enfant, et dont le lait, par là souillé, coule, se corrompt.

Si une fille soumise ou non à un chef, livrée ou non livrée, détruit son enfant, son corps sera coupé en morceaux.

Lorsqu'une fille soumise ou non soumise à un chef, ayant mis au monde un enfant, l'attribue à tel homme, si cet homme demande qu'on interroge la tante de cette fille, on les mènera tous devant le destour (docteur) ou devant le roi, qui fera périr l'enfant. Lorsqu'on aura détruit l'enfant de cette fille, on en fera autant à l'homme, à la fille et à la tante.

Si quelqu'un a commerce avec une fille, qu'elle soit son chef ou non, qu'elle lui ait été livrée ou non, et qu'il en ait un enfant, il est tenu de la nourrir. S'il n'en prend pas soin, son corps sera déchiré.

Voici des prescriptions qui concernent encore les chiens :

« Dans quelque lieu que les femelles portent leurs prières, e demandent du secours, on doit les nourrir... Jusqu'à ce que le chien ait deux semaines, il faut veiller autour de lui ; on doit ensuite le soigner pendant l'hiver, dans les chaleurs, lorsqu'il a six mois, il faut qu'une jeune fille de sept ans le nourrisse, comme si c'était le feu d'Ormuzd.

« Zoroastre demande : Celui qui frappe une chienne, qui étant pleine, a eu trois petits, qui fait couler son lait, la fait maigrir, ou enlève les petits de cette chienne qui a porté, quelle sera sa punition ?

« Ormuzd répond : Il sera frappé sept fois avec de la peau de cheval ou de chameau et condamné à 700 derems. »

Le *fargard* XVI, contient de minutieuses prescriptions au sujet d'une jeune fille dans un état impur. Un lieu lui est préparé à une certaine distance du feu, de l'eau et de l'homme. On lui porte à manger dans des vases de fer ou de plomb. Avant de manger le lait caillé et les fruits secs qu'on lui apporte, il faut qu'elle se lave avec de l'urine de bœuf.

Celui qui l'approchera dans cet état sera frappé de deux

cents coups; il ne pourra être purifié de ce crime; c'est comme s'il portait dans le feu où l'on a brûlé un mort le fils qui est né de lui.

Le XVII⁰ *fargard* contient des règles de purification à observer lorsqu'on a coupé ses cheveux et ses ongles; puis vient une énumération de personnes plus ou moins coupables de diverses fautes.

« Tous ceux-là sont des méchants, daroudjs de corps, qui ne craignent pas la loi; tous ceux-là ne craignent pas la loi, qui ne sont pas soumis; tous ceux-là ne sont pas soumis, qui sont impurs; tous ceux-là sont impurs, qui sont pécheurs. »

Dans le *fargard* XVIII Zoroastre demandant à Ormuzd quel est le Dew qui produit les maux, le dieu lui répond :

« C'est celui qui enseigne la mauvaise loi. Il n'a pas ceint le kosti (ceinture de discipline); il n'a pas prononcé la parole; il n'a pas sacrifié à l'eau pure... Il ne veut pas faire le bien quand même on lui arracherait la peau dans la largeur, en commençant par la ceinture... L'homme qui a le cœur pur sera heureux dans ce monde; il ira dans le monde céleste, celui qui s'approche du feu d'Ormuzd et y porte du bois pur, après s'être lavé les mains. Le feu lui fera des remercîments et des souhaits. Soyez heureux, soyez sans maux, et satisfait! Que vos troupeaux de bœuf soient en bon état! Que vos enfants courent en grand nombre! Que ce que vous désirez en vous-même, que vos entreprises réussissent dans ce monde... »

L'ized Serosch interrogeant le Daroudj (production d'Ahriman), lui demande quelle est l'action qui met le monde au-dessus de lui; le Daroudj répond :

« Quand l'homme rassemble dans le monde les biens qu'il a acquis, et en met dans la main sainte et pure de l'homme juste, alors il frappe le fruit que j'ai conçu comme le loup à quatre pattes enlève et déchire l'enfant de celle qui l'a porté... Lorsqu'un homme, après quinze ans, voit la femme de mauvaise vie, moi, je répands la crainte dans le lieu où il est; j'anéantis tout par la frayeur qu'inspire ma langue libre et superbe. »

Plus loin, Ormuzd répondant à une question de Zoroastre, lui dit :

« Si un homme a commerce avec une fille nubile en état impur, quoiqu'il le sache bien, il faut qu'il prenne soin de mille lièvres; qu'il porte dans le feu pur et saint de la graisse de tous les bestiaux, qu'il porte sur ses bras de l'eau pure pour laver cette graisse, qu'il porte dans le feu pur cinq mille paquets de bois, des odeurs, qu'il frappe mille couleuvres, mille grenouilles de terre et deux mille grenouilles d'eau, qu'il frappe mille fourmis qui ruinent les grains et deux mille d'autre espèce; qu'il construise trente bateaux sur l'eau, et qu'il soit frappé mille fois de courroies, ou paye mille *derems*. Telle sera la punition de celui qui aura commis ce crime. S'il s'y soumet, il ira dans le séjour des saints; s'il ne s'y soumet pas, il ira dans la demeure des Darvands (production d'Ahriman), lieu des ténèbres les plus épaisses. »

Dans le *fargard* XIX Ormuzd instruit Zoroastre sur la nature d'Ahriman : il lui apprend que ce chef des Dews est venu du nord; il court perpétuellement, ravage le monde et enseigne la mauvaise loi. Ce dew vit en pensée Zoroastre plein de gloire, et en fut anéanti; il vit que Zoroastre aurait le dessus et marcherait d'un pas victorieux.

Zoroastre demandant à Ormuzd le moyen de conjurer les mauvaises influences d'Ahriman, Ormuzd lui répond :

« Invoque le ciel, le temps sans borne, les oiseaux qui agissent en haut, le vent prompt, donné d'Ormuzd, Sapandomad, pure fille d'Ormuzd, de moi qui suis le plus grand, le meilleur, le plus pur, le plus ferme, le plus intelligent, qui ai le meilleur corps, qui, par ma pureté, suis au-dessus de tout... »

Le dogme de la résurrection est développé ici avec détail. Lorsque l'homme est mort, le Dew obsède son cadavre pendant trois nuits. Lorsque l'aube va paraître, quand l'éclatant Mithra s'élève sur les montagnes brillantes, quand le soleil paraît en haut, le dew Vaziresch (ministre d'Ahriman) cherche à anéantir, après l'avoir liée, l'âme des Darvands, adorateurs des dews, qui ont tourmenté les hommes. Sur le pont Tchinévad donné d'Ormuzd arriveront les Darvands, et les justes; ensuite, les âmes fortes, saintes, qui ont fait le bien, protégées par le chien des troupeaux, couvertes de gloire. Ceux dont l'âme criminelle aura mérité l'enfer, craindront pour eux-mêmes. Les âmes des justes iront sur cette montagne élevée et effrayante. Elles passeront le pont, accompagnées des izeds célestes. Bahman se lèvera sur son trône d'or, et leur dira : comment êtes-vous venues ici, ô âmes pures, de ce monde de maux dans ces demeures sans mal ? Soyez les bien-venues près d'Ormuzd, près des Amschaspands, près du trône d'or. Lorsque l'homme pur et saint est mort, le dew, le Darvand, qui ne sait que le mal, est sur-le-champ rempli de crainte, comme le mouton à la vue du loup.

L'ized Sérosch, représentant d'Ormuzd sur la terre, frappe les dews, les daroudjs et les darvands, purifie les provinces, et s'il ne le faisait pas, les animaux domestiques, les troupeaux n'auraient ni herbe, ni nourriture.

Dans le *fargard* XX Ormuzd, interrogé par Zoroastre pour lui apprendre quel est celui qui le premier a chassé l'envie, tué la mort, banni les maux et la fièvre, lui apprend que c'est Feridoon (un descendant de Djemschid), lequel obtint de Schariver (qui préside aux métaux) tout ce qu'il souhaitait; qu'alors s'éloigna l'envie, la mort, la fièvre, la faiblesse, l'avarice, la surdité, l'aveuglement volontaire de l'esprit, le mensonge, la méchanceté, la corruption, l'impureté, qu'Ahriman avait produits dans les corps des hommes.

Le *fargard* XXI est un hommage à l'eau : elle est appelée la voie de l'abondance, qui mêle les grains avec la terre, qui fait tout croître et multiplier; c'est d'elle que viennent le lait, la semence, l'huile, la cervelle et la moëlle; elle purifie toutes choses. La pluie éloigne l'envie, la mort, les maux, la fièvre, la faiblesse, l'avarice, les passions déréglées, la surdité, la couleuvre, le mensonge, la méchanceté, la corruption, l'impureté, et toutes les magies enseignées par les Pâris, et frappe tous les darvands.

Dans le *fargard* XXII, Ormuzd promet à Zoroastre, pour le récompenser d'avoir répandu sa parole, mille chameaux vigoureux à large poitrail, mille bœufs bien gras, mille jeunes lièvres, des grains et des ruisseaux en abondance :

« Allez, lui dit-il, dans l'Irman (lieu sacré), et dites-lui : Voici ce que dit le pur Ormuzd ; moi qui suis le juste juge, après avoir fait ce lieu pur, dont l'éclat se montrait au loin, je marchais dans ma grandeur ; alors, la couleuvre m'aperçut ; alors, cette couleuvre, cet Ahriman, plein de mort, produisit abondamment contre moi 900, 9,000, 90,000 envies, c'est à vous de me rendre ma gloire... »

Tel est le Vendidad. Malgré la traduction imparfaite d'Anquetil-Duperron, il est facile d'y reconnaître une peinture naïve des idées, des mœurs et des lois du peuple pour lequel fut rédigé cette espèce de code à la fois religieux et civil. On y remarque de certaines analogies avec les lois de Manou et de Moïse ; elles ne sont pas l'effet des relations primitives entre les tribus de l'Orient, mais on peut les attribuer à un état similaire de civilisation produisant des résultats identiques.

§ 8. ARTS, LANGUE, ÉCRITURE, INSCRIPTIONS.

La Perse a laissé des monuments dont les débris font encore l'admiration des voyageurs ; ceux de Persépolis se rapportent à l'ère la plus plus florissante de cette nation. La vétusté et la majesté de leurs formes architecturales les rendent uniques dans leur genre. Les inscriptions, les animaux fabuleux, les allégories dont ils sont couverts ont donné lieu à des interprétations diverses que nos philologues modernes ramèneront sans doute à une seule explication.

Bien que Persépolis ne fût point une des résidences principales des rois de Perse, elle acquit cependant assez d'importance pour qu'Alexandre crût devoir la détruire, afin de compléter sa vengeance et son triomphe. C'était la nécropole des rois de Perse dont on creusait les tombeaux dans le roc.

Les ruines de cette ville font supposer des édifices à la fois politiques et religieux que les rois venaient habiter temporairement.

Outre de nombreuses inscriptions, on voit figurer sur ces monuments divers animaux tels que le lion, le taureau, le cheval, l'âne sauvage, le rhinocéros, l'aigle et le scorpion.

D'autres ont des formes symboliques par la combinaison de leurs membres, tel qu'un animal ailé avec une corne. La plus fréquente représentation est celle d'un corps de lion, avec les pieds d'un cheval, la tête d'un homme, ornée du diadème ou de la tiare, et une barbe artistement frisée.

Les colonnes sont cannelées, et ont des chapiteaux d'une forme particulière qui distingue cette architecture entre toutes.

Les costumes des personnages représentés sont de deux espèces. Les uns portent une robe large et longue, costume de la cour ou des Mèdes ; d'autres portent un habit étroit et léger qui confirme les paroles de Sandane à Crésus : « Vous combattrez contre un peuple qui porte des habits et des pantalons de cuir (1) ; » c'est le costume perse.

L'usage de porter des bracelets et des boucles d'oreilles était commun aux Mèdes et aux Perses ; ces ornements provenaient d'un présent du roi à ses officiers des deux nations. Plusieurs d'entre eux ont dans les mains divers objets tels que vases, bâton court, poignards, arcs en étui, ou sur l'épaule.

(1) Hérod, I, 72.

Quelques-uns de ceux qui portent l'habit mède ont une coiffure semblable à celle du roi, une sorte de tiare que celui-ci leur donnait avec le vêtement (1). Ce sont les ministres. Les présents qu'on apporte au roi consistent en colliers, en bracelets, en schals, étoffes, perles et différentes denrées contenues dans des coffres. La diversité de costume que présentent les porteurs de ces dons révèlent les contrées différentes dont se formait l'empire des Perses. Un personnage du Nord s'y montre vêtu de fourrures ; un autre a pour vêtement un simple tablier autour du ventre.

L'envoyé de chaque nation marche en tête, et fait porter des dons par sa suite. Il est vêtu soit du costume mède, soit du costume perse, et porte la baguette, marque distinctive d'une certaine classe d'officiers:

Sur les marches de deux escaliers, on voit une rangée d'hommes armés, dont la position et les armes montrent qu'ils formaient les gardes du corps du roi. Ceux du côté droit sont armés de pied en cap, avec le costume et la coiffure mèdes, mais sans colliers ni autres parures ; ils tiennent une longue pique appuyée sur la terre devant eux. Le carquois pend sur leur dos, et l'arc est attaché à l'épaule gauche. Les soldats du côté gauche sont vêtus et armés plus simplement, et ont la tête entourée d'une bandelette.

D'autres bas-reliefs représentent le roi donnant audience à un ambassadeur : Il est assis sur le siége royal, en bas duquel est l'escabeau d'or, servant de marche-pied ; il tient dans sa droite un sceptre, dans sa gauche le vase sacré destiné aux sacrifices et désignant le serviteur d'Ormuzd. Derrière lui est un eunuque, la bouche enveloppée et un chasse-mouche à la main. Puis vient le porteur des armes du roi.

Devant le roi sont deux vases précieux, derrière lesquels apparaît l'ambassadeur la main devant la bouche en signe de respect ; après lui vient un autre eunuque tenant un vase. Les

---

(1) *Esther*, 6,8.

ornements des murs au-dessus du dais royal représentent une lionne et un lion.

Dans l'intérieur d'un édifice on voit encore le roi représenté plusieurs fois combattant un animal sauvage ayant une figure humaine et des ailes. Le roi le saisit par la corne et par l'oreille et lui enfonce un poignard dans la poitrine. C'est tantôt un griffon, tantôt un lion, avec la queue de scorpion.

Il s'agit d'une chasse symbolique représentant le roi, serviteur d'Ormuzd, combattant la création impure d'Ahriman, les dews figurés par le griffon, et autres animaux dangereux.

On arrivait à la demeure royale à travers de hautes colonnades qui devaient suivre le péristile où se plaçaient les officiers de la cour. L'édifice se composait de quatre ou cinq bâtiments dont la construction semble appartenir à diverses époques et à différents plans. Chacun d'eux est orné de figures répondant à sa destination.

Au milieu de l'édifice s'élèvent encore quatre piliers isolés qui paraissent avoir eu pour objet de renfermer l'autel avec le feu sacré. C'est le sanctuaire où le roi faisait des prières et des offrandes.

Des inscriptions gravées sont disséminées sur différents points aux deux bouts des escaliers qui conduisent à une terrasse, sur les fenêtres et sur les parois. Ces inscriptions sont en écriture cunéiforme, et en langue zende, langue sacrée des Mèdes, ou en langue pelvi.

Dans son commentaire sur le *Yaçna* (1), E. Burnouf a démontré la haute antiquité de la langue zende, dont une partie considérable fut contemporaine du dialecte primitif des Védas.

Les langues diverses qui composent la famille sanscritique ne doivent pas être considérées comme dérivées les unes des autres, mais comme appartenant primitivement à un seul et

---

(1) Avant-propos, p. 28 et suiv.

même fonds auquel elles ont puisé dans des proportions inégales.

Il y a des mots zends qui ne diffèrent des mots sanscrits que par le changement d'une lettre ; en sorte qu'on peut arriver à expliquer des termes zends très-différents de son, par des termes sanscrits correspondants.

Quant à l'alphabet zend, il se compose de quarante-huit caractères, seize pour les voyelles, trente-deux pour les consonnes ; puis, de trois groupes ou lettres composées, qui portent le nombre des signes zends à cinquante-et-un suivant Anquetil.

Les trois sons primitifs, éléments fondamentaux des autres voyelles, se trouvent dans les deux alphabets zend et sanscrit ce qui démontre l'identité complète du système des sons vocaux dans les deux langues. Ils y jouent un rôle également important dans la formation des pronoms, des prépositions et des suffixes.

Le zend a développé quelques sons pareils à ceux du sanscrit, et en a tiré postérieurement d'autres sons.

Plusieurs consonnes zendes appartiennent à un alphabet dévanâgari primitif non encore régularisé ; d'autres ont pris naissance depuis les événements qui ont séparé l'un de l'autre le sanscrit et le zend.

Le même savant a très-bien reconnu deux espèces d'articulations zendes, celles qui sont communes au zend et au sanscrit, et celles qui sont particulières au zend. Ce qu'il y a d'ancien dans ces articulations, c'est ce qui est commun aux deux langues ; ce qu'il y a de comparativement moderne, c'est ce que le zend possède en propre, et il arrive à cette conclusion : Tout, dans l'alphabet zend, peut-être même les voyelles plus que les consonnes, nous annonce un idiôme s'arrêtant à un moment où il est bien rare que l'on puisse saisir la langue, celui où tous les éléments de leur organisation entrent en jeu, mais où l'action, qui, après les avoir réunis, devait les modifier l'un par l'autre, pour en composer un organisme parfait, vient à s'arrêter tout-à-coup, et laisse son œuvre inachevée.

Le zend était la langue de tous les peuples qui occupaient le pays appelé par les anciens l'Ariane. Ce qu'on a pu apprendre du système propre de cette langue, et de son degré d'affinité avec d'autres idiômes, ne peut faire douter de l'ancienneté de son existence, et des noms de lieux jusqu'à ce jour inexpliqués ont pu l'être par le zend.

Bien qu'il soit encore difficile de fixer les limites géographiques de cet idiome, on peut dire qu'au nord, le nom de la Sogdiane (*Çughdha*), au nord-ouest celui de l'hyrcanie (*Vèhrkâna*), au midi celui de l'Arachosie (*Harakaiti*), sont des preuves de la nationalité du zend. Dans le *Touran*, les noms de peuples mentionnés par Pline (1), les *Ariacœ*, les *Antariani*, les *Arimaspi* et les *Aramœi*, permettent de supposer que les tribus nomades en lutte avec celles de la Sogdiane et de la Bactriane ressemblaient à celles-ci par le langage. Les mots zends *Aria*, *Airya*, *Arya* (hommes nobles), *açpa* (cheval) et *pati* (maître, chef) se rencontrent souvent dans les noms d'hommes et de pays.

Les rois Achéménides ont laissé des inscriptions qu'on a cru longtemps indéchiffrables et que la connaissance de la langue zende a permis de déchiffrer.

Sur les piliers ruinés de la plaine de Mourgab (ancienne Pasargade), quelques-unes de ces inscriptions ont été découvertes par Morier; d'autres après lui les ont copiées. Un personnage représenté dans un bas-relief emblématique est surmonté d'une ligne écrite dans les trois langues dont se servaient alors les rois de l'Iran; elle a été traduite ainsi : « Je suis Cyrus, roi achéménide. » Cette inscription se rapporte aux dernières années de la vie du grand Cyrus.

Les inscriptions qui se rapportent à Darius et à Xerxès sont plus nombreuses, on en voit encore sur des ruines restées au pied d'un rocher qui domine la plaine de Mordrach.

Parmi les sculptures qui les accompagnent sont plusieurs

(1) L. VI, ch. 19.

personnages entourés des attributs de la souveraineté ; ici, un roi debout, suivi d'esclaves portant le chasse-mouche ; plus loin, un roi assis sur un trône escorté de ses officiers. Ce sont deux princes différents, fondateurs du palais dont on voit les ruines ; car on a pu déchiffrer ces mots : ÉDIFICE CONSTRUIT PAR DARIUS, et : ÉDIFICE CONSTRUIT PAR XERXÈS.

On y trouve aussi une invocation à Ormuzd, ce qui assigne une date à la religion de Zoroastre.

Un autre monument près du village d'Istakar porte une inscription où Darius, après l'invocation ordinaire, fait connaître sa généalogie, et énumère les différentes provinces soumises à sa puissance :

« Quand Ormuzd vit que le peuple était adonné à des doctrines perverses, il me confia l'empire, et me fit roi. Je suis roi par la grâce d'Ormuzd. J'ai fait rentrer ce pays dans l'ordre ; ce que j'ordonnais était exécuté suivant ma volonté. Si tu pensais, (toi qui liras ces pages), que ces provinces ne m'étaient point soumises, regarde les images de ceux qui portent mon trône, et là tu sauras si j'ai dit vrai, tu sauras jusqu'où va la lance du soldat perse. »

On voit sur le bas-relief une suite de personnages qui, les mains en l'air, supportent le trône ; ils ont des costumes qu'on doit rapporter au Scythe, au Mède et à l'Assyrien.

Un autre bas-relief sculpté au flanc d'un rocher escarpé, sur le mont Bisitoun, représente Darius, la taille haute, la tête ceinte de la couronne royale, la main gauche appuyée sur un arc ; debout, auprès de lui, sont deux officiers armés de l'arc et de la lance. Le roi, la main droite levée, foule aux pieds le corps d'un ennemi vaincu qui semble l'implorer. Darius regarde, en même temps, neuf personnages les mains attachées derrière le dos et enchaînés par le cou à l'aide d'une corde qui les relie l'un à l'autre. Ce sont les rois qu'il a vaincus. Au-dessus de cette scène se trouve la figure d'Ormuzd.

L'inscription qui accompagne ce bas-relief a été ainsi traduite : JE SUIS DARIUS, GRAND ROI, ROI DES ROIS, ROI DE PERSE,

ROI DU MONDE, FILS D'HYSTASPE, PETIT-FILS D'ORSAMÈS, ACHÉMÉNIDE. Puis il raconte comment il a conquis le trône de ses ancêtres qu'un mage avait usurpé. Ce mage est Gaumatès qu'il foule à ses pieds; l'inscription porte : CELUI-CI C'EST GAUMATÈS LE MAGE ; IL MENTIT ; IL PARLA AINSI : JE SUIS SMERDIS, LE FILS DE CYRUS ; JE SUIS ROI.

Le deuxième personnage du bas-relief est Athrina ; l'inscription qui s'y rapporte dit : C'EST ATHRINA ; IL MENTIT EN DISANT QU'IL ÉTAIT ROI EN SUSIANE. Le suivant est Nadisabo. Et ainsi des autres avec accompagnement d'une inscription semblable.

La révolte de Phraotès fut punie rigoureusement par Darius, comme le constate la suite de l'inscription.

« Phraotès fut amené devant moi ; je lui coupai le nez, les oreilles, la langue... Il fut tenu enchaîné à ma cour ; tout le monde le voyait. Ensuite, je le fis crucifier à Ecbatane, lui et les hommes qui avaient été ses complices. »

Darius cherche à expliquer ces rigueurs.

« Ces pays, dit-il, étaient rebelles à mon autorité, le mensonge me les avait ravis, puisque ceux-ci (ceux dont on voit les images) trompèrent le peuple. Mon armée les prit et les mit dans mes mains. Comme je voulais, elle les dépouilla... O toi, qui seras roi plus tard, garde-toi de te rendre coupable de l'imposture ! L'homme qui sera méchant, juge-le comme il doit être jugé, et si tu règnes ainsi, mon pays pourra être puissant... Ce que je faisais, je le faisais toujours par la grâce d'Ormuzd. Toi, qui consultera cette table sur mes exploits, ne crois pas que tu aies été trompé, ne t'en méfie pas ; que cette table t'apprenne mes exploits, et comme ils se sont accomplis. Ne les altère pas. Si tu conserves cette inscription, Ormuzd t'aimera, ta race sera puissante et tu vivras longtemps. » (1).

Tels sont les principaux événements consignés sur le rocher de Bisitoun et confirmés par les historiens grecs.

(1) J. Ménant. *Revue contemporaine*, 15 février 1860.

Quant aux inscriptions cunéiformes de Persépolis, le sens n'en est pas encore assez déterminé pour qu'on puisse en tirer des inductions historiques, mais il faut espérer qu'elles contribueront un jour, avec les autres documents, à éclairer beaucoup de faits demeurés obscurs, qui se rattachent à la civilisation du plus vaste empire de l'antique Orient.

BABYLONIENS

§ 1. PRÉCIS HISTORIQUE.

Les noms de Babylonie, d'Assyrie et de Chaldée ont été indifféremment employés pour désigner le même pays. J'adopterai le premier, parce que c'est dans la Babylonie proprement dite que se sont passés les faits les plus importants dont cette contrée de l'Asie a été le théâtre. D'ailleurs, la fondation de Babylone, par Bélus, deux mille ans avant Sémiramis, s'accorde avec la chronologie égyptienne de Manéthon, dont l'authenticité est aujourd'hui hors de doute.

D'après Bérose (1), les habitants de l'Assyrie et de la Babylonie avaient longtemps vécu de la chasse ou du soin des troupeaux, sans demeure fixe, sans règles sociales déterminées. Cependant il parle d'un législateur appelé Oannès, espèce de monstre moitié homme, moitié poisson, qui enseigna les lettres, les sciences et les différents arts, réunit les hommes dans

---

(1) Le Syncelle, *Chronograqhie*, p. 28.

des villes, fit ériger des temples, promulgua des lois, enseigna l'agriculture, fit creuser des canaux, apprit les divisions de l'année, et indiqua des remèdes contre les maladies. On retrouve donc ici le type de ce personnage symbolique que tous les peuples anciens font apparaître à l'origine de leur civilisation.

La plupart des traditions désignent Assur comme fondateur de l'empire d'Assyrie, et Nemrod comme premier roi de Babylone (1). Peut-être furent-ils de simples chefs conduisant leurs tribus à la guerre et à la chasse, comme le ferait supposer le titre de *fort chasseur* que donne la Genèse à Nemrod (2).

Les successeurs d'Assur sont restés ignorés jusqu'à Bel, père de Ninus.

On donne pour successeur à Nemrod, son fils Évéchoüs, qui fit rendre des honneurs divins à son père, dans le temple de Bel ou Baal.

Chomas-Bel lui aurait succédé en 2,507 avant Jésus-Christ; puis Por ou Poug, ou Bel-Phegor, qui devint une divinité babylonienne; Nechubès, en 2,396; Abo ou Abius, Anibal, Chinzir, en 2,263; celui-ci aurait été détrôné par les Arabes, et l'empire de Babylone se serait trouvé partagé en plusieurs Etats.

Madocentès, l'un des chefs arabes, eut en partage Babylone et la Chaldée échut au mérodac Baladan d'Isaïe.

Les autres rois arabes furent Sysimordac, Nabo, et ensuite Naboned qui, attaqué et vaincu par Bel, roi d'Assyrie, aurait réuni l'empire de Babylone à celui d'Assyrie, et serait mort en 1968 avant Jésus-Christ.

Son successeur Ninus est le premier roi vraiment historique, bien que la légende obscurcisse encore son existence.

Suivant Diodore (3), Ninus fut l'organisateur de la société

---

(1) Académie des belles-lettres, t. 27, p. 55.
(2) Genèse, l. X, 8, 9.
(3) II, 55.

assyrienne; et comme les habitants n'étaient pas assez nombreux pour occuper et cultiver tous les terrains, il fit venir des étrangers pour en partager la possession et la culture.

On a conjecturé, d'après diverses traditions, que Ninus, possesseur de l'Assyrie, au début de son règne, soumit successivement les peuples voisins, entre autres les rois d'Élam, représentants de l'invasion des Scythes, et mit fin à leur longue domination sur les bords du Tigre (1).

La division de l'État en provinces a été fondée sans doute par Ninus, puisqu'elle existait du temps de Sémiramis. On lui attribue également la classification des Assyriens en tribus diverses. A ce sujet, Strabon rapporte (2) qu'il y avait pour chaque tribu trois chefs d'une vertu reconnue, chargés principalement du mariage des jeunes filles nubiles, d'après la coutume dont nous parlerons plus loin.

Les Chaldéens formaient une de ces tribus, et l'on en tirait les prêtres, dépositaires de la science astronomique.

Les actes de cruauté de Ninus, rapportés par Diodore (3), donnent une fâcheuse idée du caractère et des mœurs barbares de ces temps. Après l'entrée de ce prince dans le pays des Mèdes, leur roi ayant été pris, fut crucifié avec sa famille. Ninus fit mourir aussi le roi de Babylone et ses enfants.

On dit qu'il envahit successivement l'Arménie, la Susiane, la Perse, l'Hyrcanie, et qu'à son retour il embellit ou même fonda Ninive. Les nombreux captifs qu'il avait amenés furent employés à ces travaux : il en résulta une cause de perpétuels désordres, jusqu'à ce que cette population se fût acclimatée.

Ninus avait eu de Sémiramis, sa favorite, un fils nommé Nynias. Sémiramis, désignée comme tutrice de son jeune fils, se fit bientôt reconnaître reine de Babylone et d'Assyrie (4).

---

(1) *Civilisation primitive*, par de Brotonne, p. 506.
(2) Liv. XVI, p. 745.
(3) L. 1.
(4) Justin, I, ch. 1.

Cette reine se distingua d'abord par le succès de ses armes, puis par de grands établissements de commerce et l'institution de cérémonies religieuses.

Hérodote et Diodore parlent des riches offrandes qu'elle faisait aux temples, c'est-à-dire aux prêtres, afin de s'assurer leur appui et de prévenir les révoltes. Bientôt le pouvoir et la richesse la corrompirent, et l'histoire a conservé le souvenir de ses déréglements.

Cependant un roi des Indes ayant osé les lui reprocher, elle lui répondit qu'elle lui montrerait bientôt sa valeur à la tête de ses troupes.

Elle assembla, en effet, une nombreuse armée, passa l'Indus, et mit les Indiens en fuite; puis elle s'avança dans l'intérieur du pays. Mais le roi Stabobratès reprit le dessus et la força de retourner en Assyrie avec les restes de son armée.

Diodore ajoute qu'une fois rentrée dans ses États, elle mena une vie plus licencieuse que jamais (1).

Elle fut tuée par son fils Ninyas, pour lequel elle avait conçu, dit-on, des désirs incestueux (2). D'autres supposent une conspiration, et racontent qu'un eunuque, complice de Ninyas, ayant formé un complot, Sémiramis le découvrit, et, au lieu de se venger, proclama Ninyas roi, parce qu'un oracle avait prédit qu'elle quitterait alors la terre pour obtenir des honneurs divins.

Quoiqu'il en soit elle fut honorée après sa mort comme une déesse: ses victoires au dehors et ses travaux au-dedans ont entouré son nom d'une glorieuse auréole.

Son courage et son influence sont constatées par plusieurs traditions : Valère Maxime rapporte (3), qu'un jour, au milieu de sa toilette on vint l'avertir qu'une sédition éclatait dans Babylone : elle se leva, se présenta, avec un grand négligé à la

---

(1) II, § 18, § 13.
(2) Justin, l. I, ch. 2.
(3) IX, ch. 3.

foule ameutée, et d'un seul mot apaisa le tumulte. On dit que pour perpétuer cet évènement une statue fut dressée, représentant Sémiramis dans le costume où elle parut.

Ninyas, indigne successeur de Ninus et de Sémiramis, se livra à toutes sortes de débauches. Cependant on lui attribue deux sages mesures consistant à forcer les gouverneurs de provinces de venir tous les ans rendre compte de leurs actes, et à renouveler chaque année son armée, afin qu'elle n'eut pas le temps d'acquérir trop de puissance et de prêter main forte à des tentatives de révolte.

Il exigea aussi des soldats le serment de le garder et de le défendre (1), serment illusoire dont un chef ambitieux et rebelle pouvait les relever; ce qui fait dire à M. de Pastoret : Les serments sont une des ressources les plus vaines des despotes; plus ils se sentent indignes du pouvoir, plus ils les multiplient; ils semblent oublier qu'il est pour tous les peuples, pour tous les hommes un serment plus ancien, plus inviolable, celui d'aimer la justice et la liberté. » (2).

Les successeurs de Ninyas furent comme lui débauchés et inaccessibles aux regards (3) et le silence des historiens sur ces règnes témoigne de leur nullité : Mais peut-être, dit Fréret, l'obscurité de leur règne vient-elle moins du repos dans lequel ils ont vécu que de la tranquillité dont ils ont fait jouir leurs sujets. »

En effet, si les Babyloniens ne firent plus de progrès en politique ni en administration, ils jouirent en paix d'une civilisation déjà fort avancée, si l'on en croit les historiens grecs.

Six siècles s'écoulent sans événements remarquables jusqu'à Séthos, qu'on dit être Sésostris roi d'Egypte, lequel aurait soumis les Assyriens et régné sur eux. Mais sous ses successeurs

---

(1) Diodore, II, § 21.
(2) Hist. de la législation, t. I, p. 89.
(3) Justin, I ch. 2.

les Assyriens ayant secoué le joug étranger, se seraient divisés en plusieurs états.

On cite une reine, Atossa, nommée aussi Sémiramis, que Bocchos, son père, aurait associée, de son vivant, au trône, et qui aurait régné douze ans encore après lui.

Balétarès, intendant des jardins du palais, se serait emparé du trône à la mort d'Atossa, et aurait fondé une nouvelle dynastie.

C'est sous un de ses successeurs, Dercylus, que Jonas serait venu à Ninive, alors plongée dans les délices et la débauche, et aurait prédit sa ruine prochaine; la Bible ajoute que le roi fit pénitence, et détruisit par ce moyen les effets de l'anathème. A cette occasion Jéhovah aurait dit à Jonas, pour justifier Ninive, qu'il y avait plus de cent vingt mille personnes dans cette ville qui ne savaient pas distinguer entre la main droite et la main gauche. Il est très-possible qu'à cette époque les Ninivites, adonnés au luxe et aux plaisirs, aient fort négligé leur culture intellectuelle. L'ignorance, dans ce cas, ne pouvait servir à leur justification.

Sous Eupalès, qu'on a confondu avec Sardanapale, éclata une révolution qui eut pour effet la séparation de la Babylonie, de la Médie et de l'Assyrie.

Pul ou Phul (Sardanapale II) succéda à Eupalès. C'est à lui que Manahé, roi d'Israël, recourut pour réprimer les factions qui voulaient le détrôner. Pul vint à Jérusalem et après lui avoir rendu ce service, en reçut mille talents et s'en retourna ; mais la voie était ouverte, et son fils Teglat-Phalasar (Ninus II), qui lui succéda en 742 avant Jésus-Christ, porta la guerre en Syrie, envahit Israël, Galaad, la Galilée, et en emmena un grand nombre d'habitants. Salmanasar lui succéda en 724, envahit à son tour Israël et lui imposa un tribut. Après l'avoir payé trois ans, le roi Osée s'allia à l'Éthiopien Sabacon, qui venait de conquérir l'Égypte. Salmanasar se jeta sur la Palestine, s'en rendit maître et emmena captifs Osée et les dix tribus, qu'il dispersa dans le pays des Mèdes (en 717). Salmanasar entreprit également des expéditions contre les Phéniciens, et remporta divers avantages sur eux.

Sennachérib (le Sargam d'Isaïe) maltraita les Israélites, et fit la guerre au roi de Juda, Ezéchias, parce que celui-ci refusait de payer le tribu accoutumé. Les Israélites ayant appelé à leur secours Tharaca, roi d'Egypte, Sennachérib en profita pour envahir l'Egypte elle-même et la ravager, puis revint en Judée, chargé de dépouilles, et traînant après lui un grand nombre de captifs. Ayant voulu assiéger Jérusalem, il en fut repoussé et revint à Ninive; mais ses deux fils, Adramelech et Sarcesar, le tuèrent, on ne sait pour quel motif, et s'enfuirent en Arménie.

Assarhaddon, son successeur, parvint à réunir de nouveau la Babylonie à l'Assyrie (en 680); puis il entra en Judée, fit captif le roi Manassès et le conduisit à Babylone. Quelque temps après, les Israélites s'étant soulevés de nouveau, Assarhaddon envahit la Palestine, en fit transporter les habitants au-delà de l'Euphrate, et mit des étrangers à leur place.

Saosduchin lui succéda en 667, et se fit détester par sa tyrannie. Il envahit la Médie et chercha à conquérir tout l'occident de l'Asie. Son général Holopherne répandit partout la terreur, dévasta Tyr et Sidon; mais il vint échouer à Béthulie, où il fut tué par la juive Judith.

Chynaladan, ou Sarac, succède à Saosduchin. Les Scythes se répandent dans la haute Asie; Nabopolassar, satrape de Chaldée, soulève les peuples de son gouvernement et prend le titre de roi de Babylone. S'étant joint à Astiage, fils de Cyaxare, roi des Mèdes, ils marchent tous deux contre Ninive, et, après un long siége, pénétrent dans la ville, en 625. Chynaladan, voyant qu'ils s'approchaient de son palais, y met le feu et se laisse brûler avec ses femmes et ses trésors.

Plusieurs historiens ont vu en lui ce personnage de Sardanapale qui est devenu le type personnifié de la vie sensuelle poussée aux derniers excès.

Athénée rapporte qu'on dressa sur son tombeau une colonne portant cette inscription :

« Tu es mortel, livre toi à la joie dans les divertissements des festins, car, après la mort, il n'y a plus de bien pour toi : Vois, je suis cendre, moi qui régnais sur la grande Ninive, et je n'emporte que ce que j'ai mangé, que les jouissances de ma vie licencieuse et de l'amour. Tout le reste de mon bonheur s'est évanoui. Jouis : c'est le sage conseil que je te donne. »

Chrysippe disait qu'il serait mieux d'écrire :

« Persuadé que tu es mortel, perfectionne ta raison par les sciences Il ne te reste aucun avantage d'avoir bien mangé. Pour moi je suis un lâche qui ai fait grande chère et pris beaucoup de plaisir, mais il ne me reste rien que les choses que j'ai apprises, que les réflexions sensées que j'ai faites, et que le bien qui m'en est revenu : quant à tous les autres plaisirs, ils ont disparu. »

Clitarque termine l'épitaphe par ces mots : « Mange, bois, jouis; tout le reste ne vaut pas ceci... », faisant allusion au claquement qu'une figure de ce monument semblait tirer de ses doigts.

Bélésis, après avoir détaché la Babylonie de l'Assyrie, en fait un État indépendant.

Plusieurs rois se suivent dont les règnes ne sont marqués par aucun événement important, jusqu'à Nabopolassar (en 607), qui voit son empire assailli par Néchos, roi d'Égypte, et plusieurs places importantes enlevées, tandis que la Syrie et la Palestine profitent de l'occasion pour secouer le joug assyrien. Son fils Nabuchodonosor reprend toutes les provinces envahies, s'empare de Jérusalem, assiége Tyr, en 585, et finit par la prendre, mais vide d'habitants. Il embellit la ville de Babylone. Enfin, exalté par ses succès et sa grandeur, il devient fou. Évilmérodac, son fils et successeur, se plonge dans les débauches, et meurt assassiné par son beau-frère, en 560.

Nériglissor, chef des conjurés, est acclamé par la nation comme un libérateur ; mais l'ambition le poussant à entreprendre la conquête de la Médie, Cyaxare, roi des Mèdes, appelle à son aide Cambyse, roi des Perses. Cyrus, fils de Cambyse, se joint aux troupes des Mèdes, et Nériglissor est tué dans le combat.

Son fils se rend exécrable par ses forfaits : Gobrias et Gadatas, deux généraux dont il avait fait mourir les deux fils, l'un pour avoir été plus adroit que lui à la chasse, l'autre parce qu'il avait plu à une de ses concubines, se joignent à Cyrus, et viennent l'attaquer jusque sous les murs de Babylone. Il est assassiné par son peuple, qu'irritaient ses débauches et ses cruautés.

Naboned, le Labynit d'Hérodote, le Balthasar de la Bible, fils d'Évilmérodac, lui succède et se montre incapable de régner; sa mère Nitocris prend les rênes du gouvernement, et travaille aux embellissements de Babylone. Cyrus se préparant à envahir la Babylonie, Niboned, excité par sa mère, va trouver Crésus à Sardes, et s'allie avec lui pour repousser l'invasion; mais Cyrus et Cyaxare s'emparent de toutes les provinces et viennent assiéger Babylone. Nitocris fait bien fortifier et approvisionner la ville ; mais après deux ans de siége, Babylone cède. Niboned est tué les armes à la main, et Cyrus porte un édit par lequel il promet la vie sauve à tous ceux qui se soumettront.

Ainsi finit le royaume de Babylone en 538 avant Jésus-Christ.

L'existence politique de l'Assyrie, de la Babylonie et de la Chaldée se termine ici (1). Les mœurs, les lois, les arts et les croyances de ce pays subissent l'influence des Perses, tout en conservant quelques-uns de leurs traits primitifs. Une civilisation nouvelle se forme avec des éléments divers, mais sans améliorer le sort des peuples englobés dans le nouvel empire, car les Perses en empruntant l'industrie, les arts et toutes les connaissances des peuples conquis, n'y ont rien ajouté, parce

---

(1) Voir de Saulcy, *Recherches sur la chronologie des Empires de Ninive, de Babylone et d'Ecbatane..*

qu'ils n'avaient pas les aptitudes nécessaires pour leur imprimer un plus grand développement.

§ 2. GOUVERNEMENT.

A l'époque d'Hérodote le pouvoir royal en Babylonie absorbait tout, la politique et la justice ; mais comme il ne vivait qu'à la condition d'être appuyé sur la force, l'armée devenait comme la seconde puissance de l'empire.

Aussi, les généraux passaient-ils avant les ministres et les prêtres. Ils étaient entourés d'une certaine pompe, recevaient de magnifiques hommages et exerçaient une grande influence. On se prosternait devant eux comme devant le roi (1).

Lorsqu'ils succombaient glorieusement dans une guerre, on érigeait en leur honneur des monuments honorifiques ; c'est ce que fit Sémiramis pour plusieurs de ses généraux (2).

Mais cette puissance avait son danger. Un prince ambitieux convoitant le trône, n'avait, pour réussir, qu'à séduire les généraux. Arbace, dans ce but, leur prodigua des dons et des festins (3) ; il les gagna ainsi à sa cause.

Des généraux eux-mêmes purent s'emparer du pouvoir. Nabopolassar usurpa le trône à la suite d'une insurrection et fonda une nouvelle dynastie.

Le gouvernement babylonien se composait, comme celui des Perses, d'un souverain absolu, avec une cour où les Eunuques remplissaient les plus hautes fonctions. Puis, venaient les gouverneurs de province, les percepteurs de tributs, les juges supérieurs et inférieurs, et, enfin, les prêtres qui exercèrent quelquefois une influence politique par la devination.

En temps de paix, les rois assyriens, enfermés dans leur

(1) *Judith*, X, 20.
(2) Diodore, II, § 14, c. V.
(3) Id., II, § 24.

palais, ne répondaient point directement aux demandes qui leur étaient adressées; ils avaient pour entremises des officiers chargés de répondre. Ils n'étaient accessibles qu'aux plus hauts personnages, à moins d'une faveur toute spéciale accordée à un particulier. Son entourage se composait de princes ou de personnes issues de grandes familles, soit indigènes, soit étrangères; ainsi des Hébreux furent choisis pour le service de la cour.

Des rois de la Syrie, de la Lybie, de la Cilicie, disaient à Holopherne en faisant leur soumission : « Toutes nos villes et toutes nos terres, toutes nos montagnes, nos collines, nos champs, nos troupeaux de bœufs, de moutons et de chèvres, nos chevaux, nos chameaux, toutes nos richesses et nos familles sont en votre pouvoir. Nous serons vos esclaves nous et nos enfants; soyez pour nous un maître pacifique, et tirez de nous tous les services que vous voudrez. » (1)

Voilà un servilisme clairement formulé. Josèphe rapporte que parmi les jeunes hébreux envoyés à Nabuchodonosor quelques-uns furent faits eunuques.

Origène et St-Jérôme supposent que tel fut le sort de Daniel et de ses compagnons, et ils s'appuient sur la prophétie d'Isaïe (2). Aucune tradition ne constate l'accomplissement de cette triste prédiction.

Il semble que les rois et ministres, devenus tributaires, perdaient leurs noms paternels; Mathanias est appelé Sédécias par le roi de Babylone, qui lui rend le trône de Judée (3).

Daniel, Ananias, Misraël, Azarias, sont appelés Balthazar, Sidrach, Abdénago, (4), noms qui désignent les emplois auxquels ils furent soumis.

Outre les tributs que les rois babyloniens exigeaient des

---

(1) Judith, I, 2, 3.
(2) Isaïe, XXVIX, 7.
(3) Reg, XXIV, 17. 2 Paral. XXXVI, 10.
(4) I, 7.

vaincus, en redevance, contributions et dîmes sur les marchandises (1), on prélevait souvent un tribut d'hommes et de femmes sur les villes vaincues pour combler les vides causés par la guerre.

Lorsque Cyrus conquit Babylone il força ses habitants de fournir toutes les choses nécessaires à ses besoins et à ceux de son armée pendant quatre mois ; Hérodote dit que Babylone entretenait les dépenses du prince et de ses soldats.

« La Babylonie, ajoute-t-il, entretenait pour le roi un haras de huit cents étalons et de seize mille jumens, et une grande quantité de chiens indiens. Quatre grands bourgs étaient chargés de les nourrir et exempts de tout autre tribut. » (2)

Le roi disposait de la vie et de la fortune de ses sujets. On voit, d'après Daniel (3), qu'il menaçait de la confiscation et de la mort les devins qui ne trouveraient pas l'explication d'un songe. Xénophon rapporte qu'un de ces rois fit donner la mort à une des personnes de son entourage pour avoir tué l'animal qu'il avait manqué et qu'il fit mutiler un jeune homme dont une de ses concubines avait loué la beauté.

D'après Daniel, le roi de Babylone fit jeter dans une fournaise ceux qui refusaient de lui rendre hommage.

Quand le roi se montrait revêtu de ses ornements d'or et de pierres précieuses, on le saluait à genoux et on l'adorait. Le fier Conon ne fut pas admis à l'audience de Xerxès, parce qu'il avait refusé de l'adorer. Les Grecs connaissaient et pratiquaient le sentiment de la dignité humaine.

Un fait qui démontre la prédominence du roi sur les prêtres, c'est qu'il pouvait disposer de leur vie sans qu'un jugement précédât leur exécution.

---

(1) Arist., *OEconom.* II, ch. 2.
(2) Hérod. I, § 192, III, § 159.
(3) II, 5-13 ; V, 19.

Cependant, il y eut une sorte de magistrature suprême, pareille à celle qu'on retrouve en Perse.

C'était au premier ministre que s'adressaient les plaintes de toutes sortes; et ce ministre résidait ordinairement près du roi (1), au nom duquel il prononçait les jugements; il avait sous sa dépendance les grands officiers, les satrapes, les juges et autres fonctionnaires.

Des étrangers, se signalant par un mérite particulier, étaient quelquefois revêtus des plus hautes fonctions. Daniel, pour avoir su interpréter un songe fut nommé surintendant des magistrats, maître des Satrapes (2).

Les autres grands officiers de l'empire furent :

1° Le chef du conseil : Ménon, premier époux de Sémiramis l'avait été sous Ninus;

2° Le capitaine des gardes, qui faisait exécuter les sentences prononcées par le roi ;

3° Le chef des eunuques, qui avait sous son commandement les jeunes gens consacrés au service du roi et de ses femmes ;

4° Le Rabsace ou chef des échansons ;

5° Les intendants du trésor public, chargés de surveiller la perception des tributs ;

6° Les historiographes, chargés d'écrire les événements : Bérose a écrit d'après eux son histoire de la Chaldée dont nous possédons quelques fragments ;

7° Les devins et magiciens; Daniel en fut nommé chef, tandis que ses amis furent nommés intendants de l'agriculture (3);

8° Les Satrapes étaient des surintendants de province ; il y en avait du temps de Daniel 120 (4).

(1) Daniel, III, 6-21. — XIV, 21-41.
(2) Id. II, 49.
(3) II, 48.
(4) Diod. II, 5.

Pour mieux réduire à l'obéissance les peuples vaincus, on choisissait quelquefois les gouverneurs parmi leurs chefs; ainsi, Godolias fut désigné pour administrer le pays de Juda et y rendre la justice.

Les édits royaux envoyés aux gouverneurs devaient être mis immédiatement à exécution, sous peine de mort, en cas de résistance. C'est ainsi qu'on leur envoyait l'ordre de célébrer par une fête la dédicace de la statue du roi.

On parle d'une sorte de conseil chargé de rédiger les lois, mais il ne fit sans doute qu'enregistrer les ordres du souverain, puisque tout émanait de sa volonté. Souvent il arriva qu'un général ne pouvait ouvrir une bataille avant d'en avoir reçu l'ordre du roi. Holopherne, malgré le pouvoir discrétionnaire dont il était revêtu, ayant reçu un message du roi, convoqua les autres chefs et le leur notifia (1).

Nous avons vu, par l'exemple de Sémiramis, que les femmes pouvaient succéder au trône; de même Bocchos, n'ayant pas d'enfant mâle, associa au trône sa fille Atossa.

Le principe d'hérédité se soutint à Ninive après sa séparation de Babylone, mais dans ce dernier royaume il fut moins respecté, ce qui causa des troubles et amena une nouvelle réunion des deux royaumes dans le septième siècle avant notre ère.

La royauté babylonienne était devenue à l'époque de Nabuchodonosor une sorte de fétichisme; on forçait le peuple, à un signal donné, de s'agenouiller devant la statue royale et de l'adorer, sous peine de mort (2).

Le roi jurait par lui-même, par sa vie, par son sceptre, de se venger; car il n'existait rien au-dessus de lui. Les magistrats et les généraux le saluaient par ces mots : « Vivez à jamais! » (3)

Cependant, lorsque le joug se faisait trop sentir le peuple

(1) Josèphe, contr. appion, I, § 6.
(2) Daniel, II, 48. — V, 11, VI, 2.
(3) Judith, II, 8, 7.

favorisait le complot de chefs ambitieux, renversait le souverain, et proclamait un nouveau roi; mais rien ne changeait dans le système administratif et politique; c'était un joug pour un autre.

§ 3. JUSTICE, LOIS, COUTUMES.

On n'a point de documents sur la manière dont la justice était rendue à Babylone; on sait seulement que le souverain était le premier juge du royaume, et qu'il déléguait l'exercice de ce pouvoir soit aux prêtres soit à ses généraux.

Si l'on en croit Strabon, il y avait autant de tribunaux que de crimes ou de délits prévus (1). Mais sans parler de la multitude de tribunaux qu'eût nécessité ce système, il ne pouvait cadrer avec celui de la concentration du pouvoir judiciaire entre les mains du roi ou de ses délégués. Plusieurs exemples, enfin, démontrent que la justice était subordonnée à l'arbitraire du souverain.

Après la mort de Sardanapale, Bélésis, à la fois prêtre et soldat, en avait réclamé les cendres pour les transporter à Babylone. Le bruit ayant couru qu'il avait chargé plusieurs barques avec les débris d'or et d'argent que ces cendres contenaient, les officiers d'armée l'interrogèrent; il avoua le fait et il eût été puni de mort sans l'intervention d'Arbace, juge en dernier ressort, comme souverain, des causes criminelles (2).

Les supplices ordinaires étaient le feu, les animaux féroces et la croix (3).

Daniel, condamné à être dévoré par des lions, ayant échappé

---

(1) L. XVI.
(2) Diod. II, § 28.
(3) Hérod., III, § 159. Dauval, XIV, 31.

à leur férocité, fut remplacé par ses accusateurs, leurs femmes et leurs enfants (1).

Cette tradition constate deux choses : 1o que le calomniateur était puni du supplice réservé aux crimes qu'il imputait à une personne, 2° que les Babyloniens avaient adopté l'injuste solidarité criminelle entre le chef de famille et celle-ci.

Quelquefois on raffinait la cruauté jusqu'à faire périr les enfants en présence de leurs pères. Sédécias fut condamné à être témoin de la mort de ses fils (2). Des familles entières, les plus distinguées, subissaient la mort, pour le crime d'un seul de leurs membres.

On mettait à prix la capture ou la tête des révoltés. Sardanapale promit deux cents talents d'or à celui qui apporterait les têtes d'Arbace et de Bélésis, quatre cents talens et le gouvernement d'une province à celui qui les amènerait vivants (3).

Les propriétés des coupables étaient confisquées au profit du roi, ou détruites. On imagine facilement ce que la cupidité dût inventer de prétextes pour dépouiller ainsi de riches familles.

Isaïe fait allusion à une espèce particulière de condamnation usitée à Babylone, lorsqu'il dit : « Tourne la meule, mouds la farine, découvre tes épaules et ta tête (4). » C'était une sorte de condamnation aux travaux forcés ou à la servitude.

Avant de conduire le condamné au supplice on le séquestrait, on l'isolait des autres prisonniers (5).

Tous les peuples primitifs, sans exception, ont été impitoyables et cruels à l'égard de leurs ennemis vaincus.

Les Assyriens ne ménageaient pas leurs captifs, ou ils les chargeaient de fer, ou les faisaient mourir dans les tourments.

---

(1) Daniel, XIX, 41.
(2) Jérémie, XXXIX. 6.
(3) Diod., II, 25.
(4) XLVII, 2.
(5) Baruch, ch. VI, 17.

Un roi des Mèdes ayant été vaincus fut mis en croix avec sa femme et sept enfants. Cependant l'intérêt encore plus que l'humanité fit souvent recourir à des échanges de prisonniers (1).

Quand les habitants d'une ville prise n'étaient point massacrés, on les emmenait chargés du butin qu'on leur avait enlevé, on les réduisait aux travaux les plus rudes, ou on les envoyait coloniser et cultiver une terre lointaine.

On laissait dans les campagnes envahies les cultivateurs et les ouvriers : tel fut le sort des juifs pauvres, lorsque Nabuchodonosor eut pris Jérusalem et emmené ses habitants (2).

Ces derniers étant pris parmi les personnes qui avaient de la fortune, de l'influence, de l'autorité, le pays restait entièrement livré aux caprices du vainqueur, celui-ci n'ayant rien à craindre des cultivateurs les laissait en possession de leurs propres patrimoines augmentés de ceux des émigrés qu'on leur donnait à cultiver moyennant une forte redevance.

Ainsi, la conquête ne se bornait pas à imposer des tributs, elle s'emparait des hommes et disposait des terres. Le roi disait à son général Holopherne :« Je couvrirai le dessus de la terre des pieds de mon armée, quand ils se seront rendus à toi, tu me les garderas, afin que j'en dispose; s'ils s'obstinent dans leur révolte, tu leur donneras la mort (3). » C'est bien l'expression caractéristique des mœurs farouches de ces temps.

On ne connaît point les lois concernant le mariage à Babylone, mais Hérodote rapporte une coutume assez étrange et qui cependant s'accorde avec les mœurs générales du pays.

Chaque année, à un jour fixe, on se réunissait dans une place publique; là, toutes les filles nubiles étaient exposées. Un crieur mettait à l'enchère d'abord les plus belles, puis les

---

(1) Diod., II, § 19.
(2) I. Rois. XXIV, 14.
(3) Judith, II, 1 et suiv.

plus laides. Lorsque les unes avaient été vendues, on adjugeait les autres en payant ceux qui consentaient à les épouser avec l'argent pris sur les premières (1).

Grâce à ce moyen, toutes les femmes trouvaient à se marier; et l'on ne croyait pas insulter à leur pudeur par cette exposition et cette vente publiques.

Il y avait, d'ailleurs, des magistrats institués pour l'inspection de ces mariages et pour la répression de l'adultère. A l'occasion de ces ventes ils exigeaient de l'adjudicataire une caution garantissant l'accomplissement du mariage (2).

Dans le cas où les deux époux ne se convenaient pas, on devait rendre l'argent.

Hérodote ajoute que cette institution n'existait plus de son temps, mais qu'on en avait établi une autre tendant à ce que les filles ne fussent pas maltraitées, ni emmenées dans un autre pays.

Par ce qui précède on comprend que les rapports des sexes furent très-relâchés à Babylone. Le livre de Judith (3) fait dire à Holopherne qu'un Assyrien ne pouvait sans honte voir une femme résister à ses désirs. Hérodote rapporte qu'à la suite de la prise de Babylone les pères mirent à prix la beauté de leurs filles (4), et que plus tard on vit des pères et des époux livrer pour une certaine somme leurs filles et leurs femmes (5).

Selon Quinte-Curce, on admettait les femmes dans les festins, et à la fin du repas elles se dépouillaient de tout vêtement (6). Il fait allusion, sans doute, à ce qui se passa lors de la conquête d'Alexandre; mais de là à une coutume générale

(1) L. I, § 196. Strabon, XVI.
(2) Hérod. I, § 196.
(3) XII, 11.
(4) I, § 196.
(5) Quinte-Curce, V, § 1.
(6) Id.

il y a loin malgré les pratiques licencieuses des Assyriens.

Ce relâchement des mœurs faisait comparer Babylone à une femme lascive et dissolue (1).

On dit que l'inceste était permis par les lois, et l'on attribue cette permission à Sémiramis, qui en aurait donné l'exemple (2). Quoiqu'il en soit, il est certain que le frère pouvait épouser sa sœur.

Le divorce y fut toujours autorisé; Sémiramis le pratiqua en abandonnant Menon pour épouser Ninus (3).

L'union de la fille du roi avec un officier était souvent pratiquée.

Les riches pouvaient avoir des concubines, mais au-dessus d'elles, une seule femme légitime. Athénée (4) rapporte que Sardanapale, près de mourir s'étendit sur un lit avec sa femme, et que ses concubines se couchèrent sur d'autres.

En se mariant les deux fiancés coupaient leurs chevelures et les offraient aux Dieux (5).

Les prophètes hébreux font une peinture très-défavorable du caractère des Assyriens; on y sent la haine des vaincus contre le vainqueur.

Isaïe les appelle orgueilleux (6). Un autre dit qu'ils sont fourbes, altérés de sang et de butin (7). Habacuc les traite de peuple avide de faire le mal et incapable de remords (8). Nahum appelle Ninive une courtisane séduisant et corrompant les peuples par ses enchantements.

(1) Isaie, ch. XXIII.
(2) L. I, ch. IV. Justin, I, ch. II.
(3) Diod. II, § 6.
(4) XII, 7.
(5) Lucien, *de la Déesse syrienne*.
(6) XIII, 19.
(7) *Nahum*, III, 1 et suiv.
(8) I. 6-7.

En effet, Ninive corrompait jusqu'à ses vainqueurs et les rendait incapables de conserver leur conquête.

Il faut cependant rendre justice aux qualités des Babyloniens. Ils pratiquaient, dit-on, l'hospitalité comme un devoir sacré : il y avait dans chaque cité, pour les voyageurs, des hôtels publics où ils recevaient toutes sortes de secours (1). Babylone étant devenue un centre important de commerce, attirait un grand nombre d'étrangers, et l'on s'efforçait de leur en rendre le séjour très-agréable pour les encourager à revenir.

§ 4. PRÊTRES, RELIGION, FÊTES.

Les prêtres n'étaient pas seulement les ministres des dieux ; ils étaient devins, magiciens, juges en certaines circonstances, dépositaires des secrets de la médecine, de la science, etc. ; de là plusieurs classes de prêtres (2).

La dignité sacerdotale était héréditaire. Cependant, l'exemple de Daniel prouve que le roi pouvait en revêtir des étrangers.

On élevait les fils des prêtres de manière à être dignes un jour de cette haute fonction ; et bien qu'elle n'eût point de caractère politique, elle leur ouvrit parfois le chemin au trône. C'est ainsi qu'un des enfants de Bélésis arriva au pouvoir.

Après la mort du père de Nabuchodonosor, le grand-prêtre gouverna le royaume jusqu'à l'arrivée du jeune héritier (3).

Mais, généralement, les prêtres de Babylone, et surtout ceux de la Chaldée, restèrent enfermés dans le sanctuaire.

Leur autorité se révèle dans l'influence qu'ils exercèrent sur le gouvernement.

---

(1) Lucien, *Traité de la déesse Syr.*
(2) Diodore, II, § 29.
(3) Josèphe, p. 349.

Arbace et Bélésis s'étant unis pour renverser le roi, et la bataille s'étant engagée entre les soldats des deux partis, Bélésis, pour ranimer le courage des conjurés, leur dit : « J'ai consulté les astres et invoqué les dieux. Combattez, vous triompherez; les ennemis seront mis en fuite ou massacrés. »

L'armée de Sardanapale ne tint pas longtemps contre cette puissance, bien qu'il eût, de son côté, entendu des oracles plus favorables (1).

L'art de prédire, la plus importante des attributions du sacerdoce babylonien, attirait de grands honneurs sur les prêtres et même sur tout autre; et c'est grâce à son habileté dans cet art que Daniel fut élevé à la plus haute dignité (2).

C'est parmi les Chaldéens qu'on tirait les prêtres de Bélus à Babylone, renommés comme astrologues et devins (3). Ils formaient une classe semblable à celle des prêtres égyptiens, méditaient les questions philosophiques et astronomiques, faisaient des prédictions d'après le vol des oiseaux, les prodiges naturels, les songes, et l'examen des entrailles des victimes.

Les Chaldéens enseignaient, dit-on, que le monde est éternel, qu'il n'a pas eu de commencement et qu'il n'aura pas de fin. L'ordre, la matière, sont dus à une Providence par la volonté de laquelle tout s'accomplit, avec l'intermédiaire des dieux. Les astres nous instruisent de la volonté divine, par leur lever, leur coucher, leur couleur. Les comètes, les éclipses, les tremblements de terre sont des signes de bonheur ou de malheur (4).

Pausanias dit qu'ils professaient l'immortalité de l'âme (5). Il est d'accord en cela avec une autre tradition suivant laquelle

---

(1) Diodore, II, 24-27.
(2) Daniel, I, 17-20; II, 2 ; IV, 1.
(3) Hérodote, I, 181-183.
(4) Diod., t. 1, 144, de la trad. Hoefer.
(5) L. IV, § 36.

ils admettaient en même temps l'éternité de la matière et une puissance ordonnatrice (1).

Comme les Indiens et les Égyptiens, le feu, ou le soleil, fut leur première divinité. Les autres astres venaient ensuite dans un ordre hiérarchique, et servaient d'intermédiaires entre lui et les hommes.

Dans les grandes solennités, le feu sacré ou éternel était promené sur des autels portatifs, et dans des pyréthés, espèce de paniers à anses.

Bel ou Bélus, considéré comme inventeur de l'astronomie, avait été élevé au rang des dieux, et il occupa bientôt le premier rang. Un temple élevé en son honneur fut renommé par sa magnificence (2).

Il y avait aussi un autre temple dédié à une déesse Mylitta, qui répondait à la Vénus grecque.

La déesse Adargatès, sorte de Junon, avait des temples desservis par des prêtres vêtus et ornés comme des femmes, excitant l'impudicité des hommes, jouant des instruments et s'érigeant en prophétesses.

La Bible parle aussi d'une espèce de dragon que Daniel empoisonna (3). Il s'agit sans doute de quelque animal sacré qu'on entretenait dans le temple.

Il y avait plusieurs divinités se rapportant à la force génératrice.

Quand le temple d'Hiérapolis fut construit, on y transporta, des temples d'Assyrie, le signe de la génération, qui y figurait. Les mœurs licencieuses de ces peuples se reflétaient dans leur religion.

On rendait un culte pompeux à toutes ces divinités, et on leur apportait de riches offrandes que Baruch accusait les prê-

---

(1) II, § 30.
(2) D'où *Hélios*, soleil, *Héliopolis*.
(3) Dan., XIV, 22.

tres de détourner pour eux, afin de payer le prix de leurs débauches.

Daniel dénonça au roi des prêtres qui avaient pratiqué une secrète issue par laquelle ils entraient la nuit dans le sanctuaire. Les prêtres furent châtiés, l'idole et le temple abattus.

Les hommes chargés, pendant les cérémonies religieuses, de porter les statues divines, s'y préparaient par une longue continence (1).

Hérodote raconte que toutes les Assyriennes étaient obligées de se rendre une fois pendant leur vie au temple de la déesse Mylitta, et de s'y livrer à un étranger. Jérémie et Strabon confirment ce fait (2). D'ailleurs, cette coutume n'était pas particulière aux seuls Assyriens; Héliopolis, Byblos et Chypre, colonies phéniciennes, la pratiquèrent également.

La femme qui se livrait ainsi recevait de l'argent de l'étranger, et, quelle que fût la somme, elle ne pouvait la refuser. En jetant l'argent sur les genoux de la femme, l'étranger lui disait : « J'invoque la déesse Mylitta. » L'acte accompli, elle se retirait chez elle, et, dès ce moment, ne se vendait plus à personne. Ces femmes restaient au temple, ou y retournaient, jusqu'à ce qu'elles eussent trouvé un étranger qui voulût bien d'elles (3).

A part l'immoralité de cette coutume, elle révèle de la part des Assyriens un grand soin d'attirer chez eux les étrangers par tous les appâts imaginables. Hérodote ajoute qu'une fois cet acte accompli, rien n'aurait pu ébranler la vertu de ces femmes.

On ne dit pas si les enfants nés de pareils accouplements étaient regardés comme légitimes. Existait-il à cet égard des règles particulières? Cette offrande de la pudeur à la divi-

---

(1) Macrobe, Saturn, I, ch. 23. — Hérod. I, § 198.
(2) Strabon, XVI.
(3) Hérod., I, § 199. Strabon, XVI.
(4) Hist. diverses, IV, ch. 1.

nité n'en faisait-elle pas considérer les fruits comme sacrés?

Le même auteur parle aussi d'une femme qui était, soit-disant, choisie par Bélus et désignée par les prêtres chaldéens pour passer la nuit dans le grand temple de Babylone, où l'on ne voyait aucune représentation de divinité.

Les Assyriens aimaient les cérémonies et les fêtes et en prolongeaient la durée pendant plusieurs jours. C'est à la faveur d'une fête que Cyrus s'empara de Babylone : tandis que les Babyloniens se livraient la nuit aux divertissements, il eut le temps de faire détourner les eaux de l'Euphrate, ce qui permit à son armée de se jeter sur la ville (1).

Deux fois par an, à chaque équinoxe, avait lieu une sorte de cérémonie funèbre dans laquelle le peuple poussait des gémissements, et pleurait.

Bérose rapporte que tous les ans on célébrait une fête appelée *sacée*, qui durait cinq jours, et qu'alors les esclaves commandaient à leurs maîtres, gouvernaient la maison, et étaient vêtus d'une robe royale (2). Il ne s'agit là, sans doute, que d'une mascarade ou d'une saturnale comme les Grecs en célébrèrent dans la suite ; car si les esclaves avaient pu être sérieusement maîtres de toutes choses pendant cinq jours, nul doute qu'ils n'en eussent profité pour briser leurs chaînes.

Les funérailles chez les Babyloniens consistaient en cérémonies à peu près semblables à celles des autres peuples de l'Orient.

A la mort d'un haut personnage, ses parents, ses amis, ses serviteurs donnaient des marques extérieures d'un grand désespoir ; ils découvraient leurs têtes et leurs pieds et déchiraient leurs vêtements ; ainsi agirent les généraux babyloniens à la mort d'Holopherne (3).

---

(1) Hérod., I, § 191. Xénoph., Cyrop. VII, ch. 5, § 7.
(2) Athénée, XIV, 10. Strabon, CXI.
(3) Judith, XIV, 19.—Ezéchiel, XXIV, 17.

On versait des essences, on brûlait des parfums autour du corps, qu'on enduisait de miel (1).

Après les funérailles un repas était servi aux parents, ce qui rappelle le repas funèbre des Indiens.

§ 5. INDUSTRIE, COMMERCE, NAVIGATION.

Les besoins de luxe et de plaisir contribuèrent au développement de l'industrie, et du commerce en Babylonie. Le coton et la laine importés par des caravanes et des navires marchands furent artistement travaillés dans les nombreuses fabriques établies sur les bords de l'Euphrate.

L'art du vêtement y atteignit un degré de perfection qui en fit rechercher les produits à l'étranger.

On confectionnait des robes de coton appelées *Sidones* à cause de leurs brillantes couleurs et de la finesse du tissu; elles figurèrent auprès du tombeau de Cyrus parmi d'autres objets qui avaient servi à ce conquérant. Entre les villes de fabrique on cite Borsippa, à vingt lieues de Babylone, où l'on travaillait le coton (2).

Les nombreux objets d'art et d'industrie qui affluaient à Babylone font supposer un commerce étendu, et des relations suivies entre cette ville et les pays circonvoisins. Une grande route allait de cette ville à Suse. Les pierres fines venaient de l'Inde (3). Les émeraudes, les jaspes provenaient, suivant Théophraste, du désert de la Bactriane ; elles étaient ramassées

---

(1) Strabon, XVI. — Hérod., I, § 198.
(2) Strabon, XVI.
(3) Ctésias, *Ind.*, ch. 5.

par des cavaliers qui s'y rendaient lorsque les vents du nord s'élevaient et emportaient le sable.

On tirait également de l'Inde des chiens de chasse dont la force et le courage les rendaient redoutables même au lion ; des gens riches en entretenaient un certain nombre à grands frais (1).

L'Inde fournissait encore de belles couleurs, telles que la cochenille avec laquelle on teignait en beau rouge les étoffes de coton.

La ville qui servait d'échelle de commerce entre l'Inde et Babylone était Bactra, renommée dans l'antiquité par son importance commerciale. D'autres routes de commerce conduisaient à Sardes, en Phrygie, en Cappadoce et en Cilicie.

Les navires de commerce qui descendaient l'Euphrate étaient construits comme les barques dont on se sert encore aujourd'hui sur le Tigre ; on ne les gouvernait qu'avec deux rames.

Arrivés à Babylone, les marchands vendaient leurs cargaisons et la carcasse de leurs navires, et en chargeaient les bordages sur des ânes ; car ils n'auraient pu remonter le fleuve à cause de sa rapidité.

Les premiers habitants de la Babylonie ayant à lutter contre les débordements de l'Euphrate, déployèrent de bonne heure leur génie inventif pour en arrêter les ravages ; ils contruisirent des digues, creusèrent des canaux et des lacs ; l'Euphrate et le Tigre furent reliés par plusieurs courants d'eaux, dont les uns servirent au transport des marchandises et les autres à l'arrosement des terres (2).

Les plus grands canaux étaient destinés à porter des vaisseaux marchands, et à empêcher les invasions des peuples nomades qui entouraient la Babylonie, surtout celles des Mèdes. C'est à deux reines qu'on attribue les plus importants tra-

---

(1) Hérod., I, 192.
(2) Hérod., I, 193.—Xénoph., *Anab.*, I.

vaux de ce genre, à Sémiramis et à Nitocris. On rapporte à celle-ci ou à Nabuchodonosor les grands quais bâtis en pierre dans l'intérieur de la ville et un lac qui avait vingt lieues de circuit, et touchait à l'Euphrate. Hérodote s'exprime ainsi : « On creusa un réservoir pour le lac où il y avait de l'eau stagnante. »

Ce lac pouvait servir à détourner le cours de l'Euphrate ; c'est ce que fit Cyrus, pour passer par le lit du fleuve et pénétrer dans Babylone.

Les terres comprises entre l'Euphrate et le Tigre étaient renommées par leur fertilité grâce à l'irrigation perpétuelle de petits canaux bordées de machines hydrauliques : « De tous les pays que je connais, dit encore Hérodote, la Babylonie est la plus propre à la culture du blé; ses feuilles ont quatre doigts de largeur, de même que celles de l'orge. »

Cependant, les arbres y étaient rares; il n'y avait ni oliviers, ni vignes, ni figuiers, mais seulement des dattiers et des palmiers.

On peut conjecturer, d'après certains passages d'Isaïe, que les Babyloniens ou Chaldéens pratiquèrent la navigation maritime (1). Le poète Eschyle dit : « La riche Babylone envoie une armée composée de capitaines à la tête de ses vaisseaux et de troupes d'arbalétriers (2). Cette navigation s'effectuait entre la Babylonie, l'Arabie et l'Inde par le golfe persique. »

Plusieurs établissements commerciaux furent fondés par les Babyloniens, tels que Gerra ; c'est là qu'arrivait l'encens d'Arabie dont ils faisaient une grande consommation (3).

Une autre colonie, Opis, fut un vaste entrepôt de sel que des caravanes allaient porter dans l'intérieur de l'Asie.

(1) XLIII, 14.
(2) Pers., V, 54.
(3) Hérod., I, 183.

L'Ile de Tylos fournissait à Babylone ces cannes qui devenaient un objet de luxe en sortant de la main du ciseleur, et aussi de bons bois pour la construction des navires.

Entre autres denrées d'importation, il faut indiquer la canelle du Ceylan, les épices, l'ivoire, l'ébène, les pierres fines et les perles du golfe persique et de l'Inde.

Les Perses mirent fin à cette navigation par des barrages en pierres de tailles qui obstruèrent le cours de l'Euphrate ; pour éviter des invasions ils paralysèrent le commerce qui avait fait la richesse de cette contrée. Alexandre n'eut pas le temps de réparer la faute de ses prédécesseurs, et Babylone ne s'en releva plus.

§ 6. SCIENCES, ARTS, ÉCRITURE.

Le fait avancé par l'auteur du livre de Jonas, qu'à Ninive, plus de cent vingt mille personnes ne savaient pas distinguer la main droite de la main gauche (1), est sans doute l'expression hyperbolique de l'ignorance où était réduite la population de cette ville ; et l'on comprend que cette ignorance, unie à la soif des plaisirs et du luxe, ait pu hâter la corruption des mœurs.

Les Assyriens étaient si peu avancés dans les sciences, qu'ils exposaient les malades dans une place publique, afin que ceux des passants qui reconnaîtraient les maladies indiquassent les moyens de les guérir (2).

Il paraît que, dans la suite, la science médicale fit de grands

---

(1) Jonas, IV, 11.
(2) L. I, § 197. — Strabon, XVI.

progrès, puisqu'un médecin découvrit, à ce que Lucien rapporte, la passion de Stratonice (1).

Pline attribue à un roi de Ninive la découverte d'un remède contre l'ivresse (2). Ce moyen préservatif aurait dû nous être transmis.

Leurs progrès dans l'astronomie sont plus réels. Hérodote (3) dit que les Chaldéens donnèrent aux Grecs la connaissance de la division du jour en douze parties. Ils avaient très-anciennement divisé l'année en 365 jours; leurs tables astronomiques remontent au vingt-troisième siècle avant Jésus-Christ.

On leur attribue aussi l'invention du zodiaque (4).

Les enfants élevés dans le palais étaient initiés aux sciences connues, sous la direction d'un officier (5). Cependant l'astronomie était exclusivement abandonnée aux prêtres chaldéens. Ce sont eux qui communiquèrent à Alexandre des observations qui remontaient à plus de dix-neuf cents ans (6). Des mages étaient déjà établis à Babylone à l'époque de l'invasion chaldéenne, qui ne changea rien aux croyances; car le culte des astres formant la base des religions primitives des divers peuples de l'Asie, les prêtres babyloniens, chaldéens et perses ont pu s'entendre. Et, en effet, on les a souvent confondus sous le nom de mages, à cause de la conformité de leurs doctrines.

L'agriculture prit un grand développement, grâce aux canaux d'irrigation qui furent établis entre le Tigre et l'Euphrate.

Les arts, comme l'industrie, ont fleuri à Babylone et à Ninive, et les débris de monuments qui ont survécu à la disparition

(1) Traité sur la déesse de Syrie.
(2) Liv. XXX, § 15.
(3) L. II, § 109.
(4) Diod. l. II, § 30.
(5) Daniel, v, 5-18.—Josèphe, x, ch. 10, § 2.
(6) Pline, natur., VIII, 56.

de ces deux villes ne démentent pas le grand renom dont elles jouissaient parmi les étrangers.

Un luxe effréné de meubles, de tapis, de parfums régnait à la cour des rois, et, par imitation, chez les gens riches et chez les hauts fonctionnaires.

Sous le rapport de l'architecture, on peut encore admirer le savoir-faire des Assyriens.

La Babylonie fut de bonne heure semée de villes florissantes. La Genèse en cite plusieurs (1) dont la fondation remonte à une époque inconnue. Les pierres de taille servant aux constructions furent amenées par l'Euphrate des contrées septentrionales, car la Babylonie n'en fournissait point ; mais elle renfermait dans son terroir une argile à brique qui, séchée au four, devenait très-dure et très-tenace. On en trouve encore, dans les ruines de Babylone, sur lesquelles se sont conservées intactes des inscriptions en caractères cunéiformes.

Une sorte de bitume minéral qu'on y trouve encore en abondance servait de chaux. D'Herbelot pense qu'on l'employa pour la construction de Babylone (2). On alternait les couches de ce ciment avec du jonc et des roseaux.

Les maisons de cette ville étaient généralement peu élevées, cependant les plus belles avaient quatre étages ; elles étaient environnées de grands jardins et de cours spacieuses. Quinte-Curce dit qu'il y avait entre elles et les murs un arpent (*jugerum*), et qu'elles occupaient une étendue d'environ quatre-vingt-dix stades. Les intervalles qui séparaient ces maisons entre elles étaient ensemencés et cultivés pour fournir à la subsistance publique en cas de siége.

Babylone formait un carré dont chaque côté avait cent-vingt stades de longueur. L'Euphrate la divisait en deux parties, réunies par un pont de pierre couvert d'un plancher de bois qu'on pouvait enlever à volonté. D'un côté de la ville s'élevait

---

(1) x, 8-10.
(2) Bibl. orient. IIit.

le palais du roi; dans l'autre était le temple de Bel, dont l'enceinte avait deux stades de circonférence : au milieu de cette enceinte était une tour à huit étages ou terrasses ayant une ou plusieurs stades de longueur et autant de largeur; tout autour se dessinaient des escaliers et des paliers.

Sur la plus haute terrasse régnait un sanctuaire avec une table et un siége d'or.

Babylone était entourée d'un fossé profond rempli d'eau et revêtu de briques, derrière lequel s'élevait une digue ou muraille élevée, munie de portes vers le haut. Une autre muraille traçait une seconde enceinte en dedans de la ville. Le palais du roi était fortifié, les rues tirées au cordeau. Des portes d'airain s'ouvraient du côté du fleuve (1).

Hérodote ne parle pas des fameux jardins suspendus attribués à Sémiramis; peut-être n'existaient-ils déjà plus de son temps; et en général il ne parle que de ce qu'il a vu. Mais Diodore les a décrits. C'était de hautes et immenses terrasses reposant sur de solides fondements, et où l'on faisait monter de l'eau au moyen de machines hydrauliques (2). Des arbres de toute espèce y avaient été plantés. Les rois en firent leur résidence d'hiver, la plus belle saison dans ce pays. Ce sont ces jardins que Quinte-Curce appelle Paradisii; Alexandre y mourut après avoir fait un sacrifice.

On attribue encore à Sémiramis les murailles qui entouraient la ville. Elle fit bâtir, dit-on, sur les deux rives de l'Euphrate deux palais, et creuser sous son lit un chemin souterrain pour les réunir.

Quant au temple de Bel, il remonte réellement au-delà de la conquête des Chaldéens, et vers 1200 ans avant notre ère, en admettant, avec Hérodote (3), que la durée de l'empire assyrien ait été de cinq cent vingt ans.

(1) Hérodote, I, 178-181.
(2) Diod. I, p. 125.
(3) I, 95.

Mais l'époque la plus florissante est comprise dans l'intervalle de 604 à 560 avant Jésus-Christ. C'est celle du règne de Nabuchodonosor. Alors fut construite dans l'intérieur de la ville, une triple muraille ou retranchement et une autre au dehors ; le tout en briques.

L'architecture des Babyloniens différa essentiellement de celle des Perses, à cause de la nature particulière des matériaux de construction et des propriétés du climat.

L'usage des briques excluait l'art des colonnes ; aussi les monuments babyloniens ne présentent-ils que des piliers et des pilastres auxquels on ne pouvait donner des formes arrondies.

Diodore a décrit des chasses et d'autres sujets qui figuraient sur les murs du palais de Babylone : c'étaient des bas-reliefs coloriés comme dans les temples égyptiens. Le côté des briques portant les figures et les inscriptions, était tourné en dessous pour les mieux conserver. On imprimait sans doute ces figures sur les briques au moyen de formes qu'on y appliquait avant de les passer au feu. Celles qu'on rencontre le plus souvent sont des empreintes de sceaux représentant des figures d'animaux, tels que le lion et la licorne, au-dessus desquelles se trouvent deux lignes d'inscriptions, dont les caractères sont les mêmes dans la ligne supérieure, et différents dans celle de dessous.

On a découvert sur l'emplacement supposé de l'ancienne Ninive de gigantesques bas-reliefs, représentant des figures ailées, à la tête d'homme aux cheveux frisés, à corps de lion ou de taureau. On y remarque un fini d'exécution qui révèle une certaine connaissance de la nature.

M. Layard a trouvé dans les ruines d'un petit village, appelé Nemroud, beaucoup d'objets d'art tels que des tablettes et des statuettes en ivoire bien travaillées, représentant des figures avec des cartouches d'hiéroglyphes, le tout dans un style égyptien. Ils provenaient sans doute d'une importation accomplie à l'époque de la conquête de l'Egypte, qui fut alors dépouillée par le vainqueur d'un grand nombre de ses monuments et d'objets de luxe qu'on transporta au siège de l'empire.

Diodore dit, d'après Ctésias : « les objets richement travaillés en ivoire et en pierreries que renfermaient les édifices de Thèbes furent pillés par les Perses à l'époque où Cambyse fit alors transporter ces dépouilles en Asie et emmena avec lui des artisans égyptiens pour construire des palais royaux (1). »

Dans un tombeau on a trouvé autour du squelette des colliers, des perles en verre opaque coloré, en agate, en cornaline et en améthyste, puis des bracelets en argent et des épingles pour les cheveux.

On confectionnait artistement des objets de parure et de luxe; outre les camées sur lesquels on représentait des animaux et d'autres sujets, on portait assez généralement des pierres taillées connues sous le nom de cylindres babyloniens; elles étaient sans doute enchâssées dans des anneaux de cachet. D'autres servaient d'amulettes.

On trouve encore des cylindres de jaspe ornés d'inscriptions cunéiformes.

Le travail de la tapisserie y avait également atteint un haut degré de perfection et de renommée.

Entre les bas-reliefs qui ont été trouvés, il en est un qui représente un roi assis sur son trône : le soleil, la lune et d'autres emblêmes religieux sont placés au-dessus de sa tête, et il reçoit des prisonniers les bras liés derrière le dos. Des eunuques enregistrent le nombre des têtes de l'ennemi qui gisent par terre, puis vient une procession de figures divines portées sur l'épaule des hommes.

Un objet qu'on rencontre souvent sur les monuments babyloniens, c'est le parasol tenu au-dessus de la tête du roi ; il ne servait pas uniquement à procurer de l'ombre à la tête royale, il servait encore de signe de commandement, d'attribut de la royauté.

---

(1) Diod. I, 46.

Beaucoup de personnages sculptés sur les monuments ont des pendants d'oreilles avec de grosses perles, ce sont des personnages relativement modernes ; car Hérodote et Xénophon, qui ont décrit le costume de ce peuple, ne parlent point de ce détail.

On a observé que les animaux étaient représentés avec plus de vérité que les hommes et avec plus de perfection qu'en Egypte.

Ce fait résulte de ce que la sculpture babylonienne n'étant pas soumise à des formes déterminées, les artistes ont pu obéir à leurs propres inspirations ; aussi l'art babylonien tient-il le milieu entre l'art égyptien et l'art grec.

Les figures symboliques que les Assyriens et les Perses employèrent dans leurs monuments religieux étaient les mêmes chez les deux peuples ; cette ressemblance tenait à l'adoption que firent les Perses des divinités et des dogmes assyriens et chaldéens. Ils leur empruntèrent ainsi le culte de Mithra, qui joua chez eux un grand rôle.

Quant à l'écriture cunéiforme qu'on voit sur les monuments, elle n'était pas d'un usage populaire. Les prêtres seuls la pratiquaient, en observant quelques différences dans les traits.

On reconnaît sur les monuments qui existent encore trois sortes d'écritures : l'écriture monumentale, la moyenne et la cursive ; dans cette dernière, les lignes sont tellement serrées qu'elles semblent les unes sur les autres.

Le chaldéen était la langue-mère des Babyloniens, des Assyriens et des Araméens. Les rois de Perse et leurs satrapes s'en servirent lorsqu'ils occupèrent le pays qui la parlaient ; leurs édits furent écrits dans cette langue (1).

Mais l'idiôme primitif s'altéra peu à peu ; tous les peuples qui formaient ce vaste empire se firent des emprunts réciproques et les anciennes langues, comme les anciennes écritures,

---

(1) Daniel, I, 4.

demeurèrent le monopole des prêtres et des savants, tandis qu'elles se modifiaient, se dénaturaient dans les masses, et devenaient le syro-chaldéen.

En résumé, les Babyloniens sont le peuple de la famille chaldéenne le plus anciennement civilisé. Ce peuple a laissé peu de documents sur son existence politique des premiers temps; mais nous en avons sur son industrie, sur ses croyances, sur son nom et sa langue primitive, conservés par la caste sacerdotale, et perpétués par des monuments encore existants; et de tous ces documents réunis il résulte que la civilisation assyrienne eut un caractère mixte, et que le fond de sa population fut Sémitique.

Nous avons vu aussi qu'une fois arrivé à l'apogée de sa grandeur, les désordres intérieurs et la dissolution des mœurs, favorisés par la présence des étrangers qu'attiraient le commerce et les plaisirs, rendirent ce peuple incapable de résister aux invasions, et que les Perses, habiles seulement à la guerre, n'eurent point de peine à conquérir à la fois son territoire et sa civilisation.

SYRIENS

§ 1. HISTOIRE.

La Syrie a été habitée de temps immémorial par des peuplades dont les destinées furent très-diverses à raison de la position qu'elles occupaient, soit sur le littoral de la mer, soit au centre, dans le voisinage de l'Égypte ou de l'Assyrie. Aussi les savants ne sont-ils point d'accord sur la dénomination générale de cette contrée.

J'adopte la division de la Syrie telle que la propose Strabon (1), depuis la Cilicie jusqu'à l'Égypte. Elle comprend la Phénicie sur les côtes, et la Palestine dans l'intérieur des terres, puis la Coromagène, la Séleucide et la Cœlesyrie. Cette division se rapporte, par les similitudes chronologiques et ethnologiques, à la Syrie primitive, qui seule doit m'occuper.

La Terre promise, dont parlent la Genèse et l'Exode, le pays de Canaan, touchait à la Phénicie proprement dite.

---

(1) Strabon, XVI, 149.

La Genèse montre les Cananéens transportant d'un lieu à l'autre leurs tentes, comme un peuple encore nomade. Il ne faut donc point les confondre avec les Phéniciens, dont le commerce et l'industrie étaient déjà en voie de prospérité.

La Palestine formait cinq États, de là le nom de Pentapolis que lui donnèrent les Grecs.

Vers l'Arabie Pétrée étaient le pays d'Édom et celui d'Amalec (1).

La Moabie et l'Ammonie s'étendaient du Jourdain à l'Arabie Déserte; elles portaient, suivant la Genèse, le nom des deux fils de Lot, nés du double inceste de ce patriarche avec ses deux filles (2).

La Phénicie proprement dite avait pour cités principales: Sidon, appelée par Moïse la fille aînée de Canaan, Tyr, Beryte, Tripoli, Arad et Byblos. Elle comprenait la partie de la côte de Syrie qui s'étend depuis Tyr jusqu'à Aradus. Cette côte était hérissée de hautes montagnes couvertes de forêts qui procuraient aux Phéniciens des bois pour la construction de leurs vaisseaux.

Aucune tradition ne fait venir les Phéniciens d'un pays étranger à la Syrie; leurs divinités mêmes passent pour avoir été les personnifications de leurs premiers souverains ou les fondateurs des plus anciennes villes de la contrée.

D'après les fragments de Moschus et de Sanchoniathon, une première période de l'histoire phénicienne aurait duré trente mille ans, divisés en trois âges à chacun desquels correspondait un ordre particulier de divinités. Dans le premier seraient nés les dieux et les plus anciens habitants; dans le second auraient été fondées Byblos, Sidon, Tyr, ayant des dieux pour souverains; dans le troisième, le Baal de Sidon aurait remplacé l'El de Byblos.

---

(1) Genèse, XXXVI, 8-12.
(2) Id , XIX, 30 et suiv.

La fertilité du sol, la douceur du climat et la position topographique ont permis aux Phéniciens un rapide développement intellectuel, favorisé par de fréquentes relations de commerce et d'idées avec l'Égypte et l'Assyrie.

Lors de la conquête de la Palestine par les Hébreux, revenus de l'Égypte, dans le quinzième siècle avant Jésus-Christ, Sidon était depuis longtemps la métropole de la Phénicie, et avait déjà fondé au loin plusieurs colonies. Tyr la supplanta au douzième siècle, après avoir fondé Gadès et Utique.

Les Assyriens englobèrent la Phénicie et la Palestine dans leur empire, vers l'époque de Sémiramis. Ninus soumit la Phénicie et l'Asie Mineure (1). Une légende place la naissance de Sémiramis à Ascalon, en Syrie, une autre à Damas.

Manéthon et Josèphe parlent aussi d'un ancien empire assyrien, qui comprenait la Phénicie et la Palestine, vers deux mille ans avant Jésus-Christ, à l'époque de la quinzième dynastie égyptienne. Cette possession comprenait sans doute une autre portion de la Syrie, car, dans le seizième siècle, les Assyriens étaient encore en guerre avec les Phéniciens : preuve que ceux-ci étaient indépendants, ou n'avaient subi qu'un joug passager.

Au quatorzième siècle régnait à Babylone une dynastie arabe. Alors Cusan-Risataïm, roi de Mésopotamie, et probablement Madianite, essaya d'étendre son empire jusqu'à la mer Méditerranée.

La Genèse dit que les fils d'Ismaël habitaient depuis Khavilah jusqu'à Sur, en face de l'Égypte. Ces Ismaélites occupaient une partie de la Mésopotamie et une grande partie de l'Arabie. Les Madianites, appelés quelquefois aussi Ismaélites, occupaient l'est de la mer Morte, et trafiquaient avec l'Égypte. Ceux à qui l'on vendit Joseph étaient Ismaélites ou Madianites; ils venaient de Gilead, portant sur leurs chameaux de la

---

(1) Diodore, II, 1, 4.

gomme, du baume et de la résine (1). Ces caravanes de marchands caractérisent les peuples nomades de l'ancienne Syrie.

Les Phéniciens n'ont pas eu, comme les Hébreux, des annales particulières; on ne connaît leur histoire que par les étrangers, et elle ne commence à s'éclaircir que vers le treizième siècle avant notre ère.

A partir de 1209, Tyr devient la capitale de la Phénicie, et la Bible vante ses richesses. Elle fonde alors Gadès et Utique, s'empare de Tartessus, et colonise les côtes de l'Afrique.

Jusqu'alors elle paraît avoir vécu en démocratie. Mais Abibaal, père de Hiram Ier, s'étant emparé du pouvoir souverain, elle devint la métropole de toute la Phénicie; le chef s'appela roi de Tyr, de Sidon et des Phéniciens (2). Hiram lui succéda et régna trente-quatre ans. Il construisit la digue d'Eurichorus, fit couper les bois de cèdre du Liban pour couvrir les temples d'Hercule et d'Astarté.

Il envoya des ouvriers à David pour la construction d'un palais, et, après la mort de ce roi, il renoua alliance avec Salomon; ce roi lui donna une de ses filles en mariage, et de riches tributs, en retour des habiles ouvriers et des matériaux de construction qu'il en avait reçus pour le temple de Jérusalem.

La Bible rapporte qu'un jeune homme, fils d'Abdémon, parvint à résoudre tous les problèmes proposés par Salomon à Hiram. Abdémon ayant proposé à son tour des énigmes à Salomon, celui-ci n'ayant pu les deviner, fut obligé de payer une amende à Hiram.

Ce fait constate au moins les relations amicales des Israélites avec les Phéniciens (3).

On sait d'ailleurs que Salomon épousa la fille d'un roi d'É-

---

(1) Genèse, XXXVII, 25 et suiv.
(2) Eusèbe, prep. évang., IX, 31.
(3) 1. Rois, v, 15, 32 ;— VII, 13, 46 ; — IX, 10, 14, 26-29. Id., v, 15-30 ;— II, Sam., v, 11 ; VII, 2 ; 1. Rois, v, 15. Josèphe, antiq. VIII, 2, 6-8.

gypte, et remplit son harem de Sidoniennes, qui continuèrent d'y pratiquer le culte d'Astarté.

Enfin on rapporte qu'Hiram avait fait ériger à Tyr un temple pareil à celui de Jérusalem, et y avait introduit des cérémonies juives (1). Cette tradition ne repose sur aucun fondement ; il est plus vraisemblable, au contraire, que les ouvriers et artistes phéniciens construisirent le temple de Jérusalem sur le modèle de ceux de leur patrie.

C'est ici le lieu de tracer un rapide tableau de la vie primitive des Syriens hébreux avant leur séjour en Égypte.

L'auteur de la Genèse fait descendre de Sem, fils de Noé, à la dixième génération, Abram, dont le père, chaldéen, était venu s'établir à Harrah, en Mésopotamie. Abram, après la mort de son père, vint dans le pays de Canaan, à Sichem, avec sa femme Saraï, son neveu Lot, et un certain nombre de gens. Il éleva un autel près de Béthel et se dirigea vers le Midi ; les habitants du pays le surnommèrent Ibri (venu de l'*autre côté*) d'où le nom d'hébreu.

La famine s'étant déclarée dans le pays, Abram alla en Égypte, où il fit passer sa femme pour sa sœur. La grande beauté de celle-ci étant venue à la connaissance du roi, elle fut appelée auprès de lui. Abram en reçut alors de riches présents, ce qui révèle dans le patriarche une singulière condescendance. Cependant le roi, plus scrupuleux, ayant appris qu'elle était sa femme la renvoya à celui-ci en lui reprochant son étrange conduite.

Abram retourne dans le Canaan ; des querelles s'élèvent entre les pasteurs d'Abram et ceux de Lot. Une séparation est résolue ; Lot s'établit dans le Ghor, Abram près de Hébron.

Lot ayant été attaqué par le roi d'Élam et fait prisonnier, Abram vient à son secours, poursuit les ennemis jusqu'à Damas et revient avec un grand butin. Le roi de Salem, Melchisedech, prêtre d'Élion (très-haut), le félicite et en reçoit une dîme sur le butin, selon l'usage.

(1) 1 Rois, III, 1, Origène, hormil., XIII.

Pendant son nouveau séjour à Canaan, Abram n'ayant pas d'enfant, Saraï lui offre sa servante, l'Égyptienne Hagar, dont il a Ismaël (Dieu exauce). Quelques années après Abram change son nom d'Abram (père élevé) en celui d'Abraham (père de la multitude), sans doute parce qu'il commençait à devenir le maître de nombreux troupeaux et chef de pasteurs. Saraï prend le nom de Sarah (maîtresse, princesse), car elle était désormais la femme d'un chef, d'un maître.

Ici se trouve l'aventure de Lot et de la chute de Sodome; Lot ayant donné l'hospitalité à deux jeunes étrangers, les habitants de Sodome, poussés par d'infames désirs, veulent envahir sa maison; mais Lot, après leur avoir offert inutilement ses deux filles, se sauve avec elles et sa femme; sa femme meurt en chemin; il se retire à Soar; mais là, ne se croyant pas en sûreté, il se réfugie dans une caverne, où s'accomplit le double inceste qui donna naissance à Moab et à Ammon, les pères des Moabites et des Amonites.

Abraham se retire à Gérar; il fait encore passer sa femme pour sa sœur; et ici se reproduit l'aventure rapportée plus haut. Malgré l'âge avancé de Sarah, le roi Abimelech la fait enlever, puis la rend lorsqu'il sait qu'elle est la femme d'Abraham. Sarah met au monde Isaac, nom tiré du mot yishak (on rit), parce qu'elle avait ri lorsqu'on lui disait qu'elle aurait encore un fils, ou parce qu'à l'occasion du sevrage d'Isaac, Ismaël sourit. Sarah, devenue mère, jalouse de sa servante, qui avait un fils, exige son renvoi; celle-ci se retire dans le Beerséba, où elle manque mourir de soif; Ismaël grandit dans l'exil, devient habile archer et épouse une Égyptienne.

A l'exemple des Cananéens, au milieu desquels il vit, et qui ont coutume, dans des circonstances critiques, de sacrifier leurs enfants, Abraham est sur le point de sacrifier son fils unique, mais au moment de consommer ce sacrifice, l'amour paternel l'emporte et il sacrifie un bélier à la place; heureuse protestation contre un horrible usage! car cette tradition détourna sa postérité des sacrifices humains (1). Sarah meurt, et Abraham, après lui avoir rendu les honneurs funèbres, songe à marier son fils Isaac; il envoie en Mésopotamie son serviteur ou son esclave Eliézer pour chercher une femme; Eliézer aborde justement Rebecca, petite-fille de Nahor, frère d'Abraham. Rebecca est amenée à Isaac, qui la conduit dans la tente de Sarah; là elle devient sa femme, et le console, dit la Genèse, de la perte de sa mère.

Abraham, quoique fort âgé, épouse une seconde femme, Kétoura, qui lui donne six fils; il les renvoie de la Palestine et il n'en est plus question.

Isaac a deux fils jumeaux, Esaü le premier venu, et Jacob.

Abraham meurt et est enterré auprès de Sarah.

On peut attribuer à ce patriarche deux actes importants qui furent imités par ses descendants, l'abolition des sacrifices humains, et la circoncision; par là il se sépara des coutumes et de la religion des Cananéens. Quant aux pratiques religieuses, bien que l'auteur de la Genèse penche vers le monothéïsme, il montre cependant les Hébreux livrés encore à des coutumes idolâtriques.

Après la mort d'Abraham, Isaac demeura dans les environs de Beerséba avec ses deux fils Esaü et Jacob.

On sait l'aventure de la cession du droit d'aînesse d'Esaü à Jacob pour un morceau de pain et une bouillie de lentilles.

Isaac menacé par la famine se retire à Gerar, où il fait aussi passer sa femme pour sa sœur, et où le même roi Abimélech, apprenant qu'elle était sa femme, défend à ses sujets, sous peine de mort, d'attenter à l'honneur d'Isaac.

Isaac se livre à l'agriculture, et ayant acquis de grandes richesses, excite la jalousie des habitants; il se retire et retourne à Beerséba. Abimélech n'en renouvelle pas moins son alliance avec lui, et elle est scellée par des serments mutuels.

---

(1) Jephté en donna encore un fâcheux exemple en sacrifiant sa fille.

On suppose, pour la vraisemblance historique, qu'il s'agit ici d'un autre Abimélech que celui du temps d'Abraham, et qu'il y a eu confusion de récit.

Esaü épouse deux femmes Héthites, et bien qu'il soit toujours reconnu par Isaac comme l'aîné, Rébecca parvient à lui substituer Jacob qu'elle préfère, et à qui elle fait recevoir la bénédiction paternelle pendant l'absence d'Esaü. Celui-ci, de retour, apprend ce qui s'était passé et jure d'en tirer vengeance. Effrayée, Rébecca lui annonce l'envoi de Jacob auprès d'un frère à elle, Laban. Isaac, trompé sur le but de ce prompt départ, donne de nouveau sa bénédiction à Jacob.

Arrivé chez son oncle Laban, Jacob se met à son service; s'étant épris de Rachel, l'une des filles de Laban, il offre à celui-ci de le servir sept ans pour obtenir sa main; mais Laban a une autre fille, l'aînée, Léa; au jour du mariage convenu, il la substitue à Rachel, et Jacob, au lieu de s'irriter de cette tromperie, consent à servir sept autres années pour obtenir Rachel, tout en gardant Léa.

Léa met au jour quatre fils avant que Rachel ait été mère à son tour; celle-ci présente alors à Jacob, suivant l'usage du pays, sa servante Bilha, qui met au monde deux fils. Léa, de son côté, n'ayant plus d'enfants, présente à Jacob sa servante Zilpha, qui lui donne aussi deux fils. Puis Léa en a encore deux autres et une fille, et Rachel, à son tour, enfante Joseph.

Jacob ayant considérablement augmenté sa famille, ses troupeaux et son patrimoine, Laban et ses fils en deviennent jaloux. Jacob, pour prévenir toute attaque, part secrètement avec ses femmes, ses enfants, ses troupeaux et tous ses biens, et s'achemine vers Canaan. Rachel, ayant enlevé et caché les idoles de Laban, celui-ci, irrité de ce vol, se met à la poursuite des fugitifs, et les atteint près de Gilead; mais il se contente de faire des reproches à Jacob et finit par se réconcilier avec lui.

Arrivé à Mahnaïm, Jacob envoie des messagers à son frère Esaü, qui accourt avec quatre cents hommes. Jacob craignant une attaque, lui envoie des présents; mais Esaü, sans rancune du passé, l'accueille à bras ouverts, puis ils se séparent de nouveau et pour toujours.

Dans le pays de Canaan, le fils de Sichem, prince des Sichemites, enlève à Jacob sa fille Dina, et après en avoir abusé, la demande en mariage. Mais les fils de Jacob, voulant se venger, consentent en apparence à ce mariage à la condition que tous les habitants mâles de la ville se feront circoncire. Les Sichémites se font docilement opérer; et les enfants de Jacob profitant de l'état de faiblesse où cette opération les avait réduits, se jettent sur eux et les égorgent tous, puis, ils pillent la ville, emmènent les femmes, les enfants et les troupeaux. Jacob reproche à ses fils cet horrible guet-à-pens (1), ce qui ne l'empêche pas de garder les captifs et le butin, et de dresser une pierre commémorative de ce fait, à Béthel.

Sur ces entrefaites, Rachel meurt en mettant au jour un nouveau fils, Benjamin; puis Jacob se rend à Hébron, où il trouve encore son père Isaac.

Joseph, le premier-né de Rachel, avait toutes les préférences de Jacob; ses frères jaloux conspirent sa perte, et profitent un jour du passage d'une caravane de marchands pour le leur vendre, puis ils font croire à Jacob qu'il avait été dévoré par une bête féroce.

Joseph, emmené en Egypte, est vendu à Putiphar, grand dignitaire de Pharaon, et parvient, après plusieurs aventures, à obtenir la confiance du roi, et à présider même aux destinées de l'Egypte.

Cette élévation d'un étranger à la tête du gouvernement s'explique par la conformité d'origine entre les Hébreux et les Arabes qui avaient envahi une partie de l'Egypte un peu avant cette époque.

La famille de Joseph, chassée de Canaan par la disette, vient le retrouver en Egypte, s'y établit et y forme en quatre siècles

---

(1) Genèse, XXIV.

une nombreuse tribu, qui se distingua toujours des Egyptiens indigènes par les mœurs, les traditions et la langue. Le silence qui règne sur leur existence pendant ce long exil, fait croire qu'ils n'avaient point encore d'annales écrites, et qu'ils se transmettaient oralement, de père en fils, l'histoire de leurs aïeux. L'auteur de la Genèse l'a recueillie avec soin, et en faisant abstraction des détails légendaires, elle nous fait assister à la vie réelle et primitive des Hébreux, des Cananéens et des autres peuplades de la Syrie.

Ainsi, les Hébreux disparaissent de l'histoire à partir de leur entrée en Egypte, et à leur retour en Syrie, dans la Palestine, après quatre siècles d'émigration, ils ne sont plus Syriens que par les traditions et la langue, ils sont devenus Egyptiens par les institutions politiques et civiles ; ils ont donc perdu le caractère autonomique qui constitue un peuple primitif.

Reprenons l'histoire des Phéniciens. Baléastartus ou Baalbasteros succéda à Hiram, son père, et régna sept ans (946-940 avant Jésus-Christ), laissant quatre fils: Abdastartus, Astartus, Astarymus et Philès. Abdastartus lui succéda et périt dans une conspiration ourdie par les fils de sa nourrice, dont l'aîné s'empara de la couronne et régna onze ans Cette conspiration paraît avoir été provoquée par le mécontentement de la population esclave de Tyr qu'exploitaient et maltraitaient les riches industriels.

Ces esclaves égorgèrent leurs maîtres, s'emparèrent de la ville, des maisons, de l'état, se marièrent avec les filles des citoyens de Tyr et en eurent ainsi des enfants libres. Cependant l'un d'eux, touché du sort de son maître et de son fils, les avait cachés. Sur ces entrefaites, les insurgés ayant résolu d'élire pour roi celui d'entre-eux qui le premier aurait aperçu les rayons du soleil levant, l'esclave en question en avertit Strato, son maître, le fit sortir de sa retraite, et tandis que les autres esclaves regardaient vers l'Orient pour saisir les premiers rayons du soleil, Strato, conseillé par son esclave, en montra la lumière naissante sur le faîte des hautes maisons, et fut élu roi (1).

Cette révolution dura douze ans pendant lesquels les patriciens avaient émigré. S'étant ligués avec les colonies, ils parvinrent à susciter une contre révolution à Tyr, à y reprendre leur ancienne autorité et à placer sur le trône Astartus, fils de Baleastartus.

Après douze années de règne qui ne rétablirent pas la tranquillité intérieure, les fils de ce roi furent écartés du trône, et l'on y plaça son frère Astarymus. Astarymus fut tué au bout de neuf ans par son frère Phélès, qui le fut à son tour par Isthobaal, prêtre d'Astarté; ce dernier rétablit la royauté héréditaire dans sa famille.

Isthobaal régna trente-deux ans; il fut le père de Jézabel, épouse d'Achab, et fonda plusieurs établissements en Phénicie et en Afrique, entre autres la ville de Botrys qui servit de forteresse contre les excursions des autres peuples Syriens.

Il eut pour successeur son fils Balézor, qui régna huit ans (865-858) et auquel succéda son fils Mutton.

C'est à cette époque que fut fondée Carthage par les patriciens chassés de Phénicie à la suite de guerres intestines. D'après Justin (1) le roi Mutton ou Tyron étant mort en laissant pour ses héritiers Pygmalion son fils, et Elissa sa fille, Pygmalion malgré son extrême jeunesse monta sur le trône. Elissa épousa son oncle Acerbas, prêtre d'Hercule, que Pygmalion fit tuer pour s'emparer de ses trésors. Mais, Elissa s'en empara elle-même et s'enfuit avec les principaux citoyens, s'arrêta en passant dans l'île de Chypre, fit enlever des jeunes filles nubiles pour les hommes de sa suite, aborda en Afrique, s'attira l'amitié des habitants par ses largesses, acheta une grande portion de terrain et y fonda Byrsa, depuis Carthage. La légende rapporte que pour se soustraire à la vengeance

(1) Justin, XVIII, 3.
(2) XVIII, 4.

d'un roi africain qu'elle avait refusé en mariage, et en même temps, pour sauver sa nouvelle ville, elle fit dresser un bucher, y monta et s'y frappa d'un coup de poignard, en disant au peuple qu'elle allait rejoindre son époux. C'est ce personnage qui a inspiré à Virgile les aventures de Didon.

A partir du huitième siècle, la Phénicie commença à décheoir; Tyr fut effacée par Carthage, celle-ci à son tour, fonda des colonies florissantes.

De leur côté, les Grecs firent une redoutable concurrence au commerce de la Phénicie et le supplantèrent peu à peu.

La Phénicie tomba bientôt et successivement sous le joug des Assyriens, des Egyptiens et des Perses, comme le reste de la Syrie. La Bible seule fournit quelques renseignements sur cette époque.

Le roi juif Ahaz (en 720) ayant appelé à son secours contre les Egyptiens, le roi assyrien Tiglat-pilesar, celui-ci profita de l'occasion pour s'emparer de la Syrie; il força Ahaz lui-même à lui payer tribut. Salmanassar, à son tour envoya en exil les douze tribus d'Israël (en 722) et soumit les principales cités de la Phénicie. C'est à ce sujet qu'Isaïe reproche aux Pharaons d'avoir abandonné leurs alliés (1).

Lors de l'invasion des Scythes, de 634 à 607 la Phénicie et la Palestine subirent un sort commun.

Psammetichus roi d'Egypte, vint en Syrie et arrêta un instant leurs courses. Les Scythes s'emparèrent d'Ascalon, et pillèrent le temple de Vénus Uranie. Vénus, pour s'en venger, dit-on, les frappa d'une sorte de blennorrhagie (2). Quoiqu'il en soit de cette tradition, toujours est-il que les Scythes disparurent et qu'il n'en fut plus question.

Après Psammetichus, son fils Nécos envahit la Palestine et battit le roi Josias (en 609) près de Magdole, s'empara de

---

(1) XXXVI, 6.
(2) Hérod., I. 105.

Kadytis (Gaza) et consacra l'habit dont il était vêtu pendant le combat à Apollon, dans le temple des Branchides.

Bérose présente la guerre du Pharaon Nécos comme le fait d'un satrape rebelle, qui avait été chargé du gouvernement de la Syrie, de la Phénicie et de l'Égypte, et la domination des Chaldéens comme un simple changement du siége du gouvernement. Les rois des nations syriennes n'étaient à cette époque que des feudataires du roi d'Assyrie. Nabuchodonosor ayant appris cette révolte, alla avec son fils pour la réprimer ; il fit rentrer le pays dans l'obéissance et diriger sur la Babylonie les prisonniers juifs, phéniciens, syriens et égyptiens. Ces faits sont confirmés par la bible.

Les peuples soumis tentèrent de nouvelles révoltes. Les juifs commencèrent ; leur roi Joachim fut vaincu et remplacé par Sédékias, créature de Nabuchodonosor. Bientôt la révolte devint générale : les chefs ou satrapes syriens se coalisèrent ; mais le roi chaldéen vint assiéger Jérusalem, la prit (en 587), la détruisit et déporta ses habitants. Il soumit ensuite toute la Phénicie, à l'exception de Tyr qu'il assiégea vainement pendant treize mois ; ce qui prouve la puissance de cette ville protégée à la fois par la mer, par ses fortifications et surtout par le patriotisme de ses habitants.

Nabuchodonosor fit combler enfin le détroit qui l'empêchait de s'approcher des remparts. Ce travail achevé, les Tyriens se retirèrent dans une seconde île qui avoisinait Sor, la partie de la ville où ils étaient assiégés. Nabuchodonosor, furieux de trouver Sor presque déserte et vide des richesses qu'il convoitait, fit tuer tout ce qui restait d'habitants et raser la ville.

Les Tyriens s'établirent désormais dans la nouvelle île, tout en subissant le joug babylonien. Après ce siége, la Syrie entière fut englobée dans l'empire babylonien.

Les Babyloniens ayant fait des tentatives contre l'Égypte

---

(1) Hérod., II, 159.— I. Rois, X, 22.

Apriès, roi de ce pays, marcha à la tête d'une nombreuse armée et d'une flotte considérable contre l'île de Chypre, se jeta sur la Phénicie où il remporta plusieurs avantages, puis s'en retourna en Égypte, chargé de butin (1).

Les Tyriens profitèrent de cette circonstance pour recouvrer leur indépendance et renverser le roi ou Satrape qu'on leur avait imposé; ils le remplacèrent par des suffètes ou juges: Eknibal en fut le premier (en 562 avant Jésus-Christ), et eut pour successeur Chelbès qui gouverna dix mois; puis vint un interrègne de trois mois causé par la division des partis, pendant lequel le grand prêtre Abbar gouverna. Enfin les deux partis nommèrent chacun un suffète, Mython et Gerastart, pour six ans (561-566). Une nouvelle révolution éclata ensuite, et la royauté fut rétablie.

En 526, la Syrie tomba au pouvoir de Cambyse.

Lors de la conquête d'Alexandre, celui-ci, après avoir soumis presque toute la Syrie, dont les habitants l'accueillirent comme un libérateur, s'avança pour prendre possession de Tyr. Mais les Tyriens refusèrent de lui ouvrir leurs portes, bien qu'il déclarât vouloir les protéger et offrir un sacrifice à Hercule le Tyrien comme preuve de son respect pour leurs coutumes et leurs croyances. Sur leur refus, il entreprit le siége en règle de l'île; il déblaya le terrain de l'ancienne Tyr, et avec les pierres tirées des décombres fit élever une large digue. Les Tyriens, effrayés, expédièrent à Carthage un grand nombre d'enfants et de femmes, puis ils soutinrent le siége avec une courageuse énergie.

Après sept mois d'efforts inouis, les Macédoniens pénétrèrent dans la ville. Les Tyriens se barricadèrent encore dans les rues, et se firent presque tous massacrer. Alexandre, contrairement à sa réputation de magnanimité, se montra odieusement cruel; il fit vendre les femmes et les enfants aux enchères, et

(1) Hérod., II, 182.

pendre ou mettre en croix deux mille jeunes gens. Puis il alla offrir à Hercule de grands sacrifices, récompensa ses plus braves soldats, et institua roi de Tyr Ballonymus, qui avait de la parenté avec l'ancienne famille royale (1).

Pour empêcher Tyr de reprendre jamais sa puissance politique, Alexandre anéantit son commerce maritime par la fondation d'Alexandrie, où tous les navires vinrent depuis apporter leurs cargaisons.

Tyr conserva toutefois sa puissance industrielle par sa pourpre et ses verreries.

En 313 avant Jésus-Christ, elle put soutenir de nouveau un siège de treize mois contre Antigone, ce qui prouve qu'elle avait encore à cette époque une certaine importance.

Ptolémée, à son tour, ayant convoité la Syrie, y envoya Nicanor. Celui-ci s'en empara, établit des garnisons dans les autres villes, et retourna en Égypte (2).

En 284, Séleucus fonda la dynastie des Séleucides, pendant laquelle l'histoire de Syrie n'offre plus d'intérêt.

En 176, Antiochus Épiphane fit de Tyr son séjour préféré.

En 143, un phénomène géologique bouleversa la côte de la Phénicie, et réduisit les dimensions de l'île tyrienne en submergeant le banc de rochers qui s'étendait vers l'ouest. On voit aujourd'hui des ruines antiques qui ont été envahies par la mer.

Vers la soixante-quatrième année avant Jésus-Christ, Pompée vint en Syrie et la soumit à l'empire romain. Tyr avait toujours conservé une sorte d'indépendance; les Romains la lui confirmèrent moyennant quelques redevances (3).

Josèphe dit que Marc-Antoine avait donné à Cléopâtre toute la côte de la Phénicie, à l'exception de Sidon et de Tyr, aux-

---

(1) Diod., l. 3, p. 220, trad. par Hoefer
(2) Ibid., p. 339.
(3. Strabon, XVI.

quelles il laissa une sorte d'autonomie (1). Toutefois, Auguste la leur enleva à cause des factions qui s'y agitaient (2). Hérode, gouverneur de la Syrie, fit élever dans Tyr des magasins publics, des marchés et des temples.

Enfin les Arabes s'emparèrent de Tyr et lui rendirent son ancien nom de Sour.

Ce qui distingue l'histoire des Phéniciens de l'histoire des autres peuples, ce n'est pas la grandeur des événements politiques, c'est le commerce, l'industrie, et principalement la colonisation, cette conquête pacifique au moyen de laquelle les Phéniciens ont eu la gloire de semer sur plusieurs points du monde ancien les germes d'une civilisation nouvelle.

§ 2. FAMILLE.

La Genèse nous fait une peinture simple et naïve des mœurs encore un peu sauvages des Syriens, ou Sémites primitifs.

Si à l'époque d'Abraham les Phéniciens avaient déjà un gouvernement régulier et des lois, ils n'ont pas laissé comme les Hébreux des annales pour en transmettre le souvenir. Ceux-ci, au contraire, eurent comme les Chinois, quoique dans des proportions très-réduites, des traditions dont la Genèse a conservé les plus importantes comme peintures de mœurs.

A cette époque, le chef de famille étant tout-puissant disposait des biens et de la personne des enfants, des femmes et des esclaves (3).

Cette puissance allait jusqu'au droit de vendre et de tuer un

---

(1) Antiq. jud., XV, 4.
(2) Dion Cass., LIV, 7.
(3) Genèse, XXX.

fils; mais dans le cas de vente, la loi ou plutôt la coutume exigeait l'intervention du chef de la tribu, et une promesse faite devant lui par l'acquéreur, de bien traiter le sujet (1).

La naissance d'un fils était l'objet de réjouissances dans la famille, et le nom qu'on lui donnait exprimait souvent la joie des parents. Lia, devenue féconde, tandis que Rachel plus aimée de Jacob, demeurait stérile, appelle l'enfant qui vient de naître Ruben (*Voyez*). Le second est nommé Siméon (*Exaucé*). Aser et Gad expriment aussi une idée de félicité (2). Esaü avait été surnommé Edom (*rouge*) parce qu'il sortit tout rouge du sein de sa mère : et il donna ce nom aux Edomites ou Idoméens dont il fut le père (3).

Le nom exprimait aussi des sentiments douloureux ; Rachel nomme son dernier-né Benonim (*enfant de ma douleur*) parce que sa naissance lui coûte la vie. Mais à son tour Jacob l'appelle Benjamin (*l'enfant de ma vieillesse*).

Le jour du sevrage d'un fils était marqué par des festins (4).

Un droit injuste qui cependant se retrouve dans toutes les coutumes et lois anciennes, le droit d'aînesse était d'une grande importance chez les Syriens. Le fils aîné avait une portion plus forte dans l'héritage, car il représentait le père lors de l'absence ou de la mort de celui-ci ; ses frères étaient tenus de lui obéir et de s'incliner devant lui comme devant leur père (5). Ruben, l'aîné des enfants de Jacob, parle à ses frères presqu'en maître. Joseph le fait asseoir à la première place à la table où il les admet tous (6). C'est à l'aîné que le père mourant donnait sa bénédiction, cause de querelles intestines et de supercherie : On connaît l'aventure d'Esaü vendant son

---

(1) Elien, II, ch. VII.
(2) Genèse, XXX, 11-13-24.
(3) Id., XXV, 25, 30.
(4) Id. XXI, 8.
(5) Genèse, XXVII, 29.
(6) Id. XLII, XLIII, 33.

droit d'ainesse à son frère, on sait que celui-ci fut obligé, dans cette occasion, d'employer la ruse pour surprendre la bonne foi de son père. Quand Esaü voulut réclamer il était trop tard, la bénédiction une fois donnée étant irrévocable (1). Cependant des passe-droits de ce genre paraissent avoir eu lieu au gré des pères: ainsi, lorsque Joseph plaça ses deux enfants de façon que l'aîné fut sous la main droite de Jacob, celui-ci ayant une autre intention la porta sur Ephraïm : « Vous vous trompez, lui dit Joseph, Manassé est l'aîné, c'est sur lui que votre droite doit s'étendre. » (2) Mais Jacob n'en bénit pas moins le cadet.

On pouvait donc vendre ou perdre son droit d'ainesse; Ruben le perdit pour avoir séduit une des concubines de son père (3).

Cependant la vénération accordée à la primogéniture survivait à la perte de ses droits : Jacob rendit hommage à son frère Esaü quand il revint dans sa patrie (4).

Les fils d'une concubine ou d'une épouse de second ordre ne pouvaient le disputer à leurs frères nés de la première épouse. Isaac conserva ses droits quoique né après Ismaël.

Quand Jéhovah dit à Abraham : « Prends ton fils unique (5) » il ne comptait pas les enfants qu'il avait eus de ses concubines.

Ceux de la seconde femme appartenaient à la première; et celle-ci d'ordinaire quand elle était stérile, s'occupait de trouver cette seconde femme à son mari : « Prenez mon esclave, dit Rachel à Jacob, et j'aurai par elle des enfants, » et lorsque cette seconde femme eut enfanté, Rachel dit : « Elle m'a donné un fils (6). »

(1) Genèse, XXVII, 1.
(2) Id. XLVIII.
(3) Id. XLIX, 4.
(4) Id. XXXII, 13. — XXXIII, 1 et suiv.
(5) Id. XXII, 3.
(6) Id. XXII, 12-16. — XXIII, 2. — XXX, 3.

Sarah dit la même chose en offrant Agar à Abraham (1).

Cette faculté de chercher une seconde femme pour son mari, était un grand avantage pour l'épouse légitime parce que son choix devait tomber sur la femme dont le caractère lui était le plus sympathique.

La puissance du mari sur sa femme était illimitée; mais les parents de celle-ci conservaient le droit de conseil et de surveillance. Laban craignant que Jacob n'abusât de son autorité envers Rachel et Lia lui fait promettre de ne les point maltraiter et de n'en pas épouser d'autres (2).

Outre la faculté d'avoir plusieurs femmes, on avait celle de les prendre dans des familles étrangères.

Ainsi firent Esaü, Juda, Samson, Booz, et plus tard David lui-même qui épousa la fille d'un roi d'Ammon, de ce roi qui sous Saül avait proposé de crever l'œil droit des Israélites, comme le seul moyen d'obtenir la paix et son amitié (3). Moïse avait pourtant formellement défendu ces alliances; car elles occasionnaient l'introduction de pratiques étrangères.

La demande en mariage était faite au nom du père ou par lui-même, en y joignant des présents. Le serviteur d'Abraham fut chargé d'aller en Mésopotamie chercher une femme pour Isaac. Le roi Hémor demanda à Jacob la main de Dina pour son fils. Samson fit demander par son père la main d'une philistine, en dépit de la réprobation attachée à ce genre d'union.

Les fiançailles précédaient le mariage, et formaient déjà un lien indissoluble (4).

Le père bénissait le mariage. Laban bénit ses filles au moment où elles partent avec Jacob pour la terre de Ca-

---

(1) Genèse, XVI, 2.
(2) Id., XXXI, 50.
(3) Josèphe, Antiq. jud. VII, ch. 1, § 4. — Rois, XI, 1.
(4) Id. XIX, 12 14; XXXVIII, 11.

naan (1). A défaut du père, le frère ainé le suppléait. Quand Rebecca quitte ses parents, elle part avec sa nourrice et le serviteur d'Abraham, après avoir reçu les bénédictions de ses frères (2).

Souvent on épousait les deux sœurs comme fit Jacob : il acheta ses deux femmes moyennant quatorze ans de travail, témoignage du haut prix qu'il mettait à leur possession.

A Tyr, à Byblos, et dans toute la Phénicie, les jeunes filles pauvres acquéraient, dit-on, par leur prostitution à des étrangers dans le temple, une somme qui composait leur dot (3).

Le mariage chez les riches était célébré par des festins qui duraient sept jours. On n'y voit point de trace d'intervention des prêtres, ni de pratiques religieuses ; seulement on faisait des invocations, des vœux de bonheur et de postérité, accompagnés de compliments adressés aux époux.

Le grand objet du mariage chez ces peuples consistant à avoir beaucoup d'enfants mâles, la fécondité était ce qu'il y avait de plus estimable dans une femme ; la stérilité semblait une malédiction, aussi Jéhovah promettait-il comme la plus haute récompense, une nombreuse descendance à ses adorateurs (4).

La répudiation fut peu pratiquée avant Moïse. La stérilité en était la cause ou le prétexte. Le désir d'une postérité était si grand que les enfants des esclaves furent soigneusement élevés quoiqu'ils ne dussent point dans la suite jouir des mêmes avantages que les autres. La Genèse place à côté des petits enfants d'Esaü nés d'une épouse de premier rang, les enfants nés d'une concubine de son fils. C'est ainsi qu'Ismaël et Isaac furent élevés ensemble. L'inégalité dans le partage des successions tenait plus à la volonté paternelle qu'à la nais-

---

(1) XXVIII, 3, 4 ; XXXI, 55.
(2) Id. XXIV, 57-60.
(3) Mém. de l'Acad., t. 40, p. 137.
(4) Genèse, XXX, 23 ; XII-XXXX.

sance; toutefois l'usage accordait une plus forte part à l'aîné; Moïse en fit une règle obligatoire.

Les enfants de Jacob eurent tous une portion de l'héritage paternel; Esaü quoique dépossédé du droit d'aînesse, n'en eut pas moins un grand nombre de serviteurs et de troupeaux (1).

Les filles avaient des droits à la succession paternelle comme l'atteste cette plainte de Rachel et de Lia. « Avons-nous encore quelque part, quelque héritage dans la maison de notre père? Ne sommes-nous pas considérées par lui comme des étrangères, puisqu'il nous a vendues? et il voudrait encore manger notre bien (2). »

Abraham n'ayant pas encore d'enfants, institua pour son héritier le fils d'Éliézer son serviteur, bien qu'il eût des proches parents, preuve nouvelle de la toute puissance du chef de famille.

Les esclaves faisaient en quelque sorte partie de la famille. C'étaient pour la plupart des prisonniers faits à la guerre, des enfants de ces prisonniers nés pendant leur esclavage, et les individus qu'on achetait à des traficants nomades, comme ceux qui achetèrent Joseph (3).

Dès le temps d'Abraham on transportait les habitants des villes prises pour en faire des esclaves. Dans la suite, Salomon, vainqueur de tribus syriennes, les réduisit à l'esclavage. On conduisait à la guerre des marchands à qui l'on vendait d'avance les captifs qu'on espérait faire (4).

Les esclaves s'étaient tellement multipliés à Tyr dans le sixième siècle avant Jésus-Christ, qu'ils devinrent assez puissants pour aider à renverser le gouvernement (5).

(1) Genèse. XXXVI, 6.
(2) Id. XXXI, 14.
(3) Genèse, XVII, 12-23.
(4) Machab. VIII, 34.
(5) Justin, XVIII, 3.

§ 3. LE GOUVERNEMENT.

La forme de gouvernement ne fut pas la même chez toutes les tribus syriennes; elle varia de la démocratie à l'oligarchie, du patriarchat à la royauté, au gré des événements et suivant la position topographique.

La constitution primitive des Phéniciens fut démocratique; l'autorité suprême résidait dans une sorte de sénat nommé par les citoyens libres de la nation.

Cette assemblée était investie de tous les pouvoirs, excepté du pouvoir judiciaire. En temps ordinaire, une commission tirée de son sein déléguait à un certain nombre de ses membres la direction des affaires civiles et militaires, ce qui formait le conseil des anciens, sans doute parce qu'on y appelait les plus âgés.

Les magistrats de chaque ville marchaient de pair avec le roi et envoyaient d'un commun accord des ambassades (1).

Le président de cette assemblée et des deux commissions s'appelait suffète ou juge; il était chef du pouvoir exécutif. Le commandement des forces militaires appartenait à un autre suffète.

Ces deux suffètes étaient élus par le peuple sur une liste présentée par l'assemblée. Leur pouvoir annuel se prolongeait dans les circonstances graves.

La place de suffète militaire, la plus recherchée, occasionnait beaucoup d'intrigues et d'ombrage. Une députation de l'assemblée surveillait de près ce dignitaire, et pouvait le rappeler ou le suspendre; il en résulta souvent de fâcheux conflits.

(1) Arrien, II, 15, 24.

A Gadès, il y avait deux suffètes appelés princes ou chefs; ils furent souvent en guerre avec les Israélites.

Les cinq États que comprenait la terre des Philistins avaient chacun une sorte d'administrateur. Le Livre des Juges (1) parle de satrapes qui vont engager Dalila à séduire Samson et lui portent le prix de sa trahison; ce sont eux qui, se jetant sur Samson, le garrottent et le conduisent à Gaza.

L'arche des Hébreux ayant été enlevée par les Philistins, les satrapes décident, en assemblée, qu'elle leur sera restituée; ils y joignent des présents offerts séparément par chacune des cinq régions de la Palestine (2). Les satrapes l'accompagnent jusque sur les terres de la tribu de Juda, et, après l'avoir déposée dans les mains des Juifs, ils reviennent tous à Ascalon.

Les villes de la Phénicie, faibles dans leur isolement, acquéraient une grande force par leur union; aussi le système fédératif fut-il en vigueur non-seulement dans la Phénicie, mais encore dans ses colonies principales. Tyr dirigea cette confédération tant qu'elle fut riche et indépendante, et elle conserva toujours son rang de capitale de la Phénicie, même sous la domination des Perses, qui ne la soumirent jamais complétement.

Chaque ville eut sa constitution particulière, et le pouvoir suprême y fut entre les mains de chefs héréditaires.

En parlant des princes de la Palestine, le Livre des Juges et celui de Samuel ne leur donnent pas le titre de rois, ce qui ferait penser que c'étaient de simples chefs ou satrapes. Cependant un roi semble désigné sous le nom d'Achis ou Achimélech.

Cet Achis reçut David qui fuyait la vengeance de Saül. Mais les satrapes exigèrent son renvoi.

Une preuve que les Philistins jouissaient d'une certaine li-

---

(1) Ch. 16.
(2) L. Rois, ch IV-VI.

berté politique c'est que leur général Goliath, raillait des hébreux parce qu'ils étaient des sujets, tandis qu'il était lui, un homme libre, un philistin.

La boutade de Samuel contre les dangers de la Royauté témoigne qu'à son époque le gouvernement des Hébreux était tempéré.

La Syrie morcelée en plusieurs petits états fut le théâtre de perpétuelles luttes et invasions ayant pour objet la conquête de territoires nouveaux.

Les domaines du vainqueur s'agrandirent des domaines du vaincu. Le livre des Juges parle de l'un d'eux qui à lui seul avait tué soixante-dix chefs de tribu (1). Ces tribus n'étaient sans doute alors que des groupes d'un petit nombre de familles. A l'époque des rois de la Judée, les royaumes voisins étaient devenus moins nombreux, et, par conséquent plus étendus.

Parfois les habitants de ces contrées se réunissaient à la porte des cités pour délibérer, acheter, vendre, etc.

Abraham vint de cette manière avec les habitants d'une ville de Canaan, les Héthéens, et les pria d'engager Ephron à lui vendre le champ qu'il convoitait (2).

Il ne faudrait pas conclure de ces faits à un gouvernement démocratique; d'autres faits viendraient y contredire. Les enfants de Jacob étant irrités contre Hémor chef des Sichémites, dont le fils avait enlevé Dina fille de Lia, Hémor vint en personne pour traiter avec eux et les apaiser; il leur offrit des terres, des troupeaux, et leur demanda en retour la liberté du commerce et de l'industrie. Les Hébreux exigeant que le chef, son fils, et le peuple entier se fissent circoncire, Hémor obtint facilement de sa tribu ce qu'on exigeait d'elle (3).

---

(1) I, 7.
(2) Genèse, XXIII, 8.
(3) Genèse, XXXIV.

Le gouvernement cananéen en particulier a dû être primitivement patriarchal ; le nom d'Abimélech signifie père-roi.

Il y eut de longues luttes entre les Cananéens et les Hébreux, ceux-ci pour dépouiller d'anciens possesseurs, ceux-là pour se défendre ; mais les habitants des contrées maritimes échappèrent toujours aux envahissements des uns et des autres.

En Idumée, le gouvernement d'abord patriarchal devint royauté élective, puis héréditaire, et tout le pays d'Édom ne forma plus qu'un royaume.

La Genèse parle de la puissance des Amalécites sous le roi Agag. Balac était chef des Moabites quand il fut attaqué par les Hébreux; mais ceux-ci, à l'époque des juges furent tributaires d'un souverain de Moab, Églon. Les Madianites avaient aussi des rois quand Gédéon les vainquit. Josèphe donne ce titre à leurs chefs (1).

Dans la Phénicie primitive, les Sidoniens furent les plus renommés et les plus anciennement civilisés. Aussi, les autres peuples recherchèrent-ils leur alliance. On sait qu'une des flottes envoyées au secours de Troie, était commandée par un prince sidonien. Sidon alors désignait toute la Phénicie (2), ce qui explique pourquoi Homère ne parle pas de Tyr, bien qu'elle eût déjà été fondée depuis longtemps par des Sidoniens fugitifs (3). Isaïe appelle Tyr, *fille de Sidon* (4). Quand Salomon voulut avoir des Sidoniens pour construire le temple, il les demanda à Hiram, roi de Tyr et de Sidon (5).

La Genèse représente les premiers chefs de tribus syriennes à la fois comme juges, administrateurs et pontifes. Ils prononçaient des peines, scellaient des alliances, convoquaient le

---

(1) L. IV, ch. VII, § 1 ; ch. VI, § 5.
(2) Illiad. VI, V, 290 ; XXXIII, v. 743.
(3) Justin, XVIII, § 3.
(4) XXIII, 12.
(5) Josèphe. Antiq. Jud., VIII, ch. 13, § 2 ; IX, ch. 6.

peuple, faisaient des sacrifices, etc. C'est ainsi que Melchisédech est représenté à la fois comme prince et comme pontife de Salem (1).

Les chefs ou rois pouvaient déléguer le pontificat à des personnes de leur famille, car cette dignité n'était pas héréditaire (2) et dépendait du pouvoir politique.

Lorsque la plupart des tribus syriennes eurent abandonné leur vie exclusivement pastorale pour se fixer et se livrer à l'agriculture, de fréquents démêlés s'élevèrent entre elles sur les délimitations de territoire. Les Philistins, pour être plus forts, établirent une sorte de confédération; de là le nom de frères donné aux habitants de la même région. Lot donne ce titre aux Sodomites (3) en leur proposant ses deux filles aux lieu et place de deux jeunes étrangers qu'ils lui réclamaient.

Les rois cananéens commandaient eux-mêmes leur armée, et celle-ci leur prêtait serment de fidélité quand ils arrivaient au pouvoir (4). Ces rois étaient considérés comme appartenant à la famille des dieux.

Une reine de Damas fut honorée comme déesse (5). Le roi Bénadad fut proclamé dieu par l'usurpateur même de son trône, par Hazaëk, qui l'avait fait assassiner; et ce meurtrier fut à son tour placé au rang des dieux.

Lorsque la royauté fut établie à Tyr, aucun âge ne fut déterminé pour la succession au trône. Pygmalion n'avait pas neuf ans quand il devint roi. Abdastarte en avait onze (6).

A Damas, des fils semblent avoir été quelquefois associés au trône de leurs pères. De son vivant, Antiochus Ier fit proclamer

---

(1) Genèse, XIV.—Joseph, I, ch. X, § 2.
(2) Justin, XV.II, ch. 4.
(3) Genèse, XIX, 7, 8.
(4) Justin, XXV.
(5) Id. XXXVII, § 2.
(6) Id. XVIII, ch. 4.

roi un de ses fils, après avoir perdu l'autre (1). Laissant un fils à peine âgé de neuf ans, Antiochus Épiphane lui choisit un régent.

Cléopâtre voyant que la majorité de Séleucus allait la forcer d'abandonner le gouvernement, le fit tuer et voulut empoisonner l'autre héritier ; mais son attentat ayant été déjoué, elle mourut du poison même qu'elle avait préparé (2). C'est le sujet traité par Corneille dans sa tragédie de *Rodogune*.

Par tous ces faits, on voit que l'élévation au trône et le choix d'un régent furent indépendants de la volonté du peuple.

Les conspirations fréquentes, et souvent heureuses, des hauts fonctionnaires, montrent leur puissance. Quelquefois le simple retard dans le paiement du salaire des soldats devenait un prétexte de révolte parmi les chefs de l'armée. Le ministre Hormias fortifia sa puissance en profitant des troubles de ce genre. Devenu roi par usurpation, il devint despote et cruel pour se maintenir.

Une onction religieuse consacrait le monarque quelquefois même avant qu'il fût proclamé (3).

Quand Abdolonyme fut élu pour remplacer un de ses parents qu'Alexandre n'avait pas trouvé assez fidèle, Éphestion lui fit connaître ce choix en lui envoyant, par un messager, des vêtements royaux ; puis on le conduisit dans la principale place de la cité, et on l'y proclama roi au milieu du peuple (4).

Cette coutume se perpétua, car ce fut aussi en présence du peuple que Séleucus Ier ratifia sa volonté de céder à son fils une partie de l'empire.

Antiochus Épiphane, mourant loin de sa capitale, chargea quelqu'un de porter à son jeune fils, qui devait le remplacer,

---

(1) Justin, l. XXVI.
(2) Id., XXXIX, ch. 1.
(3) 3 Rois, XIX, 15.
(4) Diod., XVII, § 47.

le sceau de l'État, le manteau de pourpre, la couronne royale et autres insignes (1).

Entre les chefs préposés au service du roi, le plus honoré fut celui des cuisines, qui présidait aussi à l'immolation des victimes.

La garde des éléphants était confiée à des hommes illustres par leur naissance, comme celle du trésor royal.

Le roi trouvait dans ces hauts fonctionnaires plutôt des serviteurs complaisants que des gardiens jaloux des intérêts publics. On n'appliquait les lois qu'en vue de l'autorité suprême, et on les violait si elles paraissaient y être contraires.

Plutarque (2) rapporte qu'Antiochus-le-Grand avait défendu d'obéir aux ordres qu'il enverrait lui-même, s'ils n'étaient pas conformes aux lois. Cette recommandation ne prouve qu'une chose, c'est que le chef de l'État pouvait impunément, au besoin, se placer au-dessus d'elles.

§ 4. JUSTICE, LOIS, CARACTÈRE, COUTUMES.

Josèphe signale les Phéniciens comme un des peuples qui les premiers consignèrent les actes civils dans les registres publics (3).

Les habitudes de commerce et d'industrie auxquelles ce peuple s'adonna dès les plus anciens temps lui inspirèrent bientôt des règlements destinés à garantir l'exécution des contrats

---

(1) Josèphe, XII, ch. 9.
(2) Apophthègmes.
(3) Contr. App., l. I, § 2.

soit avec des concitoyens, soit avec des étrangers; plusieurs inscriptions trouvées dans l'emplacement d'anciennes colonies phéniciennes constatent l'usage d'inscrire sur la pierre les transactions commerciales qui avaient un caractère public ou officiel.

Chez les autres tribus syriennes, une ou plusieurs pierres levées ou entassées servaient de garant pour l'exécution d'un pacte fait entre deux chefs. Le puits auprès duquel fut jurée l'alliance d'Abimélech et d'Abraham fut appelé le Puits du Voyant vivant (1).

Pendant longtemps la justice fut exercée par le chef de famille; ce rôle découlait naturellement d'une autorité sans borne. Juda condamna ainsi Tamar, la femme d'un de ses enfants, accusée d'adultère (2).

Ruben, laissant ses deux enfants à son père, lui dit : « Faites-les mourir, si je manque à ma parole de ramener Benjamin (3). » C'était bien le patriarchat absolu dans sa rude simplicité.

Jacob dit à Laban : « Que celui près de qui tu trouveras tes dieux ne vive point! ce qui est chez moi est à toi, prends-le. » Jacob ignorait que Rachel les eût dérobés en les mettant dans le bât d'un chameau et en s'asseyant dessus (4).

Les jugements étaient de notoriété publique, sans consécration écrite. La vente d'un champ, ou de toute autre propriété un peu considérable, n'avait d'autre garantie que cette notoriété. Tout cela se faisait dans le lieu même où l'on rendait les jugements, à la porte des villes.

Une pierre arrosée d'huile ou de vin consacrait parfois un engagement ou une promesse. Jacob, après sa vision, promet sur la pierre où il s'était reposé de reconnaître Jéhovah pour

---

(1) Genèse, XVI, 14. Trad. de Cahen.
(2) Id. XXXVIII, 24.
(3) Id. XLII, 37.
(4) Genèse, XXXI, 32-35. Trad. de Cahen.

son Dieu, s'il faisait un voyage heureux en retournant chez son père (1).

Les conventions pouvaient être appuyées par des serments. Ainsi Jacob exigea un serment d'Ésaü, pour confirmer la vente de son droit d'aînesse (2).

C'était le dieu du pays où l'engagement réciproque était contracté qu'on invoquait. Une loi des Tyriens défendait d'invoquer une divinité étrangère (3).

Des imprécations menaçaient le parjure : « Nous sommes sous l'œil de Jéhovah, dit Laban à Jacob, qu'il soit notre juge. Si tu oublies tes promesses, qu'il me venge ; qu'il me punisse moi-même, si je trahis les miennes (4). »

Abraham dit à son serviteur Éliézer, en l'envoyant chercher une femme pour son fils Isaac : « Je te ferai jurer par Jéhovah, le Dieu du ciel, le Dieu de la terre, que tu ne prendras pas pour mon fils une femme des filles du Kenâanéen au milieu duquel j'habite.... Si la femme ne veut pas te suivre, alors tu seras dégagé de ce serment.... » L'esclave mit sa main sous la cuisse d'Abraham, son maître, et prêta serment pour cet objet (5).

Jéhovah jure par lui-même quand il fait alliance avec ce patriarche (6).

Des présents d'animaux confirmaient souvent les promesses, et servaient aussi à racheter d'une servitude.

Des repas suivaient aussi quelquefois une convention jurée ; ainsi, Laban et Jacob mangèrent ensemble sur la pierre qui devait consacrer leurs serments.

Les acquisitions étaient également confirmées par l'érection

---

(1) Id., XXVIII, 20 ; XXXI, 13.
(2) Genèse, XXV, 33 ; XXXI, 44-46.
(3) Josèphe, contr. App., I, § 22.
(4) Genèse, XXXI, 49-54.
(5) Id., XXIV, 2-9. Trad. de Cahen.
(6) Id. XXII, 16.

d'une pierre. Jacob en érigea une dans le champ qu'il venait d'acquérir des enfants d'Hémor (1).

Toutes ces coutumes suppléaient aux lois civiles et aux tribunaux, en attendant celles de Moïse.

Mais les Phéniciens, à la même époque, avaient déjà plusieurs sortes de magistrats : les zakconim, juges généraux, les sophetim, juges ordinaires, les sarenim, gouverneurs de la cité (2).

Quant aux lois pénales concernant les crimes et délits, on en connaît peu d'antérieures à celles de Moïse. On sait, par exemple, que le vol était expié par de l'argent. Ce délit paraît avoir été fort rare en Syrie, si l'on en croit Élien. Il rapporte que les habitants de Byblos n'auraient pas ramassé un objet trouvé dans un chemin public, et se seraient cru coupables de vol s'ils avaient pris dans un lieu ce qu'ils n'y auraient pas mis. Ils se montraient moins scrupuleux dans les pays qu'ils envahissaient; ils enlevaient les troupeaux, et emmenaient tous les hommes qu'ils rencontraient pour en faire des esclaves.

L'adultère de la femme était puni par le feu ou par la lapidation ; celui de l'homme, tantôt par la mutilation, tantôt par la mort, selon la gravité du fait.

Un certain désordre régnait alors dans les rapports des sexes, à cause de l'absence des lois civiles. On voit déjà les courtisanes jouer un certain rôle en Syrie. C'est ainsi que Tamar trompa la bonne foi de Jehouda, son beau-père, en se faisant passer pour une prostituée, et conçut de lui deux jumeaux.

L'histoire des filles de Lot démontre aussi que l'inceste n'était point rare, et qu'en tout cas il restait impuni (4).

Ruben ayant séduit une femme de son père, en fut quitte pour la perte de son droit d'aînesse.

---

(1) XXXI, 40, XXXIII, 20.
(2) Mém. de l'Académie des Inscriptions, t. 11, p. 53.
(3) Hist. div., l. IV, ch. 1.
(4) Genèse, XXXVIII, 16 ; Juges, XVI, 1.

D'ailleurs, les dieux syriens présentaient des exemples d'inceste qui pouvaient excuser leurs adorateurs.

Les villes phéniciennes furent un véritable foyer de corruption et de prostitution. L'historien Socrate dit qu'à Héliopolis, on ne savait de qui étaient les enfants, tant on s'y livrait à la promiscuité la plus effrontée. Il n'est pas jusqu'aux vices contre nature qui n'y fussent pratiqués. L'histoire de Sodome et de Gomorrhe en témoigne, et l'on en retrouve de tristes exemples à l'époque de Moïse, qui s'efforça de les prévenir par des lois très-sévères.

Les supplices en usage chez les Syriens étaient l'étranglement, la décapitation, le feu, la mort à coups de flèches ou de pierres, la pendaison, le crucifiement, et enfin tous les supplices que la cruauté peut inspirer à l'homme. Thamar fut condamnée à être brûlée vive pour cause d'adultère (1). Saül et ses trois fils furent dépouillés de leurs armes, décapités et pendus aux murs de Bethsan (2).

Josué commanda de suspendre à un gibet, jusqu'au coucher du soleil, un prince ennemi dont le corps, jeté ensuite à la porte de la Cité, fut couvert de pierres entassées. Une autre fois, après avoir fait presser la gorge de cinq rois vaincus sous les pieds de ses capitaines, il ordonna d'attacher leurs corps à cinq poteaux (3).

Gédéon fit étendre sur des ronces les principaux habitants de Socoth et passer sur eux de lourdes machines (4). Les habitants de Damas firent passer sur ceux de Galaad des chariots armés de fer.

Un roi de Moab commanda de brûler son ennemi vaincu jusqu'à ce que ses os fussent réduits en cendres.

Le gouverneur de Gaza, Bétis, fut livré, par ordre d'Alexan-

---

(1) Genèse, XXVIII, 24.
(2) 1 Rois, XXXI, 6 et suiv.
(3) Josué, VIII, 29 ; X, 24-26.
(4) Juges, VIII, 7-16.

dre, à des bourreaux, qui lui passèrent une corde dans les talons, le lièrent à un char et le traînèrent ainsi autour de la ville. Nous avons vu déjà ce même Alexandre faire pendre et mettre en croix deux mille habitans de Tyr (1); la longue résistance de cette ville ne saurait justifier d'aussi cruelles représailles. Ochus fut plus juste lorsqu'il fit périr un prince assez lâche pour lui avoir livré son peuple et son territoire (2).

Ces faits et bien d'autres attestent une rudesse et une cruauté dans les mœurs et dans le caractère, qui distingue en général les peuples sémitiques des peuples ariens.

Les temples, les palais du roi furent dans la suite des asyles sacrés, où les condamnés et les esclaves échappaient, en s'y réfugiant, aux supplices qu'on voulait leur infliger.

Plusieurs délits étaient réparés par des expiations et des sacrifices. Le premier livre des Rois parle d'offrandes pour les délits. Les contraventions aux lois d'abstinence entraînaient certaines punitions; celle qui concernait l'usage des poissons défendus était expiée par des pénitences souvent mortelles. Le coupable, entre autres épreuves, se couvrait d'un sac, et se plaçait sur du fumier dans un grand chemin. On attribuait aux dieux les ulcères et la pourriture qui survenaient au corps.

Les impôts jouèrent un grand rôle en Syrie. Samuel, dans les menaces qu'il adresse aux Hébreux, qui réclamaient un roi, parle des impôts établis par les monarchies voisines. Ces impôts pesaient sur les moissons, sur les vignes, sur les troupeaux, sur l'industrie, sur les personnes elles-mêmes, et variaient selon les besoins du moment ou le caprice des chefs.

Les moindres luttes que ces peuplades se livraient entre elles étaient suivies d'une imposition en nature à la charge des vaincus (3).

(1) Quinte-Curce, IV, v.
(2) Diod., XVI, § 45.
(3) 1 Rois, 15-17.

Mesa, roi de Moab, dut fournir chaque année cent mille agneaux et cent mille brebis (1). Les Ammonites furent aussi obligés à une redevance annuelle de mille mesures d'orge et à autant de mesures de froment(2). Les Philistins, qui étaient commerçants, payèrent en argent une redevance aux princes de Juda. Un roi de Damas réclama, comme vainqueur, les femmes, les enfants et les richesses du roi Achab (3).

A une époque plus récente, bien que la monnaie fût depuis longtemps en usage, les impôts continuèrent d'être établis sur les produits naturels ou industriels de chaque pays.

Quand les Babyloniens et les Perses se furent emparés de la Syrie, ils lui imposèrent une contribution de soldats et de vaisseaux (4).

Démétrius écrivait aux Juifs :

« Votre fidélité et le mépris que vous avez fait des sollicitations de mes ennemis vous assurent ma reconnaissance. Je vous la prouverai ; mais dès aujourd'hui je vous remets des taxes exigées par mes prédécesseurs, l'impôt du sel, le tribut des couronnes, le droit du tiers sur vos grains, la moitié du produit sur vos arbres. J'accorde sans rançon la liberté à tous les Juifs captifs. Je les tiens quittes des contributions qu'ils me doivent même en bestiaux. J'assigne le revenu de Ptolémée et de son territoire à l'entretien du temple de Jérusalem et à l'usage des sacrifices. J'y joindrai de mon trésor quinze mille sicles d'argent par année. » (5)

Antiochus accorda à peu près la même exemption. Il défendit aussi d'exiger pendant dix années aucune redevance de ceux qu'il envoyait cultiver la terre en Lydie (6).

Les impôts se percevaient très-violemment. Des habitants

---

(1) 4 Rois, 4.
(2) 2 Parab., XXVII, 5.
(3) 3 Rois, XX, 3.
(4) Mém. de l'Académie, t. 40, p. 5.
(5) 1 Machabées, X, 25.
(6) Josèphe, XII, ch. 3, § 8.

d'Ascalon ayant refusé de les payer, furent massacrés, et leurs biens confisqués (1).

Les Phéniciens avaient la réputation de peuple entreprenant, rusé, adroit, ami des voluptés, du luxe, de l'indépendance et du travail. Mais avant qu'ils ne se livrassent au commerce et à la navigation, ils durent, comme les autres Cananéens, mener une vie pastorale, grossière, semblable à celle qu'a dépeinte la Genèse. Seulement, aucune tradition ne se rapporte directement à cette époque de leur existence. On a beaucoup parlé, au contraire, de Sidon et de Tyr, dont le commerce et l'industrie se répandirent, dès la plus haute antiquité, sur le littoral de l'Asie et de l'Afrique. Les richesses qu'elles en tirèrent entretinrent chez elles des mœurs dissolues, des habitudes fastueuses. Les arts y fleurirent de bonne heure, surtout ceux qui pouvaient ajouter aux plaisirs sensuels. On rapporte qu'un prince de Sidon établit un concours où des récompenses étaient accordées aux jeunes filles venues des pays voisins qui, par la danse et le chant, l'emportaient sur les autres (2).

Le prophète Amos reprochait leur mollesse aux habitants de Damas, dont la corruption gagnait jusqu'à leurs vainqueurs.

Moïse s'est vu forcé de porter des lois sévères pour prévenir des vices et des crimes dont les Cananéens donnaient l'exemple aux Hébreux : «Vous ne ferez pas ces abominations, dit-il; les gens du pays qui étaient avant vous les ont faites. Prenez garde que la terre ne vous vomisse, si vous la souillez, comme elle a vomi la nation qui était avant vous.»

Mais il faut aussi tenir compte des qualités générales de ces peuples.

L'hospitalité était dans les mœurs syriennes. Elle caractérise

---

(1) Id., § 5.
(2) Athénée, banquet, XII, § 8.

surtout les peuples nomades, qui ont souvent besoin de rencontrer, pendant leurs excursions, des secours qu'ils seraient forcés d'arracher par la force. Lot se tenait à la porte de la cité pour l'offrir aux étrangers qui se présentaient.

D'abord, on saluait ses hôtes, on lavait leurs pieds; on dressait une table; les maîtres de la maison les servaient.

Souvent le père léguait à son fils l'obligation d'exercer l'hospitalité envers les enfants de celui dont il l'avait reçue. Ce fut à ce titre qu'Abimélech accueillit d'abord si bien Isaac.

David, poursuivi par Saül, reçut une généreuse hospitalité chez les Philistins, dont il avait cependant tué le chef Goliath (1).

L'échange d'hospitalité entre les diverses tribus syriennes amena des alliances par le commerce et par les mariages; mais la différence de religion ne tarda pas à y mettre obstacle, et les lois interdirent dans la suite ces unions.

Les Syriens avaient aussi, à un haut degré, la vénération pour les morts; ici, la différence de religion n'était pas un obstacle à l'accomplissement des devoirs funèbres.

Ainsi, les Héthéens offrirent à Abraham d'enterrer le corps de Sarah dans leur cimetière (2). Cependant Abraham refusa, parce qu'il voulait un tombeau séparé, et il acheta une caverne située à l'extrémité d'un champ. On y plaça même la nourrice de la femme d'Isaac. La nourrice, chez les peuples primitifs, faisait partie de la famille.

Malgré les habitudes nomades de ces peuples, ils regardaient comme un très-grand malheur d'être enterrés loin des lieux de leur naissance. Jacob, en mourant, fait promettre à Joseph de le faire enterrer auprès de ses pères, dans la terre de Canaan (3).

(1) 1 Rois, XXI, 10; XXVII, 1.
(2) Genèse, XXIII, 6 et suiv.
(3) Id., XLIX.

A la mort d'un proche parent, on manifestait sa douleur en pleurant, en déchirant ses vêtements, en coupant sa barbe et ses cheveux, en se couvrant de cendre et d'un sac, en se roulant à terre (1).

Chez les Phéniciens, le deuil durait sept jours, et pendant un mois les proches parents étaient exclus du temple (2).

§ 5. RELIGION, PRÊTRES, TEMPLES, PRATIQUES DIVERSES.

La parenté des peuples sémitiques se révèle encore dans les croyances et les cérémonies religieuses.

Le monothéisme primitif ressort de la signification des noms divins : Beelsamin (seigneur du ciel), Oulom (l'éternité), Kadmon (l'antique), Samemroum (maître du ciel), Élioun (le très-haut), El (dieu), Bel (le seigneur), Melkart (le roi de la ville), Hadad (l'unique). Éloh ou Ilah implique l'idée la plus pure de la Divinité (3).

Mais l'idée primordiale conservée chez les prêtres se traduisit en polithéisme dans les pratiques populaires; et en effet, les Syriens apparaissent généralement comme idolâtres.

La Genèse constate elle-même l'idolâtrie des enfants d'Abraham. L'idée d'un Dieu suprême était trop abstraite pour ces peuples nomades. En quittant son pays natal, Rachel ravit à Laban de petites idoles; et celui-ci court à sa poursuite pour les lui faire rendre.

(1) Lévit. XIX, 28; XXI, 5.—Isaïe, XV, 2-3.
(2) Mém. de l'Acad. des belles-lettres, t. 42, p. 77.
(3) Renan, *Journal asiatique*, 1859, t. I, p. 274.

On sait que de peine eut Moïse à combattre les vieilles superstitions des Hébreux. Pendant leur séjour en Égypte, ils les avaient religieusement conservées et pratiquées; ils les rapportèrent en Syrie. Ce fut un grand obstacle au succès de la réforme mosaïque. Le dieu phénicien Belphégor revenait toujours à leur pensée.

Une des filles d'Absalon honora cette divinité en lui consacrant un bois, et se déclara sa grande prêtresse.

Les religions de la haute et de la moyenne Asie se frayèrent de bonne heure un passage dans les contrées occidentales. L'Asie antérieure était comme la route par où circulaient les caravanes et les armées des grandes puissances; il dut en résulter une influence incessante sur les mœurs et les idées des peuples qu'elles traversaient : ce qui explique les rapports de coutumes et de culte entre l'Égypte et l'Assyrie, la Phénicie et la Palestine (1).

Chez les Phéniciens, la divinité, confondue avec la nature, se manifeste sous les rapports de création, de conservation et de destruction. Le principe mâle et le principe femelle, le générateur et le destructeur, la lumière et les ténèbres, l'antagonisme du bien et du mal, forment le fond des croyances religieuses de ce peuple. Il y a des dieux principaux et des dieux secondaires ou hommes divinisés.

Le dieu suprême s'appelait, dans la contrée du nord, *El* (le fort), et dans la contrée du midi, *Baal-Samim*. A l'un était associée Baaltis ou Berut, épouse d'Adon; et au second, Astarté et Melkart. A Tyr, Astarté était reconnue pour épouse de Baal, et à Sidon comme vierge.

On remarque, en général, dans les cultes de l'Asie occidentale, les deux sexes l'un à côté de l'autre : un principe actif, et un principe passif; un dieu-soleil, roi des cieux, pouvoir fécondant; une déesse-lune, qui conçoit de lui, et qui parfois

---

(1) Creutzer, *Religions de l'Antiquité*, trad. par Guigniaut.

se confond avec la terre fécondée. On voit aussi une seule et même divinité réunir les deux sexes.

Ces divinités étaient représentées par des images symboliques exprimant les deux sexes et les différents âges.

Melech ou *Moloch*, roi, s'appliquait à plus d'un dieu.

Baal s'appliquait à la fois au dieu suprême et à des hommes il était identique au mot *Adon* (*Dominus*) l'Adonis des Grecs.

Les divinités principales, Baal, Melcarth et Astarté formaient une triade.

Baal est le maître par excellence, le seigneur suprême, le Bélus des Babyloniens (1); c'est à lui qu'on sacrifiait des enfants dans de graves circonstances (2). Il avait des statues et des prêtres; son principal temple était à Tyr.

Il y avait encore le Baal-etan, le seigneur éternel; il répond au Jéhovah des Hébreux; le Baal-ram, le maître suprême; le Baal-zebub, maître de l'habitation, le Belzébuth des Hébreux.

Melcarth, le Mélicerthe des Grecs, fils de Baal et d'Astarté, était le distributeur de toutes les richesses; on retrouve son culte dans les colonies phéniciennes. Ce dieu présidait au mouvement du soleil et au retour des saisons; aussi l'appelait-on encore dieu du printemps, de la moisson, etc. On lui sacrifiait des cailles. C'était enfin l'Hercule tyrien, sous le nom d'Harokêl, le marchand. Melcarth était adoré à Carthage comme dieu du soleil et dieu du commerce. Tous les ans, on élevait en son honneur un bûcher, d'où l'on faisait voler un aigle, symbole du phénix. Cette fête était l'occasion, pour les colonies phéniciennes, d'envoyer à Tyr et à Carthage des députés qui venaient prêter le serment fédéral; d'où le nom de Baal-berith, dieu de l'alliance. On lui faisait des sacrifices humains (3).

Astarté, la divinité féminine, était représentée portant sur

---

(1) Sanchoniathon. St-Augustin, *Quæst. in Jud.*, l. XII, 16.
(2) Cornel. Nepos, *Hannibal*, ch. 2.
(3) Pline, *Hist. natur.*, XXXVI, 5.

la tête une étoile. La Bible l'appelle Ascheroth (1). Elle avait des prêtresses qui se prostituaient aux étrangers comme celles de Mélitta à Babylone. Lucien la désigne comme la déesse de la lune (2). L'Astarté sidonienne, assimilée à la lune, était une déesse chaste, une vierge.

Chaque ville, chaque colonie eut des divinités particulières dérivant toutes, plus ou moins, des divinités de Tyr et de Sidon. Telle fut Baaltès ou Aphrodite, divinité protectrice de Bérythe. La Vénus Archités, à Césarée, était une conception assez poétique : « Une étoile, dit Sozomène, qui tomba dans le lac d'Aphaka, fut prise pour la déesse (3) » Sur les monuments de Césarée, on la représentait la tête voilée, inclinée tristement sur l'épaule gauche, symbole de l'hiver. Elle rappelle la déesse tyro-babylonienne Salambo, pleurant la perte d'Adonis, symbole de la force génératrice du printemps.

Adonis représentait, sous la forme d'un beau jeune homme, le principe mâle, fécondateur, associé au principe femelle Baaltis ; il était adoré particulièrement à Byblos.

D'autres divinités locales furent Éléoun (suprême), le dieu qu'invoquait Melchisédech (4) ; Esmoun, et Memnon (soleil) ; les huit cabires (enfants de la justice), sortes de dieux lares des navigateurs (5). Savoir : Chusor-Phtha, le dieu qui engendre l'ordre, le principe générateur, ayant pour attribut un *phallus*. C'est aussi le dieu inventeur du fer et des métaux en général, sorte de Vulcain forgeron.

A ce dieu était associée Chusarthis, ordre, loi ; l'*Harmonie* des Grecs. Elle était aussi l'interprète des livres sacrés de Taaut, et le symbole de la lune.

Astarté était au nombre des cabires et représentait la terre,

---

(1) Jud. 2, 13. 1 Sam., 74 ; 12, 10.—Jérémie, 7, 18 , 44, 17.
(2) *Déesse Syrienne.*
(3) Hist. eccles., II, 3.
(4) Genèse, XIV, 18.
(5) Hérod., III, 37.

dans le sens mystique.; elle répondait alors à l'Isis des Égyptiens.

Taaut, quatrième cabire, était l'inventeur de la métallurgie, de la médecine et de l'écriture; il répondait au Thoth égyptien. On l'invoquait comme symbole du ciel.

Adad et Damarus rappelaient les Dioscures des Grecs et représentaient les deux grands principes de la fécondation : la chaleur solaire et l'humidité.

Héraclès paraît avoir été le septième cabire.

Enfin, Esmoun, quoique le dernier, occupait cependant un rang élevé, conformément au principe des alchimistes : le haut est le bas, le premier est le dernier. C'est l'Esculape des Grecs.

Les divinités secondaires avaient pour symbole chacune un astre particulier : le soleil en tant que Dieu avait pour symboles des chevaux et un char ou des colonnes, la lune un char traîné par des bœufs. Les planètes jouaient un grand rôle par leur influence supposée sur les hommes et sur les événements, les unes comme bons génies, les autres comme mauvais; il est l'origine de l'astrologie. La planète de *Vénus* fut surtout l'objet d'un culte très-répandu dans les colonies phéniciennes.

Le culte des éléments s'adressait tantôt directement à chacun d'eux, tantôt indirectement à la divinité dont ils relevaient.

Certains animaux servirent de personnifications de divinités, entre autres le serpent, considéré tantôt comme bon, tantôt comme mauvais génie, selon qu'il était inoffensif ou venimeux; celui de la Genèse était le kakodémon (mauvais démon). Enfin, les cultes de la Phénicie, de la Syrie et de la Babylonie offrent des traits de ressemblance qui accusent une origine commune; et ce qui distingue en général la religion des Sémites de celle des Ariens, c'est une tendance plus marquée vers le monothéisme dont El, Bel, Élohim, Adon, Jéhovah sont les différentes expressions.

Les premiers autels des Syriens furent des amas de pierre

ou des colonnes dressées sur le haut d'une montagne. On y ajouta plus tard des enceintes. La colonne figurait l'idole d'un dieu; surmontée de la forme conique de flamme, elle représentait le culte du feu ou de Baal.

D'autres colonnes, symboles du phallus, furent dans la suite placées comme des obélisques à l'entrée des temples (1).

Beaucoup d'images des dieux formaient des monstres moitié homme moitié animal. On retrouve encore dans les fouilles pratiquées en Syrie de petits fétiches que les populations nomades emportaient avec elles d'un lieu à un autre, comme préservatifs de malheurs.

Malgré leur aptitude pour les arts de sculpture et de ciselure, les Phéniciens n'eurent que des représentations informes de leurs divinités, ce qui s'explique sans doute par le respect religieux qu'ils leur portaient.

Plusieurs de ces idoles étaient couvertes d'or et d'argent, parées de beaux vêtements, et attachées avec des chaînes également d'or pour les empêcher de tomber. Mais les descriptions qu'on nous en a transmises révèlent l'enfance de l'art, ce qui ferait remonter leur exécution à une époque antérieure à la prospérité des Phéniciens.

La plus monstrueuse de ces idoles était celle de Moloch, la même que décrit Diodore en parlant du Saturne des Carthaginois. Il y avait chez eux une statue de bronze représentant Kronos (Saturne), ayant les mains tendues et inclinées vers la terre, de sorte que l'enfant qu'on y mettait, tombait en roulant dans un gouffre de feu (2). En parlant du Moloch cananéen, Jérémie dit : « Et ils ont bâti des autels à Baal, qui sont dans la vallée de Ben-Hinnom, pour faire passer (par le feu) leurs fils et leurs filles à Moloch (3). »

---

(1) Lucien, *Déesse Syrienne*, ch. 16.
(2) L. xx, 14.
(3) xxxii, 35.

Chez les Phéniciens les prêtres furent nombreux ; chaque divinité eut les siens; la Bible en désigne huit cent cinquante (1), à l'époque de Jézabel qui avait rétabli le culte des Dieux de Tyr et de Sidon dans Israël.

Primitivement, les fonctions sacerdotales se réunirent à celle du souverain (2).

Mais dès que les prêtres firent un corps à part, ils se distinguèrent en diverses fonctions se rapportant aux divers services du culte (3). Ils enseignaient la jeunesse, tenaient le dépôt des annales publiques, rendaient des oracles, interprétaient les songes; car les songes, comme on le sait, jouèrent un grand rôle chez les peuples primitifs.

C'est principalement dans le célèbre temple d'Hiérapolis qu'avaient lieu les grandes cérémonies du culte Syrien, et qu'on envoyait de tous côtés des offrandes et des hommages.

Les Syriens avaient aussi des temples mobiles traînés sur un char par des hommes ou des taureaux. Le dieu Moloch eut un tabernacle de ce genre, et Amos (4) accusait les Israélites de l'avoir porté dans le désert avec d'autres idoles ; car souvent ils se disaient : « faisons-nous des dieux qui marchent devant nous (5). » Le dieu invisible de Moïse ne leur suffisait pas. Il y avait aussi des bois sacrés où l'on allait adorer l'image mystique de la déesse de la fécondation qu'on retrouve sur des médailles. Des danses, des festins et des jeux divers accompagnaient ces grandes cérémonies religieuses. Alexandre, devenu maître de Tyr, institua des jeux en l'honneur des divinités locales (6).

Divers hymnes étaient chantés pendant la célébration des

---

(1) Rois, l. 3, ch. XVIII, 19.
(2) Josèphe, contr. Appion, I, 18.
(3) Lucien, *Déesse de Syrie*.
(4) V, 26.
(5) Exode, XXXII, 1.
(6) Arrien, II, § 7.

fêtes ; l'un d'eux commençait ainsi : Dieu est bon, Dieu est puissant ; ne désespérons de rien (1). »

Les dieux étaient invoqués dans les occasions heureuses ou malheureuses ; on se baisait les mains devant eux en signe d'adoration, comme il résulte de ce passage de la Bible où Jéhovah dit : » Je me réserverai tous ceux qui n'auront pas adoré Baal en baisant leurs mains devant lui. »

On priait encore en cachant son visage derrière une branche de palmier. Ezéchiel (2), reproche aux Israélites d'avoir emprunté cet usage aux peuples voisins.

Les victimes des sacrifices variaient, comme toute autre offrande, suivant les circonstances. Il y avait des sacrifices annuels, et d'autres consacrés à des événements nouveaux, ou à des souvenirs. Il y en avait pour les morts. Une alliance, un serment, un départ, un retour était marqué par le sang d'un animal.

C'est ainsi que Jacob offrit un sacrifice sur une montagne et invita ses frères à un repas ; ils mangèrent et passèrent la nuit sur cette montagne (3).

Une inscription phénicienne découverte à Marseille contient l'énumération des animaux destinés aux sacrifices avec le tarif des prix, arrêté par un décret du sénat de Carthage; c'était des bestiaux et des oiseaux.

On n'immolait pas de vaches ; leur utilité les a rendu sacrées chez tous les peuples : « les Egyptiens et les Phéniciens, dit Porphyre, auraient mangé de la chair humaine plutôt que de la chair de vache (4). » Il aurait pu nommer les Indiens.

On sacrifiait aussi des boucs ; on en donnait aux femmes consacrées au temple pour prix de leur prostitution.

Dans les occasions extraordinaires de guerre, de peste, de

---

(1) Jamblique, *Pythagore*, § 7.
(2) VIII, 17.
(3) Genèse, XXXI, 54, XLVI, 1.
(4) *De abstin.*, ch. 2.

malheur public, des sacrifices humains avaient lieu devant les idoles de Moloch, de Baal-Samin et de Mouth. Les victimes étaient le plus souvent des enfants mâles et des vierges appartenant à des familles nobles. Un roi des Moabites alla jusqu'à offrir son propre fils aîné en holocauste.

Lorsqu'un danger pressant menaçait une ville on tirait au sort le nom du citoyen qui devait être sacrifié. On se proposait selon Eusèbe, par la mort d'un seul, offerte en expiation aux divinités vengeresses, de prévenir la perte de tous (1).

Les Perses, devenus maîtres de la Syrie, abolirent ces sacrifices. Cependant, lors du siége de Tyr, par Alexandre, on recourut encore à ce moyen extrême pour obtenir la faveur des dieux (2).

Hiérapolis conserva longtemps cette barbare coutume : on enfermait un enfant dans un sac, et on le conduisait, pour le sacrifier, au temple, en lui disant : « Tu n'es pas un homme, mais un taureau (3). »

Les mères assistaient elles-mêmes au sacrifice de leurs enfants, sans verser une larme; le fanatisme dominait leur douleur, et, une musique bruyante couvrait les cris de la victime.

Hiérapolis fut encore le théâtre de prostitutions sacrées à l'occasion de pèlerinages. Alors des vierges s'offraient aux étrangers, et l'argent qu'elles en recevaient servait pour des offrandes à la déesse. Dans la suite, cette prostitution des vierges fut remplacée par le don de leur chevelure lors de la fête d'Adonis.

Les ablutions étaient fréquentes chez les Syriens; les actes les plus ordinaires de la vie en nécessitaient l'usage : ceux

(1) Eusèbe, *prép. évang.*, IV, ch. 15 ; 4 Rois, III, 27. Voir aussi 1, Rois, XXII, 10 et Jérémie, XXXI, 32 ; XIX, 6.
(2) Quinte-Curce, IV, § 3.
(3) Lucien. *Déesse de Syrie.*

du mariage, de l'accouchement de la naissance ; la présence ou le contact d'un mort ou d'un tombeau étaient autant de souillures.

Bien que la castration constituât un état impur pour le prêtre, on regardait comme un acte de piété l'attachement d'une femme pour un prêtre eunuque (1).

On fit également de la circoncision une pratique religieuse chez certains peuples de la Syrie : les Juifs, les Moabites, les Ammonites et les Iduméens. L'hygiène l'avait inspirée, la religion la perpétua dans ces pays. Elle était considérée comme une offrande des prémices de l'innocence, un sacrifice d'initiation à la vie humaine.

Plusieurs fêtes se rattachaient au culte. Il y avait celle du printemps, célébrée en l'honneur de la résurrection de Baal ou de la nature.

Baal, l'Hercule de Tyr, avait été tué dans sa lutte avec Typhon. Son compagnon Iolaüs le ressuscita par l'odeur d'une caille. C'est pourquoi les Tyriens lui offraient des cailles en sacrifice (2).

L'époque des vendanges était aussi l'occasion d'une fête, en souvenir de Dionysos, qui passait pour avoir inventé le vin à Tyr.

On célébrait la fête d'Adonis par un deuil public, en souvenir de sa mort. Des femmes lui sacrifiaient leurs belles chevelures, ou se livraient au premier étranger venu. Deux jours y étaient consacrés : dans le premier, on célébrait les funérailles d'Adonis ; le second était consacré à de grandes réjouissances.

Une autre encore fut celle des fiançailles de l'eau douce avec l'eau de mer. Près de l'embouchure de l'ancienne Tyr, on voit une tour ruinée, et un puits où l'on vient encore puiser de l'eau. Cette eau se trouble en septembre, et se charge d'une

(1) Mém. de l'Acad. des Belles-Lettres, t. 38 et 42.
(2) Athénée, IX, 45.

argile rougeâtre. Les habitants y accourent alors en foule et y versent de l'eau de mer, dans l'espoir de lui rendre sa limpidité. (1). La mer passait pour le principe mâle, qui s'alliait à l'eau de source, principe femelle. A Hiérapolis, on portait deux fois par an de l'eau de mer dans le temple, au printemps et à l'automne. C'était encore une occasion, pour les arts et l'industrie, d'y déployer toute leur puissance. Les étrangers y accouraient de toutes parts, ce qui donnait une grande impulsion au commerce phénicien.

§ 6. IDÉES COSMOGONIQUES.

Le seul écrivain de la Phénicie dont nous possédions des fragments, retouchés par Philon (de Byblos), Sanchoniathon, a essayé une histoire du monde et des êtres. Il part du chaos, et aboutit aux hommes et aux animaux; puis il revient au principe cosmique, pour retourner au monde humain.

Suivant lui, le principe de tout est un air rempli de ténèbres et d'esprit ayant duré éternellement. Lorsque l'esprit devint amoureux de ses propres éléments et s'y mêla, il s'ensuivit l'union, appelée *désir*. C'est là le commencement de toutes choses, d'où naquit *Mot*, puis la semence de la création et de la génération de tous les êtres. Alors naquirent les animaux n'ayant pas de sentiment; d'eux naquirent les animaux pensants, contemplateurs du ciel; aussitôt brillèrent au ciel Mot (le soleil), la lune, les petits et les grands astres.

L'air étant devenu resplendissant, la chaleur de la mer et celle de la terre firent naître les vents et les nuages, et les

(1) Volney. Syrie, p. 252.

écoulements des eaux célestes. Les éléments s'entrechoquèrent, de là la foudre. Les animaux pensants se réveillèrent; le mâle et la femelle s'agitèrent au sein de la mer et des eaux.

Après avoir expliqué les noms des vents, Sanchoniathon, ou Philon, ajoute qu'ils consacrèrent les les germes du sol, les mirent au nombre des dieux et adorèrent les productions dont ils vivaient; leurs descendants, comme leurs ancêtres, leur firent des libations et des sacrifices. Du vent Kolpias et de sa femme Bauv (nuit) naquirent Aeon et Protogène. Aeon découvrit la nourriture provenant des astres, d'où naquirent Genos (genre), et Genea (procréation), qui habitèrent la Phénicie; ceux-ci élevèrent leurs mains vers le soleil, qu'ils croyaient le maître du monde, et l'appelèrent Beelsamin, maître du ciel.

Hypsouranios s'établit dans Tyr; il inventa le moyen de construire des cabanes avec des roseaux et du papyrus. Il s'insurgea contre son frère Ousous, qui, le premier, se vêtit de peaux d'animaux; il prit un arbre, en abattit les branches, et se lança dans la mer; il éleva deux autels au feu, et un au vent, et leur offrit en libation le sang d'animaux tués à la chasse.

D'Hypsouranios naquirent Agreus (chasseur) et Halieus (pêcheur), inventeurs de la chasse et de la pêche, du fer et de ses usages. Ils engendrèrent deux frères : l'un fut Chrysor, qui s'exerça dans l'éloquence, dans les enchantements, dans l'art devinatoire; ce fut le premier navigateur. Ses frères ont inventé l'art de construire des murs avec des briques. Ils engendrèrent Agros, l'un des plus grands dieux, lequel perfectionna la construction des maisons. Leurs descendants furent des cultivateurs, des chasseurs et des pasteurs, entre autres Sydyk, qui inventa l'emploi du sel.

De Misor naquit Taaut, l'inventeur des premiers caractères d'écriture, le Thooth des Égyptiens.

De Sydyk naquirent les Dioscures ou Cabires. Ceux-ci engendrèrent des inventeurs qui enseignèrent la connaissance des plantes, la guérison des morsures d'animaux venimeux, et les enchantements.

Puis vinrent au monde Élioun, le très-haut, et sa femme Berouth, qui eurent pour fils Uranos (ciel). Celui-ci eut pour sœur et pour femme la Terre. De ces derniers naquirent quatre enfants : Ilus ou Kronos, Betylus, Dagon et Atlas. Uranos eut avec d'autres femmes une race nombreuse. La Terre, jalouse, se sépara de lui, et le repoussa lorsqu'il voulait s'approcher d'elle.

Kronos ayant atteint l'âge viril, prit pour aide Hermès le trois fois grand. Il eut deux enfants : Proserpine et Minerve; puis, ayant battu Uranos, il le chassa de son empire, et fonda la première ville, Byblos en Phénicie.

Ayant conçu des soupçons contre son frère Atlas, il l'ensevelit au sein de la terre.

A cette époque, les descendants des Dioscures naviguèrent sur des radeaux et des navires, et ayant échoué contre le mont Casius, ils y élevèrent un temple.

Les auxiliaires d'Ilus ou Kronos furent appelés Éloïm, ou dieux.

Kronos eut pour fils Sadid, qu'il tua ; il tua aussi sa fille.

Uranos envoya ses filles Astarté et Rhéa pour faire tomber Kronos dans un piége. Mais celui-ci s'empara d'elles, et en fit ses épouses. Il eut d'Astarté sept filles, les Titanides, de Rhéa sept fils, de Dione plusieurs filles, et enfin d'Astarté deux nouveaux fils, Pathos (désir), et Éros (amour).

Suit une généalogie fastidieuse des descendants de ces premières divinités. Sanchoniathon parle ensuite des merveilles relatives aux reptiles et animaux venimeux qui causent la mort. Taaut attribua aux dragons et aux serpents une nature divine, croyance qui fut adoptée par les Phéniciens et les Égyptiens. Il disait que ces animaux étaient remplis d'esprit et de feu. L'être primordial le plus divin est le serpent à figure d'épervier : le cercle désigne le monde, et le serpent du milieu qui y est contenu désigne le bon génie.

Zoroastre dit aussi que le dieu à tête d'épervier est le premier, impérissable, éternel, incréé, indivis, le modérateur de tout ce qui est beau, inaccessible à la corruption. C'est le père de la législation et de la justice, inventeur de la nature divine.

Taautos fut, suivant Sanchoniathon, l'auteur de la cosmogonie phénicienne, de même qu'Oannès fut, suivant Bérose, l'auteur de la cosmogonie babylonienne ; car il existe d'autres cosmogonies sémitiques aussi importantes que celles de Sanchoniathon. Celle de la Genèse est la plus simple et la plus claire. Puis viennent celle de Bérose, dont on possède quelques fragments, et celle de Moschus, conservée par Damascius.

L'esprit philosophique qui distingue les cosmogonies phénicienne et babylonienne de celle de la Genèse, tient à l'état intellectuel plus avancé des Phéniciens et des Chaldéens, et aussi à l'influence des idées grecques qui s'y mêlèrent dans la suite.

Bérose et les auteurs cités par Damascius ont exposé la théologie babylonienne et phénicienne, non pas sous une forme historique, comme fit l'auteur de la Genèse, mais telle qu'elle était interprétée et enseignée de leur temps dans un sens philosophique.

L'histoire primitive, qui, chez les ariens, s'exprime par le mythe, devient chez les sémites un tableau généalogique de personnages rappelant les dieux, les hommes, les pays et aussi diverses inventions utiles. Cependant, il faut se défier de toutes les traditions étrangères qui nous ont été transmises par les Grecs ; ils y ont mis du leur au point de les dénaturer complétement ; la preuve en est dans les noms, purement grecs que présente la Cosmogonie attribués à Sanchoniathon, et transmise par Philon (de Byblos).

§ 7. COMMERCE, NAVIGATION.

C'est le commerce maritime qui a fait la réputation des Phéniciens. Dès la plus haute antiquité connue, ils allèrent fonder au loin des colonies. Les Grecs ont personnifié ces migrations par le mythe d'Hercule Tyrien. L'histoire de cet Hercule allant en Ibérie pour faire la guerre au fils du riche Chrysaor est une narration épique et allégorique de la propagation du commerce des Phéniciens par la navigation.

Ces colonies durent leur naissance à deux causes : au trop plein de population, et à l'esprit aventureux de ce peuple entretenu par sa position topographique. Les plus anciens établissements des Phéniciens furent ceux de l'Asie continentale, situés sur le trajet de la grande route de Tyr et de Sidon à l'Euphrate.

Des tribus cananéennes fondèrent ensuite Citium et Amathonte, sur les bords de la Méditerranée. Paphos, Karposia, Rhodes et quelques autres sont également réputées d'origine phénicienne. Chypre fut conquise, dit-on, par les Sydoniens, sous la conduite de Bélus, ce qui ferait remonter cette colonie à une haute antiquité.

Au quinzième siècle avant Jésus-Christ, Cadmus conduisit des colons dans l'île de Théra, où, depuis, l'on tissa les plus belles toiles.

Une autre colonie célèbre fut Cythère, qui fournit les coquillages à pourpre, et devint le principal intermédiaire du commerce des Phéniciens avec la Grèce. C'est de là que se répandit le culte de la Vénus phénicienne.

Les Phéniciens occupèrent aussi une partie de la Sicile et y fondèrent des villes qui tombèrent plus tard sous le patronage de Carthage (1), entre autres Héraclée et Mélita (Malte).

Mélita était florissante à l'époque de Diodore; on y trouvait des ouvriers de tous les métiers, surtout des ouvriers en toiles.

Les colonies phéniciennes, dans l'île de Sardaigne, exploitèrent le fer et le plomb; celles d'Espagne, l'argent et l'étain; celles d'Afrique, nées d'une tribu liby-phénicienne, se distinguèrent par le commerce de l'intérieur et par l'agriculture. Byzacène, Byrza et Utique en furent les principales villes.

La plupart des nombreuses colonies phéniciennes en Afrique, abandonnées par la métropole lors de la domination assyrienne, tombèrent au pouvoir des indigènes ou d'autres colonies voisines.

La navigation des Phéniciens dans les golfes Arabique et Persique et dans l'Océan indien fut très-active; elle alimentait les marchés de l'Égypte, de la Syrie et de la Grèce. C'est à Ophir, principalement, qu'ils allèrent chercher de l'or en quantité, des bois rares et des pierres précieuses (2).

A l'époque d'Homère, les Phéniciens passaient, aux yeux des Grecs, à la fois pour des pirates et des trafiquants. Ils leur apportaient des jouets, et en même temps leur enlevaient leurs garçons et leurs filles pour aller les vendre en Asie. Hérodote rapporte que, dans une de leurs expéditions, ils vinrent à Argos, y étalèrent leur chargement, et, après avoir presque tout vendu, plusieurs filles, parmi lesquelles se trouvait Io, fille du roi Inachus, étant venues sur le rivage pour choisir et acheter quelques marchandises, les Phéniciens se jetèrent sur elles, les enlevèrent sur leurs navires et les conduisirent en Égypte (3).

Les Phéniciens, rivaux des Grecs pour le commerce, prirent sou-

(1) Thucyd., VI, 2.
(2) 1 Rois, 9, 11, 26, 27.
(3) Liv. I, 1. Odyss , XV, 402.

vent parti contre eux pendant leur guerre avec les Perses. Cependant ils ne cessèrent de porter en Grèce certaines denrées qu'eux seuls pouvaient lui fournir, telles que les parfums d'Arabie, les produits des manufactures de Tyr, des vêtements de pourpre et des jouets. Il y avait des maisons de commerce tyriennes à Byzance et à Cios. Ils remplissaient les harems d'esclaves ioniennes, et allaient pêcher dans le Pont et les Palus-Méotides, d'où ils apportaient des poissons salés.

C'est surtout avec la Sardaigne, l'Espagne et la côte de l'Afrique que les Phéniciens firent le commerce. Souvent ils coulèrent à bas les navires étrangers qui y venaient leur faire concurrence.

Outre la teinture de la pourpre, soit au moyen des coquillages, soit au moyen de plantes tinctoriales, on attribue aux Phéniciens l'invention des lettres et celle du verre.

Les Phéniciens se trouvant à l'extrémité du continent asiatique, communiquaient sans intermédiaire avec l'Afrique et l'Europe. Leurs riches cités servaient d'entrepôts aux denrées qu'on tirait de l'Inde, de la Chine, de la Sibérie, de l'Asie centrale, de l'Arabie, etc. Des caravanes traversaient la Syrie dans tous les sens et y trafiquaient pour le compte des Phéniciens.

Ce commerce était fondé primitivement sur des échanges; les métaux précieux ne furent longtemps que des marchandises. Les rapports des Phéniciens avec les autres peuples de la Syrie étaient facilités par la ressemblance de langage, ce qui leur assurait le commerce exclusif des produits de cette contrée, surtout des laines des troupeaux, qu'on transportait à Tyr et à Sidon pour être teintes en pourpre et devenir la principale branche de commerce des Phéniciens.

Le commerce des esclaves s'y fit en grand : Les Syriens, nés pour la servitude, dit Cicéron (1), approvisionnaient les trafi-

(1) De prov., 10.

quants; les caravanes les recueillaient en route, en échange de métaux et d'étoffes.

Les prophètes hébreux leur reprochent de trafiquer de garçons et de filles. On présume qu'ils allaient chercher les plus beaux types d'hommes et de femmes sur les bords de la mer Caspienne et de la mer Noire.

L'Arabie fut encore le centre de leurs communications avec l'Éthiopie et l'Inde. Des caravanes, composées de diverses peuplades, parcouraient l'Arabie et y trafiquaient directement ou indirectement pour le compte des Phéniciens dont les villes maritimes recevaient des denrées qu'elles envoyaient ensuite avec de grands bénéfices dans toutes les contrées de l'Orient.

La laine des déserts, formait par les tribus nomades de l'Arabie et de la Syrie une des branches de commerce les plus importantes des Phéniciens.

Dès le temps des patriarches hébreux, les Phéniciens faisaient du commerce avec les Égyptiens, par la voie de terre, et y portaient surtout du vin.

La Palestine leur fournissait du froment, du baume et de l'huile d'olive, et l'importance de ces denrées contribua à maintenir toujours de bons rapports entre ces deux peuples.

Hérodote rapporte que les Phéniciens eurent des colonies jusqu'au sein même de l'Egypte et que dans Memphis, par exemple, tout un quartier était habité par eux (1).

Ce fut surtout vers l'exploitation des mines que les Phéniciens tournèrent leurs vues; car ils y puisèrent leurs plus grandes richesses; aussi bravèrent-ils les plus grands dangers pour en découvrir.

Les premiers qui débarquèrent en Espagne y trouvèrent une telle quantité d'argent qu'ils en composèrent des cargaisons et fabriquèrent avec ce métal leurs ustensiles et jusqu'à leurs ancres. Ils les firent exploiter soit par les habitants, moyennant salaire, soit par des esclaves.

(1) II, 112

L'Espagne leur fournissait en outre de l'or, du plomb, du fer, et aussi du blé, du vin, de l'huile, de la cire, de la laine, et surtout les plus beaux fruits.

Enfin, l'importance du commerce de Tyr, à l'époque d'Ézéchiel, ressort des paroles mêmes d'imprécations que lui lance ce prophète :

« Fils de l'homme, fais une plainte lugubre sur la chute de Tyr. Tu diras à cette ville, située près de la mer, qui est le siége du commerce et du trafic des peuples de tant d'îles différentes : O Tyr, tu t'es dit : « Je suis d'une beauté parfaite. Je suis placée au milieu de la mer. » Ceux qui t'ont bâtie n'ont rien oublié pour t'embellir ; ils ont fait ton vaisseau avec des sapins de Sanir. Ils ont pris un cèdre du Liban pour te faire un mât. Ils ont fait tes rames avec des chênes de Basan. Ils ont employé l'ivoire des Indes pour faire tes bancs, et ce qui vient des îles vers l'Italie pour faire tes chambres et tes magasins. Le fin lin d'Égypte, tissu en broderie, a composé la voile qui a été suspendue à tes mâts ; l'yacinthe et la pourpre des îles d'Elisa ont fait ton pavillon. Les habitants de Sidon et d'Arad ont été tes rameurs, et tes sages, ô Tyr, sont devenus tes pilotes.... Tous les navires de la mer et tous les mariniers ont été engagés dans ton commerce. Les Perses, ceux de Lydie et ceux de Libye, étaient tes gens de guerre dans ton armée, et ils ont suspendu sur toi leurs boucliers et leurs casques pour te parer. Les Aradiens et leurs troupes environnaient tes murailles, et les Pygnées qui étaient sur tes tours ont suspendu leurs carquois le long de tes murs. Les Carthaginois t'apportent toutes sortes de richesses et remplissent tes marchés d'argent, de fer, d'étain et de plomb. La Grèce, Tubal et Mosoch entretenaient aussi ton commerce et t'apportaient des esclaves et des vases d'airain. On a amené de Thogorma dans tes marchés des chevaux, des cavaliers et des mulets. Les enfants de Dédan ont trafiqué avec toi ; ton commerce s'est étendu en plusieurs îles, et ils t'ont donné en échange de tes marchandises des dents d'ivoire et de l'ébène. Les Syriens ont été engagés dans ton trafic et ils ont mis en vente dans tes marchés des perles, de la pourpre, du fin lin, de la soie. Les peuples de Juda et d'Israël ont apporté dans tes marchés le plus pur froment, le baume, le miel, l'huile et la résine...

Damas t'apportait du vin excellent, et des laines d'une couleur vive et éclatante. Dan, la Grèce et Mosel ont mis en vente dans tes marchés des ouvrages de fer poli, et tu as échangé des cannes de bonne odeur. Ceux de Dédan trafiquaient avec toi pour des housses de chevaux... L'Arabie et les princes de Cédas t'amenaient leurs agneaux, leurs béliers et leurs boucs. Saba et Rema exposaient dans tes marchés d'excellents parfums, des pierres précieuses et de l'or... Saba, Assur et Chelmad t'apportaient des balles d'yacinthe, d'ouvrages en broderie et des meubles précieux enveloppés et liés de cordes... (1)

Ces paroles résument parfaitement la situation commerciale de Tyr et se trouvent confirmées par cette exclamation d'Isaïe :

« Qui réserva un tel destin à la ville de Tyr, distributrice de couronnes, et dont les marchands furent les plus illustres de la terre ? »

Il ressort aussi des paroles d'Ézéchiel que les Phéniciens recrutaient pour former leurs troupes des étrangers mercenaires qui combattaient à leur place.

Ils étaient obligés à ce fâcheux expédient soit à cause de la rareté de leur population, soit plutôt, à cause de leurs préoccupations commerciales et industrielles. Toujours est-il qu'à l'aide de ces armées composées d'éléments hétérogènes, ils surent conquérir des ports de commerce et fonder des colonies, mais ne purent jamais les conserver longtemps, parce qu'ils en confiaient la garde à des gens plus disposés à trahir qu'à défendre leurs intérêts.

Les Phéniciens entreprirent plusieurs voyages de découverte qui agrandirent leur commerce maritime. Ils découvrirent ainsi l'île de Thasos, riche en mines d'or, et dont les Grecs ne tardèrent pas à s'emparer.

Hérodote leur attribue un voyage de circumnavigation de

---

(1) Chap. XXVII.

l'Afrique auquel le roi égyptien Neco aurait donné son appui. Quoi qu'il en soit de cette tradition, elle prouve au moins que les Phéniciens poussèrent l'art nautique très-loin, et l'on sait qu'ils furent pendant longtemps les maîtres souverains de la mer, depuis l'Océan Indien jusqu'à la Mer Atlantique.

§ 8. INDUSTRIE, ARTS.

Le commerce ne fit pas négliger l'agriculture en Phénicie; le vin y fut connu de bonne heure : les vins de Tyr, de Byblos, de Béryte jouissaient d'une grande réputation.

Les Phéniciens passent pour avoir les premiers fait usage du pavé pour les rues à Tyr et à Carthage (1).

Les cèdres et les carrières de marbre du Liban fournissaient des matériaux de construction. L'or et l'ivoire entraient pour une grande part, avec le marbre, dans l'édification des temples et des palais. On sait que le temple de Jérusalem fut l'œuvre des Sidoniens (2).

La construction des vaisseaux fut également poussée très-loin, on le comprend, par ce peuple navigateur; ses navires étaient larges, voûtés, et propres à contenir une cargaison considérable.

Ils ne se borna pas à exploiter les mines de plusieurs métaux, il sut les travailler avec art. L'auteur du Livre des Rois (3) fait un éloge pompeux d'un ouvrier phénicien que Salomon chargea d'orner le temple de Jérusalem. «Il était, dit-il, rempli de sagesse, d'intelligence et de science pour faire toutes

---

(1) Virgile Æn. I, 423.
(2) 1 Rois, V, II.—Samuel, VII.
(3) Ch. VII, 13-50. — 2 Rois, XXV, 13 et suiv.

sortes d'ouvrages de bronze. » Et il donne la description détaillée de ses travaux. On cite comme les plus anciens monuments de l'art phénicien les colonnes des temples de Melkarth à Tyr et à Gadès.

Les coupes sidoniennes, ou vases d'or et d'argent, étaient renommées dans toute l'antiquité (1). Tels furent les ciboires en argent ciselé et garnis d'or dont parle Athénée, et dont quelques-uns étaient bordés de pierres précieuses.

On fabriquait à Tyr et à Sidon des bracelets et des colliers d'or ou d'argent garnis de pierres précieuses. Les murs des temples et des palais, les idoles, les boucliers étaient couverts d'or laminé (2). L'ivoire servait à des travaux de marqueterie pour orner des palais, des trônes, et des bancs de trirèmes. On l'employait aussi à la fabrication d'instruments de musique, surtout des flûtes. Les vêtements royaux étaient ornés de pierreries. Ézéchiel en a énuméré un grand nombre (3). Enfin les Tyriens excellaient dans la fabrique et la ciselure des verres.

Les Phéniciens ont, les premiers peut-être, fait usage de monnaie, grâce à leur richesse en métaux, et cet usage se répandit dans toute la Syrie dès les plus anciens temps. La Genèse rapporte qu'Abraham acheta, pour le tombeau de Sarah, un terrain, moyennant 400 sicles d'argent. Ce sicle fut d'abord une monnaie au poids. On pense que huit sicles d'argent valaient 13 livres de notre monnaie.

C'est par des inscriptions gravées sur des pierres et sur du métal, que les Phéniciens perpétuaient la mémoire des faits les plus importants.

On a trouvé beaucoup de médailles phéniciennes en or, en argent ou en airain, mais appartenant à des époques peu anciennes. Celles de Tyr, qui remontent au deuxième siècle avant

---

(1) Hom. *Iliad.*, XXIII, 741. — Athén., XI, 27.
(2) *Odyssée*, XV, 459.— Pausanias, IX.— Pline, XXV, 35.
(3) XXVIII, 13.

notre ère, portent une tête d'Hercule imberbe entourée d'un rameau de laurier; ou une tête de femme voilée, surmontée d'une tour, représentation symbolique de la ville.

On trouve encore dans des tombeaux étrusques des boîtes en albâtre que les Phéniciens portaient en Italie.

Les étoffes de laine et de coton, tissées à Tyr, étaient très-fines, teintes de pourpre et rayées de couleurs diverses. Quelques-unes imitaient le chatoiement des plumes du paon (1).

Le pays de Canaan, à l'époque des patriarches ou pasteurs hébreux, avait un commerce, une industrie, des arts, empruntés sans doute aux Phéniciens. On mentionne des épées, des couteaux, des arcs, des flèches, des ustensiles de plusieurs sortes. Les femmes portaient des voiles et des vêtements en étoffe brillante. Ces pays étaient d'ailleurs perpétuellement sillonnés de caravanes qui allaient en Égypte et trafiquaient, chemin faisant, de leurs marchandises.

Au premier rang des manufactures phéniciennes il faut placer celles de la teinturerie : les teintures de Sidon étaient déjà renommées au temps d'Homère; la pourpre de Tyr fut toujours recherchée comme un des plus beaux objets de luxe.

Les métaux, les pierres fines, les étoffes teintes de belles couleurs, tous ces objets apportés en Syrie par les trafiquants phéniciens, servaient principalement à l'ornementation et au costume. Isaïe nous donne une idée du luxe que les femmes déployaient dans leur toilette : « En ce jour, dit-il, le Seigneur viendra vous enlever vos magnifiques boucles des pieds, vos filets de perles, vos croissants d'or, vos boucles d'oreilles, vos chaînons et vos voiles, vos rubans de tête et vos petites chaînes des pieds, vos ceintures, vos flacons de senteur et vos amulettes, vos bagues et vos pendants de nez, vos habits de fête et

---

(1) Hom., *Iliade*, XXIV, 229.

vos robes, vos manteaux et vos poches, vos miroirs et vos chemises, vos turbans et vos crêpes (1). »

La musique fut peu cultivée chez les Syriens de la Palestine avant le retour des Hébreux, mais elle l'était depuis longtemps chez les Phéniciens. On rapporte qu'à Tyr, les courtisanes parcouraient la ville un luth à la main, et mêlaient des chants obscènes au son des instruments.

§ 9. LES LANGUES SÉMITIQUES. ÉCRITURE. INSCRIPTIONS.

Le développement des langues sémitiques ne s'est pas effectué de la même manière que celui des langues ariennes, et il a suivi des lois grammaticales très-différentes. Les analogies qu'on a remarquées dans ces deux systèmes doivent être imputées aux relations commerciales qui s'établirent dès la plus haute antiquité entre les Phéniciens et les Indiens par l'intermédiaire des marchands d'Ophir, mais nullement à une origine commune.

On a remarqué également des rapports entre le copte égyptien et les langues sémitiques ; on peut les attribuer au long séjour des Arabes, mêlés aux Hyksos en Égypte, et aux relations de ceux-ci avec les Phéniciens et les Cananéens.

Les langues sémitiques formèrent plusieurs dialectes dérivant les uns des autres.

Ce fut le dialecte cananéen que parlèrent les patriarches hé-

---

(1) III, V, 18-23.

breux, araméens d'origine. Ce dialecte se transforma peu à peu, à tel point qu'il est difficile aujourd'hui de déchiffrer les inscriptions phéniciennes à l'aide de la langue hébraïque. (1)

D'après les monuments épigraphiques, les médailles et les inscriptions trouvées sur le sol des anciennes colonies phéniciennes, on reconnaît le caractère sémitique de la langue phénico-punique, et l'affinité de cette langue avec l'hébreu. L'inscription phénicienne trouvée à Marseille en 1845, et qui concerne les sacrifices, est en caractères hébreux primitifs.

M. Renan a comparé la position de l'hébreu dans la famille sémitique à celle du sanscrit dans la famille indo-européenne Il a démontré que la littérature hébraïque fut commune à tout les Sémites, que l'écriture alphabétique leur appartenait en propre et serait venue de Babylone; car on en retrouve les caractères sur des monuments de Ninive et de Babylone, à côté des caractères cunéiformes. Ceux-ci étaient réservés aux monuments et aux prêtres; ceux-là, plus cursifs, étaient entrés dans l'usage général et populaire. Il y eut un mélange de races et de langues sur les bords du Tigre par suite de relations commerciales. Le fond de la population de l'Assyrie et de la Babylonie était sémitique, et parlait la langue sémitique, tandis que les les prêtres chaldéens parlaient la langue kurde d'origine arienne. (2)

Nous possédons peu de monuments graphiques phéniciens, mais la découverte récente de deux inscriptions, l'une à Marseille, l'autre sur l'emplacement de l'ancienne Sidon suffit pour nous instruire des véritables formes des caractères proprement phéniciens.

(1) Journal asiatique, décembre 1847.
(2) Histoire des langues sémitiques.

L'inscription de Sidon est le premier monument phénicien trouvé jusqu'à présent sur le sol même de la Phénicie, et il est très-précieux en ce qu'il se rapporte à la plus ancienne ville de cette contrée. Elle est creusée dans la pierre d'un sarcophage du roi de Sidon, Eschmoun-Ezer.

Outre la presque identité des caractères avec ceux de la langue hébraïque, on y remarque certaine concision qui rappelle le style biblique, et qui confirme l'opinion de l'étroite parenté entre les divers peuples de la Syrie primitive.

« Au mois de boul, l'an XIV de mon règne, Eschmoun Ézer, roi des Sidoniens, fils du roi Tabnith, roi des Sidoniens, parla en disant : J'ai été enlevé avant le temps, peu avancé en âge, lorsque, sans avoir de fils, je fus retranché par la mort, et je suis couché dans ce cercueil et dans ce tombeau, dans le lieu que j'ai construit.

» J'adjure toute race royale et tout homme qu'ils n'ouvrent pas cette couche, qu'ils ne cherchent point auprès de nous de trésors, car personne n'a placé auprès de nous de trésors ; qu'ils n'enlèvent pas le cercueil qui me sert de couche, et qu'ils ne me chargent pas dans une seconde couche.

» Quoique je sois réduit au silence, mes imprécations te parlent ; écoute leur avertissement, car toute race royale et tout homme qui ouvriront la chambre de cette couche, ou qui enlèveront le cercueil qui me sert de couche, ou qui me chargeront dans cette couche, puissent-ils ne pas avoir de couche avec les *rephaïm* (mânes), ni être ensevelis dans un tombeau, ni laisser fils et postérité à leur place! Puissent les dieux saints les livrer à la domination d'un (roi) puissant, d'un homme qui les tyrannise de manière à les exterminer, cette race royale ou ces hommes qui ouvriront la chambre de cette couche, ou qui enlèveront ce cercueil, ainsi que la postérité de cette race royale ou de ces hommes du peuple! Qu'ils n'aient ni racine en bas, ni fruit en haut, ni figure parmi les vivants, sous le soleil, ainsi que moi, digne de miséricorde, qui ai été enlevé avant le temps, peu avancé en âge, lorsque, sans avoir de fils, j'ai été retranché pour la mort... » (1)

(1) Journal asiatique, avril 1856. Art. de M. S. Munk.

Cette inscription est importante à plus d'un titre : d'abord elle constate la piété que les Phéniciens attachaient aux sépultures. La grande préoccupation de ce roi est de prévenir toute violation exercée sur sa tombe, et il va jusqu'aux imprécations contre ceux qui oseraient y porter une main sacrilége. Cette inscription présente aussi un intérêt historique par la mention d'un roi ignoré jusqu'à ce jour, et qui dut régner à l'époque de la prospérité de Sidon.

CONCLUSION.

Nous avons vu que la Syrie primitive se composait d'une multitude de peuplades dont l'histoire est naïvement ébauchée dans la Genèse; que le patriarchat, ou le gouvernement de la famille par son chef, divisait ce pays en tribus qui, peu à peu, s'augmentèrent au moyen d'alliances entre elles et formèrent de petits états monarchiques.

Les Phéniciens ont dû former aussi primitivement une tribu nomade; mais la situation avantageuse de leur territoire sur les bords de la mer leur inspira bientôt le désir d'entrer en rapport avec d'autres populations maritimes; leur génie commercial et industriel se développa rapidement, et les plus anciennes traditions qui les concernent les représentent déjà comme marchands, comme colonisateurs et comme en possession d'un gouvernement régulier.

Sidon et Tyr ont fondé sur le littoral de l'Asie et de l'Afrique des colonies qui se constituèrent sur le modèle de leur métropole, avec les modifications commandées par un autre climat et de nouvelles relations.

Il n'en fut pas de même des Syriens de l'intérieur, de ceux

de la Palestine dont la vie nomade résista longtemps à l'exemple de peuples voisins ; ils vivaient encore comme pasteurs sous la direction des chefs de famille ou patriarches, quand les Phéniciens étaient déjà une nation civilisée.

L'époque syrienne des Hébreux devait seule attirer notre attention, car de retour en Palestine, après 400 ans d'émigration en Egypte, ils n'avaient conservé de leurs aïeux que des traditions et une langue un peu altérées ; ils revinrent presque complètement transformés, et le système politique, civil et religieux de Moïse acheva de leur faire perdre le caractère autonomique d'un peuple primitif.

En observant le rôle de la race sémitique dans l'histoire primitive de l'Asie occidentale, on reconnaît qu'elle fut plutôt religieuse que politique. Son existence nomade excluait les spéculations philosophiques ; de là une supériorité intellectuelle bien marquée des Ariens sur les Sémites et la différence apparaît surtout dans les langues. Le fond des langues sémitiques est sensuel, poétique, mais peu rationel ; celui des langues d'origine arienne, quoique aussi poétique, est de plus réfléchi et favorable aux idées abstraites. Enfin, les Sémites sont les pères du monothéisme, les Ariens sont les pères de la philosophie.

ÉGYPTIENS

§ 1. HISTOIRE.

L'Égypte fut occupée d'abord par des peuplades sauvages habitant des cabanes de jonc, et vivant des produits de la terre et des poissons que le Nil fournissait abondamment. Mais l'histoire politique de ce peuple ne date que de l'établissement de tribus étrangères dans la vallée du Nil. On suppose que ces tribus sortaient de l'Éthiopie. Trouvant la position de ce pays avantageuse pour la culture, pour les bestiaux, et pour une demeure fixe, elles y fondèrent une colonie qui s'accrut, prospéra et s'étendit peu à peu vers la basse Égypte (1).

Cette colonie eut probablement des institutions politiques et religieuses analogues à celles de l'Éthiopie primitive; toutefois, les traditions et les monuments les plus anciens attestent que la civilisation égyptienne s'est développée en dehors de toute influence extérieure.

Les historiens grecs qui ont recueilli sur différents peuples

---

(1) Champollion-Figeac. L'*Egypte ancienne.*

des récits plus ou moins légendaires, auxquels leur imagination a beaucoup ajouté, ont attribué aux Égyptiens surtout des commencements merveilleux.

Ils désignent Thoth ou Hermès comme le premier législateur et instituteur de ce peuple (1). Il aurait inventé l'agriculture, les arts, l'écriture, l'astronomie, la médecine, enfin tout ce qui fonde une civilisation, d'où est venu le nom de *Trismégiste* (trois fois grand), donné par eux à Hermès.

Aucun des nombreux monuments de l'Égypte ne se rapporte à cette tradition ; mais un fait incontestable, c'est la haute antiquité de la nation égyptienne et la longue durée de ses institutions et de ses coutumes. Aristote attribue cette durée à la mollesse des mœurs et à la pusillanimité des Égyptiens (2). Il se peut que de son temps la domination de l'étranger ait fait perdre aux Égyptiens le courage qu'ils avaient déployé souvent pour défendre leur indépendance ; mais il n'en faudrait pas conclure que ce fût chez eux une disposition naturelle ou traditionnelle, l'histoire de leur développement national s'inscrirait en faux contre cette imputation.

Le plus ancien gouvernement de l'Égypte fut théocratique ; son siége était à Thèbes. Le sacerdoce, rendant la justice, prononçant les oracles, faisant les lois, écrivant les annales et conservant le dépôt des sciences, était naturellement le maître souverain, tant qu'il s'agissait d'organiser une société nouvelle. Mais une rivalité ne tarda pas à s'élever entre la caste des prêtres qui gouvernait, et celle des guerriers qui combattait ; elle se termina par la prédominence des guerriers : la force armée devait l'emporter bientôt sur la force intelligente dans un pays où la masse du peuple était laissée dans l'ignorance, et où la nécessité de se défendre à chaque instant contre des peuplades voisines donnait à la valeur guerrière une importance toujours plus grande.

(1) Platon, *Phileb.*—Plutarque, *Symp.*, IX, 8.— Diod., 1, 16
(2) *Politique*, VII, ch. 10.

Le premier qui s'empara du pouvoir et fonda la monarchie égyptienne fut Ménès ou Mnéï, lequel, suivant Hérodote, aurait succédé aux dieux, c'est-à-dire aux prêtres et aurait séparé ainsi le pouvoir spirituel du pouvoir temporel (1). D'après les calculs tirés de la chronologie de Manéthon, corroborés par les monuments, cet événement remonterait à 5,000 ans avant notre ère.

Il n'en résulta point un amoindrissement d'influence pour les prêtres; s'ils ne gouvernèrent plus, ils pesèrent toujours sur le gouvernement.

Ménès, lui-même, pour s'assurer leur appui, leur fit de riches présents, orna le temple de Thèbes et institua de nouveaux sacrifices. (2)

On lui attribue la fondation de Memphis, dont il fit le siége du gouvernement, tandis que Thèbes resta celui de la religion. Des lacs furent creusés; des canaux furent ouverts; des digues furent opposées aux inondations du Nil (3).

Que ce roi ait accompli toutes ces choses, ou qu'on lui en fasse honneur, toujours est-il qu'elles se rapportent à une époque où les Égyptiens étaient définitivement constitués en nation, et jouissaient déjà de moyens industriels, agricoles et artistiques, assez complets pour répondre à tous les besoins et pour demeurer ensuite presque stationnaires pendant un grand nombre de siècles.

Quoiqu'il en soit, Ménès fut le véritable fondateur de la première dynastie.

Entre ses successeurs on cite Athotis, son fils, qui fit bâtir le palais des rois à Memphis, et cultiva les sciences; Biophis, de la deuxième dynastie, qui porta une loi en faveur de la succession au trône des femmes; Nichérophis, de la troisième dynastie, qui repoussa les attaques des Libyens; Sésorthos,

---

(1) II, § 4 et 99. — Diod., § 45.
(2) Hérod., II, 99.
(3) Diod. I, § 50.

de la même dynastie, qui fut habile en médecine, et donna aux signes hiéroglyphiques des formes élégantes ; Souphis, de la quatrième dynastie, qui écrivit sur les choses sacrées.

C'est sous la quatrième dynastie que furent construites les pyramides de Ghizé.

Nitocris, de la sixième dynastie, sœur d'un roi assassiné, monta sur le trône, et, après douze ans d'un règne brillant, menacée d'être tuée à son tour, elle se donna la mort (1).

Nitocris fut la première femme qui régna en Égypte, en vertu de la loi de Biophis.

Aucun de ses successeurs n'a laissé de souvenir marquant. Le fondateur de la neuvième dynastie, Achtoès, s'était distingué par son courage, mais une fois au pouvoir, il devint despote et cruel, puis tomba en démence. Un crocodile, dit-on, en délivra l'Égypte.

Sous les rois suivants, l'Égypte semble avoir goûté une longue paix favorable à son développement intellectuel. Le silence même de l'histoire sur leurs noms prouverait qu'ils ne furent pas oppresseurs.

La onzième dynastie, originaire de Thèbes, rivale de Memphis, et chef-lieu de la hiérarchie religieuse, fit reprendre à la caste sacerdotale une influence que les rois de Memphis avaient un peu amoindrie. Cependant les rois de cette dynastie n'ont guère laissé de souvenir. Le dernier seul, Amménémès, se distingua par des services signalés. Puis vient la douzième dynastie, également originaire de Thèbes, dans laquelle on distingue Labarès, à qui l'on attribue la construction du célèbre labyrinthe, puis une reine Scenniophrès, qui régna quatre ans.

Sous ces deux dynasties, Thèbes s'enrichit de nouveaux monuments ornés de sculptures et de peintures : il en reste de précieux débris, qui portent encore les noms de ses rois, et attestent l'authenticité de leurs règnes.

---

(1) Hérod., II, § 100.

La treizième dynastie, également thébaine, gouverna pendant près de cinq cents ans, à la faveur d'une paix profonde.

La quatorzième dynastie fut originaire de Skôou (Xoïs), grande ville de la Basse-Égypte, mais ne laissa aucun souvenir après cinq cents ans de gouvernement.

La quinzième dynastie, vers 2,500 avant Jésus-Christ, fut thébaine et régna deux cent cinquante ans sans événement remarquable, si ce n'est la guerre d'Osymandias contre les Bactriens dont les détails ont été peints sur le tombeau de ce roi. A la suite des salles dont les murs sont décorés de ces représentations, était un sanctuaire, un promenoir et une bibliothèque appelée : Remède de l'âme. On a reconnu une analogie frappante avec le plan, qui existe encore à Thèbes, du Rhamesséum, et le monument d'Osymandias.

Sous la seizième dynastie, originaire aussi de Thèbes, régna Osortasen, dont les victoires en Nubie ont été représentées sur des monuments encore debout. L'invasion dite des Pasteurs, qui ravagea l'Égypte 2,000 ans avant notre ère, s'accomplit sous le dernier roi de cette dynastie, Timaos.

Manéthon rapporte que des hommes venus de l'Orient envahirent l'Egypte, emmenèrent les chefs, brûlèrent les villes et les temples, massacrèrent les hommes valides, réduisirent les femmes et les enfants en servitude, choisirent l'un d'entre eux, nommé Salathis, et le firent roi. Salathis s'empara de Memphis ; Timaos tenta de le repousser et fut tué vers 2082 avant l'ère chrétienne.

Une partie de l'ancienne population, pour échapper au joug étranger, émigra et porta son industrie dans l'Asie-Mineure et la Grèce, où elle fonda des colonies (1).

Ces étrangers fondèrent une dynastie contemporaine de celle des Pharaons, qui résidaient dans la Haute-Egypte.

Manéthon les désigne sous le nom de Hyksos. Josèphe suppose qu'ils étaient Juifs ; mais les monuments constatent qu'ils

---

(1) Diod., I, 28-29.

appartenaient à une race blanche, peut-être à celle des Scythes, dont les incursions datent de très-haut, et auxquels se mêlèrent des Arabes.

Après la mort de Timaos, ses successeurs s'établirent dans la haute Egypte ; il y eut alors deux dynasties contemporaines : les Pharaons, souverains légitimes en Thébaïde, et les chefs conquérants à Memphis, dans la moyenne et dans la basse Egypte ; la dix-septième dynastie eut donc deux listes bien différentes.

Ni l'histoire, ni les inscriptions ne mentionnent les actes des rois Pasteurs ; ils ne laissèrent après eux que des ruines et le souvenir de la haine qu'ils avaient inspirée aux Egyptiens. Loin d'élever des monuments, ils avaient détruit les temples, et proscrit la religion du pays. Aussi, par une juste vengeance, ces étrangers sont-ils toujours représentés sur les monuments comme des captifs enchaînés, allusion à l'époque où l'Egypte en fut délivrée.

C'est sous le roi pasteur Apophis que se passèrent les aventures de Ioussouph (Joseph). Aucun monument ne vient à l'appui du fait rapporté par la Bible ; toutefois, ils contiennent des détails qui s'accordent assez bien avec l'état de l'Égypte à cette époque.

Ioussouph étant devenu premier ministre de ce roi, fit venir en Egypte la famille de son père. Cette famille y prospéra, s'accrut considérablement pendant quatre siècles de séjour et devint la souche de la nation juive.

Les descendants des anciens rois, qui ne régnaient guère que de nom à Thèbes, attendaient toujours l'occasion d'expulser ces étrangers. Ahmosis, après des efforts multipliés, rassembla de nombreuses troupes et commença une lutte acharnée.

Plusieurs monuments existant encore se rapportent à ce prince et à ses actes ; des inscriptions annoncent qu'il a fait réparer les temples de Phtha, d'Apis et d'Ammon à Memphis, ce qui prouve la délivrance de cette ville vers 1825 avant notre ère. Sa femme y est aussi représentée sous les titres de : *royale épouse principale, royale mère, dame du monde.*

A sa mort, son fils Aménophis-Thethmosis réduisit les Pasteurs à capituler et à sortir d'Egypte avec leurs troupeaux, leurs familles et tout ce qu'ils purent emporter, après deux cent soixante ans d'occupation.

Aménophis fonda la célèbre dix-huitième dynastie. L'Egypte fut de nouveau réunie sous l'autorité d'un seul prince ; les temples, les palais, les édifices publics se relevèrent ; les anciennes coutumes et croyances refleurirent. Aussi les inscriptions et les peintures ont-elles consacré sa mémoire par les titres les plus pompeux. Au musée égyptien de Paris on voit plusieurs images de ce prince combattant contre des peuples étrangers, ou porté sur un palanquin à côté de la déesse Thméi, la justice et la vérité, qui le couvre de ses ailes ; il reçoit comme Osiris, les offrandes de fruits et de fleurs, présenté par une famille du pays. Sa femme Ahmos-Nofré-Ari est associée à ces honneurs et appelée l'engendrée de la lune, la bienfaisante Ari.

Son fils Thôthmès ou Thoutmosis Ier continua son œuvre de restauration. Thoutmosis II lui succéda, et, étant mort sans enfants, laissa le trône à sa sœur Amensé. Cette reine ayant épousé en premières noces un Thoutmosis, de ce mariage naquit Thoutmosis III, le Mœris des Grecs (1). Après la mort de ce premier mari, Amensé en épousa un second. Or, les monuments présentent une différence sensible dans les conditions comparées des deux maris d'Amensé : le premier porte le titre privilégié de Père des rois ; le second n'a pas d'autre prénom que celui de la reine même, *soleil dévoué à la vérité*, et son nom propre Aménenthé n'est inscrit qu'au second rang, après le cartel de la reine.

Sur d'autres monuments on voit le jeune Thoutmosis-Mœris rendant de pieux hommages à son père, qui ne fut pas roi, et à son oncle Thoutmosis II. On voit aussi Amon-Ra, adoré

---

(1) Champollion jeune, lettre xv, *de l'Egypte*.

par le régent Amenenthé, marchant devant son pupille, qui est suivi de la jeune Rannofré, fille du roi.

Sur un obélisque la reine est désignée par cette phrase : le Roi du peuple obéissant (soleil dévoué à la vérité), la fille du soleil (Amenemhé) ; ce qui prouve la position exceptionnelle des reines, exclues comme femmes de certaines attributions dévolues à leur mari.

Aménensé, dont le tombeau existe encore, mourut vers l'an 1736 avant notre ère (1).

Puis vient Mœris, qui s'illustra par la construction de plusieurs monuments, tels que le temple de Memphis, puis par le creusement du lac qui porte son nom, lac destiné à prévenir les suites d'une inondation insuffisante du Nil.

Les bas-reliefs du sanctuaire du temple d'Amada prouvent que cet édifice est dû à Mœris, car son nom s'y lit avec cette dédicace :

« Le dieu bienfaisant, seigneur du monde, le roi stabiliteur de l'univers, le fils du soleil, Thouthmosis, modérateur de justice, a fait ses dévotions à son père, le dieu Phré, le dieu des deux montagnes célestes, et lui a élevé ce temple en pierre dure : il l'a fait pour être vivifié à toujours. »

Mœris honora ses ancêtres à l'égal des dieux ; il orna le palais de Karnac de la table historique et généalogique des rois ses prédécesseurs. Ce fut vers l'an 1725 avant Jésus-Christ.

Dans les bas-reliefs du temple de Médinet-Habou, le roi associe à ses offrandes la reine sa femme, Rhamaïthé. Dans le tombeau d'Amensé, mère du roi, on voit celui-ci accompagné de sa jeune fille, nommée Réninofré, soleil des bienfaits.

Ce roi fit terminer les ouvrages publics commencés sous le règne de sa mère ; et comme il haïssait sans doute la mémoire de son beau-père et tuteur Aménenthé, il fit effacer son nom du monument, en y substituant quelquefois le sien à côté de celui de sa mère.

(1) Champollion-Figeac, l'*Egypte ancienne*, p. 308.

Il construisit plusieurs édifices sacrés en Égypte et en Nubie. Il orna Esneh d'un temple au dieu Eknouphis, *le seigneur du pays, créateur de l'univers, principe vital des essences divines, soutien de tous les mondes.*

L'édifice de Médinet-Habou fut surtout décoré par lui; on y trouve son nom avec des dédicaces élogieuses. Il y rend hommage aux dieux, dont il reçoit des dons.

Ce prince honora aussi ses ancêtres selon les coutumes du pays; et le temple de Karnac présente encore la table généalogique des rois ses prédécesseurs, qu'il fit exécuter. On le voit adressant des hommages et des prières à soixante rois.

Après ce roi, dont les historiens et les monuments ont consacré la gloire et signalé les belles actions, viennent Aménohon II, en 1723, dont le règne fut signalé par la construction de nouveaux monuments, et Thoutmosis IV, qui fut en guerre avec les peuplades de la Lybie; puis Aménophis III, le Memnon des Grecs : il fonda le palais de Louqsor, dont les bas-reliefs représentent les hommages de ce prince aux grandes divinités de Thèbes, entre autres à Amon-roi-régénérateur ou au *Phallus.* Son règne fut glorieux par des victoires au dehors et de grands établissements au-dedans. Son successeur Horus figure sur plusieurs monuments. Son fils Tmahumot règne ensuite pendant douze ans. Rhamsès Ier, Menephta, Rhamsès II lui succèdent, et enfin Rhamsès III, le grand Sésostris auquel les historiens, entre autres Hérodote et Diodore de Sicile, ont consacré plusieurs pages. Les monuments se joignent à la tradition pour éterniser ses hauts faits.

Diodore raconte qu'à la naissance de ce prince, son père rassembla tous les enfants mâles nés en Égypte le même jour que son fils, et ordonna qu'ils fussent tous élevés avec les mêmes soins, afin qu'habitués à vivre familièrement ensemble, ils devinssent de braves guerriers dévoués à son fils.

Et en effet, dès la première campagne du jeune prince en Syrie, il fut accompagné de ces guerriers qui l'aidèrent à remporter plusieurs victoires.

Sésostris monta sur le trône en 1571, alors que l'Égypte se trouvait engagée dans des guerres extérieures.

Il commença par des actes de clémence. Ceux qui avaient conspiré le renversement de son prédécesseur étant restés en prison à son avénement, il leur fit rendre la liberté (1).

Au retour de ses conquêtes, il employa les nombreux captifs qu'il avait faits à la construction de monuments publics.

Mais il ne fut pas généreux à l'égard des rois qu'il avait vaincus. Chaque année, dit Pline (2), on tirait au sort ceux qui traîneraient son char pour aller au temple ou faire son entrée solennelle dans sa capitale.

Il ne pardonna pas non plus à son frère, qui avait conspiré pendant son absence; il le fit impitoyablement mettre à mort (3).

Sésostris eut deux femmes, vingt-trois enfants mâles et sept filles au moins. Le nom de sa première épouse se lit à côté du sien dans les monuments des premiers temps de son règne; elle se nommait Tmeoumen-Nofré-Ari. Sur les monuments postérieurs, elle se nomme Isénofré (Isis bienfaisante).

Il fit de nouvelles lois. La plus importante fut celle qui rendit à tous les Égyptiens le droit de propriété, que les rois pasteurs avaient aboli à leur profit.

Enfin, il immortalisa son règne par la soumission de vingt peuples, par d'importantes institutions, par des monuments dont il nous reste de précieux débris, par de nouvelles chaussées établies au-dessus des inondations du Nil, afin d'y asseoir des villes, par des canaux destinés au transport des denrées, enfin, par des obélisques dont plusieurs existent encore, entre autres celui qui a été transporté sur la place de la Concorde, à Paris.

C'est sous son règne que les Hébreux, qui étaient restés long-

---

(1) Diod, I, § 54.
(2) L. XXXIII, § 3.
(3) Hérod., II, § 107. — Diod., I, § 57.

temps encore après les pasteurs sortirent d'Égypte pour se soustraire à l'oppression. Sésostris, dès le commencement de son règne, les traitant comme des esclaves, les avait soumis à de rudes travaux et à la construction des monuments. Il les laissa partir sans opposition, redoutant la présence d'une population étrangère qui s'était considérablement accrue. La Bible ajoute que les Hébreux ayant emporté des vases précieux volés aux Égyptiens, le roi les poursuivit et fut englouti dans la mer avec ses troupes.

Ce dernier fait est dénué de toute vraisemblance. Sésostris avait mieux à faire qu'à poursuivre des pillards dont l'expulsion était devenue nécessaire.

Ce roi, après une vie pleine d'éclat, la termina tristement, suivant Diodore. Ayant perdu la vue, il se suicida (1); ce qui n'empêcha pas que sa mémoire fut honorée comme celle d'un dieu.

Les successeurs de Sésostris appartenant à la dix-huitième dynastie ne se distinguèrent par rien de remarquable.

Le départ des Hébreux serait peut-être mieux imputable au fondateur de la dix-neuvième dynastie, Rhamsés *Méiamoun*; car, à la fin du règne de son père, l'Égypte ayant de nouveau été envahie par les pasteurs, le jeune prince leva une grande armée et les chassa vers la Syrie. Monté sur le trône, il voulut poursuivre les conquêtes de son père. Il laissa à son frère Armaïs l'administration de l'Égypte, en lui recommandant de respecter la reine, mère de ses enfants, et les autres femmes du palais. Après de nombreux succès contre les Phéniciens, les Assyriens et les Mèdes, il se préparait à pousser jusqu'au fond de l'Orient, quand il apprit, par un message du grand-prêtre, que son frère avait fomenté une révolte. Il revint aussitôt, reprit le pouvoir et força Armaïs à s'enfuir.

On doit à ce prince l'achèvement du fameux palais de Mé-

(1) Diod., I, 58.

dinet-Habou, à Thèbes, autour duquel s'élevèrent successivement d'autres édifices qui, par la variété de construction, révèlent la diversité des époques depuis ce roi jusqu'à l'empire romain.

Son fils, le second roi de la dix-neuvième dynastie, paraît avoir eu un règne long et prospère. Il signala sa piété filiale en faisant élever pour sa mère, nommée Isis, un tombeau qui existe encore, et sur lequel on lit son nom et celui de son fils.

Rhamsès VI, frère de Rhamsès V, monta sur le trône en 1358 avant notre ère. Il avait déjà rempli diverses charges militaires, comme celle de commandant de la cavalerie. Son tombeau, qu'on voit encore dans la Vallée-des-Rois, à Biban-el-Molouk, est couvert de peintures traitant des sujets astronomiques et religieux, tels que les courses du soleil, les heures du jour et de la nuit, les tables de lever et d'influence des constellations, des litanies en l'honneur du roi; la félicité des bons, la punition des méchants, y sont représentées symboliquement.

Plusieurs autres Rhamsès se succèdent sans événement remarquable; leurs tombeaux seuls leur ayant survécu ont sauvé leurs noms de l'oubli.

Les historiens grecs rapportent à la dix-neuvième dynastie le renouvellement du cycle sothiaque et la chute de Troie. Ce renouvellement de cycle ou de période de mil quatre cent soixante ans s'opéra le 28 juillet de l'an 1322 avant notre ère.

Pline dit que le roi égyptien contemporain de la guerre de Troie fut un Rhamsès, le dernier de la dynastie.

Les rois de la vingtième dynastie ont aussi laissé des tombeaux qui donnent aujourd'hui des indications précieuses pour l'histoire. La formule qui accompagne le plus fréquemment les noms de ces rois est celle-ci : *soleil gardien de la vérité*, titre souvent profané en l'appliquant à de mauvais rois.

Diodore et Hérodote vantent les richesses de Rhampsinite (Rhamsès X), fondateur de la vingtième dynastie, et racontent les tours de deux voleurs qui puisaient à pleines mains dans ses trésors, aventure qui figurerait plus dignement dans les contes arabes.

Diodore de Sicile ajoute : « Les rois qui succédèrent à Rhamsès pendant sept générations vécurent tous dans une profonde oisiveté, et ne s'occupèrent que de leurs plaisirs. Aussi, les chroniques sacrées ne nous transmettent-elles sur leur compte le souvenir d'aucun monument magnifique, ni d'aucun acte digne de trouver place dans l'histoire. »

C'est donc une série de rois fainéants qui occupèrent le trône pendant deux siècles. Mais ce temps d'arrêt pour la vie politique de l'Égypte dut être favorable à la culture des arts et de l'industrie; et ces rois, qui n'ont laissé aucun souvenir de leurs actes, ont laissé cependant des tombeaux que le temps et le ravage des invasions ont respectés. Une des peintures qui les couvrent nous révèle un fait assez rare dans les annales égyptiennes, celui d'un grand-prêtre ceignant le diadème et cumulant ainsi deux fonctions suprêmes que les lois égyptiennes distinguaient rigoureusement. Un certain Pah ôr-Amonsé est représenté faisant des offrandes aux dieux, tantôt avec le costume de pontife, tantôt avec celui de roi. Sa femme, Ahmôs-Nofré-Atari, figure auprès de lui dans les cérémonies. Plusieurs de leurs enfants sont aussi représentés avec le titre de *royal enfant de son germe*.

Voici ce qu'on peut conjecturer de ce fait : Un roi de cette dynastie étant devenu incapable de gouverner, on lui imposa la tutelle d'un prêtre. Celui-ci, joignant son titre sacré, que rien ne pouvait lui faire perdre, à celui de régent ou tuteur du roi, a dû être représenté revêtu de cette double attribution.

L'existence politique de cette dynastie n'a laissé aucune trace. Avec elle finit la famille thébaine, qui, pendant treize siècles, avait fourni six dynasties. Les premières eurent à subir et à repousser les invasions étrangères, à réformer l'administration publique, à rétablir les temples, à fonder des ouvrages d'utilité publique, à donner une nouvelle impulsion aux arts. La prospérité générale s'accrut, et la civilisation égyptienne fut à son apogée. Mais l'inaction succéda à tant d'efforts; la dernière dynastie n'eut que des princes indolents, plus soucieux de jouir des biens légués par leurs prédécesseurs, que d'en produire de nouveaux. Cette inaction fut d'abord exploitée par la caste sacerdotale, qui s'empara du trône, jusqu'à ce qu'un roi originaire d'une famille de Tanis y montât, par suite d'événements dont le souvenir ne nous a point été transmis. Ce roi est Mandouftep, fils d'Aasen. Il consacra à la mémoire de son père une stèle funéraire que possède le Musée de Paris. Mandouftep et son fils Aasen sont les seuls rois de la vingt et unième dynastie dont il nous reste des monuments.

C'est à cette dynastie que répondent les règnes de David et de Salomon. Celui-ci épousa la fille d'un de ses rois, et le temple de Jérusalem fut, dit-on, construit sur le modèle des temples de l'Égypte (1).

L'incapacité des rois de cette dynastie la fit supplanter par une nouvelle, originaire de Bubastis, dont le chef fut Scheschouk, le Sésouchès des Grecs, le Schischak des Hébreux. Ce fut auprès de lui que Jéroboam trouva un refuge contre les persécutions de Salomon.

Schischak assiégea Jérusalem sous le règne de Roboam, s'en empara, enleva les trésors du temple et ceux du palais. Ce fait est reproduit sur les monuments encore subsistants de Thèbes. Des bas-reliefs représentent un roi menaçant de ses armes un groupe de prisonniers étrangers qu'il tient par les cheveux. Il traîne devant les dieux d'autres chefs liés par le cou; chacun d'eux a près de lui un bouclier crénelé sur lequel son nom est inscrit. Un de ces princes, à physionomie asiatique, est nommé Iouda-Hamalek; nul doute, par conséquent, sur l'identité de ce personnage; et c'est ainsi que l'histoire se trouve corroborée par les monuments.

La vingt-deuxième dynastie n'offre rien de remarquable, si ce n'est que des fils de rois non appelés à la succession au

---

(1) Egypte ancienne, par Champollion-Figeac, p. 350 et suiv.

trône nous apparaissent revêtus de fonctions sacerdotales, d'après les monuments de cette époque; ce qui démontrerait la prédominance des rois sur les prêtres, puisque leurs fils pouvaient entrer dans le sacerdoce, tandis que les prêtres ne pouvaient devenir rois sans usurpation.

La vingt-troisième dynastie ne jeta aucun éclat, et la vingt-quatrième, originaire de Saïs, n'eut qu'un roi, Bocchoris, au huitième siècle avant Jésus-Christ, avec lequel finit la grande période de la civilisation égyptienne.

Ce roi fit pourtant de grands efforts pour arrêter la décadence de l'Égypte, et fut, dit-on, un habile législateur (1). Il s'occupa surtout de régler les rapports civils des citoyens et les devoirs des gouvernants; beaucoup de ses lois se maintinrent jusqu'à l'époque romaine.

Mais les désordres intérieurs qui se produisirent à la fin de ce règne favorisèrent les invasions. Les Ethiopiens, qui menaçaient depuis longtemps l'Egypte, s'en emparèrent; Bocchoris fut pris et brûlé vif, après quarante-quatre années de règne. Le chef éthiopien, Sabacôn, fonda une dynastie nouvelle, la vingt-cinquième. Ce roi fit supporter son usurpation par d'utiles établissements et des travaux d'utilité générale.

Diodore de Sicile lui fait honneur de l'abolition de la peine de mort, bien qu'il eût ordonné lui-même le supplice de Bocchoris. Cette contradiction nous autorise à douter de ce fait, d'ailleurs unique dans l'histoire ancienne.

Quoique Éthiopien, Sabacôn respecta les coutumes et la religion des Égyptiens, et fit même élever des monuments où son nom se trouve placé à côté de celui des autres rois.

Cette dynastie fut supplantée par une autre originaire de Saïs. Le roi le plus remarquable de la vingt-sixième dynastie fut Psamméticus, qui ouvrit l'Egypte aux Grecs, en les prenant pour auxiliaires de la caste des guerriers; il initia ainsi les étrangers à la civilisation, aux arts et aux idées du pays; ce

---

(1) Diod., l. 1, § 35-94.

qui fit murmurer beaucoup d'Égyptiens, et surtout la caste guerrière, dont une portion émigra. Alors commencent des relations de commerce et d'idées entre l'Égypte et la Grèce, relations qui profitèrent beaucoup à celle-ci et nuisirent beaucoup à celle-là.

Son fils Nechaô II lui succéda (1) et favorisa le commerce et l'industrie. La Judée était alors sous la domination de l'Égypte; Joachas, son roi, n'ayant pas demandé la confirmation de son avénement au roi Néchaô, fut mandé par lui, chargé de fers et remplacé par un autre. Les Juifs furent astreints, de leur côté, à payer une nouvelle contribution (2).

Psamméticus II régna ensuite sans beaucoup d'éclat. Apriès lui succéda, et se signala par plusieurs expéditions.

Une révolte ayant éclaté dans l'armée, il envoya Amasis pour la réprimer. Athénée (3) raconte qu'Amasis était monté en faveur auprès d'Apriès par le simple présent d'une couronne de fleurs au jour anniversaire de sa naissance. Il avait sans doute mérité sa confiance pour d'autres actes.

Amasis ayant vainement harangué les révoltés, se laissa proclamer leur chef (4). Apriès fut vaincu et Amasis le remplaça. Ce dernier fit pardonner son origine par une conduite modérée. S'entendant un jour reprocher sa naissance obscure, il ordonna qu'on fondît un bassin de pied en une statue de dieu, puis il dit aux railleurs : « Quelle que soit son origine, cette statue reçoit chaque jour vos hommages; oubliez ma naissance et souvenez-vous que je suis maître de l'Égypte. » (5)

S'il aima beaucoup les plaisirs, il ne négligea pas cependant les devoirs de sa position. « Un arc toujours tendu, disait-il,

---

(1) Hérod., II, § 158. — Diod., I, § 33.
(2) 4 Reg., 23, V. 3-4.
(3) Banquet des savants, l. X, 7.
(4) Diod., I, § 68. — Hérod., II, § 161-163.
(5) Hérod., II, § 172.

serait bientôt brisé. » (1) Proverbe qui a été souvent répété depuis. Il fut plus accessible à ses sujets que les rois précédents, et ne dédaigna pas de recevoir toutes sortes de personnes à sa table.

Amasis, triomphant, avait conduit dans le palais le roi déchu, Apriès, qui continua de l'habiter quelque temps en sûreté. Mais le peuple l'ayant réclamé avec instance, Amasis finit par le lui livrer, et ce malheureux roi fut massacré. Il n'en reçut pas moins les honneurs funèbres accordés aux rois, et fut inhumé dans les tombeaux de sa famille.

La haine populaire poursuivit Apriès jusque sur les monuments; on a trouvé son nom escorté d'un mot qui emporte l'idée de mépris.

Cette haine avait sans doute pour cause l'expédition aventureuse dans laquelle Apriès s'était engagé, et qui déplaisait autant au peuple qu'à l'armée.

Amasis, plus jaloux des avantages de la paix que des chances de la guerre, voulut se rendre digne de la haute faveur dont il avait été l'objet, et donna une grande impulsion aux arts, à l'industrie et au luxe. Les historiens rapportent que l'Égypte ne fut jamais dans un état plus prospère : elle comptait alors vingt mille villes.

Memphis et Saïs furent surtout l'objet de son attention; il y fit élever des monuments en l'honneur d'Isis et de Neïth. On trouve son nom inscrit sur beaucoup de monuments sculptés qui se rapportent à son règne.

Il avait épousé la sœur du roi Apriès, Ouk-Nas. A la mort de celle-ci, Amasis la fit inhumer, à Thèbes, dans un puits funéraire très-profond, où l'on a trouvé de nos jours son sarcophage vide.

Amasis se montra très-favorable aux Grecs; il contribua à l'érection du nouveau temple de Delphes, et envoya plusieurs statues à d'autres temples grecs.

(1) Diod., I, § 95.—Hérod., II, § 172-177.

Polycrate, tyran de Samos, entretint des relations avec lui. Ce roi lui écrivait de se défier de la fortune, de se tenir prêt aux revers, et de s'imposer des privations.

C'est à cette époque que Solon vint en Égypte, pour en étudier les institutions et y puiser les éléments de ses lois.

Psammétichus III ou Psamménite, fils d'Amasis, lui succéda; mais son règne fut court et malheureux. Cambyse vint assiéger Memphis; et cette ville s'étant rendue, toute l'Égypte tomba sous le joug des Perses. Psamménite tenta vainement de soulever les populations; Cambyse déjoua ses efforts, et s'en vengea en portant la désolation et la ruine sur toute l'Égypte.

Psamménite, dit-on, voyant sa fille réduite à l'état d'esclave, et son fils conduit au supplice, ne s'en émut pas, disant que ces malheurs étaient trop grands pour être pleurés. Lui-même fut condamné à boire du sang de taureau, et en mourut.

Cambyse assouvit sa cruauté jusque sur les restes d'Amasis, qu'il fit exhumer et maltraiter. Il insulta ensuite à la religion des Égyptiens en frappant lui-même le bœuf Apis, pour montrer que ce n'était pas un dieu, et fit mourir les magistrats qui avaient pris part à la fête consacrée à ce dieu.

Afin de mieux soumettre l'Égypte, il résolut de la dépeupler en lui enlevant ses meilleurs guerriers pour des expéditions lointaines, d'où ils ne revinrent plus, et en faisant transporter six mille Égyptiens à Suze.

Bien que son règne n'ait duré que trois ans, il commit des désastres tels, que son nom est encore en exécration dans le pays.

Cette conduite n'était point faite pour habituer les Égyptiens au joug étranger; et il fallut de grands efforts de la part de Darius pour réparer une partie du mal.

Ce roi commença par rétablir les prêtres dans leurs attributions : habile politique, qui le fit proclamer *sage* (1) et lui assura un puissant concours.

---

(1) Diod., I, § 95.

L'Égypte fit partie de la sixième satrapie du vaste empire des Perses, et fut soumise, à raison de ses richesses et de sa fertilité, à de lourds impôts en argent et en denrées.

Darius fit frapper à son nom des monnaies en or, les premières dont l'Égypte connut l'usage.

Tout en mettant de l'ordre dans l'administration intérieure, Darius n'en contribua pas moins à faire perdre à l'Égypte son autonomie par l'introduction d'éléments étrangers : des mages vinrent y prêcher leur religion, et les Perses y apportèrent leur langue et leur écriture. On a trouvé, en effet, des caractères cunéiformes mêlés à des inscriptions hyéroglyphiques.

Toutefois, les dieux de l'Égypte ne furent point négligés, et de nouveaux temples s'élevèrent en leur honneur. Darius lui-même y est représenté faisant l'offrande du feu à plusieurs dieux de l'Égypte. C'était comme un hommage rendu par le culte des Perses au culte des Égyptiens.

Strabon dit que Darius fit reprendre les travaux du canal du Nil à la mer Rouge, commencé par Sésostris et continué par Néchaô, et qu'il l'abandonna au moment de le mener à fin, cédant à la crainte que la mer Rouge, étant plus élevée que l'Égypte, ne submergeât le pays.

Malgré tous ses efforts, il ne put faire oublier les malheurs et la honte d'une domination étrangère. Les Egyptiens tentèrent de secouer le joug ; et il mourut sans avoir réprimé cette révolte. Son successeur, Xerxès (en 486), en triompha aisément, grâce à l'affaiblissement où ce pays était réduit. Il érigea l'Egypte en satrapie pour son frère Achéménès.

C'est de l'Egypte que Xerxès tira le plus de ressources en armes, en vaisseaux et en soldats. A sa mort, elle tenta de nouveau de s'affranchir et nomma roi le descendant d'une ancienne dynastie, Inaros. Elle fut secondée par les Grecs. Grâce à ce puissant secours, l'armée d'Artaxerxès, battue dans une première rencontre, se retira vers Memphis ; mais Artaxerxès, étant parvenu à séparer l'armée égyptienne de celle des Grecs, remporta une victoire décisive, et Inaros fut crucifié.

L'Égypte, soumise de nouveau à un joug plus dur que jamais sous le gouvernement d'Achéménès, goûta néanmoins, pendant le long règne d'Artaxerxès, ce morne repos qui accompagne la servitude, et auquel les peuples se façonnent lorsqu'on respecte leurs coutumes et leurs croyances particulières ; mais l'Égypte rongeait son frein, et n'attendait qu'une occasion pour le rejeter.

Sous Darius-Nothus, **Amyrtée**, originaire de Saïs, se mit à la tête des troupes qu'il put réunir, chassa les étrangers et rétablit l'ancienne domination des Pharaons.

Il fonda la vingt-huitième dynastie, en 404 avant notre ère.

Ses premiers soins furent de rétablir l'ancien culte dans son intégrité et de restaurer les temples ; mais la courte durée de son règne ne lui permit pas de rendre à l'Égypte sa première splendeur. Une nouvelle dynastie, native de Mendès, lui succéda. Noufrôuthph, le Néphéritès des Grecs, en fut le premier roi. Menacé par les Perses, il conclut une alliance avec Sparte, et tint ses ennemis en échec pendant tout le temps de son règne. Son successeur Hâkôr eut aussi à mettre l'Égypte en bon état de défense contre les Perses, et s'allia avec plusieurs peuples de la Grèce, qui formèrent une ligue redoutable sous le commandement de l'Athénien Chabrias. Hâkôr fit aussi restaurer des monuments mutilés par les Perses, et son nom se retrouve encore sur quelques-uns.

Ses successeurs et les premiers rois de la vingt-neuvième dynastie, n'ont rien fait de remarquable pendant leur court passage au trône.

Une trentième dynastie, fondée par Nectanèbe, lutta avec succès contre les Perses ; l'accroissement des forces égyptiennes se révèle alors par la demande de secours que les Lacédémoniens firent à Nectanèbe. Ce règne fut assez paisible et se signala par une bonne administration. Plusieurs monuments dispersés dans les musées de l'Europe s'y rapportent.

A sa mort, Téos, ou Tachos, monta sur le trône, et, avec l'aide des Grecs, alla attaquer les Perses en Phénicie. Les Égyptiens, mécontents sans doute de cette expédition, se soulevèrent contre lui et proclamèrent un autre roi, son neveu, Nectanèbe II ; et Tachos chercha un refuge auprès du roi de Perse.

Un autre compétiteur se leva et réunit une forte armée ; mais, grâce au secours d'Agésilas, il fut défait, et Nectanèbe II n'eut plus rien à redouter du dedans. Mais, au dehors, les Perses devenaient de plus en plus menaçants, et, malgré de nombreux moyens de défense, et après plusieurs combats opiniâtres sans résultat, la trahison des Grecs et le découragement des Egyptiens ouvrirent de nouveau ce pays à l'occupation étrangère. Nectanèbe II, dernier roi de la race égyptienne, s'enfuit avec ses trésors en Ethiopie ; et depuis ce temps, en 338, l'Egypte a été livrée jusqu'à nos jours à une domination étrangère.

Darius-Ochus rétablit l'autorité des Perses en Egypte, après soixante-cinq ans d'interruption, la dépouilla de ses richesses pour s'en faire un trophée, et lui imposa Ferendate pour satrape.

L'Egypte eut beaucoup à souffrir sous Ochus et ses successeurs, jusqu'à la conquête d'Alexandre. Le renom de magnanimité que ce jeune héros laissait sur ses pas, après chaque victoire, le fit accueillir par l'Egypte comme un libérateur. Il y fonda un nouveau gouvernement, en 330 avant notre ère. Ce fut la trente et unième dynastie.

Cette nouvelle domination fut plus douce, car c'était l'élément grec qui l'emportait, et avec lui la salutaire influence des arts et de la philosophie.

La politique d'Alexandre, vis-à-vis de l'Egypte, se trouve résumée dans le récit que Quinte-Curce a fait de son entrée triomphale jusque vers l'intérieur du pays. Ayant réglé l'administration de telle sorte qu'il ne fût rien changé aux anciens usages des Egyptiens, il se rendit au temple de Jupiter-Ammon, et voulut le consulter. Les prêtres, toujours obséquieux pour les vainqueurs, le reconnurent et le proclamèrent fils d'Amon-Ra, dont le temple principal était à Thèbes.

Frappé de la belle disposition d'un isthme formé par le lac Marœotis et la Méditerranée, à l'ouest du Nil, il le consacra à l'emplacement d'une ville à laquelle il donna son nom, et dont il traça le plan ; ce fut Alexandrie. Il désigna aussi l'emplacement des places publiques, de temples pour les divinités grecques, et d'autres pour les divinités égyptiennes, témoignage d'une noble tolérance. Il y laissa une garnison macédonienne, y appela tous les peuples, et surtout les Grecs. Alexandrie a depuis servi de lien de commerce entre l'Europe, l'Afrique et l'Asie.

Après sa mort, le gouvernement de l'Egypte fut donné à Ptolémée, fils de Lagus, l'un de ses généraux. La libéralité, la justice, la douceur de ce gouvernement lui attirèrent l'affection de tous.

Perdiccas, un de ses concurrents, lui disputant un titre qu'il devait à la foi des traités, Ptolémée rassembla une armée, s'allia avec un autre général d'Alexandre, Antipater, et se prépara à la lutte. En même temps, il ne négligea rien pour se faire bien venir des Egyptiens, au moyen d'une habile et douce administration.

Après la défaite et la mort de Perdiccas, Ptolémée reçut en Egypte les deux jeunes fils d'Alexandre, dont il confia la tutelle à Python et à Arrhidée.

Au gouvernement de l'Egypte Ptolémée réunit, par la conquête, celui de Cyrène, de la Syrie, de la Célé-Syrie et de la Phénicie.

Fidèle à sa mission, il se montra jaloux de relever l'Egypte de ses ruines. Il sut flatter l'opinion, répondre aux vœux de tous, respecter les croyances, et mériter l'affection des peuples. Il resta longtemps simple spectateur des luttes que les autres généraux d'Alexandre se livrèrent entre eux, ne songea qu'à affermir son pouvoir et à se faire des alliés. Lorsqu'il fut enfin obligé de prendre part à la lutte, il s'en tira avec honneur; et jamais il ne cessa de régner au nom du jeune Alexandre : les monuments en font foi. L'un d'eux porte cette apostrophe de la déesse Thamoun au jeune Alexandre : « Nous avons mis en ta puissance toutes les contrées (les nomes) ; nous t'avons donné Kéme (l'Egypte), terre nourricière. » Ammon, générateur, dit en même temps au prince : « Nous accordons que les édifices que tu élèves soient aussi durables que le ciel. »

Ces monuments déposent du respect de Ptolémée pour le fils d'Alexandre, car c'est au nom de ce dernier qu'il les faisait élever.

Cependant Antigone, son adversaire, ayant pris le titre de roi, après la mort des fils d'Alexandre, Ptolémée crut devoir le prendre aussi, tout en s'abstenant de revêtir les insignes du pouvoir royal.

Ayant obtenu de grands succès contre Antigone, les peuples, délivrés par lui lui donnèrent le nom de *soter* (sauveur).

Depuis la mort d'Alexandre, l'Egypte n'avait connu que Ptolémée ; il avait été son maître et son protecteur ; il en devint facilement le roi, et consacra sa nouvelle autorité par des cérémonies religieuses et par des monnaies frappées à son nom.

Ainsi, une dynastie d'origine grecque s'assit sur le trône d'Égypte : ce fut la trente-deuxième, celle des Ptolémées, nom patronymique des successeurs immédiats d'Alexandre ; elle régna jusqu'à Auguste.

Un des plus beaux titres de Ptolémée fut la fondation de l'Ecole d'Alexandrie, où il attira tous les philosophes et les artistes, réunit tous les ouvrages qu'on put trouver en Grèce, en Asie et en Afrique, et créa la célèbre bibliothèque d'Alexandrie.

Les principales branches de la science furent cultivées dans cette école ; et la philosophie, plus tard, y joua un grand rôle (1).

---

(1) Voir les savants travaux de MM. Jules Simon et Vacherot sur l'école d'Alexandrie.

Ptolémée Soter aimait à fréquenter les poètes et les philosophes, et leur avait destiné un logement dans son palais, en le consacrant aux muses sous le nom de *Musœum*.

Après un long règne, il désigna pour lui succéder le fils aîné de Bérénice, sa quatrième femme, et le fit monter sur le trône en 285 avant Jésus-Christ, deux années avant sa mort. Deux de ses fils, nés d'autres femmes, revendiquèrent leurs droits; mais ils furent mis à mort par le nouveau roi : ce qui ne l'empêcha pas d'être appelé *Philadelphe*. Son règne jeta aussi un grand éclat par la protection qu'il accorda aux lettres et aux sciences.

C'est sous ce règne que se termina la construction du phare près d'Alexandrie, œuvre de Sostrate de Gnide, justement célébré par les poètes du temps, et que se fit la première traduction grecque des livres hébreux par les Samaritains.

Ce roi fit preuve d'imprévoyance en s'alliant aux Romains ; car, sous prétexte d'amitié avec les peuples, Rome leur imposa d'abord sa protection, puis ses lois.

Ptolémée *Évergète*, surnom qui exprime l'idée de bienfaisance, porta au loin des armes victorieuses, et enrichit l'Egypte des dépouilles de ses ennemis vaincus. Ce qui agréa le plus aux Egyptiens, ce fut le retour des images de leurs dieux, que Cambyse avait fait transporter en Perse. Il montra sa tolérance, ou peut-être son indifférence, en sacrifiant à tous les dieux des peuples chez lesquels il passa en triomphant ; ainsi, à Jérusalem, il sacrifia en l'honneur de Jéhovah.

En Egypte, il fit construire de nouveaux temples; les ruines d'Esnèh offrent des bas-reliefs qui portent son nom et celui de Bérénice.

Bérénice, femme et sœur de Ptolémée III, fut une des reines les plus célèbres de l'Egypte. On rapporte que, pour obtenir l'heureux retour de son époux, qui faisait la guerre en Asie, elle déposa sa belle chevelure dans le temple de Vénus Zéphyrite. Cette offrande fut prise. L'on répandit le bruit qu'elle avait été enlevée au firmament pour y figurer parmi les étoiles de là le nom de *Chevelure de Bérénice* donnée à la gerbe qui figure auprès de la constellation du Lion.

Ptolémée Evergète eut pour successeur, en 247, le Ptolémée si mal nommé *Philopator* (qui aime son père) ; il se montra aussi cruel et despote que Ptolémée Evergète avait été doux et bienveillant. On l'accuse d'avoir empoisonné son père, afin de monter plus tôt sur le trône. Il fit mourir son frère et tous ceux qui lui portaient ombrage ; sa mère elle-même fut victime de sa cruauté.

De retour de sa guerre avec Antiochus, Philopator se livra aux plus honteuses dissolutions, sans prendre souci du malheureux état de l'Egypte et des murmures du peuple ; la naissance d'un fils ne l'adoucit pas, et il fit mourir Arsinoé, sa femme, pour satisfaire la passion que lui inspirait Agatoclée, sœur du courtisan Sosibe qui s'était emparé de son esprit.

A sa mort, en 205, l'administration était tombé dans un désordre incurable, et dès ce moment, l'Égypte inclina vers une décadence dont elle ne se releva plus.

Ptolémée *Epiphane* lui succéda enfant ; son tuteur, Agatocle, ne chercha qu'à satisfaire ses passions et se livra à toutes sortes de débauches, jusqu'à ce que le peuple, soulevé par Tlépolème, le fit mourir avec ses affidés.

La minorité d'Epiphane fut encore troublée par des guerres extérieures et des luttes intestines. Couronné roi à neuf ans, les choses ne s'améliorèrent point ; sa cruauté et ses exactions finirent par lui aliéner tous les cœurs, et il mourut empoisonné, après vingt-quatre ans de règne, en 181.

Philométor lui succéda : son règne n'offre aucun fait intérieur bien remarquable. A sa mort, son frère Evergète II vint à la tête d'une armée réclamer la tutelle du jeune roi Eupator. Il l'obtint à la condition d'épouser la reine-mère, Cléopâtre, qui était sa sœur. Le jour même de son mariage il fit assassiner le jeune prince, et resta maître de la couronne.

Ce Ptolémée avait pris le nom d'*Evergète* (bienfaiteur), le peuple lui donna avec plus de raison celui de *Kakergète* (malfaiteur). Son corps était aussi hideux que son caractère ; ce qui le fit paraître ridicule aux Romains et encore plus odieux à ses sujets. Sa cruauté et ses exactions firent diminuer la population d'Alexandrie. Craignant la juste vengeance qu'il pouvait s'attirer, il s'enfuit devant une insurrection imminente, et alla lever des troupes étrangères. Le peuple renversa et détruisit ses images. Evergète marcha contre Alexandrie, fit mettre à mort son jeune fils pour affliger Cléopâtre qu'il soupçonnait de complot, et épousa une autre Cléopâtre, fille de celle-ci.

Cependant il finit par se réconcilier avec elle et rentra dans son royaume. Désormais changeant de conduite, il s'adonna aux lettres et aux arts, et écrivit lui-même un livre sur la zoologie.

Rien n'accuse plus la démoralisation d'un peuple que l'impunité de ces crimes haut placés, dont les auteurs, loin d'être poursuivis, peuvent jouir tranquillement sur le trône des fruits du meurtre et des exactions. Les Egyptiens en étaient là, et ils montrèrent encore plus d'une fois cette coupable indifférence.

A la mort d'Evergète II, en 117, son fils aîné, Soter II, fut proclamé, malgré l'opposition de la reine-mère ; celle-ci parvint à soulever la populace contre Soter, qui se retira à Chypre, laissant Sélène, sa femme, que Cléopâtre donna en mariage à Antiochus Epiphane. Cléopâtre fit couronner son fils Alexandre ; mais son ambition n'étant point aidée par Alexandre, elle trama sa mort ; Alexandre la prévint en la faisant assassiner ; il périt bientôt lui-même dans une bataille.

Les Egyptiens rappelèrent Soter II au trône.

Soter II ne laissant qu'un enfant légitime, Bérénice, elle lui succéda. Le fils du dernier Alexandre soutint, les armes à la main, ses prétentions au trône ; il s'allia au roi de Pont, Mithridate, puis au dictateur romain Sylla ; celui-ci le prit sous sa tutelle et voulut l'élever au trône d'Egypte : à cet effet il le fit diriger en Égypte avec un cortége royal. Alexandre, pour prévenir les dissensions, épousa Bérénice, et fut ainsi associé à la puissance souveraine. Dix-neuf jours après, voulant régner sans partage, il fit assassiner sa femme, et désormais régna seul. Mais les Alexandrins, indignés de ces désordres et de ces crimes, se soulevèrent bientôt contre lui, et, malgré ses efforts pour se rendre agréable par la célébration de fêtes religieuses, et par d'autres moyens, il fut chassé. Réfugié à Tyr, il crut ne pouvoir mieux faire que de léguer son royaume au peuple romain.

Rome refusa ce legs, et laissa monter sur le trône Ptolémée Denys, surnommé *Auletès*, à cause de ses succès dans l'art de jouer de la flûte, et *Nothus* à cause de sa naissance illégitime.

S'étant livré à de nombreuses exactions, Denys irrita et souleva le peuple. Il pria Pompée de venir à son secours, mais Pompée refusa. Il s'adressa à Jules-César, consul à cette époque, et obtint le titre d'allié du peuple romain. Chassé enfin par ses sujets, il quitta l'Egypte et alla se réfugier à Rome pour y solliciter des secours.

Les Alexandrins appelèrent au trône ses deux filles, Cléopâtre ou Tryphène, et Bérénice. Elles régnèrent ensemble une année; Tryphène étant morte, Bérénice régna seule deux années. Les Alexandrins appelèrent de la Syrie un certain Cybiosactès, qui prétendait descendre de leurs rois. Il fut associé comme roi à Bérénice, qui, irritée de son avarice extrême, le fit assassiner et épousa Archélaüs.

Cet Archélaüs périt bientôt dans une guerre contre Marc-Antoine, qui ramenait Denys. Grâce à la protection armée de Rome, Denys remonta sur le trône en 55 avant Jésus-Christ.

Il est fâcheux pour la mémoire de Cicéron que l'histoire doive lui reprocher d'avoir soutenu les prétentions d'un pareil monstre. L'extension du protectorat romain n'était pas un prétexte suffisant. Il est vrai de dire, pour sa justification, que le livre des Sibylles, consulté, déclarait : « Si un roi d'Egypte, dans le malheur, vient un jour vous demander des secours, ne lui refusez pas votre alliance, mais ne lui accordez point de soldats. » Cette parole équivoque permettait une interprétation favorable à l'ambition de Rome; et Cicéron fit un discours dans ce sens en faveur de Denys. Le sénat décréta le rétablissement de ce roi, qui s'en montra indigne et, pour premier acte d'autorité, fit assassiner Bérénice et ses partisans.

Il mourut laissant quatre enfants dont Cléopâtre, l'aînée de tous. Il avait désigné pour lui succéder les premiers nés de ses deux fils et de ses deux filles, le tout sous le protectorat de Rome.

Cléopâtre monta sur le trône avec Ptolémée son frère. Comme il était très-jeune, elle prit le titre de reine et régna seule; car les différends qui s'élevèrent entre les fils de Denys forcèrent les Romains d'intervenir, sous prétexte de les régler. Grâce à Jules-César, qui avait de secrètes préférences pour Cléopâtre, celle-ci fut définitivement déclarée reine d'Egypte. On lui associa Ptolémée le jeune, qu'elle épousa, bien qu'il n'eût que onze ans.

Cléopâtre, après ce mariage, mit au monde un fils qu'on nomma Césarion, nom qui révélait son origine. César associa Cléopâtre au culte de la Divinité; et lorsqu'elle eut assisté à ses quatre triomphes à Rome, avec son jeune mari, César consacra un temple à Vénus-Génératrice et fit placer une statue de Cléopâtre à côté de celle de la déesse. On frappa des monnaies à son image et à son nom.

Enfin, le jeune prince étant mort victime de son ambition, elle régna sans partage.

Pendant la guerre civile que suscita la mort de Jules-César, Cléopâtre, pour s'assurer des alliés dans les différents chefs de partis, s'en fit autant d'amants; et grâce à ses charmes, elle vit à ses pieds, tour à tour, le fils de Pompée, Jules-César et Antoine. Lors de la défaite de ce dernier, à Actium, elle chercha à séduire également Octave, le vainqueur, et lui envoya secrètement des présents. Mais Octave ne se laissa point prendre à ses artifices, et conçut même le projet de l'attacher à son char de triomphe. Elle prévint cette humiliation par le suicide.

Avec Cléopâtre finit l'empire des Lagides. Ses fils allèrent figurer derrière le char de triomphe d'Octave, et furent ensuite mis à mort. L'Egypte devint une province romaine dont Cornélius-Gallus fut le premier préfet.

Malgré les louables efforts tentés par les successeurs d'Alexandre pour faire oublier aux Egyptiens une domination étrangère, en respectant leurs coutumes, leur religion, en élevant même de nouveaux édifices dans le style traditionnel, l'Egypte déchut rapidement de son ancienne splendeur, et cette déchéance se révèle encore dans l'imperfection des monuments qui datent de cette époque.

§ 2. LES CLASSES.

Dès que le gouvernement des rois fut substitué à celui des prêtres, la division du peuple en classes s'opéra graduellement. On en compte quatre principales, qui se subdivisaient en plusieurs attributions : 1° les prêtres; 2° les militaires, les rois; 3° les agriculteurs; 4° les commerçants.

Les bergers, tout en formant une classe à part, devaient être au service des agriculteurs. Les interprètes, qui furent créés dans la suite, pouvaient appartenir soit à la classe sacerdotale, pour répondre aux visiteurs étrangers, soit à la classe des commerçants, pour communiquer avec les négociants du dehors. Les marins étaient, selon toute probabilité, de la classe des guerriers.

Le surplus de la population fut esclave. Ces esclaves provenaient de captures faites à la guerre; on les laissait se multiplier indéfiniment, afin d'employer leurs bras aux plus rudes travaux de culture et de construction.

La classe des prêtres, en Égypte, répond à celle des brahmanes dans l'Inde; même rôle et mêmes attributions. De tout temps leur influence et leur concours dans le gouvernement tempéra le despotisme des rois. Les plus nobles fonctions leur étaient dévolues : celles d'administrateur des choses sacrées, de l'enseignement religieux du peuple, de l'éducation des princes, de la magistrature, de l'édification et de l'ornement des temples, de la levée des impôts, etc.; enfin, ils exercèrent la médecine, la magie et l'astrologie.

Toute la classe sacerdotale étant constituée sur la possession territoriale, formait une sorte de famille possédant un héritage transmissible à ses différents membres, de génération en génération, et libre d'impôts.

Les fils des principaux titulaires de cet ordre vivaient avec les enfants du monarque, et remplissaient à la cour les plus hauts emplois; on avait recours aux prêtres en toutes circonstances, comme intermédiaires entre les dieux et les hommes, entre les rois et les citoyens.

Cette grande corporation se subdivisait en classes différentes, suivant les attributions (1). Ainsi, parmi les sacrificateurs, les uns étaient chargés d'examiner la pureté des victimes (2); les autres, d'imprimer sur elles un sceau religieux (3) et d'invoquer la Divinité.

Diodore (4) parle de lecteurs des livres sacrés attachés à la personne des rois. Il y avait à Saïs un interprète chargé d'expliquer les caractères sacrés aux personnes qui obtenaient cette communication. Hérodote eut ce privilége.

---

(1) Clém. d'Alexandrie. Strom., VI.
(2) Hérod. II, § 28-38.
(3) Plutarque, *Isis et Osiris*.
(4) L. 1, § 70.

Des prêtres inférieurs devaient veiller à l'arrangement des temples, les décorer, les tenir propres ; c'était la partie servile de la corporation.

La prépondérance était en raison du rang qu'on occupait : ainsi, le suffrage d'un prêtre prophète équivalait à celui de cinq *comates* (intendants des repas sacrés), et le suffrage d'un *comate* valait ceux de deux *zacores*. Clément d'Alexandrie (1) fait entendre que les prêtres de second rang ne participaient pas à toutes les connaissances, à tous les mystères, ceux-ci étant exclusivement réservés aux prêtres de premier ordre.

Une des fonctions les plus honorées était la garde des animaux sacrés, à l'entretien desquels plusieurs domaines étaient affectés (1).

La perte d'un animal sacré équivalait à celle d'un parent ; on le pleurait en se frappant la poitrine, on l'embaumait des parfums les plus odorants, et on l'enveloppait de bandelettes comme les corps humains.

La splendeur des temples et la pompe des cérémonies religieuses prouvent que les prêtres possédaient de grandes richesses qu'ils tiraient non-seulement du produit des terres, mais aussi des droits perçus en faveur des temples sur les choses, sur les personnes, sur les tombeaux. Les rois, de leur côté, faisaient de splendides offrandes en retour des louanges et des vœux que le sacerdoce leur prodiguait.

Cependant, plusieurs inscriptions sur papyrus autorisent à penser que les temples payaient au fisc une contribution annuelle en denrée et en argent. Il s'agit sans doute de l'époque où l'Égypte fut sous la domination étrangère.

Il y avait plusieurs colléges de prêtres ; ceux de Thèbes, de Memphis, d'Héliopolis et de Saïs furent les plus célèbres. Ces colléges avaient sans doute un chef suprême qui les ralliait tous.

---

(1) Strom., v.
(2) Hérod., II, § 65, 69.—Diod., I, § 83.— Strabon. XVII.

Diodore parle d'un grand pontife (1). Hérodote dit : « Chacun des dieux n'a pas un seul prêtre, mais plusieurs; l'un de ceux-ci est grand-prêtre (2). » Il dit encore que chacun de ces prêtres particuliers succédait à son père. Les Juifs, à l'imitation des Egyptiens, placèrent aussi le pontificat dans une seule famille, celle de la tribu de Lévi.

Des règles de conduite privée concernaient particulièrement les prêtres. Tous les trois jours ils se rasaient le corps (3), ils se lavaient plusieurs fois dans la journée, à des heures marquées, et se préparaient aux actes religieux par l'abstinence et la chasteté. Porphyre dit qu'ils s'abstenaient surtout de vin, son usage étant pour eux un obstacle à la contemplation et une excitation à la volupté (4).

La circoncision leur était imposée, comme à tous les Egyptiens; elle précédait même, dit-on, l'initiation des étrangers aux mystères sacrés. On dit que Pythagore fut obligé de la subir avant de pouvoir entrer dans les temples et s'entretenir avec les prêtres (5). Cette tradition est peu fondée.

Les femmes n'étaient pas complétement étrangères au service des temples, mais elles n'y remplirent que des fonctions accessoires.

Il y a des monuments purement égyptiens qui constatent des titres religieux attribués aux femmes. Une stèle du Musée du Louvre porte le titre suprême donné à la sœur ou fille de Thouthmosis III (dix-huitième dynastie), Mouthétis; elle y est qualifiée de prêtresse des déesses Mouthis et Hathor. On la représente faisant ses adorations à Monthis.

Il fallait bien, sans doute, que les filles des prêtres eussent une part aux priviléges de leur caste, afin d'être dignes d'a-

---

(1) XLI, § 45-70.
(2) II, § 143.
(3) Hérod., II, § 37.
(4) *De l'Abstin.*, IV, § 6.
(5) Porphyre, *Vie de Pythag.*

voir des prêtres pour père, pour époux et pour fils. Le titre de servante d'Amon-Ra, qu'on trouve dans plusieurs inscriptions, atteste que les femmes ne furent pas exclues du service religieux.

L'importance et la multiplicité des cérémonies religieuses ne cessèrent de donner aux prêtres une grande influence; les monuments nous représentent des hommes inclinés devant les prêtres comme devant les divinités.

De temps immémorial, le roi, avant de monter sur le trône, devait être proclamé dans une assemblée générale de prêtres; son autorité, ainsi consacrée, empruntait un cachet divin qui la rendait respectable au peuple. Il était donc de son plus grand intérêt de gagner le dévouement d'une caste qui le faisait honorer de son vivant, et adorer à l'égal des dieux après sa mort.

L'organisation des prêtres dépendit des différents nômes de l'Égypte, suivant les besoins de la localité; et partant, ils furent de riches propriétaires territoriaux, non comme individus mais comme corporations, car les revenus appartenaient aux temples. Hérodote rapporte qu'on payait, sur ces revenus, les vivres nécessaires aux familles sacerdotales de chaque temple: « On leur prépare tous les jours, dit-il, le nombre de mets, de viandes qu'il leur est permis de manger, et on y joint du vin; en sorte qu'ils n'ont besoin de rien prendre sur leur fortune privée pour subvenir à leur entretien. »

Malgré son importance, la caste sacerdotale de l'Egypte n'a point laissé, comme celle des brahmanes, des traditions et des documents qui nous instruisent d'une manière complète sur leur existence publique et privée. Au contraire, celle des guerriers, grâce aux événements politiques, a laissé de nombreuses traces dans l'histoire.

Le pouvoir des guerriers en Égypte, basé sur l'utilité de leur concours, balança toujours celui des prêtres et sauvegarda quelquefois celui des souverains, leurs chefs naturels. Comme les prêtres, ils tenaient au sol par la propriété.

Sésostris, avant son départ pour des conquêtes lointaines, voulant s'assurer de leur dévouement, leur accorda des domaines considérables pour leur retour, et, de plus, le partage du butin pris sur les vaincus (1).

En vertu de l'hérédité des fonctions, le guerrier ne pouvait se livrer à d'autres travaux que ceux de la guerre (2). C'était un danger en temps de paix : ces milliers d'hommes inoccupés, ne cherchant que l'occasion d'exercer leurs forces, d'éprouver leur audace, se mirent souvent au service d'un chef ambitieux, profitant de la faiblesse de la minorité et de la mort d'un roi pour s'emparer du trône, et fonder une nouvelle dynastie. L'histoire d'Egypte en donne plus d'un exemple.

Josèphe (3) parle des garnisons nombreuses établies dans des villes fortifiées, des revues annuelles, des exercices qu'on faisait faire aux troupes, de la discipline qui leur était imposée.

L'épuisement des troupes après des guerres prolongées, força les rois de recourir à des recrues d'étrangers ; c'est ce que commença à faire Psammétichus I, quand une malheureuse nécessité le poussa à lever des troupes mercenaires en Asie. Cette introduction d'éléments étrangers dans l'armée égyptienne démoralisa la caste guerrière et la rendit impuissante contre les invasions.

Mais ce fut toujours de cette caste que sortirent les rois.

L'armée était dans une complète dépendance du roi qui la convoquait ou la licenciait à sa volonté (4).

La garde des Pharaons se composait de cent *hermotybies* et de cent *calasiries*. Les divers corps de l'armée fournissaient tour à tour cette garde et profitaient des avantages que rapportait ce service d'honneur. Ils recevaient alors, outre leur part

---

(1) Diod., I, § 53-55.
(2) Hérod , II, 165.
(3) Contr. App., l. I, § 14.
(4) I, § 56.

dans le produit de la dotation territoriale, cinq livres de pain, deux de viande et de mesures de vin (1).

La caste militaire jouissait donc de certains avantages matériels qui favorisaient le mariage, et assuraient un contingent de troupes assez considérable pour tenir le pays en bon état de défense, sans avoir recours à des mercenaires étrangers.

Si l'on en croit Diodore, la royauté en Égypte fut primitivement élective; le peuple désignait pour le gouverner celui qui avait rendu les plus signalés services (2). Aucun autre historien ne confirme ce fait; mais il y a abondance de détails sur les attributions des rois.

Les rois, comme les prêtres, exerçaient la justice, comme le témoignent ces paroles d'Hérodote (3) : « Mycérinus jugea les différends de ses sujets d'une manière plus équitable que tous les autres princes. » Et Diodore ajoute qu'il dépensait beaucoup d'argent en rendant la justice, parce qu'il faisait des présents aux hommes de bien *victimes de mauvais jugements*. Il jugeait donc en dernier ressort, en se conformant aux lois de l'État (4).

Le pouvoir royal n'était point complètement absolu, mais assez cependant pour balancer même celui des prêtres; quelques-uns allèrent jusqu'à le supplanter; ainsi Chéops ferma les temples, interdit les sacrifices; ce qui ne l'empêcha pas de régner cinquante ans. Sous son successeur Céphren, les temples continuèrent d'être fermés (5).

Cambyse fit massacrer les prêtres et piller les temples. Mais ces abus de la force, quelque temps triomphante, prouvent seulement la pusillanimité de la caste sacerdotale à cette époque,

---

(1) Id., I, § 48. Chamopllion-Figeac, *Egypte ancienne*, p. 147.
(2) L. I, § 43.
(3) II, § 129. — Diod. I, 64. — Strabon, XVII.
(4) I, § 71.
(5) Hérod., II, § 124-128.

et ils attirèrent d'ailleurs sur la mémoire de ces deux rois une réprobation que les monuments ont éternisée.

Mycérinus, qui rouvrit les temples et rétablit les sacrifices, fut honoré jusque dans la personne de sa fille ; celle-ci étant morte, on enferma son corps dans une génisse de bois doré, qui orna une salle du palais de Saïs et devint un objet de culte. Les concubines mêmes de ce roi furent honorées par des statues (1).

Il y avait donc tout intérêt pour les rois à reconnaitre l'autorité morale des prêtres ; elle ne mettait point obstacle à leur pouvoir politique et leur laissait librement changer à leur gré les lois et l'administration générale de l'État, et disposer des propriétés autres que celles du sacerdoce et des temples.

Quand la fin d'une dynastie forçait les Egyptiens de recourir à une élection, les guerriers et les prêtres se réunissaient et choisissaient un roi parmi les premiers, tout en l'obligeant à s'initier aux mystères religieux. Platon dit : « Un roi ne peut régner en Égypte, s'il n'a pas la connaissance des choses sacrées. Si un homme d'une autre classe vient par hasard à s'emparer de la couronne, il faut qu'il fasse confirmer son pouvoir par l'ordre sacerdotal. »

Les soldats exprimaient leur vote en élevant la main ; les prêtres moins nombreux donnaient un suffrage qui équivalait à une certaine quantité de mains levées proportionnellement au rang que le votant occupait dans la hiérarchie sacerdotale ; il pouvait, suivant Synésius (2), équivaloir à celui de cent guerriers.

Mais le plus souvent la fin des dynasties étant l'effet d'une usurpation, le vainqueur s'imposait de lui-même et les prêtres ne lui refusaient jamais la consécration religieuse.

---

(1) Id., II, § 120-132.
(2) De la Provid.

L'installation des rois se fit longtemps dans le temple de Memphis, en présence des Dieux.

Les rois pouvaient déléguer l'exercice de leur autorité en cas d'incapacité notoire. Anysis et Phéron étant devenus aveugles, ce fut un ministre qui gouverna à leur place et en leur nom.

D'autres, avant de partir pour des guerres lointaines, désignèrent des suppléants temporaires. Sésostris nomma ainsi son frère régent pendant son absence, en lui recommandant de respecter la reine et les femmes de son gynécée; nous avons vu que ce frère manqua à sa promesse (1).

Les rois macédoniens ne respectèrent pas toujours la loi égyptienne sur la succession au trône; ils choisirent arbitrairement pour leur succéder celui de leurs enfants qui leur paraissait le plus capable de gouverner. C'est ainsi que Ptolémée Soter désigna son plus jeune fils Ptolémée Philadelphe. Un autre Ptolémée laissa l'empire à sa femme, pour gouverner avec un de leurs fils qu'elle choisirait (2). Ils associèrent aussi quelquefois leurs enfants à la couronne. Ptolémée Evergète partagea pendant quelques années le pouvoir avec Philadelphe son père (3).

Quant à la succession des femmes, elle s'accordait peu avec la loi qui exigeait l'initiation préalable des nouveaux rois aux mystères sacrés dont les femmes étaient exclues. Ce n'est donc qu'à la suite de circonstances extraordinaires et à défaut d'héritiers directs que les femmes ont pu monter sur le trône.

Les femmes représentées sur le tombeau d'Osymandias étaient des mères, des filles, des épouses de rois et non des reines. Diodore suppose cependant qu'après le règne des dieux, il y eut quatre cent dix rois et cinq reines. Hérodote n'en

---

(1) Josèphe, contr. Appion, I, 15.
(2) Justin, XXXIX, § 3.
(3) Id., XVI, § 2 ; XXXIX, § 4 et 5.
(4) I, § 44-47.

compte qu'une sur trois cent trente rois ; ce fut Nitocris (1), qui succéda à son frère mort sans enfant. Encore, ce nom qu'on rencontre déjà dans l'histoire de Babylone, est-il quelque peu légendaire. Néanmoins, les listes de Manéthon mentionnent huit noms de reines.

La principale occupation des rois était la guerre, et beaucoup d'inscriptions confirment cette importante attribution. Dans un tableau représentant l'*institution royale*, Amon-Ra, assisté de Mouth, la grande mère divine, remet au roi Rhamsès la *faux de bataille*, et lui rend en même temps les emblèmes de la direction et de la modération, le *fouet* et le *pedum* (éventail), en lui disant :

« Voici ce que dit Amon-Ra, qui réside dans le Rhamesséion : reçois la faux de bataille pour contenir les nations étrangères et trancher la tête des impurs ; prends le fouet et le *pedum* pour diriger la terre de Kémé (l'Egypte). » (2)

En qualité de chef suprême de l'armée, le roi déléguait à son fils, à des princes de sa race et aux fils des familles les plus marquantes le commandement des différents corps de troupes. Les rois guerriers commandaient eux-mêmes les grandes expéditions et prenaient une part active à toutes les fatigues de la guerre. Montés sur un char, escortés par leurs gardes et par les principaux officiers, armés de pied en cap, ils lançaient des flèches contre l'ennemi ou le frappaient à coups de hache. Quelquefois un lion apprivoisé les suivait ou précédait leur char (3).

Sous le règne d'Horus, de la dix-huitième dynastie, ont été exécutées des sculptures et des inscriptions relatives aux attributions guerrières du roi, qui existent encore. Le Pharaon Horus y est représenté debout, la hache d'armes sur l'épaule

---

(1) Hérod, II, 100.
(2) Champollion, *Lettres d'Egypte*, p. 278.
(3) Champollion-Figeac, *Egypte ancienne*, p. 148.

recevant d'Amon-Ra, l'emblème de la vie divine et le don de subjuguer le nord et de vaincre le midi. Au-dessous, les Éthiopiens, les uns renversés, les autres levant leurs mains suppliantes devant un chef égyptien qui leur reproche, dans la légende, de n'avoir pas écouté ces paroles : « Voici que le lion s'approche de la terre d'Ethiopie. » Ce lion était Horus, qui fit la conquête de l'Ethiopie. On le voit porté triomphalement, par des chefs militaires, sur un riche palanquin ; des serviteurs préparent le chemin qu'il doit parcourir. A sa suite viennent des guerriers conduisant des chefs captifs ; d'autres soldats, le bouclier sur l'épaule, marchent précédés d'une trompette. Un groupe d'Egyptiens, prêtres et autres fonctionnaires, reçoit le roi et lui rend des hommages.

Quelquefois les représentations des triomphes royaux sont exprimées emblématiquement. Ainsi, dans le vaste édifice de Médinet-Habou, à la fois temple et palais, on trouve des bas-reliefs qui se rapportent aux conquêtes de Rhamsès-Meïamoun. Le dieu Amon-Ra présente au vainqueur la *harpé* divine en disant : « Prends cette arme, mon fils chéri, et frappe les chefs des contrées étrangères. » On y voit des chefs étrangers agenouillés, les bras attachés derrière le dos par des liens terminés en une houppe de papyrus ou en fleur de lotus, indiquant si le personnage est de l'Asie ou de l'Afrique. Dans un autre endroit, le dieu Amon-Ra adresse à Meïamoun ce discours :

« Amon-Ra a dit : Mon fils, mon germe chéri, maître du monde, soleil, gardien de justice, toute force t'appartient sur la terre entière ; les nations du septentrion et du midi sont abattues sous tes pieds, je te livre les chefs des contrées méridionales ; conduis-les en captivité, et leurs enfants à leur suite ; dispose de tous les biens existant, dans leur pays : laisse respirer ceux d'entre eux qui voudront se soumettre et punis ceux dont le cœur est contre toi... »

Cette inscription ne manque pas d'une certaine portée morale ; elle montre ce que les Egyptiens entendaient par les droits de conquête. La victoire, à leurs yeux, justifiait l'injustice et la cruauté; le vaincu, comme l'esclave, ne méritait aucun intérêt.

Dans un autre tableau, les princes et les chefs de l'armée égyptienne conduisent au roi victorieux quatre colonnes de prisonniers; des scribes comptent et enregistrent le nombre des mains droites et des *phallus* enlevés aux vaincus. L'inscription porte : « Conduite des prisonniers en présence du roi. Ceux-ci sont au nombre de mille : mains coupées, trois mille, phallus, trois mille. » Le pharaon est assis sur son char, et adresse une allocution à ses guerriers en se prodiguant à lui-même de grands éloges :

« Livrez-vous à la joie, dit-il, les étrangers sont renversés par ma force; la terreur de mon nom est venue; leurs cœurs en ont été remplis; je me suis présenté devant eux comme un lion, je les ai poursuivis, semblable à un épervier, j'ai anéanti leurs âmes criminelles, j'ai franchi leurs fleuves, j'ai incendié leurs forteresses, je suis pour l'Égypte ce qu'a été le dieu Mandou : j'ai vaincu les barbares. Amon-Ra, mon père, a humilié le monde entier sous mes pieds, et je suis roi à toujours. » (1)

Un autre tableau le représente rentrant en triomphe à Thèbes, traînant trois colonnes de prisonniers devant le temple d'Amon-Ra et de la déesse Mouth. Il harangue ces divinités et en reçoit des félicitations.

Dans le sixième tableau, le pharaon harangue ses fils et les chefs de l'armée, et dit en terminant :

« Amon-Ra était à ma droite comme à ma gauche; son esprit a inspiré mes résolutions. Amon-Ra lui même, préparant la perte de mes ennemis, a placé le monde entier dans mes mains. »

Ainsi, le roi attribue à la divinité le succès de ses armes. C'est elle qui inspire sa pensée et conduit son bras.

Dans toutes les représentations de combats, le roi est accompagné du vautour qui plane sur sa tête, et dont le vol est

---

(1) Champollion, lettres d'Égypte, p. 342.

dirigé vers les ennemis; il tient dans ses serres l'emblème de la victoire.

Pour exciter ses soldats à combattre, le roi leur dit : « Préparez-vous, préparez vos cœurs, ô mes fantassins, ô mes cavaliers ! »

Après la victoire, Sésostris annonce à ses troupes qu'il vient de serrer la main du chef ennemi, et que le massacre doit cesser.

Les rois étaient entourés d'un grand nombre d'officiers domestiques. La Genèse parle du panetier, de l'échanson, des intendants de troupeaux, d'un grand magicien. C'était l'époque des rois pasteurs ; les troupeaux formaient leurs plus grandes richesses. Aussi leur entourage devait-il différer beaucoup de celui des rois égyptiens.

Diodore rapporte que ceux-ci, en signe de force et de puissance, portaient sur la tête la dépouille d'un lion, d'un dragon, d'un taureau (1); ils avaient aussi, pour emblème de leur puissance, le crocodile et le serpent. Cette tradition est confirmée par les monuments.

Enfin, le caractère sacré et inviolable des rois se révèle dans les titres et appellations dont on les honorait.

Sur les obélisques dressés en leur mémoire on lisait : *roi des rois, maître du monde, enfant du soleil, ami des dieux*, etc. Leurs noms étaient pris à témoin comme celui des dieux, et leurs images placées à côté des images divines (2). On dit même que leurs statues servaient de refuge aux coupables pour se dérober aux poursuites de la justice.

Diodore rapporte certaines règles de conduite imposées au roi. Le matin, il devait prendre connaissance de ses correspondances, ensuite se baigner, puis aller en grande pompe offrir un sacrifice au temple et recevoir les vœux des prêtres. On lui rappelait ses devoirs, on lui lisait les saints livres.

---

(1) L. I, § 72.
(2) Diod., I, § 47.

L'heure et les détails de ses repas étaient même déterminés; il ne pouvait se nourrir que de la chair de veau et de canard, et ne boire qu'une certaine mesure de vin.

Diodore fait sans doute allusion aux habitudes de quelques-uns des plus anciens rois (1). Mais de là à des règles obligatoires, il y a loin. L'histoire prouverait plutôt qu'aucune gêne légale ne leur était imposée.

Ce qu'on peut affirmer, c'est que le roi vivait familièrement avec sa femme et ses enfants dans l'intérieur de son palais, dînait avec eux, ou seul, et était servi par ses concubines.

Entre autres jeux auxquels il se livrait, il faut mentionner le jeu d'échecs, qui se trouve représenté sur de très-anciens monuments. Les reines y jouaient aussi. Des animaux domestiques, et même des nains, servaient aussi de distraction, comme le constatent des peintures qui remontent à plus de quinze cents ans avant notre ère.

L'amour et la vénération des Égyptiens pour le roi se manifestaient dans les honneurs posthumes qui lui étaient accordés.

A sa mort, tout le monde prenait le deuil; les temples étaient fermés, et les cérémonies religieuses interrompues pendant soixante-douze jours. Des personnes des deux sexes, la tête couverte de cendres, une corde pour ceinture, et préparées par l'abstention de viandes, de raisin, de froment et de vin, faisaient des prières. La momie royale, soigneusement enveloppée et embaumée, était placée dans son cercueil, puis exposée publiquement à l'entrée du tombeau. Là chacun pouvait venir contempler le défunt et parler de lui en toute liberté.

Avant de le déposer dans le tombeau, le prêtre faisait son éloge, rappelait ses services; et si les assistants se prononçaient favorablement, le tribunal de quarante-deux jurés ordonnait les funérailles. Dans le cas contraire, il en était privé. On a cru en trouver la preuve sur des monuments que plu-

---

(1) L. I, § 70-72.

sieurs rois avaient fait élever de leur vivant, et où leurs noms sont martelés.

Cette privation de sépulture ne consistait point dans l'abandon du corps, mais dans l'effacement du nom sur le sarcophage qui le renfermait.

Cet usage subsista sous la domination des Grecs et des Romains. Ainsi, le nom de Caracalla fut effacé dans toute la Thébaïde. Celui de Géta a été trouvé martelé sur les monuments qui lui avaient été élevés de son vivant. C'est une preuve de plus que les anciennes coutumes de l'Egypte se maintinrent à toutes les époques et sous toutes les dominations.

Les classes inférieures avaient pour attributions l'agriculture, l'industrie, le commerce. La coutume et les lois leur faisaient un devoir de ne point sortir de ces attributions, et leur défendait d'empiéter jamais sur celles du prêtre ou du guerrier. Cependant cette défense ne fut jamais aussi rigoureuse ni aussi absolue que chez les Indiens. Il y avait même deux circonstances politiques où le peuple intervenait : l'élection et la mort du roi. Le droit d'élection ne s'exerçait qu'à l'occasion des changements de dynastie ; le peuple venait alors acclamer un nouveau roi déjà reconnu par les guerriers et les prêtres. Mais, en général, les usurpateurs se passèrent de son concours. Quant à l'intervention des classes inférieures à la mort d'un roi, c'est un fait très-authentique et attesté par plusieurs historiens. Il en a été question plus haut au sujet des funérailles de rois.

Tant que l'Egypte vécut en paix, à la faveur de la succession régulière de ses dynasties, la classe populaire put jouir d'un sort tranquille et d'une certaine aisance. Il y eut cependant deux catégories d'individus très-méprisés en Egypte : celle des pasteurs nomades, et celle des porchers. Les uns représentaient les Syriens ou Arabes, qui faisaient souvent des excursions sur leur territoire pour y exercer le pillage ; on regardait les autres comme impurs, à cause de l'animal qu'ils élevaient ou employaient à divers usages. On évitait toute alliance avec eux, et l'accès des temples leur était interdit.

Les monuments représentent des familles nombreuses d'artisans. On voit des femmes portant d'amples vêtements en lin ou en coton, à larges manches, la chevelure bien soignée, la tête, les oreilles et les mains ornées de bandeaux, de boucles et d'ornements.

Les enfants restaient nus jusque vers l'âge de huit ans. Une vie active et des exercices fréquents entretenaient la vigueur du corps et l'agilité des membres.

Hérodote dit qu'après les Lybiens, les Egyptiens étaient le peuple le plus robuste. Les momies d'hommes et de femmes qui ont été ouvertes de nos jours corroborent ce témoignage.

Sur un des tombeaux de Gournah se trouve le tableau d'un intérieur de maison. Une mère de famille rentre chez elle avec trois filles d'âge différent, suivie d'un vieux serviteur et d'une servante. Trois jeunes femmes viennent au-devant d'elles dans la seconde pièce, et lui présentent des fruits et des vases, tandis que des fleurs et des jouets sont donnés par la servante à deux petits enfants (1).

Dans toutes les peintures, on reconnaît le chef de famille à une longue canne qu'il tient à la main : le bâton figurait, en Egypte, comme emblème de l'autorité. On en a trouvé, dans les tombeaux, portant des inscriptions où sont des noms propres et des dates.

Plusieurs scènes civiles permettent de croire que ce chef de famille jouissait d'une grande autorité et pouvait exercer sur ses serviteurs le droit de justice. Quelques serviteurs sont en effet représentés à genoux, recevant les uns des remontrances, les autres la bastonnade.

Les plaisirs de cette classe étaient la chasse, la pêche, la musique et la danse. Plusieurs scènes qui s'y rapportent sont figurées sur les monuments les plus anciens. On y voit des

(1) Egypte ancienne, p. 173-174.

chasses aux oiseaux et aux quadrupèdes, et des chiens dressés à les poursuivre ; puis des scènes joyeuses : des musiciennes jouant de la harpe, de la lyre, du théorbe et de la double flûte, et des danseuses couronnées de fleurs et de guirlandes qui exécutent des danses au son d'un tambour de basque ; d'autres s'exercent au jeu de balle et à des tours de force et d'agilité. On voit aussi des hommes accroupis devant des tables, jouant à une sorte de jeu d'échecs.

Hérodote fait des travaux agricoles une description confirmée par les monuments. Lorsque le Nil était rentré dans son lit, chacun venait jeter les semences dans ses terres, et y lâchait des animaux, surtout des porcs. La semence était ainsi retournée et enterrée par ce piétinement ; puis, on attendait la moisson. Les riverains du Nil n'étaient assujétis à aucun des travaux des autres cultivateurs ; la fleuve se répandant de lui-même dans les champs, se retirait après les avoir arrosés.

La ressemblance des costumes entre les différents personnages qui travaillaient aux champs fait penser qu'il n'existait entre eux aucune distinction sociale.

L'agriculture paraît avoir été très-honorée en Egypte. Les auteurs grecs rapportent que, dans certaines cérémonies, les rois dirigeaient la charrue de leurs mains, ouvraient eux-mêmes le premier sillon de la nouvelle année. Nous avons signalé une pareille coutume chez les Chinois primitifs.

Dans le paradis égyptien, les âmes pures sont représentées faisant des libations, ou bien des offrandes de grains. Elles tiennent une faucille et moissonnent les champs qui sont leur partage. Le dieu Soleil leur dit : « Prenez vos faucilles, moissonnez la récolte ; emportez-la dans vos demeures, jouissez en, et la présentez aux dieux en offrande pure. » La religion consacrait ainsi la sainteté du travail agricole. Les grands dignitaires se joignaient au peuple pour offrir aux dieux les fruits et les autres productions de l'industrie et du commerce.

§ 5. JUSTICE, LOIS.

Élien attribue aux prêtres égyptiens le pouvoir judiciaire (1). Le sacerdoce fut, en effet, uni à la magistrature, mais n'eut point le monopole de la justice.

Les temples servaient de tribunaux, et dans les cas douteux les oracles prononçaient en dernier ressort (2).

Chaque ville eut des magistrats particuliers (3), chaque nôme eut un tribunal.

Thèbes, Memphis et Héliopolis étant les siéges de trois principaux colléges sacerdotaux, chacune de ces villes en fournissait dix, et la réunion de ces magistrats formait une sorte de cour suprême composée de trente juges, dont le chef portait une chaine d'or enrichie de pierres précieuses, au bas de laquelle était suspendue et gravée, sur un beau saphir, une figure aux yeux fermés, celle de la Vérité (*Saté*).

Le président élu désignait pour le remplacer comme juge un autre prêtre tiré du collége d'où il sortait lui-même. Il y avait donc trente et un membres.

Une partie de la justice émanant du roi, ceux qui la rendaient en son nom recevaient de lui un salaire et faisaient serment de lui désobéir s'il leur ordonnait une action injuste. Les séductions ou les menaces ont dû rendre bien des fois ce serment illusoire.

On représentait, dit Plutarque, les juges sans mains et les yeux baissés, pour annoncer qu'ils ne devaient ni recevoir de

(1) Hist. div., XIV, ch. 34.
(2) Hérod., II, § 74.
(3) Id., III, § 6.

présents, ni faire acception des personnes (1). Aucune peinture ne confirme cette tradition.

La justice s'exerçait gratuitement, les juges étant payés par l'Etat (2). Les procès se discutaient par écrit; et les notes en étaient envoyées aux juges, qui les examinaient et prononçaient à la pluralité des voix.

Chacun se défendait soi-même. L'accusateur présentait sa plainte écrite, et l'accusé répondait également par écrit.

Les juges avaient, dit-on, pour se guider, les livres d'Hermès, qui contenaient les règles de la législation civile et judiciaire (3).

J'ai parlé d'un tribunal composé de quarante-deux juges, spécialement chargé de présider aux sépultures, objet d'une très-grande préoccupation chez les Egyptiens. Dès qu'un particulier mourait, ces juges faisaient examiner sa vie. Toute personne avait droit de l'accuser; et si l'accusation paraissait fondée, on le privait de sépulture. Si on la reconnaissait fausse, un châtiment (on ne dit pas lequel), était infligé à l'accusateur.

Diodore ajoute que les juges se réunissaient au bord d'un lac dans le nôme du défunt; ils s'asseyaient en demi-cercle à l'extrémité du rivage. Une barque était prête à recevoir le cercueil lorsque le jugement était favorable.

Nous avons vu déjà que les rois morts étaient soumis à un semblable jugement; mais les fastueux monuments qui ont été élevés à des rois égyptiens souillés de crimes prouvent qu'on n'en tint pas toujours compte. Et puis, le respect des fils pour la mémoire de leurs pères a dû, même chez les particuliers, faire éluder souvent l'exécution de cette loi.

Les historiens grecs nous ont transmis quelques lois pénales de l'Egypte. Ces lois infligeaient la peine de mort pour des

---

(1, Plutarque, *Isis et Osiris*. — Diod., I, § 48-75.
(2) Id., I, § 75.
(3) Diod., I, § 92.

délits très-ordinaires; seulement, le supplice variait de cruauté selon le degré de culpabilité.

Le père qui tuait son fils était lié pendant trois jours à son cadavre. Le fils qui tuait son père était lacéré de pointes, puis brûlé sur une masse d'épines (1).

Un meurtre qu'on pouvait empêcher attirait des peines corporelles sur son témoin impassible; s'il ne le dénonçait pas, il expiait cette négligence par des coups de fouet ou la privation de nourriture pendant trois jours. La loi punissait le meurtre de certains animaux aussi sévèrement que celui d'un homme (2). On payait une amende aux prêtres pour avoir frappé un animal ordinaire; on était condamné à mort pour avoir frappé un animal sacré. Le code de Manou nous a présenté des clauses semblables au sujet du meurtre des vaches.

Le parjure était puni de mort, ou de mutilation. Ovide (3) et Juvénal (4) parlent de la perte de la vue.

Le mensonge devant les juges faisait encourir la peine de mort. Les accusateurs convaincus d'imposture étaient condamnés à la peine réservée au crime dont ils accusaient les autres (5).

On y confondait les délits de police et les crimes publics; la loi distinguait peu les nuances de culpabilité. En général, on frappait les membres qui avaient servi d'instrument au crime, loi de talion que Moïse emprunta aux Egyptiens. La langue était arrachée à ceux qui dévoilaient aux ennemis les secrets de l'Etat (6); on faisait eunuque celui qui avait violé une femme libre Hérodote (7) rapporte qu'on coupa les

---

(1) Id., § 77.
(2) Diod., I, § 83.—Hérod., II, § 38, 65, 111.
(3) De ponto, I, ep. IV, 51.
(4) XII, V, 91.
(5) Diod., I, § 77.
(6) Diod., I, § 78.
(7) II, § . 31

mains aux femmes qui avaient livré la fille de Mycérinus aux désirs incestueux de son père. La personne du roi ne pouvant être atteinte, on châtiait ses complices.

Doit-on croire Diodore lorsqu'il dit qu'en certains cas le vol demeurait impuni; que des voleurs de profession, inscrits chez un chef reconnu par eux, lui rapportaient les fruits de leur industrie, et que les personnes volées allaient chez ce même chef, lui indiquaient les objets volés, qu'alors une sorte de compromis s'établissait entre eux, et que les objets volés étaient rendus à la condition, pour le propriétaire, d'en abandonner le quart à la société des voleurs?

Ce fait indiquerait plutôt une insuffisance de police qu'un relâchement de mœurs; peut-être était-on obligé de compter avec les gens qu'on était dans l'impuissance de réprimer; ce qui indiquerait toujours un état social fort imparfait.

Le cas ordinaire de vol semble avoir été expié par la servitude, comme le constate l'aventure de la coupe trouvée dans le sac de Benjamin. Joseph réclama le détenteur pour en faire son esclave (1). Il faut ajouter cependant qu'il ne s'agissait point d'un Égyptien.

Pour le crime d'adultère, l'homme recevait mille coups de fouet, et la femme avait le nez coupé.

Les travaux publics furent souvent substitués à la peine de mort : « Sabacon, dit Hérodote (2), ne fit mourir personne pour quelque faute que ce fût; mais, selon l'énormité du crime, il condamnait le coupable à travailler aux routes près de la ville où il était né. »

Les travaux publics étaient surtout réservés aux captifs et aux coupables. Sésostris employa les prisonniers de guerre à creuser des fossés, des canaux et à traîner des pierres (3).

---

(1) Genèse, XLIII, 18, XLIV, 9-16.

(2) Ibid., § 137.

(3) Diod., § 65.

Les condamnés aux mines travaillaient enchaînés, et portaient des lampes sur leur front pour éclairer leurs pas et leurs travaux (1).

Les Égyptiens, comme les autres peuples de l'antiquité, traitaient les captifs à l'égal des condamnés, et les frappaient de coups de fouet lorsqu'ils remplissaient mal leurs fonctions.

On pratiquait la torture pour arracher l'aveu du crime aux accusés. Beaucoup d'Égyptiens en mouraient plutôt que de rien révéler (2) ; car ils avaient la réputation d'une grande fermeté de caractère.

Une femme enceinte, condamnée à mort, ne pouvait être exécutée avant d'avoir mis son enfant au monde (3), loi sage que nos codes modernes ont conservée.

Les lois pénales étaient les mêmes pour l'homme et pour la femme, en cas d'homicide.

Champollion jeune a relevé plusieurs dessins de bas-reliefs qui représentent des délits commis par les domestiques : l'arrestation du prévenu, son accusation, sa défense, son jugement par les intendants de la maison, sa condamnation, et l'exécution, qui se borne à la bastonnade, dont procès-verbal est remis, avec le corps du procès, entre les mains du maître, par l'intendant.

Dans le tombeau de Rhamsès-Meïamoun, on trouve des images symboliques de vices qui ne tombent pas sous le coup de la loi, tels que la luxure, la paresse et la voracité, exprimées par des têtes de bouc, de tortue et de crocodile (4).

Les règles de police étaient nombreuses et minutieuses. Le système des castes exigeait des mesures rigoureuses pour que chacun, dans sa conduite extérieure, ne sortît pas du rôle qui lui était imposé par sa naissance.

(1) Diod., III, § 12.
(2) Lucien, *Toxaris*.
(3) Hist. div., VII, ch. 18.
(4) Lettres d'Egypte, p. 82 et 243.

Bossuet exalte ce système et dit que l'Égypte était la source de toute bonne police. La police vexatoire, intolérante, de son temps, pouvait bien lui inspirer cette admiration.

On attribue au roi Bocchoris, dans le huitième siècle avant Jésus-Christ, diverses lois relatives au commerce. Une dette non constatée par écrit était nulle, si le débiteur affirmait par un serment solennel qu'il ne devait rien à son créancier. C'est un exemple remarquable de l'importance que les Égyptiens attachaient au serment.

L'intérêt dû à un créancier ne devait point dépasser le capital; et la personne du débiteur n'était jamais saisissable, parce qu'elle appartenait avant tout à l'Etat qui pouvait seul en disposer dans un intérêt public.

Une autre loi, dont parle Hérodote, autorisait l'Égyptien à emprunter en mettant en gage la momie de son père. Le créancier devenait ainsi propriétaire d'un tombeau, mais sans pouvoir le déplacer. Si le débiteur ne parvenait pas à s'acquitter avant sa mort, il était lui-même privé de sépulture, et ses enfants, à leur tour, comme héritiers de sa dette, encouraient la même peine s'ils ne l'acquittaient pas. Beaucoup de débiteurs, à notre époque, ne seraient pas arrêtés par cette éventualité; mais l'importance et l'honneur que les Egyptiens attachaient à la sépulture les décidaient aux plus grands sacrifices, plutôt que de s'exposer à en être privés.

On ignore les lois qui régissaient la propriété; on sait seulement que les prêtres et les rois possédaient presque tout le territoire, et, afin de justifier cette possession, on supposait qu'Isis, voulant exciter le zèle des prêtres d'Osiris son époux, leur en fit don pour leur entretien et pour les dépenses du culte (1).

Hérodote (2) dit qu'à ces propriétés fixes et perpétuelles les prêtres joignaient des rations journalières et des droits sur les

---

(1) Diod., I, § 24.
(2) II, § 37.

victimes. On évalue au tiers du territoire égyptien les propriétés de la caste sacerdotale (1). Mais elles ont dû subir des variations en plus ou en moins, aux diverses périodes de l'histoire de l'Égypte. Les hyksos d'abord, et Cambyse ensuite, l'en dépouillèrent en partie. Les conquérants macédoniens durent les réduire encore, tout en respectant les usages religieux.

Les cultivateurs et les artistes sculpteurs, dessinateurs, ou peintres purent acquérir des propriétés. Sésostris, dit-on, leur donna des terres, car leurs fonctions, bien que réputées inférieures, n'en étaient pas moins honorées et largement rétribuées.

Sous les hyksos ou pasteurs, les propriétés particulières devinrent peu à peu celles des souverains, qui en disposèrent arbitrairement. L'histoire de Joseph, qui est authentique sous le rapport des mœurs et des coutumes, nous fournit quelques détails intéressants sur ce sujet.

Une famine ayant pesé sur l'Égypte, à la suite de l'invasion des pasteurs, et par suite de leur incurie, les greniers royaux seuls étaient restés pleins. Les blés amassés provenaient du cinquième des récoltes que l'Etat prélevait sur toutes les terres.

Le peuple, voyant la famine prête à fondre sur l'Egypte, s'adressa à Joseph, alors premier ministre du roi. Joseph lui donna du blé en échange de tout l'or qu'il pourrait lui rapporter; cet or fut déposé dans le trésor royal. Une nouvelle distribution étant devenue nécessaire, le peuple dit à Joseph : « Nous vous avons donné notre or et nos troupeaux, il ne nous reste plus que notre corps et nos terres; nous mourrons donc sous vos yeux. Achetez-nous comme des esclaves du roi, et achetez aussi nos terres. Vous nous donnerez ensuite la semence pour les cultiver, et pour empêcher qu'elles ne se changent en désert. »

Joseph n'eut pas la générosité de refuser une partie au moins de ces sacrifices. Il dit au peuple : « Vous et vos terres appar-

---

(1) Diod, I, 73.

tenez tous au pharaon; il vous donnera la semence, vous lui livrerez le cinquième des récoltes, le surplus vous restera pour l'ensemencement. »

Les terres et les personnes sacerdotales, reconnues alors par les rois pasteurs, furent exceptées de cette loi générale. Mais, dès ce jour, le sol de l'Egypte fut la propriété des rois, et les habitants devinrent comme des esclaves de la glèbe, jusqu'à ce que les hyksos, chassés du territoire, laissassent les Egyptiens libres de vivre sous leurs anciennes lois et leur ancienne liberté. Quant aux Hébreux qui demeurèrent encore en Égypte, ils furent désormais réduits à un état voisin de l'esclavage, qui les força bientôt de retourner dans la terre de leurs aïeux.

Il y a peu de traces de modifications ou d'innovations introduites dans les lois et coutumes égyptiennes par les rois d'origine éthiopienne qui envahirent l'Egypte au huitième siècle, ni du régime nouveau qu'y apporta la conquête d'Alexandre-le-Grand, en 332, ni enfin des changements que ses successeurs y introduisirent.

L'ensemble des institutions fut respecté par ces divers conquérants; il y eut seulement quelques lois nouvelles nécessitées par les circonstances.

Ainsi, l'administration grecque décida que tout contrat qui n'était pas enregistré sur un registre tenu par un officier public, serait sans effet; il en fut de même d'un contrat passé sous caution.

M de Pastoret a formulé en quelques articles principaux les lois égyptiennes concernant la répression de certains délits, d'après les documents fournis par les historiens grecs (1).

Crimes contre les personnes.

L'homicide volontaire sera puni de mort, qu'il ait été commis sur un homme libre ou sur un esclave

(1) *Histoire de la Législation* : Egypte.

Celui qui, voyant sur un chemin un homme à la vie duquel on attente, ne vient pas à son secours, quoiqu'il en ait le pouvoir, sera regardé comme complice de l'assassin et puni de mort.

Celui qui ne pourrait secourir la personne attaquée, est tenu d'aller faire à l'instant même sa déposition auprès d'un officier public, et de lui déclarer tous les indices propres à constater le délit et à s'assurer du coupable.

Il est également tenu de poursuivre le coupable devant les tribunaux.

La violation des obligations prescrites dans les deux articles précédents sera punie par la peine du fouet et la privation de toute nourriture pendant trois jours.

L'assassinat prémédité est un crime envers les animaux comme envers les hommes ; il sera puni du même supplice.

Tout homme qui accuserait un autre d'un crime qu'il saurait que celui-ci n'a pas commis, sera puni de la même peine qu'aurait subie l'accusé, s'il eut été véritablement coupable.

Le médecin qui se conforme aux règles et aux observations prescrites ou conservées dans les livres sacrés, ne sera pas responsable de la mort du malade; mais s'il s'en écarte et que le malade meure, il sera regardé comme coupable de meurtre et puni de mort.

Le fils meurtrier de son père, sera étendu sur des épines et brûlé vif, après qu'on aura déchiré son corps avec des roseaux affilés.

Le père qui aura tué son fils, sera lié au cadavre de ce fils assassiné, et le tiendra ainsi dans ses bras pendant trois jours et trois nuits.

L'adultère sera expié différemment par les deux coupables : l'homme recevra mille coups de fouet, la femme aura le nez coupé.

Le viol d'une femme libre sera puni par la mutilation du coupable.

Crimes contre l'ordre public.

Tout individu, quel qu'il soit, est tenu de faire chaque année, devant les magistrats, la déclaration de ses moyens de subsistance ; toute fausse déclaration sera punie de mort (loi portée par Amasis).

Les deux mains seront coupées pour les crimes suivants :

Falsifier ou altérer la monnaie.
Se servir de faux poids et fausses mesures.
Contrefaire une signature ou un sceau.
Supposer de faux actes.
Falsifier des actes réels.

Tout Egyptien qui révélera aux ennemis les secrets de l'Etat, aura la langue arrachée.

Une peine infamante sera subie par celui qui dans un combat aura abandonné son poste.

L'infamie sera pareillement encourue par le soldat qui aura refusé d'obéir aux ordres de ses chefs.

La tache imprimée par la condamnation sur le coupable d'un de ces deux délits, sera effacée s'il se distingue dans la suite par une action courageuse ou par un service rendu à l'état.

Crimes religieux.

Quiconque tuera même involontairement un animal sacré, sera puni par une amende.

Quiconque aura commis un parjure en attestant les dieux sera puni de mort.

Quiconque révélera le lieu où l'on aura enseveli Apis, sera puni de mort.

Quiconque immolera un bœuf qui ne serait pas marqué du sceau des victimes, sera puni de mort.

M. de Pastoret ajoute que ce court essai doit suffire, et qu'il serait facile de rédiger ainsi toutes les autres parties de la législation égyptienne. En le faisant lui-même, il eût rendu un grand service à l'étude comparative des législations anciennes. Mais il eût été bientôt contraint de s'arrêter devant la difficulté d'exécution, par suite de l'insuffisance des documents sur ce sujet.

§ 4. LES FEMMES. — LE MARIAGE. — LA PROSTITUTION.

Les historiens sont peu d'accord sur la condition des femmes en Egypte. Les uns parlent de leur suprématie dans le ménage (1); d'autres parlent de leur infériorité. On peut dire toutefois que leur sort y fut plus heureux, moins subordonné que chez les autres peuples. Mais il a dû varier suivant les fonctions et les priviléges réservés à chacune des classes. Ainsi, des peintures égyptiennes représentent des hommes qui font la cuisine et traient les vaches (2); mais d'autres montrent des femmes remplissant les mêmes fonctions (3).

Plutarque cite une loi prétendue en vertu de laquelle il était défendu aux Egyptiennes de porter des sandales, afin qu'elles s'accoutumassent à une vie sédentaire. Cette loi aurait été contredite par les mœurs, puisqu'il est avéré qu'elles allaient sur les places publiques pour acheter et vendre.

Dans l'*Œdipe à Colonne* de Sophocle, on lit. « En Egypte, les hommes, renfermés dans leurs maisons, s'occupent à faire de la toile, tandis que les femmes vont chercher au dehors ce qui est nécessaire à la nourriture. »

De ces divers rapports il faut conclure que, dans les classes inférieures, les personnes des deux sexes se livraient à peu près aux mêmes occupations.

Des peintures nous représentent les femmes s'exerçant de bonne heure à des tours de force et d'adresse, lançant des balles, jouant de divers instruments (4). Elles étaient donc éle-

---

(1) Diod., l. I, § 37.
(2) Rosellini, pl. 83, 86, 87.
(3) Id., pl. 56.
(4) Id., pl. 79, 97, 99.

vées de manière à pouvoir prendre une part active à la vie extérieure.

Dans la caste des prêtres et dans celle des guerriers, les femmes, sans partager les occupations de leurs époux, en partagèrent les honneurs, surtout dans la première, où la polygamie était défendue.

Les Égyptiennes pouvaient sans doute acquérir et posséder; on en trouverait la preuve (si on devait l'admettre) dans une loi assez étrange, rapportée par Hérodote, suivant laquelle les filles étaient obligées de nourrir leurs parents nécessiteux, tandis que les enfants mâles en étaient dispensés. Il faudrait supposer qu'elles remplissaient des fonctions assez lucratives pour subvenir à leurs propres besoins et à ceux de leurs parents; les mœurs et les coutumes égyptiennes démentent cette loi.

Le règne de quelques femmes en Egypte témoigne de la considération dont jouissait leur sexe. Manéthon et les monuments signalent Scémiophoris, de la douzième dynastie; Nithocris, qui succéda à son frère Amensé, de la dix-huitième dynastie; Asincherès, fille d'Horus, de la même dynastie.

Lorsqu'un roi laissait un fils en bas âge, et une fille en état de régner, celle-ci succédait, et à sa mort la couronne revenait à son frère.

La participation des femmes aux cérémonies religieuses, quoique secondaire, eut encore une certaine importance : dans la célébration, aux équinoxes et aux solstices, de la naissance, de la grossesse et de l'accouchement d'Isis, les femmes figuraient à côté des hommes; la reine assistait, auprès de son époux, à la consécration de celui-ci, et à d'autres cérémonies religieuses.

Champollion a remarqué sur un monument qui se rapporte à Sésostris, que la femme du prince éthiopien Satnouï se présentait devant Sésostris immédiatement après son mari et avant les autres fonctionnaires (1).

(1) Lettres d'Égypte, p. 142.

Suivant Diodore, trois monarques érigèrent des pyramides pour la sépulture de leurs femmes (1). Sur le tombeau d'Osymandias était représentée une reine qui avait été fille, épouse et mère de roi. Enfin, un grand nombre de peintures montrent les Égyptiennes livrées à des occupations assez semblables à celles des hommes, ce qui impliquerait une certaine parité de condition.

Le mariage avait lieu dans toute la ligne paternelle, pour les consanguins comme pour les utérins; on s'autorisait de l'exemple d'Osiris épousant sa sœur Isis.

L'hérédité de profession diminua aussi l'obstacle naturel que la parenté mettait au mariage; chaque famille, au lieu de se mêler aux autres, tendait à se concentrer.

C'est peut-être aussi à cause de l'hérédité de profession que la femme apportait une dot, afin de donner au mari des moyens pour continuer l'état de son père.

Celui qui laissait une veuve sans enfant, s'il avait un père, pouvait la lui léguer dans le but d'en avoir. Les Hébreux adoptèrent cette coutume qui s'appela *léviration*.

La monogamie ne fut imposée qu'aux prêtres (2). Cependant les rois n'eurent qu'une seule épouse légitime à la fois; Sésostris en eut deux successivement. Tous les enfants mâles, même ceux d'une esclave, étaient légitimes; seulement on réservait des droits aux enfants de la première femme, et par ordre de primogéniture.

Hérodote dit que les habitants de la partie marécageuse de l'Égypte ne pratiquaient pas la polygamie; cette exception tenait sans doute, non pas à une coutume locale, mais aux faibles moyens d'existence qui étaient à la disposition des habitants de cette contrée.

La répudiation a dû exister; mais l'histoire n'en signale

(1) I, § 64.
(2) Diod., I, § 37, 80.

point d'exemple avant celle d'Arsinoé, par Ptolémée Philadelphe.

Si les Égyptiens avaient la réputation de tempérance, ils n'avaient pas celle de la continence. Sextus-Empiricus rapporte que la prostitution était honorée chez eux; que les femmes s'y livraient sans réserve, et que les jeunes filles y gagnaient leur dot (1). Hérodote, qui avait visité ce pays à une époque bien antérieure, parle seulement d'un concours nombreux de femmes qui venaient à Naucratis trafiquer de leur beauté (2). Il raconte l'histoire de la courtisane Rhodope, née en Thrace, qui s'établit à Naucratis et fit fortune au moyen de ce trafic; on lui attribue même la construction d'une pyramide. Une autre courtisane, Archidice, fut aussi fort recherchée pour ses charmes (3). Athénée (4) cite encore Dorica, à qui Sapho reprochait d'avoir séduit et ruiné son frère.

Ces faits témoignent de la corruption des mœurs égyptiennes, suite des excursions lointaines des pharaons et des invasions étrangères. L'exemple des Assyriens, et surtout l'influence des Grecs, y aidèrent beaucoup.

Du temps de Cambyse, cette corruption avait déjà fait de grands progrès dans les villes principales. Ctésias (5) prétend que si Cambyse voulut une fille d'Amasis, c'est parce que les Égyptiennes avaient un grand renom de volupté.

Suivant Macrobe (6), c'était une des maximes de ce pays, que l'amour présidait à la vie des hommes avec le génie, la fortune et la nécessité. On y exprimait l'amour par un baiser, et la nécessité par un nœud (7).

---

(1) Hérod., II, 136.
(2) Hypotyposes, l. III, § 24.
(3) L. II, § 135.
(4) L. XIII, § 7. — Elien, Hist. div., XII, ch. 63.
(5) Athénée, *Banq. des Sav.*, XIII, § 1.
(6) *Saturn.*, ch. 19.
(7) Pierius, XV, ch. 42.

Sous ce rapport, les mœurs des Egyptiens se rapprochaient beaucoup de celles des Babyloniens; toutefois, ils ne poussèrent jamais la licence aussi loin.

Les femmes qui, dans certaines fêtes publiques, tenaient l'image du phallus et se prostituaient aux dieux, c'est-à-dire aux prêtres, dans les temples de Bubaste et d'Héliopolis, étaient des espèces de courtisanes, comme on en retrouve chez les Indiens, élevées pour être ainsi consacrées aux temples et figurer dans les cérémonies. Il ne faut point tirer de ces faits un argument contre les Egyptiennes en général; et bien qu'on rapporte que Chéops prostitua sa fille pour subvenir à la construction d'un temple, cet acte isolé et unique dans l'histoire, prouve seulement que les rois égyptiens pouvaient satisfaire toutes leurs fantaisies.

§ 5. MOEURS, USAGES DIVERS.

Les Égyptiens avaient le sentiment de nationalité très-prononcé; et s'ils accueillaient volontiers les voyageurs, ils n'aimaient pas à s'expatrier eux-mêmes : ceux qui étaient forcés de le faire ne coupaient point leurs cheveux avant leur retour (1). Cet esprit de stabilité avait sa racine dans le système des professions héréditaires. C'était une chose extraordinaire, suivant Platon (2), qu'un usage nouveau introduit en Egypte.

C'est peut-être à cause de cet attachement obstiné à leurs usages, qu'Ezéchiel (3) les accuse d'orgueil et prophétise leur disper-

(1) Diod., II, § 18.—Porphyre, de l'*Abstin.*, IV, § 8.
(2) Des Lois, l. II et VII.
(3) XXIX, 12, XXX, 6.

sion. Cette prophétie ne s'est point réalisée, car le fond primitif de la population égyptienne a persisté. Le type moderne rappelle, à quelques changements près, l'ancien type que les monuments nous ont transmis; de même leur caractère particulier s'est maintenu, tout en s'altérant par suite des influences étrangères.

Les Egyptiens n'ayant pas d'autre monument littéraire que des inscriptions, c'est là seulement que nous pouvons trouver des traces de leurs idées morales.

Horapollon (1) a interprété certains hiéroglyphes égyptiens de cette manière : La figure d'une roue exprimait l'instabilité de la fortune, image symbolique que les Grecs adoptèrent; on représentait un roi égoïste et oublieux de ses devoirs, par un aigle dont le nid est construit dans un lieu désert; des reptiles, une vipère, un hippopotame, exprimaient symboliquement ceux qui manquaient à la piété filiale; l'âne et le porc exprimaient l'impureté. Les sentences mêmes furent exprimées par la réunion symbolique de certaines figures; ainsi, dans le vestibule d'un temple de Saïs étaient peints un enfant, un vieillard, un épervier, un poisson, un hippopotame, pour signifier : «Vous qui arrivez à la vie, vous qui êtes près d'en sortir, n'oubliez pas que la Divinité abhorre l'injustice. »

Hérodote, qui avait visité l'Égypte, a pu juger par lui-même des caractères et des mœurs des Égyptiens, et, sous ce rapport, son témoignage est précieux; ainsi, il atteste le respect dont la vieillesse était l'objet : un jeune homme rencontrant un vieillard lui cédait le pas et se détournait, ou se levait s'il était assis, quand le vieillard venait vers lui (2).

Leur vénération pour les morts leur avait inspiré des moyens connus d'eux seuls pour conserver les corps de leurs parents. Après les avoir embaumés, et couverts de sel, ils laissaient

---

(1) I, ch. 37 à 56-60.
(2) Hérod., II, 80.

écouler soixante-dix jours, les lavaient ensuite, et les plaçaient dans une salle destinée à cet usage (1).

Les femmes, les enfants, les esclaves du défunt se couvraient la tête de boue, se ceignaient le corps, et parcouraient la ville, le sein découvert, en frappant leur poitrine (2).

Pendant le deuil, on s'abstenait des plaisirs de la table, on négligeait sa parure, on laissait croître sa barbe et ses cheveux. La Genèse (3) rapporte qu'à la mort de Jacob, on prit le deuil pendant soixante-dix jours dans toute l'Égypte, parce que Joseph, son fils, était grand ministre.

A plus forte raison le prenait-on à la mort d'un roi; les honneurs qu'on rendait à sa mémoire égalaient ceux qu'on rendait à la Divinité (4).

Une loi dictée par un excès de convenance, plus que de pudeur, défendait de livrer à l'embaumeur le corps d'une Égyptienne de haute classe, avant plusieurs jours.

Si cette mesure avait été dictée par un sentiment de pudeur, elle aurait été applicable au corps des femmes de toutes les classes.

Porphyre (5) rapporte les paroles que prononçait l'embaumeur au nom du mort, lorsqu'il en avait tiré et enfermé les intestins :

« Soleil, et vous tous, dieux tout puissants, qui donnâtes la vie aux hommes, ouvrez-moi le séjour que vous habitez ; j'ai suivi pieusement la religion de mes pères ; je ne cessai d'honorer mes parents ; je n'ai tué aucun homme ; je ne fus jamais un dépositaire infidèle ; je n'ai commis aucune injustice ; si j'ai péché en mangeant ou en buvant, ce n'est pas moi qu'il faut en accuser; ceux-ci (les inetstins) en furent seuls la cause. »

(1) Hérod., 86. — Diod., I, § 9.
(2) Hérod., II, § 85, 69.—Diod., I, § 91.
(2) L., 3.
(4) Diod., I, § 71.
(5) IV, § 10.

Puis l'embaumeur jetait le coffre contenant les intestins dans le fleuve (1).

Ces paroles reproduisaient les cinq devoirs du Pentalogue d'Athoth : honorer les dieux, honorer ses parents, ne pas tuer, être fidèle et juste, être tempérant. Ces points fondamentaux de la morale se retrouvent dans les traditions de tous les anciens peuples, comme pour témoigner de leur éternelle vérité.

Si l'embaumeur faisait partie du corps sacerdotal, il n'en était pas de même de celui qui devait couper le corps ; on le méprisait et on le repoussait à l'égal d'un coupable.

Le respect des Egyptiens pour les morts les détourna de les brûler, et leur inspira les moyens de les conserver sans que la salubrité publique eût à en souffrir ; de là leur système de momification, système à la fois religieux et hygiénique.

Après la retraite des eaux du Nil, la terre est couverte d'un limon que la présence des matières animales rend très-malsain, et engendre la putréfaction et la peste. C'est pour prévenir les effets meurtriers de ces émanations, que les Egyptiens imaginèrent, dès la plus haute antiquité, l'embaumement des corps, soit d'hommes, soit d'animaux, en y mêlant des croyances religieuses pour le rendre obligatoire. C'est ainsi qu'ils se préservèrent de la peste, et que l'Egypte passa aux yeux des Grecs pour le pays le plus salubre. Mais depuis la domination étrangère, et surtout depuis celle des Musulmans, l'embaumement ayant été négligé, de grandes contagions sont venues de l'Egypte. Les Pères de l'Egypte, en proscrivant la momification comme un usage païen, contribuèrent les premiers à ce funeste résultat.

L'ardeur du climat obligeait les Egyptiens à une certaine tempérance. Les lois religieuses proscrivirent beaucoup d'aliments, surtout la chair de quelques animaux, tels que le pourceau et l'anguille. Ces lois, dictées primitivement par des mo-

---

(1) Plutarque, *Banquet des sept Sages.*

tifs hygiéniques, accoutumèrent les Égyptiens à modérer leurs désirs.

A ce sujet, Hérodote rapporte l'usage suivant (1) : « Après de grands festins, on portait autour de la salle, dans un cercueil, l'image d'un cadavre, et l'on disait aux convives : Regardez et divertissez-vous ; vous serez un jour semblables à lui. »

Dans le *Banquet des sept sages*, de Plutarque, on lit : « Cet usage a toutefois quelque utilité, sinon pour exciter au plaisir, du moins pour porter à une bienveillance mutuelle, pour avertir de ne pas exposer le temps si court de la vie aux ennuis et aux maux qui semblent en prolonger la durée. »

Dans une fête en l'honneur de Thoth, on servait des figues et du miel, comme offrant par leur douceur une allégorie de la vérité et de la vertu ; et les Égyptiens répétaient : « La langue est fortune, la langue est démon, » pour montrer, dit Plutarque, qu'il n'y a rien de plus divin dans l'homme que la parole, et qui le fasse plus approcher du bonheur céleste (2).

Pour éviter la lèpre, les prêtres rasaient leur tête et leur corps, ne portaient point de laine, faisaient de fréquentes ablutions, se baignaient souvent et ne buvaient pas de l'eau du Nil (3). Ces usages étant déclarés actes de dévotion, en devenaient plus obligatoires.

Des règles particulières concernaient la cure des maladies ; et si un médecin, en s'en écartant, laissait mourir son malade, il était, dit-on, condamné à mort (4).

Suivant Hérodote, chaque maladie avait un médecin particulier (5). Il s'agit sans doute des maladies les plus fréquentes; autrement, le nombre des médecins eût été infini, à cause du

---

(1) § 78.
(2) Plutarque, *Isis et Osiris*.
(3) Hérod., II, § 37. — Porphyre, *de l'abst.*, IV, § 7.
(4) Diod., I, § 82.
(5) Hérod., II, § 84.

nombre malheureusement si varié des maladies qui affligent l'homme.

Les femmes faisaient les accouchements, ou y assistaient, comme il semble résulter d'un passage de l'Exode, où il est dit que ces femmes avaient reçu l'ordre de faire mourir les enfants mâles des Hébreux à leur naissance.

Plutarque (1) croit que l'usage du vin était presque inconnu avant le règne de Psamméthicus; cependant on voit sur des monuments plus anciens que ce roi, des échansons qui sans doute présentaient des liqueurs fermentées. Les Hébreux, conduits, au sortir de l'Égypte, dans des lieux arides, se mirent à regretter un pays où croissaient le figuier, la grenade et la vigne (2). Champollion le jeune a décrit des peintures représentant la vendange et la pressure des raisins (3). Enfin, Osiris passait pour avoir enseigné l'art de faire le vin.

Les Égyptiens, dans les premiers temps, eurent peu de relations avec les étrangers; mais bientôt les besoins du luxe les obligèrent à demander aux Syriens des denrées que l'Égypte ne produisait pas, telles que les aromates et les parfums. Toutefois, ces relations n'allèrent jamais jusqu'à l'intimité. Ainsi, les Égyptiens ne mangeaient pas avec les Hébreux, parce qu'ils les considéraient comme impurs, et dans la suite, ils rejetèrent les vases qui avaient servi aux Grecs.

La religion inspirait sans doute ces préventions, comme elle a fait depuis entre chrétiens et juifs. Elles durent se relâcher cependant peu à peu à mesure que s'établirent et se multiplièrent les relations des Égyptiens avec les Éthiopiens, les Arabes, les Hébreux, les Assyriens et les Grecs. Psamméthicus, dans le septième siècle avant Jésus-Christ, favorisa les trafics avec les étrangers, et ceux-ci, en retour, le soutinrent contre ses rivaux; aussi ouvrit-il une porte large aux Grecs. D'autres peu-

---

(1) *Isis et Osiris.*
(2) Nombr., xx, 5.
(3) Champollion, *Lettres d'Egypte.*

plades s'introduisirent en Égypte, et y vécurent d'après leurs coutumes particulières. Ainsi, une de ces peuplades, formée d'Ioniens et de Cariens, remplit tout un quartier de Memphis, où elle s'établit sous Amasis, et cet endroit prit le nom de Caromemphis.

Avant Psamméthicus, Naucratis était la seule ville où les navigateurs pussent échanger les productions de leur pays contre celles de l'Égypte (1).

Amasis contracta des alliances avec les Grecs ; il leur assura des établissements de commerce, leur accorda des juges particuliers et le libre exercice de leur culte (2). Il épousa une Grecque, et il aida les Delphiens à reconstruire leur temple brûlé (3).

L'alliance fut plus étroite, on le comprend, quand des rois macédoniens gouvernèrent l'Egypte. Il y eut dès-lors une sorte d'intendant général de l'hospitalité pour assurer aux étrangers tout ce qui leur était nécessaire (4). Leur affluence toujours plus considérable finit par produire une population mêlée et disparate dont les Egyptiens formèrent la moindre partie.

§ 6. RELIGION, PHILOSOPHIE.

Les anciennes divinités de l'Egypte, comme celles des peuples de l'Asie, furent des personnifications du soleil ou du feu, de la terre et de l'air. On disait du soleil qu'il avait été le plus ancien roi de l'Egypte et son premier législateur.

(1) Strabon, XVII.
(2) Hérod, II, § 178.
(3) Id., § 180.
(4) Josèphe, *Antiq. Jud.*, XII, ch. 2.

Son double attribut de lumière et de chaleur, son action directe et visible sur la végétation, ont inspiré à tous les peuples primitifs l'idée qu'il était le dieu créateur, fécondant et conservateur. Les Egyptiens ont donc pu concevoir cette idée sans l'emprunter à d'autres peuples.

Selon Hérodote, jamais un dieu ne se manifesta en Égypte sous une forme ou incarnation; on n'y adorait jamais les hommes (1). L'anthropomorphisme date de l'époque où l'on reconnut dans l'intelligence humaine une nature bien supérieure à celle des éléments eux-mêmes. Toutefois, il y avait un acheminement vers l'anthropomorphisme dans les représentations symboliques des divinités figurées par le corps humain avec une tête d'animal.

Quant aux honneurs divins accordés aux rois après leur mort, ils ne s'adressaient pas à leurs personnes, mais à l'autorité suprême dont ils avaient été revêtus, et qui les rapprochaient des dieux.

Les Égyptiens n'adoraient pas les productions de la terre, comme l'a prétendu Juvénal, assertion reproduite souvent par des écrivains superficiels. Quant aux animaux, ils les honoraient comme symboles divins, mais nullement comme dieux.

Les animaux domestiques étaient vénérés à cause de leur utilité; et la conservation de leurs momies n'avait pas pour cause première la religion, mais la salubrité publique, qui aurait été compromise, comme elle l'est aujourd'hui en Égypte, par les émanations s'échappant des corps abandonnés sur les terres limoneuses. On en fit un usage sacré en le rattachant à la croyance en la transmigration des âmes. Selon les Egyptiens, à la mort d'un homme, son âme entrait dans le corps d'un animal, et, après avoir successivement habité des quadrupèdes, des oiseaux, des poissons, elle rentrait dans un corps d'homme.

(1) Hérod., II, § 142-144.
(2) Hérod., II, § 123.

Pythagore passe pour s'être inspiré de ces idées, qu'il aurait recueillies de la bouche même des prêtres d'Héliopolis.

La même divinité était représentée sous trois formes différentes : 1° la forme humaine pure, avec des attributs spéciaux ; 2° le corps humain, avec la tête de l'animal consacré à ce dieu ; 3° cet animal même, avec les attributs du dieu qu'il représentait.

Les signes caractéristiques de chaque divinité se voient sur leur tête et forment sa coiffure.

Osiris, personnification du feu, avait pour attribut la fécondation, l'abondance, la puissance suprême ; on le représentait alors sous la forme du Nil ou d'un taureau, et ces images, surmontées d'un disque figurant le soleil, étaient portées dans une de ses fêtes.

On le représentait encore sous les traits d'un enfant au solstice d'hiver, d'un jeune homme à l'équinoxe du printemps, d'un homme fait au solstice d'été, et, enfin, d'un homme au déclin de l'âge (1) ; puis il mourait pour ressusciter au printemps.

Ses attributs sont si nombreux que les Grecs ont pu le confondre tour à tour avec chacun de leurs principaux dieux.

De même pour Isis ou Neith : elle a été assimilée à la Lune, à la Terre, à Diane, à Cérès, à Minerve, à Proserpine, à Latone, à Junon, etc. Elle était la sœur, la femme, la mère d'Osiris, surtout sa femme, à cause de sa fécondité. Quelquefois on la représentait couverte de mamelles, pour figurer la grande nourricière du monde.

Les femmes et les mères invoquaient cette déesse à l'occasion de la perte d'un époux ou d'un fils.

La conception d'Isis est supérieure à celle d'Osiris par le caractère spiritualiste de ses attributs ; aussi doit-elle être plus moderne.

(1) Macrobe, ch. XXI-XXIII.

Dans le temple de Saïs, au socle de la statue d'Isis, on lisait cette inscription : Je suis tout ce qui a été, est et sera, et personne n'a encore levé mon voile (1) Définition mystérieuse de la puissance cachée qui fait naître, croître et mourir.

Les prêtres lui adressaient cette prière : « Par toi les germes naissent, croissent et se développent; tu règles l'ordre du temps, le mouvement des cieux; tu donnes au soleil sa lumière, tous les astres te sont soumis, etc. (2). »

Isis est encore le démiurge, la force morale et la force physique; elle est comme Minerve, la sagesse et la guerre.

Osiris et Isis réunis sont donc la fécondité, l'action, le mouvement de la nature, tout ce qui est bon et bien; mais en face et à côté du bien apparaît le mal, son perpétuel antagoniste qui domine souvent dans la nature et dans la société; les Égyptiens l'ont personnifié dans Typhon, auteur de la stérilité, du repos, de l'inertie : c'est le principe de la dissolution et de la mort.

Ces conceptions appartiennent à une époque où le système religieux des Égyptiens était complétement développé et mêlé d'idées spiritualistes; elles se sont lentement élaborées dans l'esprit du sacerdoce et n'ont jamais reçu de formule complète.

Cependant on peut dire que la religion sacerdotale, dans sa plus simple expression, était un monothéisme manifesté extérieurement par un polythéisme symbolique; elle concevait un seul Dieu dont toutes les qualités et les attributions étaient personnifiées en autant d'agents actifs ou divinités secondaires.

Jamblique rapporte la définition que des prêtres lui avaient faite de Dieu : créateur, supérieur à tous les éléments, immatériel, incorporel, incréé, indivisible, invisible, comprenant tout et communiquant à tout. C'était Amon-Ra, point de départ et de réunion de toutes les essences divines, être suprême

---

(1) Plutarque, *Isis et Osiris*.
(2) Apulée, *Métam.*, XI.

et primordial, étant son propre père et qualifié de mari de sa mère (la déesse Mouth), sa portion féminine renfermée en sa propre essence à la fois mâle et femelle.

On retrouve donc réunis sur Amon-Ra les attributs d'Isis et d'Osiris; et son culte était répandu dans toute la vallée du Nil.

Tous les autres dieux égyptiens ne sont que des formes de ces deux principes constituants, observés sous différents rapports pris isolément.

Ces filiations divines un peu compliquées ou abstraites pouvaient être des objets d'enseignement dans les écoles sacerdotales; mais le peuple s'en tenait aux notions simples et primitives qui lui étaient enseignées et à des croyances traditionnelles se rattachant à la vie pratique.

Les honneurs rendus à certaines divinités et à certains animaux variaient suivant les noms. Il existait donc une certaine différence entre la religion sacerdotale et le culte populaire; et cependant l'un et l'autre se trouvaient confondus dans les fêtes religieuses.

Au culte des divinités on joignait celui des ancêtres. Le roi venait invoquer son père et sa mère dans le temple où étaient leurs sarcophages, et les désignait dans l'ordre rétrograde des générations. Plusieurs peintures rendent témoignage de ce culte. Mais encore une fois ce culte n'impliquait point l'idée qu'ils étaient devenus dieux.

L'esprit religieux de l'Égypte ne s'altéra jamais, malgré les influences étrangères, les persécutions des rois Perses, l'introduction du culte grec, rien n'empêcha l'ancien culte égyptien de persister, et les soulèvements qu'excita plusieurs fois la présence des étrangers eurent surtout pour cause les atteintes que ceux-ci portaient au culte national.

Toutefois, l'assimilation des dieux grecs et indigènes tenait à l'analogie des attributs; et de même qu'aujourd'hui l'on croit retrouver l'idée d'un être suprême dans toutes les religions, les Grecs, et plus tard les Romains, crurent retrouver leurs dieux dans ceux de leurs alliés; de là cette tolérance et cette fusion entre les différents cultes du paganisme, qui épargna aux anciens le fléau des guerres de religion.

Les Égyptiens avaient un grand nombre de fêtes. La fertilité du sol et les temps de chômage donnaient aux agriculteurs des loisirs qui leur permettaient de se livrer souvent à des réjouissances publiques dont la religion était le prétexte, et qui avaient aussi pour effet politique d'attacher le peuple à ses croyances et à ses coutumes.

On célébrait aux équinoxes et aux solstices la naissance, la grossesse et l'accouchement d'Isis, et chacun s'y préparait par des jeûnes, des offrandes et des prières (1).

Toutes les fêtes n'avaient pas lieu dans les temples; les images des dieux, celles des prêtres et des rois étaient souvent promenées au dehors dans un char, sous une tente ou sur un brancard. Des femmes attachées au service des temples portaient le *phallus*, symbole de la génération (2).

Les cérémonies étaient accompagnées d'excursions sur le fleuve, d'illuminations, de danses, de chants, de festins et de luttes athlétiques.

La fête de Saïs, ou fête des *lampes ardentes*, était célébrée pendant la nuit en l'honneur d'un Dieu dont Hérodote déclare ne pas oser prononcer le nom, peut-être celui d'Osiris que les prêtres lui avaient sans doute confié sous le sceau du secret. Mais les plus grandes fêtes étaient en l'honneur d'Isis, divinité créatrice et conservatrice, mère de l'univers (3), qui guérit, qui console, qui apaise les tempêtes (4).

Plusieurs historiens ont supposé que les Égyptiens sacrifiaient des hommes dans des occasions extraordinaires (5).

---

(1) Hérod., II, § 40; IV, § 186.
(2) Macrobe, Saturn., I, ch. 23.
(3) Plutarque, *Isis et Osiris*.
(4) Diod., I, § 25.
(5) Id., § 88.

Mais Hérodote, loin de confirmer ce fait, dit au contraire :
« Comment des peuples à qui il n'est presque pas permis de sacrifier un animal eussent-ils sacrifié des hommes (1)? »

Ceux qui imputent ces sacrifices aux plus anciens Égyptiens ajoutent qu'Amasis les abolit en y substituant des images factices (2). Mais Amasis ne vivait que cent ans avant Hérodote; cet historien n'eut pas manqué de signaler un usage aussi récemment aboli.

Dans les *Pamylies*, fêtes commémoratives de la naissance d'Osiris, chacun offrait devant sa maison un animal en sacrifice, et les femmes portaient dans les villes des *Phallus*, à la suite d'un joueur de flûte.

Les fêtes en l'honneur d'Apis ou taureau sacré, donnaient lieu à de grandes manifestations publiques. On célébrait une de ces fêtes lorsque Cambyse, irrité du mauvais vouloir des prêtres à son égard, se jeta sur le taureau et lui fit à la cuisse une blessure dont il mourut (3).

Le bélier était honoré à Thèbes comme le taureau à Memphis. Après la fête on l'immolait, on coupait sa tête et l'on revêtait de sa peau la statue du dieu : tous les assistants marquaient une grande douleur; puis le corps de l'animal était enfermé dans une caisse sacrée (4).

Les prêtres ne s'en tenaient pas aux pratiques religieuses, ils professaient des idées moitié religieuses, moitié philosophiques sur la vie future.

Des papyrus funéraires représentent les diverses pérégrinations de l'âme du défunt dans plusieurs régions, jusqu'à ce qu'elle arrive dans l'*amenthi*, l'enfer, où elle va subir son jugement; c'est un tableau symbolique de l'immortalité de l'âme, du dogme des récompenses et des peines dans une

---

(1) Hérod., II, § 45.
(2) Porphyre, *de l'Abstin.*, II, § 55.
(3) Pline, VIII, § 46. — Hérod., III, 27.
(4) Id., II, 42; IV, 181.

autre vie. On a trouvé récemment la représentation des châtiments divers infligés aux âmes coupables, et des félicités éternelles réservées aux âmes pures.

L'idée de punition ou de récompense après la mort s'accorde avec le jugement qu'on portait sur le défunt. Plusieurs peintures représentent Osiris assis en qualité de juge avec ses attributs, tenant une fleur de *lotus*, symbole de la vie éternelle, et ayant près de lui une lionne. Une petite figure humaine est pesée dans une grande balance par deux espèces de génies ayant l'un une tête de chien, symbole de sensualité, et l'autre une tête d'épervier, symbole de la nature divine. Tous deux tiennent la balance et semblent faire des remontrances à Osiris. Devant lui est Hermès, à tête d'ibis, une tablette à la main sur laquelle il inscrit les vices et les vertus du mort.

D'après les peintures exécutées sur les monuments, relevées par Champollion (1) on voit que les âmes des coupables étaient punies d'une manière différente dans la plupart des zones infernales que visite le dieu du soleil : on a figuré ces âmes impures, et persévérant dans le crime, presque toujours sous la forme symbolique de la *grue* ou celle de l'*épervier* à tête humaine, peintes en noir, pour indiquer à la fois leur nature perverse et leur séjour dans l'abîme des ténèbres; les unes sont fortement liées à des poteaux; et les gardiens de la zone, brandissant leurs glaives, leur reprochent les crimes qu'elles ont commis sur la terre; d'autres sont suspendues la tête en bas; celles-ci les mains liées sur la poitrine et la tête coupée, marchent en longues files; celles-là, les mains liées derrière le dos, traînent sur la terre leur cœur sorti de la poitrine; dans de grandes chaudières on fait bouillir des âmes vivantes, soit sous forme humaine, soit sous celle d'oiseaux, ou seulement leurs têtes et leurs cœurs. Il y a aussi des âmes jetées dans la chaudière avec l'emblème du bonheur et celui du repos céleste (l'éventail); la représentation de ces emblèmes

---

(1) Lettres d'Egypte, p. 233-234.

est purement négative, car elle signifie que ces âmes avaient perdu tous leurs droits.

A chaque zone et auprès des suppliciés on lit toujours leur condamnation et la peine qu'ils subissent : « Ces âmes ennemies, y est-il dit, ne voient point notre Dieu lorsqu'il lance les rayons de son disque ; elles n'habitent plus dans le monde terrestre, et elles n'entendent pas la voix du Dieu grand lorsqu'il traverse leurs zones. »

On lit, au contraire, à côté de la représentation des âmes heureuses, sur les parois opposées : « Elles ont trouvé grâce aux yeux du Dieu grand ; elles habitent les demeures de gloire, celles où l'on vit de la vie céleste ; les corps qu'elles ont abandonnés reposeront à toujours dans leurs tombeaux, tandis qu'elles-mêmes jouiront de la présence du Dieu suprême (1). »

La galerie qui représente ce système de récompenses et de peines, occupe les parois de deux grands corridors et de deux salles du tombeau de Rhamsès V.

On dit qu'Hésiode et Pythagore s'inspirèrent des idées philosophiques et religieuses des prêtres égyptiens et leur empruntèrent la doctrine de la transmigration, celle des nombres, quelques principes de morale et plusieurs symboles.

Parmi les fragments qui nous ont été transmis des *livres hermétiques* on remarque des passages qui, certainement, ont dû être retouchés par des philosophes grecs. Voici un discours qu'Hermès aurait adressé à Thoth, et qu'on doit attribuer à quelque stoïcien.

« Il est difficile à la pensée de concevoir Dieu, et à la langue d'en parler. On ne peut décrire par des moyens matériels une chose immatérielle, et ce qui est éternel ne s'allie que très-difficilement avec ce qui est temporaire. L'un passe, l'autre existe toujours... Ce qui peut être connu par les yeux et par les sens comme les corps visibles,

---

(1) Champollion-Figeac, *Egypte ancienne* (Univers pittoresque), p. 132.

peut être exprimé par le langage ; ce qui est incorporel, invisible, immatériel, sans forme, ne peut être connu par nos sens...

» ... La mort est pour certains hommes un mal qui les frappe d'une profonde terreur. C'est de l'ignorance. La mort arrive par la débilité et la dissolution des membres du corps, le corps meurt parce qu'il ne peut plus porter l'être...

» La vérité, c'est ce qui est éternel et immuable ; la vérité est le premier des biens ; la vérité n'est pas et ne peut pas être sur la terre ; il se peut que Dieu ait donné à quelques hommes, avec la faculté de penser aux choses divines, celle de penser aussi à la vérité ; mais rien n'est la vérité, sur la terre, parce que toute chose y est une matière revêtue d'une forme corporelle sujette au changement, à l'altération, à la corruption, à de nouvelles combinaisons. L'homme n'est pas la vérité parce qu'il n'y a de vrai que ce qui a tiré son essence de soi-même, et reste ce qu'il est. Ce qui change au point de ne pas être reconnu, comment serait-ce la vérité ? La vérité est donc ce qui est immatériel, ce qui n'est point enfermé dans une enveloppe corporelle, ce qui est sans couleur et sans figure, exempt de changement et d'altération, ce qui est éternel. Toute chose qui périt est mensonge, la terre n'est que corruption et génération ; toute génération procède d'une corruption ; les choses de la terre ne sont que des apparences et des imitations de la vérité, ce que la peinture est à la réalité. Les choses de la terre ne sont pas la vérité. »

Dans le *Pimander*, qui passe pour avoir été imité de l'égyptien, on lit :

« Thoth demande à savoir ce qui arrivera après l'ascension de l'âme vers le Père : « Le corps matériel perd sa forme qui se détruit avec le temps, les sens qui ont été animés retournent à leur source, et reprendront un jour leurs fonctions ; mais ils perdent leurs passions et leurs désirs, et l'esprit remonte vers les cieux pour trouver l'harmonie ; il laisse dans la première zône la faculté de s'accroître et de décroître ; dans la deuxième la puissance du mal et les fraudes de l'oisiveté ; dans la troisième les déceptions de la concupiscence ; dans la quatrième, l'insatiable ambition ; dans la cinquième, l'arrogance, l'audace et la témérité ; dans la sixième, le goût des richesses mal acquises, et dans la septième, le mensonge.

Et l'esprit, ainsi purifié par l'effet de ces harmonies, retourne à l'état si désiré, ayant un mérite et une force qui lui sont propres, et il habite enfin avec ceux qui célèbrent les louanges du Père. Ils sont dès lors placés parmi les pouvoirs divins et à ce titre jouissent de Dieu. Tel est le suprême bien de ceux à qui il a été donné de savoir ; ils deviennent Dieu. »—« Ayant parlé ainsi, Pimander retourna parmi les pouvoirs divins, et moi, je me mis à conseiller aux hommes la piété et la science. O hommes ! vivez sobrement, abstenez-vous de gloutonnerie. Pourquoi vous précipitez-vous vers la mort, puisque vous êtes capables d'obtenir l'immortalité ? Fuyez les ténèbres de l'ignorance ; retirez-vous de la lumière obscure, échappez à la corruption, acquérez l'immortalité ! Conducteur et chef de la race humaine, je lui montrerai les voies du salut et je remplirai ses oreilles des préceptes de la sagesse. » (1)

Jusqu'à présent, aucune peinture murale, aucun papyrus ne nous a révélé des idées aussi abstraites et aussi métaphysiques. Les Grecs, en les attribuant aux Égyptiens, ont fait preuve de beaucoup de modestie, puisqu'ils se sont enlevé à eux-mêmes le mérite de l'invention. J'ai dû cependant les mentionner, car elles s'accordent avec les doctrines qu'on prête généralement aux prêtres égyptiens.

§ 7. SCIENCES, INDUSTRIE, ARTS.

Les prêtres égyptiens passaient aux yeux des étrangers pour avoir des connaissances scientifiques très-étendues (2). Sans doute qu'ils en firent un grand mystère, car ce qu'on en sait est bien au-dessous de cette réputation.

(1) Champollion-Figeac, l'*Egypte ancienne*, p. 142.
(2) L. I, § 81.

Cependant plusieurs villes eurent des écoles, dont la plus célèbre fut celle d'Héliopolis : c'est là qu'Hérodote vint s'instruire des idées religieuses des prêtres (1). Diodore parle d'une bibliothèque d'Osymandias. Mais ni Hérodote ni Diodore ne nous ont transmis des documents capables de nous faire apprécier l'importance de ces établissements.

De bonne heure, les Égyptiens ont possédé quelques notions astronomiques, et une certaine habileté dans les arts et dans l'industrie ; mais le système restrictif des professions héréditaires en a arrêté le développement et la propagation. Aussi les monuments qui nous en restent, bien qu'appartenant à des époques fort éloignées les unes des autres, offrent-ils des caractères communs, une touche uniforme : le but utilitaire une fois obtenu mit fin au mouvement progressif. Il manquait d'ailleurs à ce mouvement deux conditions essentielles : l'enseignement public pour les sciences et les arts, la libre concurrence pour l'industrie.

L'instruction était le monopole des prêtres et des princes ; les autres classes exerçant des fonctions et des métiers héréditaires n'avaient rien à voir aux sciences, ce qui explique pourquoi celles-ci se propagèrent si peu.

On élevait les enfants pour l'état auquel les destinait leur naissance ; ainsi, on imposait de violents exercices aux jeunes gens de la caste guerrière. Sésostris les obligeait à faire de longues courses avant leurs repas (2).

Psammétichus accoutuma à vivre de poissons les jeunes gens qui devaient aller vivre sur le Nil pour en découvrir les sources ; il en accoutuma d'autres à résister à la soif, parce qu'ils devaient parcourir les déserts sablonneux de la Lybie (3).

Ces deux faits démontrent que les Égyptiens avaient le goût des explorations lointaines, et que s'ils avaient pu développer

---

(1) Hérod., II, § 83.—Strabon, XVII.
(2) Diod., I, § 53.
(3) Athénée, l. VIII, § 7.

librement leurs facultés intellectuelles, ils auraient accompli de grands progrès dans toutes les branches des connaissances humaines. Ils ont été de bonne heure physiologiquement mieux constitués que les autres peuples leurs voisins, grâce sans doute au climat sain, au terroir fertile que l'Egypte offrait à ses habitants.

Hérodote (1) dit que sur le champ de bataille où Cambyse demeura vainqueur, on distinguait les deux peuples à leurs têtes. On fendait la tête d'un Perse avec un caillou, tandis qu'il fallait frapper à coups redoublés sur celle d'un Egyptien avant de la briser.

Champollion (2) remarque que le bien-être intérieur de l'É-gypte était fondé sur le grand développement de son agriculture et de son industrie, et qu'on découvre dans les tombeaux de Thèbes et de Sakkarah des ustensiles d'un travail perfectionné démontrant que ce peuple connaissait toutes les aisances de la vie et toutes les jouissances du luxe. Les lits, les siéges, les vases, les armoires, les instruments de musique présentent dans leurs formes une élégante simplicité.

La branche d'industrie qui semble avoir eu le premier rang, et employé le plus de bras, c'est la tisseranderie ; la teinturerie venait ensuite. Les plus belles couleurs étaient fournies par les Tyriens, qui possédaient un établissement à Memphis. Les ouvrages en métaux et surtout en airain, les armes, les chariots, les instruments de musique, les vases de terre, qui figurent en grand nombre sur les monuments avec leurs formes et leurs couleurs, témoignent d'une industrie très-avancée et déjà connue des Grecs au temps d'Homère (3).

Quant aux sciences exactes elles furent réellement étudiées dans les sanctuaires. Il y eut des prêtres mathématiciens et astronomes, observant les phénomènes célestes, l'inégale

---

(1) III, § 12.
(2) Lettres d'Egypte, p. 445.
(3) Odyss., IV, 128.

durée des jours, les phases de la lune, les éclipses, les mouvements des planètes.

Le zodiaque paraît avoir été institué plus de deux mille cinq cents ans avant Jésus-Christ, le calendrier civil déjà réglé, et l'année composée de trois cent soixante-cinq jours divisés en douze mois de trente jours ; plus, cinq jours complémentaires. La semaine avait sept jours.

MM. Fourier et Biot ont démontré que la sphère égyptienne résultait du fruit d'observations antérieures au vingt-cinquième siècle avant Jésus-Christ. L'année vague était représentée depuis la plus haute antiquité sur les monuments par des signes qui la partageaient en trois saisons : la végétation, la récolte, et l'inondation. A chacun des douze mois était affecté un personnage divin qui y présidait.

C'est aux astronomes égyptiens qu'on attribue les noms et les figures des constellations, déterminés par leurs rapports avec le climat de l'Égypte, et ayant pour objet d'annoncer l'ordre des saisons par les levers de ces constellations au commencement de la nuit.

Les prêtres exerçaient les enfants de leur caste et de la caste des rois dans l'étude de l'arithmétique et de la géométrie, qu'ils appliquèrent à l'astrologie et à la devination. Hérodote dit : « Les Égyptiens sont les auteurs de plusieurs inventions, telles que celle de déterminer, d'après le jour où un homme est né, quels événements il rencontrera dans sa vie, comment il mourra, et quels seront son caractère et son esprit. »

Tous les témoignages constatent les fonctions des prêtres à qui était attribuée l'étude des cieux et des mouvements des astres, et l'application de cette étude aux besoins réels et aux croyances.

Mais c'est surtout par les arts et par l'industrie qu'il faut juger de la civilisation égyptienne, car il nous en reste encore un grand nombre de monuments.

Champollion jeune dit que l'art égyptien ne doit qu'à lui-même tout ce qu'il a produit de grand, de pur, de beau, et que les Grecs n'en ont été d'abord que les imitateurs (1). Il faut ajouter que les Grecs ont su imiter de manière à avoir encore le talent de l'innovation.

Thoth inventa, dit-on, la lutte et la danse pour donner au corps de la force et de la grâce. Osiris attachait une grande importance à ces exercices, et conduisait lui-même ceux qui s'y livraient; il était accompagné de chanteurs, et de neuf filles instruites dans tous les arts qui se rapportent à la musique (2).

Bien que cette tradition soit rapportée par les Grecs, elle peut être égyptienne; car tous les peuples anciens ont attribué aux dieux l'origine ou la révélation de leurs connaissances en tous genres.

Le cantique de Moïse au sortir de l'Égypte prouve que la poésie n'était pas étrangère au peuple chez lequel il avait été élevé. On chantait des hymnes dans les cérémonies religieuses et dans les festins.

Au-dessus d'une représentation de foulage ou de battage de gerbes de blé par les bœufs, on lit en hiéroglyphes phonétiques une chanson que le conducteur du foulage est censé chanter ; c'est une sorte d'allocution adressée aux bœufs que Champollion (3) a traduite en ces termes : « Battez pour vous (bis) — ô bœufs — battez pour nous (bis) — des boisseaux pour vos maîtres ! »

Ce refrain constate l'antiquité du *bis* ou répétition de certains mots d'un couplet.

Les Égyptiennes faisaient résonner le sistre autour du temple d'Isis, quand elles avaient été trompées ou qu'elles craignaient de l'être dans leurs affections ou dans leurs espérances. Manilius rappelant la bataille d'Actium, où Rome man-

(1) Lettres d'Egypte, p. 302.
(2) Diod., I, § 16-18, 81.
(3) Lettres d'Egypte, p. 196.

qua de tomber sous le sceptre d'une Égyptienne, dit que la foudre y combattit avec le sistre d'Isis (1).

Suivant Platon (2) la loi égyptienne déterminait et prescrivait les chants les plus convenables ; et l'on s'en tenait à des chants antiques attribués à Isis.

Cette immixtion de la loi a pu contribuer à empêcher le progrès de la musique comme celle des autres arts.

L'architecture égyptienne, cependant, subit dans les premiers temps d'heureuses modifications ; il y a loin des Pyramides aux monuments de Thèbes et de Memphis. L'architecture qui s'est formée et développée en Égypte, présente un cachet unique, original. Exécutés sous l'inspiration des rois et des prêtres, les palais et les temples ont affecté un style uniforme, et obéi comme les hiéroglyphes à une plan et à des règles déterminés. L'artiste n'inventait pas, il copiait ; aussi Platon rapporte-t-il que des modèles étaient déposés dans les temples ; qu'il était défendu aux artistes, sous peine de sacrilège, de rien changer aux règles : « Il y a plus de dix mille ans, ajoute-t-il, que ces règles ont été posées, et les œuvres de ces temps reculés n'étaient ni plus ni moins belles que celles de nos jours ; elles sont toutes, sans exception, travaillées sur un modèle. »

Et, en effet, les plus anciennes peintures sont identiquement pareilles aux plus modernes ; les différences qu'on peut y remarquer sont en faveur des premières, la domination étrangère ayant amené la décadence de toutes choses en Égypte.

Les artistes n'étaient donc plus que des ouvriers chargés de faire de l'histoire plutôt que de l'art, d'exécuter des monuments et des inscriptions commémoratifs de grands événe-

---

(1) Manil., I, v. 893.
(2) Lois, l. II.

ments et de hauts faits, de traiter des sujets religieux et politiques, d'après une formule consacrée.

On trouve encore à Thèbes des débris de constructions très anciennes qui ont servi de matériaux pour des édifices qui datent de plus de quatre mille ans.

Les plus simples ornements de ces édifices consistent en emblèmes qui renferment des dates et des faits historiques. Des bas-reliefs, entremêlés d'inscriptions, représentent avec fidélité la physionomie, le costume et les habitudes des peuples étrangers vaincus par les Pharaons (1).

Quant aux pyramides, les avis sont très-partagés sur le mode de construction qu'on employa pour les élever. L'époque très-ancienne où elles furent élevées ne saurait être déterminée positivement; elles annoncent l'art dans son enfance, celui des constructions massives succédant aux blocs informes superposés.

Pline dit que près de quatre cent mille hommes travaillèrent à la construction de la plus grande dans l'espace de vingt ans (2). S'il en avait été ainsi, la population esclave, quoique très-nombreuse, n'aurait pu y suffire; elle aurait été secondée alors par celle des agriculteurs ou des industriels dans le temps de leur chômage : ce qui indique toujours, sinon une société complétement organisée, au moins de grandes ressources alimentaires mises à la disposition du gouvernement. On a appliqué à cette construction cette observation d'Aristote, qu'un des moyens usités par les tyrans pour conserver leur puissance, est d'occuper tellement leurs sujets qu'ils n'aient pas le temps de conspirer (3).

Une inscription rapportée par Diodore de Sicile (4) constate que Sésostris n'employa aucun Egyptien aux monuments qu'il fit

---

(1) Champollion, *Lettres de l'Egypte*, p. 2-7.
(2) XXXVI, § 12.—Hérod., II, 124.—Diod., I, 63.
(3) Politiq., V, ch. II.
(4) I, § 55.

construire. Il n'est pas probable qu'on en ait agi ainsi pour les pyramides, car leur édification ayant exigé un trop grand nombre de bras, et remontant à une époque où les Egyptiens songeaient plutôt à s'organiser au dedans qu'à faire des expéditions au dehors, elles durent être à la fois les premiers temples élevés par les Egyptiens aux dieux, et les premiers tombeaux consacrés à leurs rois.

Le labyrinthe si admiré des Grecs était une réunion de douze palais, correspondant aux douze nômes de l'ancienne Egypte. On l'attribue à Labarys, quatrième roi de la douzième dynastie, en 3,500 avant Jésus-Christ. Ce monument était construit dans une province en dehors de la vallée de l'Egypte, centre de tous les nômes.

On pense généralement qu'il fut destiné aux assemblées nationales de l'Egypte, composées de membres de la classe sacerdotale et de la classe militaire ou royale, et convoquées dans des circonstances solennelles comme l'élection d'un grand-prêtre, l'intronisation d'un nouveau roi. Tous les grands intérêts de l'Egypte durent s'y débattre.

L'antiquité du labyrinthe se prouve par la division même de ses palais en nombre de douze, correspondant à la division contemporaine de douze nômes, qui furent portés plus tard à trente-six par Sésostris.

Le fondateur du palais de Louqsor a été le pharaon Aménophis-Memnon, de la dix-huitième dynastie. Les architraves de colonnes d'un de ces palais présentent une dédicace faite au nom de ce roi. Champollion jeune l'a traduite ainsi :

La vie ! l'hôrus puissant et modéré régnant par la justice, l'organisateur de son pays, celui qui tient le monde en repos, parce que grand par sa force, il a frappé les barbares, le roi *seigneur de justice*, bien aimé du soleil, le fils du soleil, *Aménophis*, modérateur de la région pure (l'Egypte) a fait exécuter ces constructions consacrées à son père Ammon, le dieu seigneur des trois zônes du monde, dans l'oph du midi (partie méridionale de Thèbes) ; il les a fait exécuter en pierres dures et bonnes, afin d'ériger un édifice durable, c'est ce qu'a fait le fils du soleil, Aménophis, chéri d'Ammon-Ra (1).

Les comparaisons ou assimilations des rois avec le soleil se trouvent aussi sur leurs tombeaux, comme dans cette légende : Voici ce que dit Osiris, seigneur de l'Amenti (région occidentale, habitée par les morts) : « Je t'ai accordé une demeure dans la montagne sacrée de l'occident, comme aux autres dieux grands (les rois ses prédécesseurs), à toi Osirien, roi seigneur du monde, Rhamsès, etc. » Cette dernière expression démontre (2) que ces tombeaux des pharaons, qui exigeaient un long travail, étaient commencés de leur vivant et préoccupaient chacun de ces souverains ; pour le rassurer sur le fâcheux augure qui semblait résulter de ces funérailles anticipées, le tableau le représentait se montrant au dieu Phré à tête d'épervier, c'est-à-dire au soleil dans l'apogée de sa course ; et le soleil lui disait : « Dieu, grand seigneur du ciel, nous t'accordons une longue série de jours pour régner sur le monde et exercer les attributions royales d'Hôrus sur la terre. »

Si la mort venait à surprendre un roi avant l'achèvement de son tombeau, ce monument demeurait incomplet, comme le prouvent plusieurs tombeaux à peine ébauchés qu'on rencontre à Thèbes, à moins que ses éminents services n'eussent porté les Égyptiens reconnaissants à le terminer.

Les obélisques sont des monuments historiques ; leurs inscriptions contiennent le motif de leur fondation, une dédicace à une ou plusieurs divinités du pays, le nom et la filiation des princes qui les élevèrent et l'époque de leur édification. L'érection d'un obélisque était un acte de piété de la part des Pharaons.

Les quatre faces de l'obélisque de Louqsor qui a été transporté à Paris, place de la Concorde, sont couvertes d'inscrip-

---

(1) Lettres d'Egypte, p. 208.
(2) Id., p. 227.

tions hiéroglyphiques révélant une destination à la fois civile et religieuse. Les cartouches ou groupes de signes hiéroglyphiques renferment : 1° les noms propres des divinités; 2° les noms propres et prénoms des rois et des reines qui régnèrent en Égypte.

Les cartouches de cet obélisque rappellent les noms et les actions de deux rois. C'est Rhamsès II qui fit extraire l'obélisque des carrières de Syène, pour orner le devant d'un édifice. Rhamsès III, ou Sésostris, adopta les obélisques commencés par son prédécesseur, et employa, pour rappeler sa propre gloire, la place que Rhamsès avait laissé inoccupée. On sait que le règne de Rhamsès II remonte à 1580 avant Jésus-Christ; et qu'il fit ériger deux obélisques après les victoires remportées en Afrique et en Asie.

Dans le bas-relief de la face qui regardait l'ouest, Rhamsès III fait à Amon-Ra, dieu de Thèbes, l'offrande du vin. Aux louanges d'usage, la colonne médiale ajoute que Sésostris est le fils préféré du roi des dieux qui domine le monde. Le titre de bienfaisant lui est donné dans l'inscription de droite qui ajoute : « Ton nom est aussi stable que le ciel; la durée de ta vie est égale à la durée du disque solaire. »

Sésostris porte dans l'inscription de gauche le titre de *chéri de la déesse de la vérité*, et celui-ci : « L'engendré du roi des dieux pour prendre possession du monde entier. »

A la face sud on lit : « L'Aroéris, puissant ami de la vérité, roi modérateur, très aimable comme Thmou, étant un chef né d'Ammon et son nom étant le plus illustre de tous. » Sur la colonne de gauche on lit : « L'Aroéris, roi vivant des régions d'en haut et d'en bas, enfant d'Ammon. »

Sésostris est nommé : « Roi, directeur, grand par ses victoires, fils préféré du Soleil dans sa royale demeure, celui qui réjouit Thèbes comme le firmament du ciel, par des ouvrages considérables pour toujours. ».

A la face est, l'inscription nomme Sésostris : « Seigneur des victoires, qui a dirigé la contrée entière, qui est très aimable;

l'Aroéris fort, puissant dans les grandes panégyries (assemblées), l'ami du monde, et le roi modérateur. » L'inscription ajoute : « Qu'il est le prince des grands, jouissant du pouvoir royal comme Thmou, et que les chefs des habitants de la terre entière sont tous sous ses sandales. »

Dans les inscriptions de la face nord, il est appelé : « Aroéris puissant, gardien des vigilants, fils du dieu Mandou, dont les exploits ont fait trembler le monde entier. »

C'est par une multitude de bras combinés qu'on dressait les obélisques. Rhamsès employa cent vingt mille hommes pour dresser un obélisque de Thèbes, ce qui prouve l'absence de mécanique; et en effet, dans aucune peinture on n'aperçoit de machine. Mais on y voit la représentation d'un transport de colosse. Ce transport se faisait au moyen de cordages tirés par plusieurs rangées d'hommes attachés à des câbles. La force tractive de leurs bras était concentrée dans un effort unique aidé d'un chant ou d'un battement rythmé exécuté par un homme monté sur les genoux du colosse.

§ 8. HIÉROGLYPHES ÉGYPTIENS ET CHINOIS COMPARÉS.

L'art de rendre le langage sensible aux yeux, de transmettre des idées et des événements, fut d'abord indépendant de l'art de la parole. C'est dans la peinture simple des objets même dont on voulait parler aux absents ou conserver le souvenir que consista la première espèce de cette écriture; la seconde espèce, concernant les objets insensibles, les idées, se fit par l'addition d'une figure à une autre, ou la combinaison de trois, quatre, cinq figures entre elles. Ainsi les mêmes principes ont présidé au langage et à l'écriture, l'onomatopée et l'analogie ; à cette différence près que l'un parlait à l'oreille et l'autre aux yeux dans l'onomatopée, mais l'un et l'autre à l'esprit dans l'analogie. On peut donc soutenir, avec raison, que tous les mots parlés ou écrits des langues primitives ont leur raison dans la nature ; ces derniers avaient sur les autres l'avantage de faire naître d'un seul coup d'œil une foule de souvenirs ; mais il fallait en quelque sorte deviner les abstractions qu'on ne pouvait peindre que par des symboles et signes arbitraires qu'on leur adjoignit plus tard. Chez beaucoup de peuples, cette manière d'écrire subsista fort longtemps ; les Chinois l'ont conservée jusqu'ici, et les Américains, lors de la découverte de leur continent, en faisaient encore usage. On peut croire alors que le perfectionnement des signes symboliques et la facilité avec laquelle on peignait les objets, avaient empêché l'introduction des lettres. Néanmoins, les Égyptiens se servirent à la fois d'hiéroglyphes figuratifs, symboliques et phonétiques ou syllabiques.

La forme des signes égyptiens et chinois représentait assez grossièrement, surtout chez ces derniers, les objets dont on voulait rappeler le souvenir. On trouve dans les signes employés par ces deux peuples la représentation : 1º des corps célestes. Les Égyptiens en avaient dix images, parmi lesquelles se trouvent principalement le soleil, la lune et les étoiles ; les Chinois en comptent sept.

2º De l'homme et de la femme. Les Égyptiens comptent cent vingt signes qui s'y rapportent ; les Chinois vingt-trois, où l'on remarque les parties intérieures et extérieures du corps. Pour les membres, les Égyptiens ont soixante signes, les Chinois vingt-sept.

3º Des animaux. Les Égyptiens ont dix signes pour les animaux domestiques, entre lesquels on remarque le bœuf, la vache, le bélier, la chèvre, le bouc, le cheval ; vingt-quatre pour les animaux sauvages, tels que le lion, la panthère, le chacal, le rhinocéros, l'hippopotame, le lièvre, etc. ; vingt-deux pour les membres de ces animaux ; quarante pour les oiseaux et membres de ces oiseaux, tels que l'aigle, la caille, l'épervier, le vautour, etc.; dix pour les poissons qui vivent dans le Nil ; dix pour les reptiles et portions de reptiles, tels que la grenouille, le lézard, etc.; quatre pour les insectes, tels que l'abeille, la mante, le scarabée, etc.

Chez les Chinois on trouve cinq images pour les animaux domestiques, le bœuf, le chien, le cheval, le mouton et le cochon ; sept pour les animaux sauvages, tels que le léopard, le cerf, deux sortes de lièvres, etc; onze pour les oiseaux, tels que le corbeau, et deux espèces d'hirondelles, l'une désignant tous les oiseaux à queue courte, et l'autre tous les oiseaux à queue longue ; deux pour les poissons, l'une générique de tous les poissons allongés, et l'autre de tous ceux à forme arrondie; sept pour les animaux inférieurs aux poissons ; un pour les insectes ; un pour les grenouilles ; un pour les coquilles ; deux pour les serpents.

4° De la terre. Champollion ne marque pas le nombre des signes égyptiens se rapportant à la terre. On y découvre la représentation de l'eau du Nil. Chez les Chinois, il y a dix-sept signes pour les montagnes, les collines, les sources, l'eau, le feu et la pierre. Les Égyptiens ont soixante images pour les plantes, les fleurs et les fruits ; les Chinois en ont vingt-six, presque toutes génériques : on y distingue le riz, le millet, le bambou.

5° Des produits de l'art. Les Égyptiens ont vingt-quatre images pour les édifices et constructions, quatre-vingt pour les chaussures, armes, coiffures ; vingt figures et formes géométriques, lignes droites, lignes courbes, angles, triangles, parallélogrammes, cercles, sphères, poligones, etc.; cent pour les meubles et autres objets d'art ; cent-cinquante pour les ustensiles et instruments de divers états ; trente pour les vases, les coupes. On trouve dans l'écriture chinoise onze signes pour l'art de bâtir, parmi lesquels on distingue des *toits*, une sorte de magasin ou grenier, deux sortes de vases, une espèce de guérite, etc. ; trois pour les habits ; deux pour les bonnets ; trente-cinq pour les meubles, ustensiles et instruments ; neuf ou dix pour les armes, telles que flèches, haches, etc.

6° Des êtres fantastiques. Les Égyptiens possèdent cette sixième sorte de caractères, au nombre de cinquante, tels que des corps humains unis à des têtes de divers animaux, des serpents, des vases montés sur des jambes d'homme, des oiseaux, des reptiles à têtes humaines. On ne trouve point de ces caractères bizarres chez les Chinois.

Les Égyptiens avaient plusieurs manières de tracer leurs signes : 1° en bas-reliefs très-surbaissés ; 2° en bas-reliefs dans le creux pour la conservation des caractères ; 3° sur la pierre et le métal, où l'on traçait, avec un instrument aigu, les contours et tous les détails intérieurs de l'hiéroglyphe. Souvent on ne voit aucun détail dans l'intérieur du caractère, ce qui forme une silhouette noire ou d'une autre couleur. Une dernière sorte d'hiéroglyphes égyptiens sont ceux appelés linéaires, parce qu'ils n'offrent qu'un trait, qu'une esquisse abrégée des objets. On traçait aussi ces caractères sur le papyrus, sur la toile et sur le bois, avec un roseau qui sert encore aux Arabes pour leur usage graphique.

Les Chinois n'ont jamais montré beaucoup d'art ni de goût dans le tracé de ces figures, qu'ils rapetissèrent au point de les réduire à quelques traits. *Khôteou* est le nom de la plus ancienne écriture ; ce nom, qui signifie Têtards, lui vient de ce que ses traits ressemblaient à cet animal.

Dès les plus anciens temps, les Chinois réduisirent plusieurs caractères à six traits qui sont entrés dans la formation de beaucoup d'autres. Pour éviter la confusion, on a fixé le nombre des signes qui forment les deux cents images et symboles élémentaires, et cette abréviation est nommée *poù*; elle influe beaucoup dans la signification des caractères.

Les Chinois écrivirent d'abord sur le bambou et sur des

pièces de toiles ; le papier ne leur fut connu que sous la dynastie de *Han*.

Les hiéroglyphes égyptiens, dans les manuscrits, sont disposés ou en colonnes verticales se succédant de droite à gauche, la tête des animaux regardant vers la droite, ou en colonnes perpendiculaires se succédant de gauche à droite, la tête des animaux regardant vers la gauche. Dans les bas-reliefs et peintures ils sont disposés en lignes horizontales, les signes se succédant de droite à gauche, la tête des animaux vers la droite, ou enfin en lignes horizontales, les signes allant de gauche à droite, la tête des animaux tournée à gauche.

Chez les Chinois, les caractères se placent les uns sous les autres, en colonnes verticales rangées de droite à gauche ; dans les inscriptions composées d'un petit nombre de mots, où le peu d'espace ne permet pas d'écrire verticalement, on dispose les caractères l'un à côté de l'autre, en commençant par la droite.

Les Égyptiens ont trois sortes de signes hiéroglyphiques : 1º les caractères figuratifs, ou images mêmes des objets dont ils veulent parler ; 2º les caractères symboliques ou combinés ; 3º les caractères phonétiques ou figurant les sons de la langue copte.

Les Chinois en ont six sortes : 1º les caractères figuratifs (*siang-hing*), c'est-à-dire images ; 2º les caractères indicatifs (*tchi-ssé*), marquant les choses ; 3º les caractères combinés (*hoeï-i*) ; 4º les caractères métaphoriques (*kia-tsieï*) ; 5º les caractères syllabiques, ou figurant les sons (*hing-ching*) ; 6º les caractères retournés, ou invers (*tchhouan-tchu*), qui alors obtiennent une signification inverse de leur signification primitive ; leur nombre est peu considérable.

On croit que les Égyptiens ont eu, dès la plus haute antiquité, ainsi que les *Indiens* et les *Hébreux*, une écriture alphabétique indépendante des hiéroglyphes qui devaient cependant l'avoir précédée ; mais qu'ayant conservé cette dernière forme primitive sur les monuments et légendes sacrées, et continuant de la mettre en pratique, parce qu'elle leur semblait plus conforme à leurs traditions religieuses dans ses expressions figuratives et symboliques, ils appliquèrent bientôt aux lettres elles-mêmes une forme hiéroglyphique pour les faire entrer d'une manière uniforme dans les deux autres systèmes graphiques, et les faire se prêter un mutuel secours. On peut ajouter une troisième raison : c'est que les prêtres égyptiens, peu communicatifs à l'égard des étrangers, trouvaient dans ce système d'écriture exposée aux yeux sur les monuments de toutes sortes, pour mieux conserver leurs traditions sacrées, une garantie contre une curiosité indiscrète.

Ainsi, dans ce troisième système, rien ne changea quant à la forme; ce furent toujours des images d'objets animés ou inanimés, d'ordre physique ou moral, mais, au fond, l'expression fut toute autre : une voix ou une articulation avait pour signe l'image d'un objet dont le nom, dans la langue parlée, commençait par cette voix ou articulation. Une foule d'objets différents représentaient une seule lettre lorsque, dans la prononciation, ils commençaient par cette lettre : par exemple, un *aigle* (*akhôm*), un *jonc* (*aké*), un *morceau de viande* (*af*), etc., désignèrent l'*A*; une *cassolette* (*berbé*), etc., désigna le *B*; un *genou* (*keli*), une *coiffure* (*klaft*), etc., désignèrent le *K*; un *bassin* (*gmkidji*) désigna le *G*; un *scarabée* (*thorrés*), une *main* (*tot*), etc., désignèrent le *T* ou *Θ*; une *lionne* (*laboi*) désigna *L*; une *chouette* (*mouladj*), un *amas d'eau* (*môou*), etc., désignèrent *M*; l'*eau de l'inondation* (*nov* ou *nef*), un *vautour* (*nouré*), etc., désignèrent *N*; une *natte* (*presch*), etc., désigna le *P*; une *bouche* (*rô*), une *larme* (*rim*), etc., désignèrent l'*R*; une *étoile* (*siou*), un *lièvre* (*saragôousch*), etc., désignèrent *Ç* ou *S*; un *jardin* (*schné*), une *citerne* (*schei*), etc., désignèrent un *SCH*; une *hirondelle* (*djal*), etc., désigna un *DJ*; et ainsi de suite.

Comme dans les autres langues primitives, les voyelles médiales ne sont pas souvent représentées, parce qu'elles n'ont qu'une valeur très-vague. Les caractères phonétiques purent donc servir à deux usages : 1º à représenter les sons ; 2º à symboliser une idée par le choix de tel ou tel objet pris parmi les homophones, et ayant figurativement rapport à l'idée qu'on voulait rendre. Ainsi, il n'y a rien eu d'arbitraire dans la représentation de tel objet plutôt que de tel autre, employés phonétiquement. Pour ajouter encore à l'idée qu'on voulait rendre, on se servait souvent, à la fois, des caractères figuratifs et des groupes de figures phonétiques ; ou désignait, par la combinaison de ces deux sortes de caractères, les choses ou les idées ; mais on ne trouve que rarement les signes figuratifs et symboliques combinés ensemble.

CONCLUSION.

La civilisation égyptienne s'est lentement élaborée pendant une période de siècles qui n'a pas laissé de souvenirs. Elle porte un cachet local qui exclut toute idée d'influence étrangère sur ses premiers développements. Les traditions grecques et hébraïques s'accordent à en faire remonter l'apogée au vingtième siècle avant notre ère ; ce qui assigne une très haute antiquité à son origine.

Les édifices, les sculptures, les papyrus, quoique appartenant à des époques différentes, nous révèlent assez complétement l'état moral, intellectuel, politique et religieux du peuple égyptien à tous les âges de son existence. Cependant les caractères d'unité dans l'ensemble, d'uniformité dans les détails, feraient croire qu'il s'est développé soudainement dans une mesure déterminée, arrêtée, dont il ne devait plus s'écarter sans déchoir. Toutefois, l'institution des castes n'a dû être définitivement fondée que sous la période florissante des Pharaons, alors que tous les nômes, ralliés par les deux pouvoirs réunis des prêtres et des rois, formèrent un vaste corps de nation. Il est démontré aujourd'hui que la civilisation égyptienne a conservé son caractère propre et presque sans mélange, depuis Sésostris jusqu'à Alexandre. Sous les règnes même des rois éthiopiens, avant la vingt-sixième dynastie, les arts ne subirent point de décadence, ce qui militerait en faveur de l'origine éthiopienne des Égyptiens.

Passant du connu à l'inconnu, de l'état des arts, de l'industrie, des coutumes générales, inscrit sur les monuments, pour juger de l'état des sciences et de la philosophie, dont il nous reste si peu de notions, il faut convenir que l'imperfection de l'un trahit l'imperfection de l'autre ; chez tous les peuples, en effet, les arts et les sciences ont marché parallèlement : l'esprit humain n'a pas qu'une seule voie ; il suit également toutes celles qui lui sont ouvertes.

On remarque bien dans l'art égyptien la précision des lignes, la grandeur de l'ensemble, la vérité des couleurs, et dans la science égyptienne l'exactitude de certains calculs astronomiques ; mais tout cela renfermé dans une limite fatale, infranchissable, incapable de progrès.

Les prétendues connaissances conservées si discrètement dans les sanctuaires de Thèbes, de Memphis, d'Héliopolis, se bornaient simplement à ce que nous en rapportent les peintures murales et les papyrus ; les Grecs ont fait preuve de trop d'abnégation en attribuant aux prêtres d'Égypte plus de savoir qu'ils n'en avaient eux-mêmes. Ils leur ont prêté des connaissances mathématiques et astronomiques dont les monuments offrent peu de traces. On a voulu expliquer la disparition de ces connaissances par les événements politiques qui ont bouleversé l'Égypte ; mais comme elles sont presque toutes consignées sur les édifices de différents âges encore subsistants de nos jours, on peut en apprécier la valeur et en mesurer l'étendue. Or, cet examen ne confirme point la trop haute idée qu'on s'en est faite.

Néanmoins, si bornée que fût la culture égyptienne, elle a suffi pendant plus de trois mille ans aux besoins de ce peuple, et loin de profiter de l'introduction de mœurs, de lois, d'industries étrangères, il n'y a puisé qu'une cause de décadence.

Cette décadence a commencé avec la domination des Perses, mais d'une manière peu sensible, les vainqueurs ayant respecté et même subi les coutumes des vaincus; elle s'est plus rapidement opérée sous l'influence des Grecs, dont l'esprit novateur modifiait tout ce qu'il touchait; elle s'est achevée sous l'empire romain par la fusion même des croyances, des coutumes, des lois, entre les peuples qui formèrent cet empire.

Cependant l'examen des peintures, des palais, des tombeaux et autres monuments égyptiens de toutes les époques, fait reconnaître l'influence persistante du climat sur les mœurs et les usages. Le renouvellement périodique de phénomènes naturels inspira des habitudes uniformes, ce qui explique l'esprit de stabilité particulier à l'Égypte.

Les habitants actuels, malgré les changements politiques, religieux et civils ont conservé beaucoup d'anciennes coutumes entre lesquelles on remarque les tombeaux. Ils y déploient encore une magnificence qui confirme ce que disait Diodore de leurs ancêtres; savoir, qu'ils considéraient leurs maisons comme des hôtelleries, des lieux de passage où ils ne devaient pas s'arrêter; qu'ils prenaient peu de soin de les embellir, tandis qu'ils appelaient les tombeaux des maisons éternelles, et employaient à les construire tout l'art dont ils étaient capables.

Ajoutons enfin que cette piété pour les morts, ce respect des tombeaux, a fait ériger et conserver des monuments historiques, témoignages toujours vivants et irrécusables d'une des plus anciennes civilisations du globe.

TABLE.

Page.

Préface. I

CHINOIS.

CHAPITRE PREMIER. — *Les premiers temps.*

Pages.

1. — Époque anti-historique. 1
2. — Époque historique. Le Chou-King. 11
3. — Institutions politiques, civiles et administratives. . 29
4. — Suite du Chou-King. 38
5. — Les livres sacrés. 45

CHAPITRE II. — *Ère des philosophes.*

1. — Lao-Tseu et sa doctrine. 56
2. — Khoung-Fou-Tseu (Confucius), sa vie. 77
3. — Doctrine de Khoung-Fou-Tseu, les Sse-Chou ou les 4 livres classiques : le Ta-Hio (1er *livre*). . 94
4. — Le Choung-Young, ou l'invariable dans le Milieu (2e *livre classique*). 98
5. — Le Lûn-Yû, ou entretiens philosophiques (3e *livre classique*). 104
6. — Meng-Tseu (4e *livre classique*). 119
7. — Le *Hiao-King*, livre de piété filiale. 138
8. — Mœurs et usages. 140
9. — Lois diverses. 142
10 — Religion. 146
11. — Arts, industrie, commerce. 149
12. — Écriture. 150

Conclusion 153

INDIENS.

CHAPITRE PREMIER. — *Époque arienne.*

Pages.
1. — Conjectures historiques................ 157
2. — Livres sacrés...................... 166
3. — Le Rig-Véda..................... 170
4. — Le Yadjour-Véda blanc et le Yadjour-Véda noir.. 186
    Le Sama-Véda..................... 192
    L'Atharva-Véda ou Atharvana........... 194
    Les Brahmanas.................... 199

CHAPITRE II. — *Époque brahmanique.*

1. — Lois et institutions (code de Manou)...... 204
2. — Les poèmes : le Ramayana, le Mahabharata... 238
3. — Le Bhagavata-Pourana.............. 242
4. — Le Narasinha-Oupanishad............ 260
5. — Le Sankhya.................... 263
6. — Philosophie, religion............... 267
7. — Langue et écriture sanscrites.......... 274
8. — Mœurs, industrie, arts.............. 275
CONCLUSION......................... 280

PERSES.

1. — Résumé historique................. 283
2. — Institutions des anciens Perses.......... 296
3. — Les Mages ; religion................ 302
4. — Zoroastre...................... 308
5. — Les livres sacrés : le Yaçna........... 315
6. — Le Vispered.................... 328
7. — Le Vendidad................... 332
8. — Arts, langue, écriture, inscriptions........ 346

BABYLONIENS.

		Pages.
1. — Précis historique.		355
2. — Gouvernement.		364
3. — Justice, lois, coutumes.		369
4. — Prêtres, religion, fêtes.		374
5. — Industrie, commerce, navigation.		379
6. — Sciences, arts, écriture.		382

SYRIENS.

1. — Histoire.	391
2. — Famille.	406
3. — Gouvernement.	412
4. — Justice, lois, caractère, coutumes.	418
5. — Religion, prêtres, temples, pratiques diverses.	427
6. — Idées cosmogoniques.	437
7. — Commerce, navigation.	441
8. — Industrie, arts.	447
9. — Les langues sémitiques, écriture, inscriptions.	450
CONCLUSION	453

ÉGYPTIENS.

1. — Histoire.	455
2. — Les classes.	483
3. — Justice, lois.	500
4. — Les femmes, le mariage, la prostitution.	510
5. — Mœurs, usages divers.	514
6. — Religion, philosophie.	520
7. — Sciences, industrie, arts.	530
8. — Hiéroglyphes égyptiens et chinois comparés.	540
CONCLUSION	545

FIN DE LA TABLE.

ERRATA.

Page 49, ligne 31, *au lieu de* : es né, *lisez* : est né.

Page 65, ligne 3, *au lieu de* : érieure, *lisez* : supérieure.

Page 74, ligne 27, *au lieu de* : Clitallas, *lisez* : Clitellas.

Page 121, ligne 34, *au lieu de* : quelle compassion trouvent, *lisez* : quel sujet de compassion que.

Page 130, ligne 30, *au lieu de* : déguiser, *lisez* : dévoiler.

Page 150, ligne 5, *au lieu de* : vainquit Çakas, *lisez* : vainquit les Çakas.

Page 164, ligne 29, *au lieu de* : il le brûla, *lisez* : il se brûla.

Page 168, ligne 10, *au lieu de* : inventions, *lisez* : invocations.

Page 170, ligne 1, *au lieu de* : un peu, *lisez* : est peu.

Page 182, ligne 15, *au lieu de* : Coudra, *lisez* : Çoudra.

Page 213, ligne 13, *au lieu de* : à lui, *lisez* : lui.

Page 225, ligne 3, *au lieu de* : torture, *lisez* : tonsure.

Page 232, ligne 8, *au lieu de* : d'une marque, *lisez* : d'un masque.

Page 422, ligne 4, *au lieu de* : Héliopolis, *lisez* : Hiérapolis.

Page 497, ligne 14, *au lieu de* : défendait, *lisez* : défendaient.

Page 524, ligne 16, *au lieu de* : noms, *lisez* : nômes.

Page 535, ligne 14, *au lieu de* : une, *lisez* : un.

Argenteuil. — Typographie Worms.

www.ingramcontent.com/pod-product-compliance
Lightning Source LLC
Chambersburg PA
CBHW060800230426
43667CB00010B/1642